JN313465

入門

債権総論

髙橋 眞 著

［入門シリーズ］

成文堂

はしがき

1 本書は債権総論の入門書です。債権総論の難しさは、前半と後半とで異なっています。前半部分、とりわけ債権の効力の部分は条文数も少なく、非常に抽象的であるのに対し、後半部分、とりわけ多数当事者の債権関係や債権の消滅に関連する部分はかなり込み入って、見通しにくい印象があります。そこで、本書では「抽象的な部分は具体的に、込み入った部分はシンプルに」という方針を立てて、できるだけ設例に基づいて具体的に説明し、重要な判例については事案や判決理由の内容に立ち入って解説することを心がけました。

本書は「ですます調」を使っていますが、授業の前に該当部分を考えながら通読する「予習書」として使うことをお勧めします。ある年度に、学生の皆さんに書いてもらった授業アンケートを持ち寄って検討した際、ある科目で、「わかりやすい」「早さもちょうどいい」という回答が非常に多いにもかかわらず、理解できたかどうかという点になると「どちらともいえない」という回答が半数以上になっている、これは何を意味するのだろうという疑問が出されました。すると、別の科目の担当者から、「わかりやすい」という回答が大変多いのだが、試験をしてみると、あまり理解できていないという指摘がされました。

おそらく、授業がわかりやすいと、予習をしなくてもスムーズに聞くことができる。また、わかりやすいために疑問も残らず、復習をしなくてもよいような気持ちになる。そうすると、自分の中で消化の作業をすることがないため、後でふり返ってみると、あまり頭に入っていないことに気がつく。ですから、どこかで「ひっかかり」がないと、授業は身につかないのだと思います。予習でテキストを読んで、「あれ？」という疑問を持ち、その点に注意しながら講義を聴くと、「そうか！」という強い印象を獲得することができます。また、予習でひととおりの理解をしたつもりになっていたところ、講義を聴いて「あれ？」と思い、後で参考文献を調べて「そうか！」と思

い、確実に理解をすることもあるでしょう。自分の中で「あれ？」と「そうか！」を経験してはじめて、知識は自分のものになります。本書がその手段のひとつになればと思います。

2 学習をする際には、ある制度について、①その内容は何か（要件と効果）、②それは何のための制度なのか（制度趣旨）、③それはどのような場面で使われるものか（典型的な事例）の3つの点を確認しながら進めてください。

　①について。裁判の場では、条文を中心とした法規範を確かめ、事実をそれに逐一あてはめて、自分の主張を論証してゆきます。条文は、両当事者のいずれもが、その主張を根拠づけるために活用する技術であり、共通のルールに正確に従ってこそ、相手方を説得することができるのです。決して、バランス感覚によって妥当な結論を先に決め、後からその権威づけのために適当な法律論をするのではありません。ある効果を主張するためには、その効果をもたらすための要件を挙げ、その上で、当該事案においてそれらの要件にあてはまる事実があるかどうかを確かめることが必要です。そのために、学習ノートには、要件と効果をきちんと書き、常にそれに立ち戻るようにしてください。

　②について。言葉の上では要件にあてはまる場合であっても、はたして直ちに効果を認めて良いかどうかが疑問となる場合があります。また、たとえば法文の中に「過失」という言葉が用いられている場合にも、それを不法行為に関する「過失」と同じように考えて良いかどうか、問題となる場合もあります。このような場合には、その制度や条文が何を目的として作られたものかを考える必要があります。その上で、言葉の意味を適切に確定したり、縮小解釈、拡大解釈、類推適用など、様々な法解釈の方法を駆使して判断をすることになります。それらの判断の中には、判例として確立されているものもありますが、そのような判例を理解するためにも、制度趣旨を確かめることが必要です。

　③について。具体的な事例を分析する際には、いきなり法文上の用語をあてずっぽうに当てはめても、なかなかうまくいきません。分析のためにはまず、それぞれの制度や条文につき、あらかじめ典型的な事例をセットにして

学習することによって、頭の中に事例のパターンを入れておくことが有益です（判例の事案の中には典型的な事例もありますが、場合によっては限界事例もありますので、あくまでも典型的な事例を考えてください）。それらの事例のパターンと、問題になっている事例とを比較することによって、この事例はこの制度でゆけないかどうか、要件の有無を検討してみようという作業が初めて可能になります。外国語の学習の際、単語や文法事項を例文とセットにして覚えることが多かったのではないかと思いますが、実際に利用するための学習として、よく似ています。

3 現在、債権法の大改正が進んでいます。改正されてしまえば、これまでの判例や理論を学習する意味はないのではないかという疑問をもつ人もあるかと思います。しかし、現行民法は、制定以来100年以上の間、裁判官や弁護士だけでなく、取引に携わる無数の人々の活動によって形成されてきたルールであり、社会の様々な現場で、現在もそれを使って活動が続けられています。これを全面否定して、新しい規定で白紙からやり直すということは、生きた取引社会を前提とする限りはできるものではありません。

今回の改正も、これまで形成されてきた法理をわかりやすく明文化することにひとつの目的があり、また実質的な修正や新しい制度の導入にあたっては、これまでのやり方のどの点が不都合であり、それをどのような理由でどのように変更するのかが説明されることと思います。ですから、改正法を正しく理解するためにも、まず現行法による判例や理論の到達点と問題点をきちんと理解することが必要です。安心して、学習に励んでください。

4 本書の執筆にあたっては、多くの先学の著書・論文に負っていますが、入門書としての性質上、特に原典にあたって確かめていただきたいもの以外は、注記を省略させていただきました。ご海容いただければ幸いです。

最後に、本書の出版をお引き受けいただいた阿部耕一社長、執筆にあたってお励ましいただき、またわかりやすくするための御助言をいただいた土子三男編集部取締役、編集部の石川真貴さんに、心より御礼申し上げます。

2013年3月

髙　橋　　眞

目 次

*細目次については後掲

第1章　債権総則の位置と債権の概念 …………………………………… 1
第2章　債権の目的①総説・特定物債権と種類債権 …………………… 11
第3章　債権の目的②金銭債権・利息債権・選択債権 ………………… 25
第4章　債権の効力・強制履行 …………………………………………… 40
第5章　債務不履行①債務不履行の基本類型 …………………………… 52
第6章　債務不履行②信義則に基づく義務・受領遅滞 ………………… 84
第7章　債務不履行③債務不履行の効果―損害賠償 …………………… 104
第8章　債権侵害に対する保護 …………………………………………… 141
第9章　債権者代位権 ……………………………………………………… 153
第10章　詐害行為取消権①―要件 ………………………………………… 173
第11章　詐害行為取消権②―行使方法と効果 …………………………… 202
第12章　多数当事者の債権関係―総説・分割債権関係・不可分債権関係 … 219
第13章　連帯債務 …………………………………………………………… 230
第14章　保証債務 …………………………………………………………… 247
第15章　債権の消滅―各種の債権消滅原因 ……………………………… 270
第16章　弁済―弁済の提供と受領、関連事務の処理 …………………… 283
第17章　弁済者代位 ………………………………………………………… 306
第18章　相　殺 ……………………………………………………………… 320
第19章　債権譲渡・債務引受 ……………………………………………… 341

細 目 次

はしがき　*i*
凡例　*xiii*

第1章　債権総則の位置と債権の概念 …………… *1*
1　債権総則の位置―民法典の中で …………… *2*
1　債権：将来の実現に向けられた権利　*2*
2　債権の存在と内容の決定　*2*
3　債権総則：債権の実現　*3*
4　物権法・親族法・相続法と債権　*5*
2　債権の概念と効力―「行為」と「結果」…………… *6*
1　債権の概念　*6*
2　債権の効力　*8*
3　給付行為と給付結果：債権・債務の構造　*8*

第2章　債権の目的①総説・特定物債権と種類債権 …… *11*
1　債権の目的とは ………… *12*
1　債権の「目的」と「目的物」　*12*
2　給付の内容　*13*
2　特定物と不特定物（種類物）の区別 ………… *14*
3　特定物債権 ………… *16*
1　善管注意による保存義務　*16*
2　現状引渡しの原則　*17*
4　種類債権 ………… *18*
1　種類債権と制限種類債権　*18*
2　目的物の品質　*19*
3　種類債権の特定　*19*
4　特定の効果　*21*

5　判例を見る―漁業用タール事件 ………… *21*
1　事件の概要　*21*
2　原判決の判断と最高裁の判断　*22*
3　通常の種類債権か制限種類債権か　*22*
4　差戻審の判断　*23*
5　このケースが示すもの　*24*

第3章　債権の目的②金銭債権・利息債権・選択債権 … *25*
1　金銭債権 ………… *26*
1　意　義　*26*
2　金銭債権の原則―名目主義　*26*
3　金銭債権に関する民法規定　*27*
2　利息債権 ………… *29*
1　意　義　*29*
2　利率と重利に関する民法規定　*31*
3　高利の規制　*32*
3　選択債権 ………… *36*
1　意　義　*36*
2　選択による特定　*37*

第4章　債権の効力・強制履行 *40*
1　債権の効力―総説 ……… *41*
2　債権の強制実現 ………… *41*
3　債権の対内的効力と不完全債務 ………… *47*
4　債務と責任―概念の歴史的背景について ………… *50*

第5章　債務不履行①債務不履行の基本類型 ………… 52

1. 総　説 …………………… 52
   1. 債務不履行による損害賠償責任　52
   2. 債務不履行の類型　53
2. 履行遅滞 ………………… 55
   1. 意義および効果の特徴　55
   2. 要　件　56
   3. 履行期について　56
   4. 履行期前の履行拒絶　58
3. 履行不能 ………………… 59
   1. 意義および効果の特徴　59
   2. 履行不能と帰責事由　61
4. 不完全履行、並びに給付に伴うその他の債務不履行 … 63
   1. 意　義　63
   2. 狭義の不完全履行——給付目的の不完全　65
   3. 付随義務違反　70
   4. 保護義務違反　71
5. 債務者の責めに帰すべき事由 ………………………………… 71
   1. 意　義　71
   2. 帰責事由の存在と証明　73
   3. 債務者に帰責事由がない場合とは？　75
   4. 履行補助者の過失　78

第6章　債務不履行②信義則に基づく義務・受領遅滞 … 84

1. 総　説 …………………… 85
2. 信義則に基づく義務① — 安全配慮義務 ……………… 85
   1. 意　義　85
   2. どのような場面で問題になるか　86
   3. 義務の内容　87
   4. 義務の性質　89
   5. 義務の構造と債務不履行構成の意義　91
3. 信義則に基づく義務② — 契約交渉当事者の注意義務 … 93
   1. 意　義　93
   2. 典型的事例　94
   3. 分　析　95
4. 受領遅滞 ………………… 97
   1. 意義と問題点　97
   2. 給付が受領されない場合：法的効果と関連規定　98
   3. 学説の対立と効果の整理　100
   4. 受領遅滞による解除と損害賠償　102

第7章　債務不履行③債務不履行の効果—損害賠償 … 104

1. 総　説 …………………… 105
   1. 債務不履行の効果—損害賠償　105
   2. 損害賠償請求権の発生　106
   3. 損害賠償の方法—金銭賠償の原則　108
2. 損害の意義と種類—損害を総体的に見る ……………… 109
   1. 損害の概念　109
   2. 差額説と具体的損害説　111
   3. 損害概念を議論する意味　112
   4. 損害の種類　113
3. 損害賠償の範囲—損害を個別的に見る ………………… 117
   1. 損害賠償額算定の手順　117
   2. 416条の解釈：通常損害・特別損害と予見可能性　119
4. 損害賠償額の算定—時価の変動と債権者の行動 ……… 122
   1. 賠償額の算定—損害項目か金

　　　　　銭評価か　*122*
　　　　2　金銭評価の方法──基準時その他の要素　*123*
　　5　損害賠償額の調整………　*129*
　　　　1　損益相殺　*130*
　　　　2　過失相殺　*131*
　　　　3　金銭債務の特則　*133*
　　　　4　賠償額の予定　*135*
　　6　損害賠償による代位（賠償者代位）……………………　*137*
　　　　1　意　義　*137*
　　　　2　要件・効果　*138*
　　7　関連問題：代償請求権…　*139*

第8章　債権侵害に対する保護
　　　　………………………　*141*
　　1　総　説……………　*142*
　　2　損害賠償請求……………　*142*
　　　　1　債権侵害による不法行為の特徴　*142*
　　　　2　第三者に対する弁済が有効とされたために債権が消滅した場合　*144*
　　　　3　債権の目的である給付を侵害した場合　*145*
　　　　4　債務者の一般財産を減少させた場合　*148*
　　3　妨害排除請求………………　*149*
　　　　1　不動産賃借権に対する妨害の排除　*149*
　　　　2　判例の展開　*150*
　　　　3　賃借権の「物権化」「物権的効力」　*151*

第9章　債権者代位権…………　*153*
　　1　総　説………………　*154*
　　　　1　責任財産保全の目的　*154*
　　　　2　債権者代位権の要件と機能上の問題点　*154*

　　2　被保全債権……………　*156*
　　　　1　被保全債権の存在と種類　*156*
　　　　2　被保全債権の履行期　*157*
　　3　代位行使の対象となる権利
　　　　………………………　*158*
　　　　1　原　則　*158*
　　　　2　例　外　*159*
　　4　保全の必要性と債務者の権利不行使………………………　*162*
　　　　1　保全の必要性　*162*
　　　　2　債務者の権利不行使　*163*
　　5　債権者代位権の行使とその効果……………………………　*164*
　　　　1　債権者代位権の行使　*164*
　　　　2　債権者代位権行使の効果　*166*
　　6　転　用………………　*168*
　　　　1　登記請求権の保全　*169*
　　　　2　不動産賃借権の保全　*169*
　　　　3　金銭債権の保全──無資力を要件としない事例　*171*

第10章　詐害行為取消権①──要件………………………　*173*
　　1　総　説……………　*174*
　　　　1　意　義　*174*
　　　　2　取消権の概略と考慮するべき要素　*174*
　　　　3　要件論の捉え方①──相関関係説を受けて　*176*
　　　　4　要件論の捉え方②──否認権との比較　*178*
　　2　債権者側の要件──被保全債権の存在……………………　*180*
　　　　1　被保全債権の発生時期　*180*
　　　　2　被保全債権の種類　*182*
　　3　債務者側の要件──「債権者を害することを知って」法律行

　　　　為をしたこと …………… 184
　　1　総　説 184
　　2　債権者を害する法律行為（客観的要件） 184
　　3　債権者を害することを知ってしたこと（主観的要件） 189
　　4　類型的検討①―財産の処分 190
　　5　類型的検討②―弁済・代物弁済 192
　　6　類型的検討③―担保の供与 197
　④　受益者・転得者側の要件―受益者・転得者の悪意 …… 199
　　1　意　義 199
　　2　善意者から転得した者の主観的要件 199

第11章　詐害行為取消権②―行使方法と効果 ………… 202

　①　総　説 …………………… 203
　　1　「取消し」と「取戻し」 203
　　2　詐害行為取消権の法的性質 204
　②　行使方法 ………………… 206
　　1　裁判上の行使 206
　　2　請求の内容と相手方 206
　　3　詐害行為取消権の消滅 207
　③　効　果 …………………… 208
　　1　効果論の問題点―425条との関係 208
　　2　取消し―取り消しうる範囲 211
　　3　取戻し―返還及び価格賠償 213
　④　受益者・転得者と債務者との関係 …………………… 218

第12章　多数当事者の債権関係―総説・分割債権関係・不可分債権関係 219

　①　はじめに―多数当事者の債権関係とは？ ……………… 220
　　1　分割債権関係 220
　　2　不可分債権関係 220
　　3　連帯債務 222
　②　分割債権関係 …………… 223
　　1　分割債権関係の原則 223
　　2　分割債務原則の是非 223
　　3　427条が「総則」であること 224
　③　不可分債権関係 ………… 225
　　1　不可分債権・不可分債務 225
　　2　不可分な給付に対する反対給付は？ 225
　　3　不可分債権の効力 227
　　4　不可分債務の効力 228

第13章　連帯債務 ……………… 230

　①　連帯債務の意義 ………… 231
　　1　連帯債務の例 231
　　2　破産手続と連帯債務 232
　　3　連帯債務の2つの面―債権者に対する関係・連帯債務者間の関係 233
　②　連帯債務の成立 ………… 233
　③　連帯債務の性質 ………… 235
　　1　連帯債務者の1人について生じた事由の影響 235
　　2　履行の請求 235
　　3　更　改 236
　　4　相　殺 236
　　5　免　除 237
　　6　混　同 240
　　7　時効の完成 240

- ④ 連帯債務者相互間の求償関係 ……………………… 241
  - 1 負担部分と求償権 241
  - 2 通知の必要 241
  - 3 連帯債務者中に無資力者がいる場合 243
- ⑤ 不真正連帯債務 ………… 244
  - 1 不真正連帯債務とは 244
  - 2 不真正連帯債務の効力 245

第14章　保証債務 ……………… 247
- ① 保証債務の意義と成立 … 248
  - 1 保証債務の意義 248
  - 2 保証契約と保証委託契約 249
  - 3 保証人の資格 250
- ② 保証債務の性質と範囲 … 251
  - 1 内容の同一性と附従性・補充性 251
  - 2 保証の範囲 252
- ③ 主たる債務と保証債務の関係 ……………………… 252
  - 1 附従性の効果 252
  - 2 主たる債務者について生じた事由 254
  - 3 保証人について生じた事由 255
- ④ 債権者と保証人との関係 … 255
  - 1 補充性に基づく抗弁権 255
  - 2 連帯保証 256
  - 3 共同保証 258
- ⑤ 保証人の求償権 ………… 260
  - 1 求償権の基礎 260
  - 2 委託を受けた保証人の求償権 261
  - 3 委託を受けない保証人の求償権 263
  - 4 求償関係と通知 264
- ⑥ 継続的保証 ……………… 265
  - 1 継続的保証とは 265
  - 2 根保証 266
  - 3 身元保証 268
  - 4 賃借人の債務の保証 269

第15章　債権の消滅──各種の債権消滅原因 …………… 270
- ① 債権の消滅原因 ………… 271
  - 1 民法に規定された消滅原因 271
  - 2 その他の原因による債権の消滅 272
  - 3 説明の順序 272
- ② 供　託 …………………… 273
  - 1 意義と性質 273
  - 2 供託原因 274
  - 3 供託の目的物 275
  - 4 供託の手続と効果・供託物の取戻し 276
- ③ 代物弁済 ………………… 277
  - 1 意義と性質 277
  - 2 要件と効果 278
- ④ 更改・免除・混同 ……… 279
  - 1 更　改 279
  - 2 免　除 280
  - 3 混　同 281

第16章　弁済──弁済の提供と受領、関連事務の処理 283
- ① 弁済の意義と諸規定の概観 ……………………… 284
  - 1 弁済の意義と構造 284
  - 2 弁済の提供と受領：諸規定の概観 285
- ② 弁済者の側の問題 ……… 286
  - 1 本来の弁済者 286
  - 2 第三者弁済とその制限 286
  - 3 弁済として引き渡した物の取戻し 287

細目次　xi

3　弁済受領者の側の問題… 289
  1　弁済受領権者　289
  2　受領権限のない者への弁済　290
  3　債権の準占有者への弁済　291
  4　受取証書の持参人への弁済　295
4　弁済の方法と事務の処理… 297
  1　弁済の場所と時期　297
  2　弁済事務の処理　298
  3　弁済の充当　299
5　弁済の提供 …………… 302
  1　意義と効果　302
  2　現実の提供　303
  3　口頭の提供　304
  4　口頭の提供も要しない場合　304
  5　問題の展開―双務契約と弁済の提供　304

第17章　弁済者代位 …………… 306
1　意義と構造 …………… 307
  1　弁済者代位の意義　307
  2　弁済者代位の構造　308
2　要件と効果 …………… 310
  1　要　件　310
  2　効　果　310
3　一部代位 ……………… 312
  1　権利行使の範囲―502条1項の文言と債権者優先説　312
  2　代位者は単独で権利を行使できるか　313
  3　契約の解除　313
4　代位資格者相互の関係… 313
  1　代位資格者の競合　313
  2　代位資格者相互の関係　314
  3　二重資格者の問題　317
5　代位資格者に対する債権者の義務 …………………… 318

第18章　相　殺 …………… 320
1　相殺の意義と機能 …… 321
  1　相殺の意義　321
  2　相殺の機能　322
2　相殺の要件と方法 …… 323
  1　相殺適状　323
  2　相殺の意思表示　325
  3　時効消滅債権による相殺　327
3　相殺の禁止と制限 …… 328
  1　当事者の意思表示による禁止　328
  2　不法行為による損害賠償債権　328
  3　差押禁止債権　329
  4　支払差止債権　329
4　債権譲渡・差押えと相殺の期待 …………………… 330
  1　相殺の期待とは　330
  2　差押えと法定相殺　331
  3　差押えと相殺予約　335
  4　債権譲渡と相殺　337
5　相殺の効果 …………… 339
  1　債権の遡及的消滅　339
  2　履行地の異なる債務の相殺　339
  3　相殺の充当　339

第19章　債権譲渡・債務引受 341
1　総　説 ………………… 342
  1　債権譲渡の意義　342
  2　債権譲渡の必要性　342
2　債権の譲渡可能性 …… 345
  1　譲渡の自由とその制限　345
  2　債権の性質による譲渡制限　345
  3　法律規定による譲渡制限

xii　細目次

　　　　　　346
　　　4　意思表示による譲渡制限
　　　　　347
　③　指名債権の譲渡と対抗 … *351*
　　　1　指名債権譲渡の成立要件
　　　　　351
　　　2　対抗要件――債務者に対する対
　　　　抗と第三者に対する対抗
　　　　　351
　　　3　債務者との関係――通知と承
　　　　諾　*353*
　　　4　通知・承諾の効力　*355*
　　　5　第三者との関係――確定日付あ
　　　　る証書による通知・承諾　*362*
　④　将来債権の譲渡 ………… *365*
　⑤　証券的債権の譲渡 ……… *370*

　　　1　債権と証券の結びつき　*370*
　　　2　指図債権譲渡の対抗要件
　　　　　371
　　　3　債務者の地位①――債権者でな
　　　　い者への弁済　*372*
　　　4　債務者の地位②――抗弁の制限
　　　　　373
　⑥　債務引受・契約上の地位の移
　　　転 ………………………… *374*
　　　1　債務引受の意義　*374*
　　　2　免責的債務引受　*375*
　　　3　併存的債務引受　*377*
　　　4　契約上の地位の移転　*378*

事項索引　*380*
判例索引　*385*

凡　例

1　法令について

「民法」の名称は原則として省き、他の諸法令名は総称扱いとした。

2　判例について

大判	→	大審院判決
大連判	→	大審院連合部判決
大決	→	大審院決定
最判	→	最高裁判所判決
最大判	→	最高裁判所大法廷判決
最決	→	最高裁判所決定
地判	→	地方裁判所判決
地決	→	地方裁判所決定
高判	→	高等裁判所判決
高決	→	高等裁判所決定
支判	→	支部判決
民録	→	大審院民事判決録
民集	→	大審院民事判例集、最高裁判所民事判例集
判決全集	→	大審院判決全集
裁判集民事	→	最高裁判所裁判集（民事）
刑録	→	大審院刑事判決録
刑集	→	大審院刑事判例集、最高裁判所刑事判例集
高民	→	高等裁判所民事判例集
下民集	→	下級裁判所民事裁判例集
判時	→	判例時報
判タ	→	判例タイムズ
金法	→	金融法務事情
金商	→	金融・商事判例
労判	→	労働判例

3　見出しおよび本文中で留意して欲しい事項はゴシック扱いとした。

第1章　債権総則の位置と債権の概念

本章のレジメ

* **債権**：特定の人（債権者）が特定の人（債務者）に対して特定の行為（給付）を請求することができる権利
* **債権が存在するか** → 契約が有効に成立したか：民法総則、契約総則（債権各論）
* **債権の内容**→契約の内容：当事者の合意と契約各論（債権各論）の諸規定
　　　　　　法律の規定：事務管理・不当利得・不法行為（債権各論）
* **債権の実現** → 債権総則
　①具体的に何を給付すればよいか：第1節　債権の目的
　②給付の実現の方法：第5節　債権の消滅　第1款　弁済
　　　　　　　　　　＊第2款以下：その他の債権消滅原因
　　　　　　　　　　＊同時履行の抗弁権（533条）
　③正常に履行されない場合に、実現を確保するための規定群：第2節　債権の効力
　　　　　　　　　＊契約の解除（540〜548条）、危険負担（534条〜536条）
　④財産権としての債権：第4節　債権の譲渡
　⑤一方当事者が複数の場合：第3節　多数当事者の債権及び債務
　　　　　　　　　＊保証債務は担保手段としての制度
* **物権法、担保物権法、親族法、相続法はどうかかわるか**
* **請求権と債権**：①物権法・家族法上の請求権は物権や家族法上の地位から派生するもの。債権は契約や法律などに基づいて独自に発生するもの
　②債権法内部での使い分け：請求権は個別・具体的な請求を、債権は債権の効力の全体を表現する
* **債権の手段性**：「債権は消滅を目的とする権利である」
* **債権の効力**：①請求力（＋訴求力）
　　　　　　　②給付保持力
　　　　　　　③執行力（貫徹力・掴取力）
* **給付する「行為」と給付の「結果」**
　給付（行為）は「結果」に向けられているが、その結果が人の自由な「行為」によって実現されることが重要

1 債権総則の位置——民法典の中で

1 債権：将来の実現に向けられた権利

債権とは、特定の人（債権者）が特定の人（債務者）に対して、特定の行為（給付）をすることを請求することができる権利をいいます。債権者の請求に応えて、債務者がその行為をすることによってその給付が実現し（債務が履行され）、債権は目的を達成して消滅するという経過をとりますが、とりわけ契約によって生ずる債権の場合、その給付を実現するまでに一定の期間が見込まれています。この期間に債務者は履行を準備し、履行すべき期日に履行の提供をします（その意味で、債権は、将来の結果の実現に向けられた権利です）。

それが「債務の本旨に従った履行の提供」であれば、債権者がこれを受領することにより、債権はその目的を達して消滅します。この場合、「債務の本旨に従った履行の提供」であるためには、具体的に何をどのようにすればよいのか、また「債務の本旨に従った履行の提供」がないときにはどうすればよいか。大雑把にいえば、債権総則は、このような「債権の実現」に関する規律を定める部分です。それでは、次の設例で、AがBに対して50万円の支払いを求めることのできる債権に着目しながら、民法典の中で、債権総則とその他の部分との位置関係を確かめてみましょう。

〔設例〕 4月10日、AはBと売買契約を締結した結果、BはAに対し、5月10日に甲画伯の作品である絵画乙を引き渡すことを請求する権利を取得し、AはBに対して、その代金として50万円を支払うことを請求する権利を取得した。

2 債権の存在と内容の決定

まず第一に、債権が存在するかどうか、契約の場合を例としますと、当事者の間で、債権の発生原因である契約が有効に成立しているかが問題となることがあります。契約の申込みと承諾により、当事者の間で契約が成立したといえるかどうかの問題は、債権各論のうち契約総則、第2章第1節第1款「契約の成立」で規定されています。しかし形式上は契約が成立したとして

も、その契約が有効に成立し、その結果、相手方に対する債権が存在しているかどうか。この問題は、民法総則の諸規定が取り扱っています。たとえば、契約当事者の権利能力や行為能力の問題、契約を締結する際の意思表示が有効にされたかどうか、契約の締結をした代理人が代理権を有していたかどうか、その契約が実際に効力を生ずるにつき、条件・期限による制約はないか、また債権が時効によって消滅してはいないか等の問題です。

たとえば〔設例〕の場合、一応契約が成立していることが前提とされていますが、仮に絵画乙が、実は甲画伯の真筆ではなく、別の画家による模写であったとします。Bは真筆でないことを知っていれば買わなかったとして、法律行為の要素の錯誤（95条）を主張するかもしれません。その主張が認められる場合には、Bの意思表示は無効となって売買契約が無効となり、Aの代金債権も発生しないことになります。

次に契約の内容、したがって**債権の内容**は、基本的には当事者の合意によって定められます。しかし当事者の合意が存しない場合のためにその補充規定を定め、また当該契約の趣旨を生かし、公平を図るための諸制度を定めるのが、債権各論のうち、契約各論（第2章第2節〜第14節）の部分です。これは、当事者の権利義務の内容を具体化するために役立つ規定群がまとめられている領域です。〔設例〕ではAがいつ代金の支払いを請求できるか、明示されていませんが、「売買」（第2章第3節）の節に規定されている573条により、目的物引渡しの期限である5月10日と推定されることになります。

3　債権総則：債権の実現

以上のようにして、有効な契約に基づいて発生し、またその内容が明らかになった債権が、履行によって実現する過程を規律するのが、債権総則の諸規定です。これらの規定は、契約によるもののみならず、事務管理・不当利得・不法行為に基づく債権についても、その性質に適合する限りにおいて適用されます。

①第1節「債権の目的」は、債権の類型ごとに、**その債権の実現のために、具体的に何をすればよいか**を定めています。種類債権、金銭債権、選択債権とも、いつ、どのようにして給付目的が定まるのかを規定し、特定物債

権については、引渡しまでにするべき注意について定めています（〔設例〕のBの債権は特定物債権ですから、債務者Aは「善良な管理者の注意をもって」保管しなければなりません（400条））。利息債権についても、利率の定め方等、給付内容の確定方法を規定しています。

②何を給付すればよいかを確定した上で、その実現の方法について定めるのが第5節第1款「弁済」です。弁済は、債務者が弁済の提供をし、債権者がこれを受領することによって実現し、その結果、債権は目的を達して消滅します。ここでは、弁済に関連するさまざまな事務の処理に関する規定がまとめられています。また、弁済による債権の実現という本来の形とは異なる債権消滅原因が、第5節第2款以下に定められています。

なお、契約総則の「同時履行の抗弁」の規定（533条）は、弁済に関する諸規定と同じ場面で機能します。ただ、債権総則は分析的に、ひとつひとつの債権を扱うのに対し、同時履行の抗弁の規定は、対価関係にある2つの債権の関係を扱うという点に違いがあり、そのため双務契約に関する規定として、契約総則で定められています。

③債権が正常に履行されない場合、その実現を確保する（または実現しなかった場合の後始末をする）ための規定群が第2節「債権の効力」です。ここでは、正常な履行がない場合の履行強制、不履行責任の追及に関する規定がまとめられています。なお、契約総則にまとめられている契約解除の規定は、債務不履行があった場合の処理方法のひとつとして、また危険負担の規定は、正常な実現が阻害された場合における、対価関係にある2つの債権の関係を規律するものとして、いずれもこの領域に関係するものということができます。

債権者代位権、詐害行為取消権もまた、債権が正常に履行されない恐れのある場合に、その実現を確保するための制度として、この節に規定されています。

④債権は、特定の人（債務者）に対して給付を請求する権利ですが、同時に、その給付を通じて一定の財貨を手に入れる手段でもあります。この側面から見ると、債権はそれ自体、ひとつの財産権としての意味をもち、したがって譲渡の目的ともなります。第4節の債権譲渡に関する規定群は、譲渡を

めぐる利害関係者間の調整を行うためのものです。なお、譲渡の対象となる金銭債権は履行によって消滅することを目的とするものですから、本来は長期間存続するものではありません。したがって、民法が規定する譲渡の対抗要件は不動産物権の場合とは異なっています。しかし一定期間継続的に存在する集合的な将来債権の譲渡という問題が生ずることによって、不動産物権におけると同様、登記による対抗という方法もとられるようになり、従来の対抗要件との整序が新たな課題となっています。

⑤第3節に規定される多数当事者の債権関係は、債権の態様の一変型を扱うものです。すなわち、特定の債務者が特定の債権者に対して給付をするという、債権関係の基本をもとにして、**一方当事者が複数になった場合**に、誰が誰に対して、何をどのように請求することができるか、また誰が誰に対して、何をどのように給付すれば責任を果たしたことになるか、さらに複数者の一人について生じた事由が、他の者にどのように影響するかといった問題を規律しています。〔設例〕で、仮に絵画乙がAとCの共有であり、BはA・Cの2人との間で売買契約を結んだという場合、Bは絵画乙を保管しているAに引渡しを請求すればすむのか、Cに対しても何らかの行為をしなければならないのか等の問題（不可分債務の問題です）が生じます。

なお不可分債務・連帯債務と保証債務とではかなり違う面があり、不可分債務は給付目的の不可分性、連帯債務は債務者間の密接な関係が基礎にあるのに対し、**保証債務は人的担保制度**という性格を有しています。しかしここでは、多数当事者の債権関係のひとつとして整理されています。

4　物権法・親族法・相続法と債権

（1）　契約を介して取引関係に入った場合でも、債権法の規定だけを見ればよいものではありません。場合によっては、物権法や親族法・相続法の規律が問題になることもあります。たとえば〔設例〕で、絵画乙がDの所有に属していたとします。そうすると、BがAから絵画乙の引渡しを受けたとしても、DがBに対して、絵画乙は自分の物だから引き渡せと言ってくることが考えられます（所有権に基づく物権的返還請求権の行使です）。しかしBが、絵画乙がAのものでないことを過失なくして知らなかったときは、即時取得

(192条）により絵画乙の所有権を取得することができます。また契約締結後、引渡し前にAが死亡し、EがAを相続すると、EはAの絵画乙についての引渡債務を相続しますから、Bの請求に応じて絵画乙を引き渡さなければなりません。

（2）　また大雑把に、物権は人と物との関係、債権は人と人との関係にかかわると言われることもあります。しかし、物権法の諸規定は、ある物の支配・管理や使用にかかわる秩序とともに、取引による物権変動の規律をも含んでいます。ただ、不動産物権変動を例にとれば、登記により公示されるのは、あくまでも「物権の得喪及び変更」（177条）であり、債権法上の問題（たとえば債務不履行による契約の解除など）は、その原因として位置づけられ、背後に退くことになります。したがって、物権に関する事案を検討するにあたっては、同時に債権法上の問題も存在しないかどうか、注意が必要です。

また物権的請求権や、相続回復請求権など、物権法や親族法・相続法でも「請求権」と呼ばれるものがあります。これは、ある者がある者に対して一定の行為（または忍容）を請求するという点で、債権と共通する面をもっていますが、次に述べるように、その根拠が物権や家族法上の地位である等、債権法とは異なる基礎に基づくものであるため、これらを「債権」とは呼ばないというように理解しておいてください（もっとも、物権編（占有者・所有者関係）にある規定に基づくものであっても、実質的に不当利得返還請求権・損害賠償請求権の性格を有するもの（190条・191条・196条）は債権と考えることができます）。

2　債権の概念と効力――「行為」と「結果」

1　債権の概念

（1）　**1**の冒頭で見たように、債権の定義として、まず、**特定の者（債権者）が特定の者（債務者）に対して、ある特定の行為（給付）を請求することができる権利**と表現されることがあります。この表現においては、「債権」と「請求権」とがほぼ同義のものとして理解されることになります（債権法内部での「債権」と「請求権」の区別については3（3）で後述）。

しかし先に、物権法や親族法・相続法の領域でも「請求権」が認められる

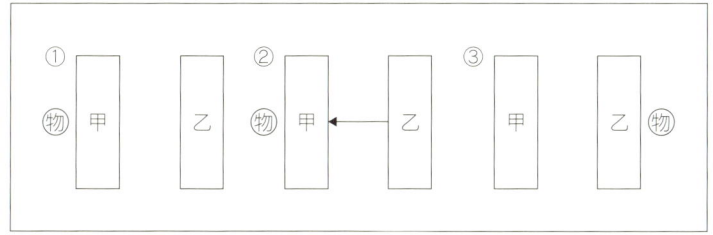

が、それらは「債権」とは呼ばれないと言いました。どこに違いがあるかは微妙ですが、前者は物権や家族法上の地位に基づき、これを貫徹するために、対立する者に対して一定の行為や忍容を請求するものである、すなわちこれらの「請求権」は物権や家族法上の地位から派生するのに対し、「債権」は、ある者が自らの意思または法律に基づいて義務を引き受けること（債務）に対応して、独自に発生するものである（その意味で「債権法」は同時に「債務法」である）ということができるのではないかと考えます。

（2）　また、債権は、もう少し詳しく、**特定の者（債権者）が特定の者（債務者）に対して一定の行為（給付）をさせ、その行為（給付）のもたらす結果ないし利益を、当該債務者に対する関係において適法に保持することができる権利**であると表現されることもあります。債権者側から見たとき、(1) の表現が債務者に対して「行為」を請求する効力を捉えるのに対し、この表現はそれによって実現するべき「結果」をも捉えています。実際、[1] 1で示したように、債権は、将来のある時点で財貨や労務を給付し、その結果として債権者に利益を与える「手段」という意味をもっています。

図に示した例を見てください。①では甲がある物を持っていますが、これを乙に与える旨の贈与契約を締結すると、②のように、乙は甲に対して、この物を引き渡すよう請求することができる、すなわち乙の甲に対する債権が発生します（図の矢印は請求権＝債権を表し、矢印の元が債権者、先が債務者を意味しています。債権者が債務者に向かって「引き渡せ」と言って手を出しているイメージですね）。この債権に基づいて乙が甲にこの物の引渡しを請求し、甲がそれに応えてこの物を乙に引き渡す（給付する）と、③のように、この物は乙のもとに移転し（結果の実現）、債権は目的を達して消滅します。すなわち債権は財

貨移転の手段として、履行期にきちんと履行されて消滅するのが本来の姿であり、このような意味で「消滅を目的とする権利」であるといわれます。

2 債権の効力

1（2）で見た債権の概念をもう少し分析的に捉えると、債権の効力として①**請求力**、②**給付保持力**、③**執行力**の3つが挙げられます。まず、債権者乙は、債務者甲に対して、債権の内容であるその物の引渡しを請求することができます（①請求力）。その請求は、単なる事実上のものではなく、法的な正当性を有するものであり、また債権の請求力は、裁判所に訴えを提起し（①請求力のうち訴求力）、さらに強制執行によって（③執行力のうち貫徹力）債権内容の実現を求める実体法上の基礎となります。次に、乙は、甲が任意で給付した物を受領し、（甲との関係では）正当に保持することができます（②給付保持力）。第三に、甲がこの物を引き渡すことができないために乙に対して損害賠償の義務を負う場合、乙は当初の債権に基づき、損害賠償請求権（金銭債権）の満足のために、甲の一般財産に対する強制執行を求めることができます（③執行力のうち掴取力）。

3 給付行為と給付結果：債権・債務の構造

（1）　上記の債権の効力を見ると、②給付保持力、③執行力とも、債権者が給付によって取得する結果（利益）を目的とするものであり、また①請求力にしても、債務者が任意で給付をしない場合に訴訟によって請求し、判決に基づいてさらに履行強制をするときは、債務者の行為によらずに、直接に結果が実現されることになります。すなわち、債権は債務者の給付行為によって実現されるものとはいいながら、債権者が給付の結果（またはそれに代わる利益）を確保することが重要な意味をもっていることがわかります。したがって、**債権者の債務者に対する請求は、単に給付の「行為」をするだけでなく、それを通じて給付の「結果」を実現することに向けられている**ということができます。

　もっとも債務者の側からすると、可能な限りの努力をしても、結果が実現できないこともありえます。たとえば、自分が所有するものと思って不動産

を売ったところ、真の所有者は別人であったため、所有者から当該不動産の所有権を取得する努力をしたがその承諾が得られず、買主に所有権を移転できないという場合です（561条参照）。この場合、債務者が誠実に最大限の努力をしたとしても、所有権移転という結果が実現できなければ、売買契約上の売主の権利移転義務（555条）を履行したということはできません。すなわち、多くの場合、債務が履行されたというためには、契約によって引き受けられた結果が実現されていることが必要です。

しかし、診療契約による医師の債務の場合、その内容は、病気を完治させることではなく、医師として求められる十分な注意を払って診察・治療をすることにあります。このように、**債務の内容が結果を実現させることではなく、債務者が目的実現のために合理的かつ最善の注意を払うことに置かれる場合、その債務を「手段債務」と呼びます**（これに対して、結果の実現を内容とする債務を「結果債務」と呼びます）。「手段債務」というのはフランスの判例・学説に由来するものであり、なお研究が進められているのが現状ですが、現在の段階では、委任・準委任契約に基づいて医師等の専門家が引き受ける債務において問題となるというように理解しておけば良いかと思います。

（2）　以上のように、債権・債務の構造を理解するためには、給付によって実現されるべき結果が重要ですが、それでもなお、**債権の直接の目的は債務者の給付行為であること**を確かめておきたいと思います。

図に示した例のように、特定した物を甲の占有から乙の占有に移すだけならば、確かに甲自身の行為が不可欠だというわけではありません。誰の手によるものであれ、適法にこの物が乙に引き渡されるという結果が実現すれば良いともいえます。しかし、図では債権を矢印で表しましたが、特定物債権ではなく種類債権である場合には、その矢印は単に物の引渡し請求だけを意味するのではありません。目的物は種類・数量・品質で指定されているだけですから、債務を負った甲のするべきことはまず、それに適合する物を市場で選び、調達してくることです。調達してきたとしても、それが乙に引き渡すべきものとして特定されないうちは、甲の関与なくして目的物を乙に引き渡すことはできません。特定してはじめて、図に示した例と同じになります。

もともと、契約には社会的分業を媒介するものとしての意味があり、現在では、社会的分業は人が自由な意思に基づいて契約を結び、自ら給付することによって互いの財貨を移転させることを通じて行われます。そして他人との間に契約を締結するのは、自分自身では十分に実現できない事柄について、その能力のある他人の力を利用するためです。それぞれが自己の利益を追求するという側面と同時に、社会全体の役割分担をしているのですから、自らの給付が相手方にとっても真に役立つものでなければなりません（もちろん、それは直接には相手方の問題ですが）。最終的な給付の交換の場面だけでなく、その準備段階をも含めて、自由な人間による社会的な意味を持つ行為として債務とその履行を考える必要があります。

（3）　なお、債権法の中においては、たとえば「代金債権」「代金支払請求権」というように、同じものについて「債権」「請求権」のどちらを使っても、あまり変わりがない場合があります。ただ、この権利を譲渡するときには「代金債権を譲渡する」という方が自然であるように、**債権の効力の全体を捉えるときには「債権」を、個別的・具体的な請求が問題になる場合には「請求権」を使うことが多い**といえます。後者の例として、賃貸借契約の場合、賃借人の債権（賃借権）は、目的物を利用させるように請求できることがその内容なのですが、賃借権に基づいて目的物の引渡しを求める「引渡請求権」、修補を求める「修補請求権」などのように、目的物の利用に必要な具体的な行為を請求するときには「請求権」が使われます。したがって、実際に使い分けられているときに、その理由を考えればよく、当面は使い分けの基準をあらかじめ考える必要はありません。

第2章 債権の目的①
総説・特定物債権と種類債権

本章のレジメ

∗ **債権の「目的」と「目的物」**:「目的」は給付行為、「目的物」は給付の対象物
　→債権が成立するための給付の要件:①適法性、②実現可能性、③確定可能性
∗ **給付の内容**:①作為給付と不作為給付、②与える給付となす給付(+担保する給付)、③可分給付と不可分給付、④一時的給付、回帰的給付、継続的給付
∗ **特定物と不特定物(種類物)の区別**
　不代替物・代替物の区別とどのように異なるか、また代替物であるが特定物として取引されるというのは、たとえばどのような場合か
∗ **特定物債権**→その物が滅失すれば給付は不能になる
　①善管注意による保存義務:義務の程度、引渡時まで存続すること(ただし履行期以後に、責任加重(履行遅滞後の不能)や責任軽減(債権者の受領遅滞)の可能性)、義務違反の効果
　②現状引渡しの原則:特定物であることから、現状で引き渡さざるをえないこと→現状で引き渡せば、完全に債務が履行されたということではない
∗ **種類債権**→(特定するまでは)市場に同種の物がある限り、不能にはならない
　①(通常の)種類債権と制限種類債権
　②目的物の品質:「中等の品質」
　③種類債権の特定:「債務者が物の給付をするのに必要な行為の完了」
　　・a)持参債務の場合、b)取立債務の場合、c)送付債務の場合
　　・取立債務の場合:「口頭の提供」との関係は?
　④特定の効果:以後、特定物債権に転換
　　　　　　　「変更権」とは?
∗ **漁業用タール事件**
　・取立債務の場合、特定のためには「口頭の提供」だけでは足りないこと
　・通常の種類債権か制限種類債権か:目的物の品質に争いがあった場合に、どのように違ってくるか
　・不能になった場合の帰責事由の問題

1 債権の目的とは

1 債権の「目的」と「目的物」

債権は、債務者に対して一定の行為（給付）を請求することのできる権利ですから、債権の「目的」とは、債権の内容、すなわち債務者に対して請求することのできる行為を意味します。たとえば400条は「債権の目的が特定物の引渡しであるときは」と定めていますが、この場合、債権の目的は「特定物の引渡し」という行為です。他方、401条では「債権の目的物を種類のみで指定した場合」、402条では「債権の目的物が金銭であるときは」と規定しています。少々言葉が短縮されていますが、この「目的物」は、債権の目的である「給付行為」の、さらにその対象を意味しています。

債権の目的である給付は、①適法であること、②実現可能なものであること、③確定可能なものであることが必要です。これは、民法総則で法律行為の有効要件とされる事柄と同じです。①適法性が要件ですから、公序良俗（90条）や「法令中の公の秩序」（91条）に反する内容の給付請求は、権利として認めることができません。②実現可能性の例としては、「一角獣」を引き渡すというように、そもそも実現不可能な場合と、遠隔地の別荘を売る契約をしたが、その別荘が契約締結の前日に焼失していた場合のように、もともと実現不可能ではなかったが、契約締結段階では不可能になっていた場合とが考えられます。前者の契約はそもそも法的な保護に値しないため、無効であるとされます。しかし後者の場合、別荘の引渡しはもはや不可能ですから、現実にこれを引き渡す債務は発生しないとしても、契約そのものは無効とされる必要はなく、損害賠償などの根拠として意味をもつと考えられます。③確定可能性は、履行の時までに給付内容を確定できるのでなければ、裁判を通じて実現をはかることができず、法的な保護が与えられないため、債権が成立するための要件とされます。ただし、「相当な額を支払う」という合意であっても、当事者の意思解釈、取引慣行やその地方の慣行等によって決定することが可能であるときは、債権として成立します（大判大正8・1・29民録25輯235頁、大判大正5・3・14民録22輯360頁参照）。

なお、399条は、債権は「金銭に見積もることができないものであっても、その目的とすることができる」と定めています。ローマ法においては債務不履行の際の強制執行は金銭執行に限られており、また名誉や感情など、金銭に評価できない人格的利益については、それを法的に十分保護することができませんでした。また旧民法（財産編323条1項）も、合意が有効であるためには金銭に見積もることのできる利益があることを必要としていました。現行民法は、金銭に見積もることができるか否かを問わず、法律上保護に値する生活上の利益を広く債権の目的とすることを明記したものです。そのようにして、ローマ法の伝統の拘束から脱し、金銭執行以外の救済方法を整備するとともに、名誉や感情の侵害についても、「無形の損害」の賠償を認めることによって救済の対象を拡大しています。

2　給付の内容

債権の目的である給付の内容は、当事者が自由に定めることができるのですが、その態様によっていくつかの種類に分けられます。

①作為給付と不作為給付　　給付の内容が積極的行為（作為）であるか、消極的行為（不作為）であるかによる区別です。作為給付を目的とする債権は、その内容をなす積極的行為が行われなければ履行がないといえますが、不作為給付を目的とする債権は、不作為の状態があれば満足され、不履行を生じてはじめて積極的に行使の必要が生じます（たとえば、夜8時以降は騒音を出さない約束をした債務者は、騒音を出さなければ、そのような約束をしたことを忘れていても、債務を履行しているのです）。作為給付と不作為給付の区別の特徴は、強制履行の方法（414条）について特に明確に表れます。

②与える給付となす給付　　これは、作為給付の内容による区別です。与える給付は、物の引渡しを目的とするもの、なす給付は、物の引渡し以外の作為を目的とするものです。与える給付は、目的物の引渡しという結果が実現されれば、必ずしも債務者自身の行為によることは重要ではありませんが、労務の提供や委任事務の処理など、なす給付の場合は債権者・債務者間の人的信頼関係が重要な意味をもち、原則として他人によることはできません。この区別の特徴も、強制履行の方法について明確に表れます。

＊与える給付・なす給付に加えて、「担保する給付」が挙げられることもあります（於保不二雄『債権総論〔新版〕』25～26頁参照）。保証人は、主債務者が履行できないときに代わりに履行するものですが、主債務者が履行できれば、債権者に対して具体的に支払い等をすることはありません。そして保証料をとって保証人になっている場合、主債務者が自ら履行して保証人に負担をかけることがなかったときでも、保証料は返還されません。保証人が保証を引き受けることによってはじめて主債務者は融資を受けることができ、その時点で主債務者は保証の利益を受けているからです。このことは、給付の本体が、主債務を「担保された状態」に置くこと（それによって債権者による信用供与を可能にすること）にあることを、端的に表しているということができます。

③**可分給付と不可分給付**　給付の価値を害することなく、給付を分割的に実現することができる場合が可分給付、できない場合が不可分給付です。物理的には分割可能であるが、当事者の意思によって不可分とされることもあります（ある人の作品が全集になっている場合において、各巻は内容的に独立しているが「分売不可」とされるときなどです）。この区別は、契約の一部についてしか履行がされなかった場合、全部について解除ができるかどうか、また債権者または債務者が多数であった場合などに意味を有します。

④**一時的給付・回帰的給付・継続的給付**　給付の実現が一回ですむものを一時的給付、反復的に行われるものを回帰的給付、不断に継続して行われるものを継続的給付といいます。たとえば家屋の賃貸借の場合、契約開始時に賃貸人が賃借人に引き渡し、また契約終了時に賃借人が賃貸人に返還することは、一時的給付として行われます。賃料を毎月支払う賃借人の債務は回帰的給付、契約期間中、目的家屋を賃借人の使用に委ねるべき賃貸人の債務は継続的給付として実現されます。回帰的給付・継続的給付については、信義則や事情変更の原則などが重要な意味をもつ度合いが大きくなります。

2　特定物と不特定物（種類物）の区別

特定物の引渡しを目的とする債権（400条）が特定物債権です。**特定物**とは、具体的な取引において、当事者が給付の目的物をその物（その個体）に

限定して定めたものです。**不特定物（種類物）とは、具体的な取引において、当事者が給付の目的物を種類と数量のみで定めたもの**（401条）であり、給付の目的物をこのように定めた債権が不特定物債権（種類債権）です。

特定物・不特定物の区別が当事者の主観的基準によるものであるのに対し、物の個性に着目し、**客観的に見て、他の物（個体）で代えることのできないものを不代替物、他の物で代えることのできるものを代替物といいます**。不代替物の典型例としては、不動産や芸術家の作品を、代替物の典型例としては、大量に作られた商品を挙げることができます。

不代替物の場合は、他の個体で代えることは通常想定できませんから、多くの場合は特定物として取引されると考えられます。しかし代替物の場合も、具体的な取引において、特定物として取り扱われることがあります。例を挙げてみましょう。

〔設例1〕①Bは、高名な作家Aが書き込みをしながら使用した岩波文庫の『今昔物語』を所有している。AのファンであるCは、Bからこの本を50万円で買う契約をした。

②工務店を営むDは、顧客Eから、工事代金の代わりとして、コート20着を受け取った。Dは、衣類については販路を持たないので、知人の洋品店主Fに、20着を合計60万円で売る契約をした。

①の場合、この『今昔物語』は古本であり、客観的には代替物にあたります。したがって、Bがこれを紛失したときには、代わりの『今昔物語』を古書店で買ってきてCに渡せばよさそうにも思われます。しかしCはこの本はAが使用していたものであるという個性に着目したからこそ、50万円で買うこととしたものですから、それでは目的を達することができません。この取引は、特定物売買として行われたものということができます。

②の場合、この20着のコート自体には、特別な個性があるわけではありません。しかしDは、偶然の成り行きにより、分野違いの商品を入手するに至り、これを処分して現金に代えるためにFに売る契約をしたものです。いわば「現品限り」の取引であり、仮にこのコートが滅失してしまった場合にも、Dが同種のコートを市場から入手してFに渡すことは想定されていませ

ん。したがってこの取引も、特定物売買ということができます。

　＊なお、不動産の場合にも、分譲地の同規格の区画や、分譲マンションの同規格の部屋などは不特定物と捉えることができるのではないかとも考えられます。しかしいずれも、その位置などによって個性があり、その中のどれを給付してもよいというものではないでしょう。同規格の区画・部屋のうち一つを買うという場合には、むしろ選択債権にあたると考えられます。

③　特定物債権

1　善管注意による保存義務

　②で見たように、特定物とは、当事者が給付の目的物をその物（その個体）に限定して定めたものです。したがって、その目的物が滅失したときは、仮に同種の物が市場にあっても、特定物給付は不能となってしまいます。そのようなことにならないよう、特定物債権の債務者は、引渡しをするまで、善良な管理者の注意をもってその物を保存する義務を負います（400条）。

　＊なお、特定物債権は、②の〔設例1〕のような売買の場合だけでなく、賃貸借や寄託の目的物を返還する場合にも問題となります。したがって、そのような場合にも、債務者は善管注意義務を負担することに注意してください。

　「善良な管理者の注意」とは、当該行為について、その職業・地位・立場における標準人が果たすべき注意を意味します。すなわち、場合によって注意の程度に軽重があってよいというのではなく、上記の標準人に一般的に要求される程度の注意が求められるのです。これが民法上の注意義務の原則であり、法律が特に注意義務を軽減する場合には、債務者本人の具体的な注意能力に応じた注意をもって足りるものとしています。無償で寄託を受けた者は「自己の財産に対するのと同一の注意をもって」寄託物を保管する義務を負うと定めている659条は、その例です。

　上記の注意義務は、引渡しをするべき時（履行期）ではなく、実際に引渡しをするまで存続します。もっとも、履行期以後、債務者の履行遅滞により引渡しがされないときは、債務者の責任が加重され、債権者の受領遅滞により引渡しがされないときは、債務者の責任が軽減されます。したがって、履

行期以後にも債務者がそのまま善管注意義務を負うのは、履行期に履行しないことが不可抗力による場合や、債務者に留置権・同時履行の抗弁権など、履行しないことを正当とする事由がある場合に限られることになります。

善管注意義務に違反して目的物を滅失・損傷させたときは、債務不履行として、損害賠償の責任を負うことになります（415条）。

2 現状引渡しの原則

特定物債権について、弁済をする者は、「その引渡しをすべき時の現状で」目的物を引き渡さなければなりません（483条）。したがって、履行期までに目的物が損傷した場合でも、引渡しをするべき時の現状のままで引き渡せば足り、修繕等をする必要はありません。ただし、このことは、目的物が特定物であるため、他の物で代えることができないことの帰結であって、現状のままで引き渡せば債務が履行されたことになるというわけではありません。その損傷が債務者の善管注意義務違反によるものである場合には、上記のように損害賠償の責任を負うことになります。

なお、「引渡しをすべき時」は履行期であって現実の引渡時ではありませんが、上記のように目的物が特定物であることからすれば、引渡し自体は引渡時の現状でせざるをえません。しかし、履行期以後、引渡しまでの間、債務者が1で見た注意義務をもって保管をするにあたり、履行期の現状で引き渡すべきことがその基本となるものと考えます。ただ、引渡しまでに目的物の状態が悪化した場合には、483条自体ではなく、引渡しが遅れた理由や状態悪化の原因に即して、債権不履行や危険負担の問題として処理されることになります（中田裕康『債権総論〔新版〕』309頁）。

> ＊483条の趣旨としては、特に債権発生当時の状況において引渡しをするべき旨を定めていない以上、引渡しをするべき時の状況において引き渡すべきことは当然であると説明されます（梅謙次郎『民法要義巻之三債権編』256頁）。引渡しまでの時間の経過による自然な変化は、当事者間で想定されているということでしょう。また、有利な変化について、債権発生当時、目的物である樹木には実がなかったが、引渡しをするべき時までに実をつけた場合、債権発生当時に実がなかったことを理由に、引渡前に実を取ることはできないと説明されています（梅・257頁）。もっとも、売買の場合につき、引渡前に

生じた果実は売主に属すると規定されている（575条1項）のは、重要な例外です。

4 種類債権

1 種類債権と制限種類債権

種類債権は、当事者が給付の目的物を種類と数量のみで定めたものですから、市場にその種類の物が存在する限り、履行は不能になりません。例を出して考えてみましょう。

〔設例2〕①AはBに、コシヒカリ上等米20俵を売り、今月30日までにBの倉庫に20俵を届ける旨の合意をした。Aは市場から20俵を仕入れてBのもとに届ける準備をしていたが、20日に泥棒が入り、この20俵を盗まれてしまった。
②AはBに、Aの倉庫内のコシヒカリ上等米50俵のうち、20俵を売る契約をした。Bの倉庫に届ける期日の前に、このうち20俵が盗まれてしまった。
③AはBに、Aの倉庫内のコシヒカリ上等米50俵のうち、20俵を売る契約をした。Bの倉庫に届ける期日の前に、50俵すべてが盗まれてしまった。

①の場合、給付の目的物は、「コシヒカリ上等米20俵」というように種類・品質・数量のみで定められていますから、この条件に合うものであればよいことになります。この条件に合うものは市場から調達することが可能ですから、まだ給付は不能になっていません。したがってAは、契約に基づく義務の履行として、再び市場から20俵を調達して、30日までにBに引き渡さなければなりません。

＊特定物給付の場合、その物が滅失すれば給付が不能となるため、そうならないように善管注意による保管義務がありました。種類物給付の場合には、不能にはならないのですから、そのような義務はありません。しかし、それは同時に、可能である限り市場から調達することを必要とするものですから、外国の工芸品など、調達コストが高い場合、不能にならないことは、債務者にとって負担が重いこともありえます。

これに対して②③の場合、「コシヒカリ上等米20俵」には、さらに「Aの

倉庫内の」という限定がかかっています。このように、**種類・数量による定めのほかに、さらに特別の限定を加えた場合、これを目的物とする債権を制限種類債権**といいます。②の場合、50俵のうち20俵が盗まれた結果、Aの倉庫内にはまだ30俵残っていますから、AはBに対してその中の20俵を引き渡すべきことになります。この場合には、Aの債務はまだ不能になっていません。しかし③の場合には、50俵全部が盗まれ、給付の目的物として予定されていたものはすべてなくなってしまったのですから、給付は不能となります。

2 目的物の品質

〔設例2〕では、「上等米」というように、目的物の品質を当事者が定めています。しかし「法律行為の性質又は当事者の意思によってその品質を定めることができないときは」、債務者は**「中等の品質」**の物を給付するべきものとされます（401条1項）。もし「中等」に達しない物を提供したならば、その提供は債務の本旨に従ったものとはいえず、債務不履行ということになります。

3 種類債権の特定

目的物を種類・数量で定めた場合でも、債権者に引き渡されるまでの間に、どこかの段階で具体的に選定する必要があります。**種類債権の目的物として、現実に給付するべきもの（個体）を具体的に確定することを、種類債権の特定**といいます。

特定の方法には、3種類あります。第一に、両当事者の合意によって特定する場合です（明文はありませんが、当然に可能です）。たとえば、「丹波産松茸　上等品10キログラム」をBに引き渡す債務を負ったAが、産地から松茸を仕入れ、10キロずつ箱に入れて分けた上で、どの箱にするか、AとBが相談して決めるような場合です。第二に、「債権者の同意を得てその給付すべき物を指定」する場合です（401条2項）。上記のケースで、BがAに対して「任せるから良さそうな物を選んでくれ」と言い、Aが選ぶような場合です。

第三に、**「債務者が物の給付をするのに必要な行為を完了」**した場合です

（401条2項）。それが具体的にどのような場合であるかは、当該債権の履行形態によって異なります。

（1）持参債務の場合 債務者が目的物を債権者の住所または合意した履行地に持参して引き渡すべきとき（持参債務）は、その場所で「現実の提供」（493条本文）、すなわち債権者が受領しさえすればよい状態に置くことが必要です。したがって、持参債務の場合には、履行地に送付するために運送人に引き渡しただけでは、目的物は特定しません（大判大正8・12・25民録25輯2400頁参照）。

（2）取立債務の場合 債権者が債務者の住所にきて、目的物を取り立てて履行を受けるべきとき（取立債務）は、取立てという債権者の行為が必要ですから、引き渡すべき目的物を分離した上で、弁済の準備をしたことを債権者に通知し、その受領を催告した時に特定します。

なお、債権者に「弁済の準備をしたことを通知してその受領の催告」をすることは、493条ただし書所定の「口頭の提供」にあたります。その要件がある場合に、債務者の債務不履行責任を免責する（492条）ためには、目的物の分離をしなくても「口頭の提供」をすれば足りるのですが、目的物の特定のためにはそれだけでは足りず、目的物の分離等が必要です（最判昭和30・10・18民集9巻11号1642頁およびその差戻審判決である札幌高裁函館支判昭和37・5・29高民15巻4号282頁参照）。

（3）送付債務の場合 債権者または債務者の住所以外の第三地に目的物を送付するべきとき（送付債務）は、債務者が目的物を分離して、それを第三地に発送した時に目的物は特定します。

　＊通説では、送付債務の場合において、第三地が履行地であるときは持参債務と異なるところがないが、債務者が債権者の要請により好意で第三地において引き渡す場合には、第三地に向けて発送することによって特定すると説明されています（我妻栄『新訂債権総論』32頁（1964年））。しかしここでの問題は、引渡しの場所よりも、債務者がどこまでのことをするべきかという点にありますから、本文では前田達明『口述債権総論第3版』43頁（1993年）に従い、前者の場合を持参債務に含めて説明しました。484条にいう「弁済をすべき場所について別段の意思表示」がある場合に、その場所で「現実の提供」をするべきであるということになります。

4　特定の効果

種類債権の目的物が特定したときは、以後、その物が債権の目的物となります（401条2項）。**すなわち、この時点以後、特定物債権に転換します。**

その結果、債務者は、特定した物について400条所定の保管義務を負い、その物が滅失すれば引渡義務が消滅します。滅失・損傷について債務者に帰責事由があるときは、債務者は損害賠償義務を負い、帰責事由がないときは、双務契約によって生じた債権であれば危険負担（対価危険）の問題となって、債権者が危険を負担することになります（534条2項）。また、判例によれば、特定によって直ちに目的物の所有権が買主に移転します（最判昭和35・6・24民集14巻8号1528頁）。

なお、特定した後でも、もともと不特定物だったのですから、同種・同量の物の給付は可能です。したがって、特定した後で目的物が滅失した場合に、同種・同量の他の物を引き渡したとしても、債権者に特段の不利益がない限り、債務の履行と認めることに差し支えはありません。このように、実際に引き渡すべき目的物を特定後に変更することが信義則上認められ、**変更権**と呼ばれています。

5　判例を見る——漁業用タール事件

1　事件の概要

本章で説明した内容が実際に争点となり、さらに他の問題にも関連する点を示した最高裁判決が、漁業用タール事件（前掲最判昭30・10・18）です。本章で示した概念がどのように用いられるか、少し見ておきましょう。

Ｘ（漁業共同組合）は、Ｙから網の腐食を防ぐための漁業用タール2000トンを買い受け、見積価格49万5000円のうち、手付金20万円をＹに交付しました。引渡しは、必要のつどＸが申し出て、Ｙの指定する場所にドラム缶を持ち込んで受領するというものでした（取立債務ですね）。Ｙはこのタールをａ製鉄所から買い受けて、Ａの構内の溜池に貯蔵していました。

引渡期日までに、Ｙは10万7500円分のタールを引き渡しましたが、その後、Ｘはタールの品質が悪いとしてしばらくの間引き取りに行きませんでし

た。その間Yは、引き続き人夫を配置し、凍結防止のスチームを設置するなどして引渡しを準備していましたが、費用がかさむことからスチームを撤去し、人夫を引き揚げ、監視人を置かなかったところ、A製鉄所に労働争議が起こり、労働組合員が溜池の中のタールをすべて他に処分してしまいました。その後、Xが受領場所の指定を催告した上で、残りの分について契約を解除し、手付金と引渡済み分との差額の返還を請求しました。

2 原判決の判断と最高裁の判断

原判決は、本件売買契約が当初から特定物を目的としたものかどうかは明らかでないとしつつ、Yが引渡しをするのに必要な行為を完了した時に特定は生じており、その時からYは善管注意義務を負っていた、そして本件タールの滅失による履行不能はYの帰責事由（善管注意義務違反）によるものであるから、Xの契約解除（543条）は認められるとして、Xの請求を認容しました。「物の給付をするのに必要な行為の完了」による特定→400条の善管注意義務の発生とそれに対する違反という論理をとっています。

これに対して最高裁は、本件売買は不特定物売買と認められるとした上で、原判決は「本件目的物はいずれにしても特定した」としているが、どのような事実により「債務者が物の給付を為すに必要なる行為を完了」したとするのか明らかにしていないと指摘、「本件目的物中未引渡の部分につき、Yが言語上の提供をしたからと云って、物の給付を為すに必要な行為を完了したことにならないことは明らか」であると述べて、原判決を破棄し、差し戻しました。特定のためには「口頭の提供」だけでは足りないことを明らかにし、特定したことを前提として善管注意義務が発生したとする原判決の判断も誤りであるとしたものです。

3 通常の種類債権か制限種類債権か

同時に最高裁は、Xの債権が通常の種類債権か、制限種類債権かを確定する必要について述べ、通常の種類債権ならば履行不能は生じないのに対し、制限種類債権ならば履行不能が生じうる一方、目的物の良否は問題にならず、もし品質が悪いと言って取りに行かなかったとすれば、Xは受領遅滞の

責めを免れないことになるかもしれない、と説明しています。
　すなわち、4 2 で説明した通り、通常の種類債権ならば、品質について約束がなければ「中等の品質」のタールを提供する必要があり、提供したタールがその品質に達しなければ、債務の本旨に従わないものとしてXは受領を拒絶できます。しかし制限種類債権であり、目的物がA製鉄所の溜池にあるタールに限定されているのならば、他から適切なタールを調達して提供することは想定されていません。したがってその範囲の物につき、品質に問題があるのなら、瑕疵担保責任（570条）により契約の解除等をするべきであって、それをしないまま単純に受領を拒絶すれば、かえってXが受領遅滞（413条）に問われる恐れがあります。すなわち危険負担の法理により、場合によってはXが全量分の代金を支払わなければならないことになる可能性もあります。この点は、本件では実際の争点にはなりませんでしたが、給付の目的物が特定しているか否かという問題が、展開する方向のひとつを示しています。

4　差戻審の判断

　最高裁の差戻しの判断を受け、前掲札幌高裁函館支判昭和37・5・29は、Xの債権を制限種類債権であると判断した上、Yは履行の準備をし、口頭の提供をしただけであって、Xに引き渡すべきタールを分離する等、物の給付をするのに必要な行為を完了したことは認められないから、未引渡部分がそれによって特定したとはいえない、しかし特定の溜池に貯蔵中のタールが全量滅失したのであるから、Xの残余タール引渡債権は履行不能に帰したものと判示しました。
　そして、この履行不能がYの帰責事由によるものか否かを論じ、制限種類債権においては少なくとも目的物の保管につき自己の財産におけると同一の注意義務を負うとしました（この点、根拠がよくわからないのですが。下記＊参照）。そして本件の場合、溜池はA製鉄所の構内でその管理下にあり、第三者がみだりに構内に出入りすることができない状況下にあったため、Yが格別の保管措置を講じなくとも盗難による紛失の恐れがないと考えたものであり、Yは上記の注意義務を十分尽くしたと述べ、Xの解除の意思表示は無効

であるとして、Xの請求を退けました。

* 〔設例2〕②③の例で見ると、Aの倉庫の扉が破られ、倉庫内のコシヒカリ50俵すべてが盗まれればBへの履行ができなくなりますから、①の場合と同様の厳重な管理が必要であると考えます。Yの責任の軽減は、制限種類債権であることよりも、Xが受領しなかったこと（受領遅滞）によるのではないかという疑問を持っています。

5 このケースが示すもの

本最高裁判決と差戻審判決を見ると、「物の給付をするのに必要な行為の完了」というためには、口頭の提供にあたる事実の他に、目的物の分離だけでよいかどうか（たとえばそれによって特定物債権となり、534条1項により債権者が危険を負担するといってよいか——もっとも、これは「特定」の問題ではなく、534条の解釈の問題かもしれません）、上記＊で示したように、制限種類債権の場合、債務者は自己の財産におけると同一の注意義務を負うと一般的にいってよいか等、なお疑問が出てきます。そのような疑問を留保しつつも、①種類債権の特定の要件をどのように考えるか、②給付目的の特定が、債務者の不履行責任の方向とともに債権者の受領遅滞の方向にも展開しうること、③履行不能の帰責事由に関する具体的な判断など、このケースは、多くの基本的な問題を考える手掛かりとなります。同時に、債権総論の中の種類物の特定、弁済の提供、受領遅滞の規定、債権各論の中の契約解除、危険負担、瑕疵担保責任の規定など、離れた所にある規定を関連させて使いこなす恰好の素材ともなります。

第3章　債権の目的②
金銭債権・利息債権・選択債権

> **本章のレジメ**
>
> **＊金銭債権**
> 1) 意義　金銭の「価値」を移転すること→どの通貨で払っても目的を達し、また何らかの通貨が強制通用力を有するかぎり、履行不能にもならない
> 2) 金銭債権の原則―名目主義：貨幣価値の変動（旧金貨と銀貨の相場の変動など）があっても額面を基準とする←インフレーションによる預金や債券の目減りは？
> 3) 金銭債権に関する民法規定：どの通貨を使って支払ってもよいが、特定の通貨により弁済する特約をすることも可能である→その通貨が強制通用力を失った場合には、他の通貨で弁済する必要がある（金貨の通用停止など）
> 外国の通貨による支払い：外国の通貨を給付するべき場合と、外国の通貨によって債権額を表示するべき場合との区別
>
> **＊利息債権**
> 1) 意義　元本の収益として、元本額と使用期間に応じて、一定利率で計算された金銭その他の代替物。利息は、利息契約または法律の規定がある場合にのみ発生する
>   a) 元本債権と利息債権→基本権としての利息債権と、支分権としての利息債権
>   b) 利息と遅延損害金：遅延損害金の算定方法：基本は法定利率、法定利率を超える利息契約があれば約定利率。遅延損害金は利息契約がないときでも発生する
> 2) 利率と重利に関する民法規定：法定利率（民事5％、商事6％）。重利の特約は有効（ただし、利息制限法の制約あり）。なお、特約がない場合の法定重利の規定
> 3) 高利の規制　利息制限法旧1条2項：制限超過利息も、任意で支払ったときは返還請求できない→最高裁による空文化→貸金業法による「みなし弁済」→最高裁は、貸金業法の手続規定を厳格に解し、過払い分の返還を認める→「みなし弁済」の廃止と、利息制限法1条2項の削除
>
> **＊選択債権**
> 1) 意義　数個の異なる給付が選択的に債権の目的となっている場合→給付や強制執行のためには、選択がされる必要がある←制限種類債権とはどう違うか、また「任意債権」とは何か？
> 2) 選択による特定：特約がなければ債務者による選択→選択しない場合の選択権移転。給付の一部が不能になった場合はどうするか？

1　金銭債権

1　意　義

金銭債権とは、一定金額の引渡しを目的とする債権（金額債権）**をいいます**。たとえば「AはBに10万円を支払う」という内容をもつ金銭債権は、AがBに対して、10万円の価値を移転することを本質的な内容とします。したがって、2で見るように、どの通貨で支払っても目的を達しますし、**何らかの通貨が強制通用力を有している限り、履行が不能になることもありません**。

これに対して、特定の番号の付された1万円札を展覧会用に借りた場合、その引渡しを請求する債権（特定金銭債権）は特定物債権、また、長野オリンピック記念の1000円銀貨10枚の引渡しを求める債権（絶対的金種債権）は通常の種類債権であって、いずれもここでいう金銭債権とは区別されます。その貨幣の個性が問題であって、一定金額の支払いを本質とするものではないからです。

他方、1000円札で10万円を支払うというように、一定金額の金銭を特定の種類の通貨で支払うことを合意した場合、この債権（相対的金種債権）は金銭債権です。

2　金銭債権の原則――名目主義

金銭債権の内容は、貨幣による一定金額の価値の移転ですが、**その価値は、貨幣価値の変動があっても、債権の実質的価値**（実価主義）**ではなく、額面を基準とします**（名目主義）。現行民法が成立した時期においては、まだ金本位制が確立しておらず、金貨1円と銀貨1円とでは実質的価値が異なりうる状況でしたが、額面が基準となりますから、債務者は、金貨で借りた1円を銀貨で返すことができます（402条1項本文）。

また、インフレーションにより貨幣価値が下落した場合にも、貨幣価値の換算をすることなく、額面金額によって弁済すれば足ります（最判昭和36・6・20民集15巻6号1602頁――昭和9年売出しの債券につき、戦後、貨幣価値が300分の

1に下落した場合であっても、特約のない限り、債券面記載の償還金額を支払えばよいとしました）。事情変更の原則によって債権額の評価変えをすることも考えられますが、当該契約――売買とか賃貸借とか――の中に評価変えを妥当とするような趣旨を見出すことができ、当該事案限りでの解決をはかることができる場合はともかく、貨幣価値の変動という事実だけで個々の裁判所が実価主義をとると大きな混乱を招くため、名目主義を維持し、必要があれば、あらかじめ特約によって対応するのが適切であると考えます。

3 金銭債権に関する民法規定

（**1**）　402条1項本文は、**金銭債権の債務者は、その選択に従い、各種の通貨で弁済することができる**と定めています。「各種の通貨」とは、立法時には、貨幣の実質的価値がどうであれ、1円の債権を金貨で支払っても銀貨で支払ってもよいという趣旨だったのですが、現在では金貨の流通は停止されていますから、例を挙げるならば、10万円の債権を1万円札10枚で支払っても1000円札100枚で支払ってもよいということになります。

> ＊通貨とは、法律により国内における強制通用力を認められた貨幣をいいます。債務の弁済につき、紙幣（日本銀行券）は無制限に通用しますが（日本銀行法46条2項）、硬貨（狭義の貨幣）は額面金額の20倍までに限り、強制通用力を有します（通貨の単位及び貨幣の発行に関する法律7条）。したがって、10万円の債務の弁済のために100円硬貨1000枚を提供しても、債権者は受領を拒絶できます。

このように、各種の通貨をすべて額面通りに評価し、金銭債務の弁済のためにどの通貨を用いてもよいとする一方、民法は、**当事者の合意で特定の種類の通貨の給付を債権の目的とする**ことを認めています（402条1項ただし書）。すなわち金貨で弁済する合意をすれば、債務者は金貨を給付する必要があるわけです。

しかし、当事者が合意した特定の種類の通貨が強制通用力を失った場合にはどうするか。金銭債権は、金銭の価値を移転することを内容としますから、給付が不能になることはないのですが、当事者が給付目的を限定している以上、その種類の通貨を給付しなければならないとすると、金貨の流通が

停止された場合、市場で入手できない金貨を古銭商から調達して給付するべきことになりそうです。しかし、もはや金貨は通貨としての意味を失っている一方、金銭債権の弁済は通貨によってされなければならないのですから、402条2項は、この場合、債務者は他の通貨——銀貨・紙幣など——で返済しなければならないと定めています。

　（2）　402条3項は、（1）の規律が「外国の通貨の給付を債権の目的とした場合」に準用されると規定し、403条は、「外国の通貨で債権額を指定したときは、債務者は、履行地における為替相場により、日本の通貨で弁済をすることができる」と規定しています。**前者は、債務者が外国の通貨で支払う義務を負う場合、後者は、外国の通貨によって債権額を表示しているが、必ずしも外国の通貨で支払う必要がない場合に適用されます**。立法の審議の中では、前者は日本人Aが日本人Bとパリで500フラン支払う約束をして、Aがパリで支払う場合には、フランスの強制通用力ある通貨であればどれでもよいという趣旨であり、後者は、同様の場合にAが日本で支払う場合であって、このときには両人の意思はフランスの通貨で支払うというものではなく、履行地の為替相場で日本の通貨で支払えばよいという趣旨である、フランスの書店に本を注文し、その代金を日本にいるその書店の債権者に支払う場合も同じである、と説明されています（『史料債権総則』40頁）。

　なお、403条の場合、外国の通貨によって支払うこともできるのですが、条文の上では「債務者は」日本の通貨で弁済をすることができると定められています。しかし判例によれば、同条は債権者が外国の通貨で請求したときに債務者が日本の通貨によって弁済できることを定めたのみであり、債権者も日本の通貨による弁済を請求することができます（「**任意債権**」。最判昭和50・7・15民集29巻6号1029頁）。

　＊上記最高裁判決の事案は、復帰前の沖縄で、保証極度額を25万ドルと定めて保証契約が締結された事件で、債権者が保証人に対し、9000万円を支払えと請求したのに対し、保証人が、403条によれば日本の通貨による弁済を選択する権限はもっぱら債務者に属し、債権者が日本の通貨による支払いを請求することはできないと主張したのに答えたものです。

2 利息債権

1 意　義

利息とは、元本の収益として、元本額と使用期間に応じて、一定利率によって計算された金銭その他の代替物であり、利息債権は、利息の給付を目的とする債権です。

〔設例1〕AとBとの間で消費貸借契約を締結し、Bは3年後に返還する約束で、Aから100万円を借りた。その際、AとBは、元本に対して年10％の利息を支払う旨の合意をした。

〔設例1〕の場合、借主Bは3年間、この100万円（元本）を運用する利益を取得します。その際、元本に対して年10％の利息の支払いを合意した結果、AはBに対して利息債権を取得します。この場合、利息は、経済的には元本使用の対価（元本の使用料）としての意味を有します。

(a) 元本債権と利息債権　〔設例1〕のケースで、AB間で、利息は契約締結時から1年を経過するごとに支払うという合意をしていたとします。この場合、Aは3年後を履行期とする100万円の元本債権と、1年ごとに元本の10パーセントの支払いを請求できる利息債権とを有しています。そして契約締結時から1年を経過した時に、AはBに対して実際に、100万円の10％の利息、10万円を支払うよう請求することができます。

このように、履行期に達した後、利息として現実に金銭等を支払うことを内容とする債権を、**支分権としての利息債権**といいます。これに対して、元本の存在を前提として一定期間の経過により一定利率の利息を支払うことを内容とし、支分権としての利息債権発生の基礎となる債権を、**基本権としての利息債権**といいます。上記の例で、契約締結時から半年を経過した段階では、支分権としての利息債権はまだ発生していませんが、基本権としての利息債権は発生しています。

基本権としての利息債権は、元本債権が消滅すれば消滅し（すなわち、元本債権が完済されれば、もはや利息は発生しません）、また元本債権が第三者Cに譲渡されたときは、元本債権に伴ってCに移転します。すなわち、以後の支分

的利息債権はCのもとで発生することになります。これに対して支分権としての利息債権は、一度発生すれば、元本債権とは独立の債権となります。したがって、元本債権が弁済によって消滅した場合でも、既に発生した支分権としての利息債権は消滅せず（もっとも、元本債権が時効によって消滅すると、消滅時効には遡及効がありますから（144条）、時効期間中に発生した支分権としての利息債権も発生しなかったことになります）、元本債権がCに譲渡されたときでも、既に発生した支分権としての利息債権はCに移転しません。また、既発生の支分的利息債権だけを独立に譲渡することも可能です（なお、未発生の支分的利息債権を元本債権から切り離して譲渡することも、将来債権の譲渡として認められますが、第三者に対抗するためには対抗要件を備える必要があります）。

（b）利息と遅延損害金 債務者が、履行期が到来しても元本の返還をしない場合には、損害賠償として遅延損害金を支払う義務を負担します。〔設例1〕のケースで、履行期である3年後にBが元本の返還ができず、さらに1年経過した後に元本の返還をしたとします。Bは、3年目までは契約に基づく元本使用の対価として利息を支払う義務を負いますが、4年目については履行遅滞による損害賠償として遅延損害金を支払うことになります。

遅延損害金の額も、利息と同様、元本額と遅延期間に応じ、一定利率によって算定されます（そのため、遅延損害金は「遅延利息」と呼ばれることもあります）。これについては419条1項が、原則として法定利率、約定利率が法定利率を超えるときは、約定利率によると定めています。〔設例1〕のケースでは、約定利率が10％ですから、4年目についても10％、すなわち10万円を支払うことになります。金額は3年目までと同じですが、3年目までは元本使用の対価としての利息、4年目は損害賠償としての遅延損害金であり、法的性質が異なります。その違いは、利息についての合意がなかった場合にはっきりと表れます。すなわち、〔設例1〕のケースで利息の合意がなければ、3年目までは何も支払う必要がありませんが、4年目については法定利率（404条）により、5％、すなわち5万円の遅延損害金を支払う必要が生じます（419条1項）。3年目までは契約により、無償で元本の使用が認められますが、4年目には履行遅滞となっているために、法律に基づいて（415条前段）損害賠償責任が発生するためです。

2 利率と重利に関する民法規定

(1) 利率について 利息債権は、当事者の合意または法律の規定によって発生します。したがって、民事取引においては、利息を付するという合意がなければ利息債権は発生しません。利息を付するという合意がされ、しかし利率について合意がない場合には、法定利率（404条）として年5％で計算されます。これに対して商人間で金銭の消費貸借をしたときは、貸主は法定利息を請求することができ（商513条1項）、商事法定利率は年6％です（商514条）。いずれの場合も、当事者が約定利率を定めているときは、（利息制限法の制限の範囲で）約定利率によって計算されます。

民事法定利率は、法律によって利息が生じる場合にも基準となります。1で見た遅延損害金はその例であり、不法行為による損害賠償については、不法行為時から支払いがされるまで年5％の遅延損害金が付せられます。ただし、立法時には、法定利率はその国における最も普通の利率であるべきだという理由で年5％とされたのですが（『史料債権総則』46頁）、異常な低金利が続いている日本の現状において、年5％が適切か否かについては、議論の対象となっています。

  ＊生命侵害における逸失利益の算定において、被害者の逸失利益を現在の価額に換算するために中間利息の控除がされますが、最判平成17・6・14民集59巻5号983頁は、原審が経済の状況を考慮に入れて中間利息の控除割合を3％としたのに対し、事案ごと・裁判官ごとに判断が区々になることは好ましくないとして、民事法定利率によるべきものと判示しました。

(2) 重利について 期限の到来した利息を元本に組み入れて、これを元本の一部として利息を付することを重利（複利）といいます。これによって元利金が急激に拡大するおそれがあるため、一般に重利を許すべきかどうかが問題となりますが、わが民法では制限していません。したがって、重利の特約は有効ですが、利息制限法による制約を受けます。

  ＊最判昭和45・4・21民集24巻4号298頁は、年数回の利息の組入れを約する重利の予約は、毎期における組入れ利息とこれに対する利息の合算額が、本来の元本額に対する関係において、1年につき利息制限法所定の制限利率により計算した額を超えない限度においてのみ有効であると判示しています。

重利の特約がない場合でも、利息の支払いが1年分以上延滞し、債権者が催告をしても、債務者がその利息を支払わないときは、債権者はこれを元本に組み入れることができます（405条）。これを**法定重利**といいます。〔設例1〕のケースで、利息は1年ごとに支払うという合意をしていた場合、契約締結から1年経過した時にBが利息を支払わないならば、Aは上記の手続をとった上で、1年目の利息を元本に組入れ、以後、元本を110万円として計算をすることができます。しかし上記の手続をとらずに、利息の支払いがされないまま3年経過したときは、AはBに対して、元本100万円と、3年分の利息として30万円（10%×3）を請求することができるにとどまります。

3　高利の規制

　生産事業のために融資がされた場合、利息はその事業の収益の一部として貸主に支払われます。したがって、貸主と借主とが対等に交渉するものである限り、利率は事業による利益率を超えることはありませんから、市場法則によって合理的な範囲におさまるものと考えられます。しかし、消費のために融資がされた場合、借主はそれによって財産を増やすことはなく、将来の収入の先取りをするにとどまります。このような融資の場合、貸主は、貸し倒れのリスクを吸収させるために高い利率を求める傾向があります。またそのような必要に迫られた借主には、消費者であれ、零細事業者であれ、利率について交渉をする余地がないのが普通です。したがって、消費貸借における利息契約については、利率に対する社会的規制が必要となります。

　（1）　2006年改正以前：判例・立法の展開　　1877年（明治10年）に旧利息制限法が制定され、2度の改正を経た後、戦後の状況に対応するために、1954年（昭和29年）に新たな利息制限法が制定されました。同法1条1項は元本額に応じて年1割5分ないし2割の最高利率を定め、これを超える分について利息契約を無効とする一方、1条2項で、超過部分を債務者が任意に支払ったときは返還を請求できないものとしました（これは、制限超過分は「裁判上無効」であると定めた旧利息制限法につき、法律上無効ではないから、任意に支払った場合には返還請求できないとする判例の解釈を引き継いでいます）。他方、同時に定められた「出資の受入、預り金及び金利等の取締等に関する法律」（出資取締

法）は、年109.5％を超える割合による利息契約を刑罰によって禁止しました。その結果「グレーゾーン」、すなわち無効であるため訴えをもって請求できないが処罰の対象にはならず、任意の支払いを受ければ返還の必要がない利率の範囲が生じました。

　この法制のもとで、最高裁の判例は短期間に大きく変化しました。1条2項により、支払われた超過利息分の返還請求ができないとしても、これを元本に充当することができないかという点につき、最大判昭和37・6・13民集16巻7号1340頁は、元本充当により債務者が超過分の返還を受けたのと同一の経済的利益を生ずるとして否定したのに対し、最大判昭和39・11・18民集18巻9号1868頁は、超過分の返還は認められないが元本充当は認められるとしました。そして最大判昭和43・11・13民集22巻12号2526頁および最判昭和44・11・25民集23巻11号2137頁は、超過分の返還請求を認め、1条2項は空文化するに至りました。

> ＊例を簡単にして、各最高裁判決の違いを説明します。両当事者の約定によると、債務者は元本5万円、制限内利息1万円、制限超過利息（利息制限法により無効）6万円を負担しているとします。そして債務者が「利息として支払います」と指定して7万円を支払った場合、当時の利息制限法1条2項によれば、債務者は①弁済されたのは利息であるから、まだ元本分5万円の債務を負うのか、②超過利息分は無効なので、まず制限内利息に1万円を充当、次に元本に5万円を充当し、残りの1万円は任意に支払った以上返還請求できないが、もはや債務は存在しないのか、③残りの1万円の返還を請求できるのかという問題です。昭和37年判決は元本充当を否定して①、昭和39年判決は元本充当のみを肯定して②、昭和43年判決は返還請求をも肯定して③の結論をとりました。

　しかし、1983年（昭和58年）、サラ金規制を求める世論を背景に「貸金業の規制等に関する法律」（貸金業法）が成立するとともに、出資取締法の一部が改正されました。出資取締法の改正により、平成3年（1990年）までに「業として金銭の貸付けを行う場合」につき、加罰金利の上限は年40.004％にまで下げられました（その後さらに平成11年（1999年）、年29.2％にまで引き下げられました）が、貸金業法43条は、貸金業者を登録制とし、さらに貸金業者が契約締結後、遅滞なく「契約内容を明らかにする書面」を交付し、弁済を受ける

都度、直ちに受取証書を交付したときは、任意に支払われた超過利息を「有効な利息債務の弁済」とみなすものと規定しました（みなし弁済）。その結果、有効な利息債務の弁済ですから、超過分の返還請求はもとより、これを元本に充当することもできなくなりました。

したがって、この法制のもとでは、グレーゾーンにおける支払いの任意性の有無と、書面交付の手続遵守の有無が争点になります。最高裁は、当初は任意性を比較的緩やかに認めましたが（最判平成2・1・22民集44巻1号332頁）、後に、制限超過利息を支払わなければ期限の利益を喪失するという特約は無効であるが、これを払わなければ全額を一括して支払う義務があると誤解させることによって制限超過分を支払うことを事実上強制するものであるとして、任意性を否定する判断をしました（最判平成18・1・13民集60巻1号1頁）。また書面交付の手続については、銀行振込みにより弁済を受けた場合に、直ちに受取証書を交付しなければ同法43条所定の「みなし弁済」の効力は生じない（最判平成11・1・21民集53巻1号98頁）、あるいは書面に記載するべき事項の一部が記載されていないとき（最判平成16・2・20民集58巻2号380頁）、書面の記載内容が正確でないときや明確でないとき（最判平成18・1・24民集60巻1号319頁）にも、同法43条の適用要件は充たされないとして、手続要件を厳格に解する姿勢を示しました。

(2) 2006年改正と現行の利息制限法　このような判例を受け、また多重債務者問題の解決のため、平成18年（2006年）に貸金法制の抜本的な改革が行われました。利率の問題以外にも、過剰貸付の抑制等の措置がとられましたが、(1)の展開を受けたものとしては、第一に出資取締法の加罰金利を年20％として、利息制限法の上限金利に揃えました。その結果、「グレーゾーン」は限られたものとなります。第二に、「みなし弁済」制度が廃止され、第三に、利息制限法が大幅に改正されました。とりわけ、判例によって空文化されていた同法1条2項が削除された点が重要です。

現在、利息制限法は第1章で、一般的に適用される利息等の制限の規律、第2章で、営業的金銭消費貸借に関する特則を定めています。以下では第1章の規律について説明します。

利息制限法は、金銭を目的とする消費貸借に適用され、元本の額が10万円

未満の場合には年2割（20%）、10万円以上100万円未満の場合には年1割8分（18%）、100万円以上の場合は年1割5分（15%）を最高利率とし、これによって計算した額を超える利息の契約は、その超過部分について無効とされます（利息1条）。

＊なお、貸金業を営む者が業として行う金銭消費貸借において、年109.5%を超える割合による利息の契約をしたときは、その消費貸借契約自体が無効とされ（貸金業42条1項）、債務者には、制限内を含む一切の利息を支払う義務が生じません。また、金銭の貸付けを行う者が年109.5%を超える割合による利息の契約をしたとき、業として金銭の貸付けを行う場合に年20%を超える割合による利息の契約をしたときは、5年以下の懲役もしくは1000万円以下の罰金が科せられます（出資5条）。

利息の天引き——たとえば、元本を50万円、利率を18%として契約し、貸付けの時にあらかじめ利息分9万円を引いて41万円を交付し、弁済期に債務者は50万円を返すというもの——をした場合、その天引額が、実際に受領した額を元本として第1条所定の利率により計算した額を超えるときは、その超過部分は元本の支払いに充てたものとみなされます（利息2条）。例示したケースでは、41万円×0.18＝7万3800円ですから、天引利息は本来の利息よりも1万6200円多く取りすぎていますので、この分は元本に充当し、債務者は48万3800円を返せばよいことになります。

同法1条・2条の適用にあたり、契約締結・債務弁済の費用を除き、金銭消費貸借に関し債権者の受ける元本以外の金銭は、礼金、割引金、手数料、調査料その他、いかなる名義をもってするかを問わず、利息とみなされます（利息3条）。もっとも、営業的金銭消費貸借においては、この点について特則が定められています（利息6条）。

金銭消費貸借上の債務不履行による賠償額の予定は、元本に対する割合が1条所定の率の1.46倍を超えるときは、その超過部分について無効とされます。なお「違約金」は賠償額の予定とみなされます（利息4条）。営業的金銭消費貸借については特則があり、元本に対する割合が年2割を超えるときは、その超過部分について無効とされます（利息7条1項）。

そのほか、同法の第2章では、営業的金銭消費貸借につき、元本額および

保証料に関する特則が定められています。

③ 選択債権

1 意義

選択債権とは、数個の異なる給付が選択的に債権の目的となっており、選択をすることによって、そのうちの1個の給付が現実の目的となるものをいいます。簡単な例を出してみます。

> 〔設例2〕 AはBに対し、以前援助を受けた見返りとして、現金2000万円とマンションのいずれかを贈与することとした。

このような債権の場合、選択によって給付目的がどちらかに確定しなければ、現実に給付をすることができません。そこで民法では、選択の手順——誰がどのようにして選択するか——について規定を置いています。

* 選択債権は、上記のように当事者の法律行為によって生ずるほかに、法律規定によっても生ずるとされています。無権代理人は、相手方の選択に従って履行または損害賠償の責任を負い（117条1項）、占有者の有益費償還請求権では、回復者の選択に従って支出した金額または増価額を償還します（196条2項）。古い裁判例では、これらの場合は選択債権ではないとしていますが（大判明治35・2・22民録8輯2号93頁、大判昭和2・4・21民集6巻166頁）、学説の多くはこれに反対しています。選択債権だとすると、相手方・回復者が選択しなかった場合に、選択権の移転の規定が適用されることになります。

なお、選択債権は、数個の給付のうち1個を給付するという点で、限定された範囲から一定の数量の給付を目的とする制限種類債権と似ています。かつて判例は、田地を多く持つ人が、自己の所有する田地のうち5段歩を与えるという契約をした場合につき、制限種類債権であるが選択債権の規定を準用するとしました（大判大正5・5・20民録22輯999頁）が、学説はこれに反対していました。そして最高裁は、340坪余の宅地のうち、表道路に面し米屋を営むに適した土地が数カ所あり、そのうちの1カ所50坪を賃貸する債務は、選択債務にあたると判示しました（最判昭和42・2・23民集21巻1号189頁）。制限種類債権の場合、その制限の範囲内ではどれを取っても同じですから、目

的物が特定していなくても強制執行が可能ですが、選択債権の場合には、選択肢になっている給付の間には個性の違いがあるため、特定しなければ強制執行できません。目的物が土地である場合、同じ面積であっても、その位置等の条件によりそれぞれ個性があり、執行官が適当に選ぶというわけにはいきませんから、強制執行をするためには特定が必要です。最高裁判決のように、端的に選択債権と解するべきです。

　また、**債権の目的がすでに1個の給付に確定しているが、債権者または債務者が、他の給付をもってその給付に代えることができる権利を有する債権を、任意債権**といいます。〔設例2〕の場合に、AがBに対してマンションを贈与することとしたが、Bにとって現金の方が好都合であれば、その代りに現金2000万円を請求することができるというものならば、それは任意債権です（前掲最判昭和50・7・15民集29巻6号1029頁は、外国の通貨をもって債権額が指定された金銭債権は「任意債権」であり、債権者は債務者に対し、外国の通貨、日本の通貨のいずれによって請求することもできると述べています）。現実の給付の内容が複数ありうる点では共通ですが、任意債権では本来の給付は確定しているが他の給付も可能であるというのに対し、選択債権では数個の給付が選択的に並列している点が異なります。

2　選択による特定

（1）**選択権者は誰か**　　選択債権の場合、現実に給付される目的を確定するためには選択が必要です。選択は、選択権者が相手方に対する意思表示によって行いますが、**いったん行った選択の意思表示は、相手方の承諾を得なければ撤回することができません**（407条）。相手方は、選択の意思表示を受けて履行や受領の準備をし、また選択されなかった目的物の処分をすることが考えられるからです。それでは、選択権者はどのように決まるでしょうか。

　〔設例3〕Aは、Bが備前焼の良い壺を持っていたので、それを譲ってくれるよう頼んだところ、Bは、Aの持っている盆栽のうち、良いものと交換してもよいと答えた。A・Bは、Aの持っている盆栽のうち、甲か乙がその壺にふさわしいことで意見が一致し、甲または乙を交換の目的物とするこ

とを合意した。

　選択権者は、当事者の合意によって定めることができますが、当事者による定めがなかったときは、債務者、〔設例3〕ではAが選択権者とされます（406条）。選択権者が選択をしない場合は、債権が弁済期に達した後に、相手方から相当の期間を定めて催告をし、その期間内になお選択権者が選択をしなかったとき、その選択権は相手方に移転します（408条）。
　第三者に選択権を与えることもできますが、その場合、選択権者である第三者は、債権者または債務者に対する意思表示によって選択を行います（409条1項）。その場合、第三者が選択をすることができず、または選択をする意思を有しないときは、選択権は債務者に移転します（409条2項）。もちろん、第三者が選択をしない場合には債権者が選択権を有するという合意をしておくことも可能です（『史料債権総則』59頁）。
　(2)　給付の一部が不能となった場合　債権の目的である給付の中に、初めから不能であるもの、または後に不能となったものがあるときは、債権は残存するものについて存在します（410条1項）。この場合に原則通り選択が可能だとすると、債権者にとっては残存するものを選択するのが有利ですし、債務者は不能になったものを選択し、不能であるがゆえに給付の義務は消滅したと主張するのが有利だということになって、選択肢を設けた上、選択によって給付を特定するという債権の趣旨に合わない結果となります。そこで、債権は残存するものについて存在するのを原則とした上で、選択権を有しない当事者の過失によって給付が不能となったときは、この原則を適用しないものとしました（410条2項）。
　〔設例3〕において、選択以前に甲が枯れてしまった場合、原則としては、給付目的物は乙に特定するのですが、当事者の一方に過失があるときは次のようになります。①債権者Bに選択権がある場合、債務者Aの過失によって不能となったときは、債権者Bは残存するもの（乙）を選択してもよく、また不能となったもの（甲）を選択して、債務者Aの帰責事由による履行不能として損害賠償を請求することもできます。②債務者Aに選択権がある場合、債権者Bの過失によって不能となったときは、債務者Aは残存する

もの（乙）を選択して、不能となったもの（甲）については債権者Bに対し、不法行為による損害賠償を請求してもよく、また不能となったもの（甲）を選択して、債務者Aの帰責事由によらない履行不能として債務を免れることもできます。

＊③債権者Bに選択権があり、債権者Bの過失によって不能となったときは、410条2項によれば1項が適用されるのですから、目的は残存するもの（乙）に特定し、債権者Bはその給付を請求するとともに、不能となったもの（甲）について損害賠償の義務を負うことになります。また④債務者Aに選択権があり、債務者Aの過失によって不能となったときは、同様に目的は残存するもの（乙）に特定し、債務者Aはこれを給付することになります。これに対しては、立法論として、当事者のどちらにも過失がない場合についてのみ、残存給付に特定するものとし、一方に過失があるときには残存給付と不能給付との選択を許す方が合理的であるという見解があります。確かに③の場合、債権者Bが不能になったもの（甲）を選択し、残存するもの（乙）の給付も求めないが損害賠償もしないという処理の仕方を否定する必要はなさそうです。

(3)　**選択の効果**　選択は、債権発生の時にさかのぼって効力を生じます (411条本文)。すなわち、債権発生の時から、選択されたものを目的とする単純債権が成立していたことになります。そのため、特定物については、物権変動の効果も債権発生時に生じたことになります。この点につき、411条ただし書は、選択により第三者の権利を害することはできないと規定していますが、これは対抗要件具備の前後によって決しますから、同条ただし書は特別の意味をもたないと解されています。

第4章　債権の効力・強制履行

本章のレジメ

* **債権の効力**：債務者は給付のために「何を」「どのように」するべきか（第5節「弁済」）→任意の給付がうまく行われない場合にどうするか（第2節「債権の効力」：履行強制・債務不履行責任・損害賠償・責任財産の維持＋債権侵害からの保護）
* **債権の強制実現**：直接履行・代替履行・間接強制・判決代用（損害賠償との併存）
    a) 直接履行（直接強制）：「与える債務」（引渡債務）について
       金銭債権とそれ以外の引渡請求権
       幼児の引渡しの請求は？
    b) 代替履行（代替執行）：「なす債務」のうち、代替給付の可能な（債務者本人がしなくても目的を達する）債務について
       例：債務者の所有地上にある債務者所有の工作物を取り壊す債務
       　　名誉回復のための謝罪広告の履行強制は？
    c) 判決代用：「なす債務」のうち、法律行為（意思表示）をするべき債務：債務者本人がするべきことであるが、法的な効果を確保すれば足りる
       例：売買双方の予約における本契約承諾の義務
       　　不動産登記に協力する義務
    d) 不作為債務の履行強制：
       不作為義務違反の結果が存在しているとき→代替履行
       不作為義務違反の恐れがあるとき→場合に応じて、代替履行・間接強制による
    e) 間接強制：作為債務・不作為債務のうち、代替履行ができないもの
       強制金の賦課による心理的圧迫→かつては「最後の手段」とされていたが、最近では選択可能性が広げられる
    f) 間接強制もできない場合：不代替的作為債務のうち、意思を強制してさせることが不適切なもの→損害賠償によるほかはない
* **債権の対内的効力**
    ①請求力・訴求力
    ②給付保持力
    ③執行力（貫徹力・掴取力）
    「責任」：債務者の一般財産が掴取力の対象になっていること
* **不完全債務**：①③の効力のうち、一部または全部を欠く債務（訴求力を欠くものを「自然債務」、執行力を欠くものを「責任なき債務」ともいう）
    ・不起訴の合意、不執行の合意、特段の事情から生じた訴求できない債務
    ・消滅時効が援用された債権、終局判決後に訴えを取り下げた場合、破産手続において免責された債務はどうか？
* **債務と責任**：歴史的変容

1　債権の効力──総説

　民法第3編第1章第2節は「債権の効力」を定めています。債権は、債務者に、結果を実現するための給付をさせることを内容としていますから、債務者が給付のために「何を」「どのように」するべきかがまず問題になります。ただ、そのことは第5節「債権の消滅」の第1款「弁済」において定められており、第2節では、債務者による任意の給付がうまく行われなかった場合に、債権者がどのような措置をとることができるかを定めています。したがって、第2節が規定する「債権の効力」は、債権が任意の履行によって実現しない場合に、本来の結果、または（損害賠償による）それに代わる結果を確保するための効力であるということができます。

　以下、民法第3編第1章第2節に定められている事柄のうち、本書第4章では、任意に履行されない債務の強制実現について説明し、第5章～7章では、債務が適切に履行されなかった場合の、債務不履行責任について説明します。さらに第8章では、第三者による侵害に対する債権の保護の問題を、第9～11章では、債権の価値を確保するために、債務者の責任財産の維持・回復を図ることに向けられた効力について説明します。

2　債権の強制実現

(1) 履行強制の方法──概要　414条は強制履行についての規定ですが、これは第一に、**債務者が任意に履行しない場合、債権者は自力救済を図るのではなく、「その強制履行を裁判所に請求することができる」**こと、第二に、どのような内容の債務について、どのような方法による履行強制が可能かを定めるものです。

　すなわち、債務者が任意に債務を履行しない場合、債権者はその強制履行を裁判所に請求することができます（414条1項本文）。これを**直接履行**といいます。債務の性質が強制履行を許さない場合（414条1項ただし書）、その債務が作為を目的とするときは、債務者の費用で第三者にその行為をさせること

を裁判所に請求できます（414条2項本文）。これを**代替履行**といいます。不作為を目的とするときは、債務者の費用で、債務者の行為の結果の除去または将来のため適当な処分をすることを裁判所に請求することができます（414条3項）。これは、代替履行または次に述べる間接強制によって実現します。

作為・不作為を目的とする債務で、直接履行・代替履行ができないものについては、裁判所（執行裁判所）が、債務者に対し、遅延の期間に応じて一定額の金銭を債権者に支払うことを命ずる方法によって履行強制を図ります（民執172条）。これを**間接強制**といいます。

その他に、414条には、作為を目的とする債務のうち、法律行為を目的とする債務については、裁判をもって債務者の意思表示に代えること、すなわち**判決代用**ができること（414条2項ただし書）、これらの履行強制をした場合にも、損害賠償を請求することは妨げられないこと（414条4項）が定められています。

(2)　直接履行（直接強制）　　**直接履行**は、国家の執行機関が直接に債務内容を実現させることであり、「与える債務」（引渡債務）についてのみ認められるとされています（なお、債権としての請求権のみならず、物権的請求権等による引渡義務をも含みます）。

> 〔設例1〕Aは自己の所有する絵画甲をBに賃貸していたが、Bは賃料40万円を支払わないだけでなく、返還期限が到来しているのに絵画甲を返還しない。そこでAがBに対して訴訟を提起した結果、Bに対して、絵画甲をAに引き渡せと命ずる判決、並びにAに40万円を支払えと命ずる判決が出され、確定した。

直接強制は、具体的に見ると、金銭以外の物の引渡しを目的とする債権については、不動産であれば債務者による占有を解いて債権者に占有を取得させ（民執168条参照）、動産であれば債務者から取り上げて債権者に引き渡す（民執169条参照）という方法によります。金銭債権の場合には、債務者の責任財産に属する不動産・動産・債権その他の財産権を差し押さえ、これを換価して、その代金が債権者に交付されます（不動産につき民執43条以下、動産につき民執122条以下、債権その他の財産権につき民執143条以下参照）。

〔設例1〕の場合、確定判決を「**債務名義**」（民執22条1号参照）として執行

手続を開始することができます（債務名義とは、強制執行によって実現されるべき給付請求権の存在と内容を明らかにし、強制執行を可能とする文書をいいます。民執22条参照）。Aは絵画甲そのものを返してもらう必要がありますから、執行官はBのもとにある絵画甲をBから取り上げてAに引き渡すことになります。賃料40万円については、最終的に金銭を受け取ればよいのですから、Aは換価して40万円を回収できそうな財産を特定して（但し動産については「どこにある動産を」というように場所を特定して）執行を申し立てると、その財産の差押え・換価の手続を経て、換価代金がAに交付されることになります。

＊**幼児の引渡しの請求**について、直接強制の方法をとることができるでしょうか。間接強制が許されることは、判例（大判大正元・12・19民録18輯1087頁）・学説とも異論がありませんが、直接強制が許されるか否かには争いがあります。強制金の賦課にもかかわらず幼児を引き渡さない者に対しては間接強制が十分に機能しないことから、意思能力がない幼児の場合には直接強制を認めることも可能であるという見解が有力になっています。ただし、意思能力のない幼児も人と人との情愛の中で生きているのですから、子の福祉を指導理念として、家庭裁判所との連携をも図りつつ、場合に応じた適切な方法をとることが必要です（中野貞一郎『民事執行・保全入門』228～229頁）。

(3) **代替履行（代替執行）** **代替履行**は、「なす債務（作為債務）」のうち、第三者による代替給付の可能な債務について認められるものであり、**裁判所の決定に基づき、債権者が債務者の作為に代わる行為を債務者以外の者にさせ、その費用を債務者から取り立てる**ものです（民執171条参照）。手続法の立場からはこれを**代替執行**といいます。

〔設例2〕Bは、Aの所有する隣地との境界近くに物置を作ったため、Aの土地の日照・通風が妨げられる結果となった。AとBは話し合い、Bがこの物置を月末までに取り壊す旨の和解契約を締結した。ところがBは約束の期限が来ても物置を取り壊さず、和解契約上の債務を履行しようとしない。

〔設例2〕のように、債務者の所有地上にある債務者所有の工作物を取り壊す債務の履行強制は、この方法によります。物置を取り壊す「作為義務」を負担しているのは確かにBですが、物置の取壊しという結果が実現するならば、必ずしもB自らの手で行う必要はありません。裁判所は、Bの費用で

当該物置の取壊しをB以外の者にさせることをAに認める決定（**授権決定**）をし、これに基づいてAは、第三者Cに、この物置の取壊しをさせることができます。

> ＊これに対して、Aが自己の所有地上の自己所有の建物を取り壊させる契約をBと締結したところ、Bが作業をしない場合には、AはBとの契約を解除して第三者Cに作業をさせ、Bに対して損害賠償を請求すれば足り、裁判所を通じた代替履行の方法による必要はありません。本文記載の場合は、債務者の所有地に立ち入り、債務者所有の物を壊すことは、裁判所の授権なくしてはできないため、代替履行の方法によることになるのです。

また、名誉毀損が成立し、裁判所が被告に対して新聞紙上に謝罪広告を掲載することを命じたが、被告が従わない場合、判例は、代替執行の手続によってこれをすることを認めています（最大判昭和31・7・4民集10巻7号785頁）。自己の意思と異なる内容を自己の名で表明することについては、憲法19条の保障する良心の自由を害することにならないかという問題がありますが、最高裁は「単に事態の真相を告白し陳謝の意を表明するに止まる程度のものにあっては」代替執行が可能であると判示しています。

　(4)　判決代用　「なす債務（作為債務）」のうち、代替給付の不可能な債務については代替履行の方法によることはできません。しかし、その中でも法律行為（意思表示）をすることを目的とする債務については、行為の効果が生じさえすれば目的を達します。したがって、**意思表示をすべきことを債務者に命ずる判決が確定する等した場合には、債務者はその確定した時に意思表示をしたものとみなされ**（民執174条1項）、**意思表示の効果が生じます**。

たとえば、売買の双方の予約において、一方が本契約を成立させる意思表示をした場合に、他方が承諾する義務を負うときは、承諾を命ずる判決によって売買の本契約が成立します。また、法律行為以外にも類推適用され、農地の譲渡人がするべき知事に対する許可申請等についても用いられます。これに対して、手形行為のように債務者が手形に署名することが必要な場合（手形1条8号）は、この方法をとることはできず、**(6)** で見るように間接強制によることになります。また、不動産登記は当事者が共同で申請するべきものですが（不登60条）、登記義務者が協力しないときは、これに対して登記

手続をすべきことを命ずる確定判決により、登記権利者は単独で登記申請ができます（不登63条1項）。しかしこれは414条2項ただし書によるものではなく、不動産登記法上の制度によるものです。

　(5) 不作為債務の履行強制　不作為義務違反の結果が現存しているとき、たとえばAがBの土地を通行する権利がある場合において、BがAの通行を妨害する工作物を設置したときは、債務者の行為の結果を除去するために、代替履行の方法によることができます。

> ＊「工作物を壊すこと」という点では〔設例2〕と同じですが、〔設例2〕では示談の結果、Bが積極的に物置を取り壊すという作為債務を負担するのに対し、本文の場合は、BはAの通行を妨害しないという不作為債務を負担しています。したがって、工作物があるという状態は、〔設例2〕の場合は作為債務の履行遅滞であるのに対し、本文の場合は積極的な行為によって不作為債務に違反したことを意味します。

　これに対して、債務者が、今は現実に違反行為をしていなくても、不作為義務違反の恐れがある場合には、将来のための適当な処分をすることを裁判所に請求することができます。その例としては、たとえば汚水がBの所有地からAの所有地に流入しないように排水設備を設置させることや、将来の違反行為に対する担保を提供させること、また将来の違反ごとに一定額の賠償金の支払いを命ずること等を挙げることができます。すなわち、場合に応じて、代替履行や間接強制の方法によることになります。

> ＊なお、判例は、「現に義務違反が生じていなければ間接強制決定をすることができないというのでは、十分にその目的を達することはできない」ため、不作為債務の強制執行として間接強制の決定をするには、債権者において、債務者が現にその不作為義務に違反していることを立証する必要はなく、債務者がその不作為義務に違反する恐れがあることを立証すれば足りるとしています（最決平成17・12・9民集59巻10号2889頁）。

　(6) 間接強制　作為債務・不作為債務のうち、代替履行ができないものについては、間接強制の方法によります。代替履行のできない作為債務としては、証券に署名するべき義務、財産管理をしていた者が任務終了に際して精算をするべき義務（大決大正10・7・25民録27輯1354頁）、不作為債務として

は、夜間の一定時間帯に航空機の離着陸をしない義務、居酒屋のフランチャイズ契約終了後、一定期間居酒屋類似の営業をしない義務（前掲最決平成17・12・9）等があります。

　間接強制は、作為債務であれば、履行しない期間、1日につきいくら支払えというように、また不作為債務であれば、違反行為をしたときはいくら支払え、あるいはその行為の継続する期間、1日につきいくら支払えというように、**強制金（一種の制裁金）を課することによって、履行を促し、また違反を抑止するという方法**です。強制金は国庫に入るのではなく、債権者に支払われ、債権者の損害の塡補に充てられます。制裁金としての性質を有していますから、強制金額が現実の損害額を上回っても差額の返還の必要はなく、現実の損害額が強制金額を上回るときは、債権者は、その差額について損害賠償の請求を妨げられません（民執172条4項）。

　かつては、直接履行・代替履行が許される債務については間接強制は認められないと解されていました。より強力な手段が認められるのであるから、間接的な方法を認める必要はないこと、また債務者に心理的な強制を加えて意思に反する行為をさせることはその人格の尊厳を害するものであることから、間接強制は最後の手段とされていたのです。しかし、実力行使を伴う直接履行・代替履行と比べたとき、間接強制の方が債務者の人格の尊厳を害するものといえるか、疑問もあり、2003年の民事執行法の改正によって、直接履行・代替履行が認められる場合にも、債権者の申立てにより、間接強制を選択することが可能とされました（民執173条）。また、金銭債務においても、例外的なものですが、2004年の改正で、扶養料等の定期金債権について間接強制が認められました（民執167条の15）。

　（7）　間接強制もできない場合　　不代替的作為債務のうち、①意思を強制してさせることが現代の文化観念に反する場合、たとえば婚姻予約の履行義務や夫婦の同居義務（大決昭和5・9・30民集9巻926頁）、②意思を強制してさせたのでは本来の内容を実現できない場合、たとえば芸術作品を作る債務、③債務者の意思だけで履行することができない場合、たとえば債権者の側で受電設備が設置されていない段階での電力会社の送電債務（大決大正4・12・21新聞1077号18頁）のように、債権者や第三者の協力が必要な場合などにおい

ては、間接強制によって強制することはできません。間接強制もできない場合には、損害賠償等によって処理するほかありません。

3 債権の対内的効力と不完全債務

（1）　債権の効力──理論的把握　債権の目的を実現するために、債務者との関係で、債権は①請求力（裁判外の請求力・裁判による訴求力）、②給付保持力、③執行力（貫徹力・掴取力）を有します（債権の対内的効力）。

①**請求力**とは、文字通り債務者に対して債務の履行を請求することができることを意味し、これに応じて債務者が任意に履行をすれば、債権は満足されて消滅します。債務者が任意に履行をしないときは、債権者は訴訟によって履行を請求することができ、この効力を**訴求力**といいます。

②**給付保持力**とは、債務者の給付を受領し、これを正当に保持することができることを意味します。有効に弁済として給付されたものは、弁済者によって取り戻されることはありません。

③裁判によって給付が命じられ、債務者がそれに従って給付をすれば、債権は満足されて消滅します。しかし債務者がなお給付をしないときは、給付を命ずる判決に基づき、債権が強制的に実現されます。債権の実現のために債権者が自力救済をすることは禁じられており、債権の強制実現は、民事執行法に基づき、国家機関によって行われます。このようにして債権が強制的に実現される効力を、**執行力**といいます。そのうち、債務内容そのものを強制的に実現する効力を**貫徹力**、債務者の一般財産（債務者の総財産から、特定の債権のために担保権が設定された財産を除いたもの。但し、民事執行法による差押禁止財産（民執131条・152条）に注意）への差押え・換価・配当によって強制的に金銭債権を実現する効力を**掴取力**と呼んでいます。後者は、もともと金銭債権として成立したもののみならず、本来の債務の不履行によって損害賠償債権が生じた場合にも機能することになります。なお、債務者の一般財産が掴取力の対象となっている状態を、「責任」と呼んでいます。

（2）　不完全債務　債権は、必ず②給付保持力を有していますが、他の効力のうち、どれかを欠く場合もあります。①③の効力のうち、一部または

全部を欠く債務を「**不完全債務**」と呼びます。また、①のうち、訴求力を欠く債務を「**自然債務**」と呼び、③の執行力を欠く債務を「**責任なき債務**」と呼ぶこともあります。

> ＊ローマ法で、訴権を伴わない債務が「自然債務」と呼ばれていました。これは単なる道徳上の義務とは異なり、債務者が任意に履行するときは、その履行は有効な弁済となり、不当利得として取り戻されることなく、またこれについて相殺・更改をしたり、これを担保することも認められるというものでした。しかし、ローマ法とは異なり、近代法では、債権には原則として訴権が与えられており、例外的に効力の一部を欠く場合にも、その根拠や範囲は一様ではありません。学説上、この問題について自然債務という概念が用いられることもありますが、ここでは一般的に、効力の一部を欠く場合を不完全債務という概念で捉えることとします。

(a) 「不完全債務」は、給付保持力を有していますから、訴えによって請求すること、または執行手続により履行強制をすることはできませんが、債務者が任意に履行した場合には、受領したものを返還する必要はありません。そのような場合の第一として、当事者間で、裁判所に訴えることはしないという「**不起訴の合意**」**をした場合**、あるいは特定の債権について執行をしないという「**不執行の合意**」**をした場合**が挙げられます。

第二は、**特段の事情から生じたもので訴求できない債務**です。有名な例として、カフェーの客Aが女給Bに対して、将来の独立資金を与える旨の約束をし、これに基づく給付金について準消費貸借契約を書面によって行ったところ、BがAに対してその支払いを求めて訴えを起こした事件（カフェー丸玉事件）が挙げられます。大審院は、認定事実によれば、AがBに裁判上の請求権を付与する趣旨であったとは速断できず、むしろAが自ら進んで履行するときは債務の弁済となるが、Bからその履行を強要できない「特殊の債務関係」を生ずるものと解するのが相当であるとして、贈与意思の基本事情についてさらに審理するべきものと判示しました（大判昭和10・4・25新聞3835号5頁）。この判決は、前述の「自然債務」の概念を認めたものと評価される一方、心裡留保（93条）による処理も可能であったことが指摘されています。

（b）同様に、任意に履行された給付を返還する必要がない場合であっても、以下の場合には、（a）と同様の意味で「不完全債務」と理解するべきか否か、問題があります。

第一に、消滅時効が援用された債権です。時効によって債権は「消滅する」（167条ほか）とされていますから、訴求力を欠く不完全なものとして債権が残存しているものではありません（潮見佳男『債権総論Ⅰ〔第2版〕』254頁参照）。しかし、援用をした債務者が、その後に任意に支払った場合には、悪意の非債弁済（705条）として、返還を請求することができないことになります。これに対し、「実質的には援用の撤回、または、時効利益の放棄をそこに認め、弁済を有効とみてよいと考える。これを法律構成するときには、時効援用後も債務はなお自然債務として存続していたと解するのが便宜ではなかろうか」（奥田昌道『債権総論〔増補版〕』92頁）とする有力な見解があります。

第二に、勝訴の終局判決後に債権者が訴えを取り下げた場合、同一の訴えを提起することはできません（民訴262条2項）。この場合、実体法上の債権が消滅するわけではありませんから、任意に履行されれば弁済として有効なのですが、これを訴えによって請求することはできないことになります。しかし、それは取下げの濫用に対する制裁という手続法の観点から再訴が禁じられるものであり、（a）と同じ意味で、債権の効力の一部が欠けるというものではありません。

第三に、破産手続において免責された債権について、破産者は「その責任を免れる」とされています（破253条1項柱書本文）。この場合、債務者が資力を回復した後の任意弁済まで排除すべき理由もなく、その限りで自然債務を認めてもよいとする見解があります（奥田・前掲94頁）。判例も、責任が消滅するという立場をとっていますが（最判平成9・2・25判時1607号51頁）、学説上、債務そのものが消滅するとする見解もあります（伊藤眞『破産法〔第4版補訂版〕』532頁）。

（c）（1）の末尾で見たように、債務者の一般財産が掴取力の対象となる状態を「責任」と呼びますが、この責任のみが限定される場合があります。（a）で見た「不執行の合意」がある場合には、債務は存在するものの、責任が全面的に否定されることになりますが、責任が一定の範囲に限定される

場合もあります。そのうち、相続人が限定承認をした場合（922条）のように、責任が債務者の特定財産に限定される場合を「**物的有限責任**」、持分会社の有限責任社員が出資の価額を限度として会社債務の弁済責任を負う場合（会社580条2項）のように、責任額に制限がある場合を「**量的有限責任**」といいます。

4 債務と責任——概念の歴史的背景について

本章で見た概念、とりわけ「自然債務」という概念には、3 (2)で簡単に触れたように、訴求力を欠く理由がさまざまであることから、現代においてこの概念が必要かどうかには、議論の余地があります。また「責任」という概念についても、現在では債権の原則的な性質になっており、独立の概念とする意味は乏しいとする議論もあります。これらの概念の歴史的背景について、我妻栄『民法案内7　債権総論 上』が以下のように興味深い説明をしていますので、引用・紹介しておきます（179頁〜183頁）。

(a) まず「債務とは、払わねばならない、払うべきである、ということ、いわゆるゾルレンである。それに対して、責任というのは、そのゾルレンを実現するために実質的な責任を負うこと、いいかえると債権者の実質的な力（捕取力とでもいうべきもの）に服することである。従って本来は別なものである。」シェークスピアの「ヴェニスの商人」の場合、「もし支払わなければ肉１片を切って渡すというのが責任であるが、この責任は、債務の成立とは別な契約によるものとされていた。」この契約は、現代から見れば不合理であるが、法制史に詳しいコーラーによれば、「債務を払えなければ奴隷になって責任を負う、自分の身体を売る、ということさえ認められていたのだから、肉１片を切ってやるというようなことは当然認められていたのだ。」「ところが、その後の法律制度の進展は、二つのことを達成した。一つは、いやしくも債権が成立すれば常に責任を伴なう、責任を伴なわせるための特別の契約は必要じゃないし、特別の法律も必要ではない。債務と責任は不可分だということである。それから、もう一つは、その責任は、生命・身体というようなものを手段とすることはできない。債務者の一般財産によるものに限

4　債務と責任——概念の歴史的背景について　51

るということである。」

　(b)　自然債務という概念や、債務と責任の区別を、現在、どう考えるべきか。「いま説明したように、債務と責任とは、沿革的には違うものであったが、その後だんだん不可分のものになった。また、約束したことが守られるということは、一般的には、非法律的な規範によって確保されたものであって、約束のうちで特にある種の形式を備えたものだけが訴えて法的な保障をうることができるというのであったろう。その意味では、自然債務が原則で、訴えうる債務が例外だともいえる。それが、訴えうる債務の範囲が次第に広くなり、最後には、およそ契約をすれば常に訴えることのできる債権が成立するということになり、同時に、債権であるということと、訴えうるということと、さらに強制執行ができるということとは、不可分のもの、いいかえれば、訴えかつ強制執行をするというのは、債権そのものの効力、ないしは属性となった。そして、これが近代法の到達点だろうと思われる。」

　(c)　「近代法のこの到達点をそのまま理解して、自然債務というものはない、また債務と責任との区別は近代法のもとにおいては認める必要がない、という理論もむろん成り立つ。」それに対して、例外的なものであっても今日も残っているのであれば、自然債務という概念を一般的に認め、また債務と責任との区別というものもある程度保存しておくことが、近代法の債務の効力や性格を理解するのに有効だという考え方もありうる。

　以上のような説明の後、我妻博士は、「諸君も、そこまでのことを理解して、その立場を決定するようにしたまえ」と述べています。法概念は、長い歴史の中で形成され、変容してきたものですが、その結果、現在において完成に至ったということはできません。生きた概念である以上、現在の、また将来の問題に対して活用する中で、さらに形成が継続され、変容してゆく途上にあります。その概念がどのような問題を克服してきたかという歴史的記憶は、新しい問題に取り組むにあたり、十分に役に立ちます。その概念の核心部分を、どのようにして、より正確に表現するかという努力はおおいに必要ですが、概念の清算を急ぐ必要はないであろうと考えます。

第5章　債務不履行① 債務不履行の基本類型

本章のレジメ

＊債務不履行による損害賠償請求権の要件
①債務の存在、②債務の不履行ないし義務違反、③債務者の帰責事由、④損害の発生、⑤不履行ないし義務違反と損害との因果関係

＊債務不履行の類型
①履行遅滞：履行が可能であるが、履行期が到来しても履行されない場合、②履行不能：履行がもはや不可能となった場合、③不完全履行：給付は一応行われたが、その給付が債務の本旨に従ったものでない場合→効果の違い

＊履行遅滞に関連して
履行期　①確定期限、②不確定期限、③期限の定めなき債務
履行しないことについての正当事由：同時履行の抗弁権など
履行期前の履行拒絶：3つの類型とは別の不履行類型

＊履行不能に関連して
物理的な不能と社会通念上の不能：他人物売買との比較
履行不能と帰責事由の有無：危険負担との関係

＊不完全履行に関連して
①狭義の不完全履行、②付随義務違反、③保護義務違反
狭義の不完全履行　瑕疵担保責任との関係：対価的不均衡では帰責事由は問題とならないが、それを超える損害については帰責事由が問題となる
付随義務違反　付随義務違反と解除、診療契約上の付随義務
保護義務違反　不法行為責任との関係

＊債務者の責めに帰すべき事由
すべての不履行類型について必要
債権者側が債務の不履行を証明、債務者側で帰責事由の不存在を証明→具体的にはどのような表れ方をするのか？
帰責事由なきことと不可抗力との違い

＊履行補助者の過失
債務者が債務を履行するために他人を用いる場合：その他人の過失について、債務者は自身に過失ある場合と同様に債務不履行責任を負う
履行補助者と履行代行者：結果を実現する債務と、委任類似の「なす債務」との違い
賃借物の保管義務の履行補助者：賃貸人が転貸を承諾した場合において、転借人の過失につき、賃借人は当然に責任を負うか？

1　総説

1　債務不履行による損害賠償責任

債権が債務者によって任意に履行されない場合、第4章で見たように、可

能であれば履行を強制することができます。しかし、**そもそも履行強制が不可能な場合、裁判手続による履行強制よりも簡易・迅速な解決を求めたい場合、あるいは給付結果の実現とは異なる性質の損害が生じている場合などにおいては、履行強制ではなく、債務不履行責任の追及が必要になります。**すなわち、債権者は債務不履行によって被った損害の賠償を求めることができますが、契約に基づく債務の不履行の場合には、契約の解除も重要な意味を持ちます。

債務不履行による損害賠償請求権が生ずる要件としては、①債務の存在、②債務の不履行ないし義務違反、③債務者の帰責事由、④損害の発生、⑤不履行ないし義務違反と損害との因果関係が挙げられます。このほかに「違法性」が挙げられることがありますが、不法行為の場合には、違法な行為であってはじめて賠償責任の根拠となるのに対し、債務不履行の場合には、本来なすべき給付が行われていないことが債務の本旨に背き、賠償責任の根拠となるのですから、さらに独立の要件として挙げる必要はないと考えます。

＊①は通常、合意によってどのような給付を約束したかという形で問題となりますが、医師の診療債務や安全配慮義務のように、病状や問題となる危険に応じてするべきことの具体的な内容が決まる場合には、当該事案の事実に即して検討する必要があります。また⑤についても、定型的なものについては独立の問題とならないことが多いのですが、診療債務のように、診療のミスが重大な結果を引き起こしたのか、ミスがなくてもその結果を避けることができなかったのか、因果関係の存否について自然科学的な検討が必要な場合があります。

2　債務不履行の類型

債務不履行とは、概括的にいえば**「債務者がその債務の本旨に従った履行をしない」**こと（415条前段）ですが、どのような種類の債務不履行であるかによって、それに対する効果も異なってきます。

第一に、**履行がなお可能であるが、履行するべき期限になっても履行されない場合**（履行遅滞。②参照）には、債務の性質上可能であれば、履行を強制することができます。また、契約に基づく債務の場合、履行がまだ可能ですから、相当な期間を定めて履行の催告をした後、契約の解除をすることもで

きます（541条）。遅れながらも最終的に履行がされた場合でも、債権者は、遅れたことによって被った損害の賠償（遅延賠償）を請求することができますし、解除をした場合でも、結局債務者による給付が実現しなかったことによって被った損害の賠償（填補賠償）を請求することができます。

　第二に、**履行がもはや不能となった場合**（履行不能。**3**参照）には、履行強制は問題になりません。契約の解除は、直ちにすることができます（543条）。履行不能の場合、給付が実現しないことによる損害が賠償（填補賠償）されることになります。

　第三に、**給付は一応行われたものの、その給付が債務の本旨に従ったものでなかった場合**（不完全履行。**4**参照）にも、債務不履行責任が問題になります。給付が量的・質的に不完全であった場合には、残りを補充したり取り替えたりすること（追完）の請求が可能ですが、質的に不完全であった場合については、瑕疵担保責任（570条）との関係が問題になります（この場合、一応給付が行われていますから、債務者側では量的・質的な不完全を知らず、義務は完全に果たしたと思っている場合もあることを考慮する必要があります）。また、給付に付随する義務が果たされなかった場合（付随義務違反）や、給付の仕方が不適切であったため、債権者の権利を害した場合（保護義務違反）も、不完全履行の類型に入れることができます。債権者は、給付の不完全や義務の違反によって実際に生じた損害の賠償を請求することができます。

　以上が、債務不履行のうち、基本的な3つの類型です。いずれも、給付によって積極的に一定の結果を実現することを目的とするものですが、そのほかに、**一定の行為をしないことを目的とする債務**（不作為債務）**の不履行**が問題になります。不作為債務についても履行強制が可能ですが（第4章**2**(5)）、禁じられた行為がされてしまったとき（不作為債務の不履行）は、債権者は、その行為がされたことによって生じた損害の賠償を請求することができます。また、**当事者の合意によってではなく、信義則に基づいて当事者に一定の義務が課せられる**ことがあります。そのうち、安全配慮義務と、契約交渉当事者の義務について、後に説明します（第6章参照）。

2　履行遅滞

1　意義および効果の特徴

　履行遅滞とは、**債務の履行が可能であるのに、履行期に債務者が**（正当な理由なくして）**債務を履行しないこと**をいいます。

> 〔設例1〕Aは営業活動のために、Bから自動車甲を300万円で買う契約をし、引渡しの期日を4月1日と定めた。ところがBは、代金は400万円だったはずだと言って、4月1日になっても自動車甲を引き渡さない。

　この場合、**履行が可能ですから、強制可能な債務であれば履行強制ができます**。したがって、Aは裁判所で引渡しを命ずる判決を得て、強制執行を求めることが可能です。ただ、その手続には時間と手間がかかりますから、Aは、誠実に履行しないBを相手にするよりも、他の人から同種の自動車乙を入手する方がよいと考えるかもしれません。その場合、Aは相当の期間を定めてBに履行を催告し、それでも履行がなければ**契約を解除**することができます（541条）。Bとの契約を解除し、Cから自動車乙を350万円で購入したときは、（350万円という価格が相当であれば）Aは代金との差額50万円を、履行に代わる損害の賠償としてBに請求することができます。

> 〔設例2〕Aの説明により、Bの誤解が明らかとなって、Bは5月1日に自動車甲を引き渡した。しかしAは、4月1日に自動車甲が引き渡されなかったため、4月30日までの1ヵ月間、営業活動のためにレンタカーを借り、借賃として10万円を支出していた。

　履行が遅延したことによって生じた損害は、最終的に履行がされたとしても、それだけでは回復しません。したがって、自動車甲の引渡しとは別に、**遅延賠償**として、Aはレンタカーの借賃10万円を請求することができます。

> 〔設例3〕DはEから1000万円を借り、その担保のために自宅マンションに抵当権を設定した。弁済期限を1年過ぎても、Dは弁済をしようとしない。

　金銭債権について履行遅滞が生じたときは、遅延損害金の支払義務が発生

します。その額の決定方法は419条に定められていますが、利息制限法の制限の範囲内で、特約によって定めることもできます。また履行遅滞が生じたときは、Eはその債権の担保である抵当権を実行することができます。

2 要 件

履行遅滞の要件としては、**①履行期に履行が可能なこと**、**②履行期が到来していること**、**③履行期に、債務者が履行の提供をしないこと**が挙げられます。

①履行期については、**3**で説明します。

②について、履行期が到来して遅滞になった後、当事者間で期限の猶予（履行期の延期）がされることがあります。この場合、債務者は、強制履行や担保の実行、契約の解除は免れますが、遅滞の効果として既に生じた損害賠償責任は消滅しません（最判昭和29・1・28民集8巻1号265頁）。

③について、履行しないことについて債務者に正当事由があれば、遅滞とはなりません。たとえば、留置権（295条）や同時履行の抗弁権（533条）がある場合です。同時履行の抗弁権は形成権と解され、権利者が主張することではじめて効力が生ずるものですが、履行遅滞に関しては、債務者がこれを主張しなくても、事実として双方の債務が同時履行の関係にあれば遅滞とはならないものと解するのが通説です。

3 履行期について

履行期、すなわち履行するべき時は、契約によって決められるのが普通ですが、当事者が明確に決めなかった場合等のために、法律が規定を設けている場合もあります（573条・591条1項・597条2項・614条・617条・627条・662条等）。また、一般的には、以下に述べるように412条が規定していますが、そこで「遅滞の責任を負う」というのは、具体的には**1**で挙げたような効果だと理解してください。

①確定期限ある債務 2011年3月1日というように、いつ期限が到来するかが明確な場合です。この場合、期限が到来したことにより、債務者はその時から遅滞の責任を負います（412条1項）。したがって**債権者からの催告は**

必要ありません。しかし取立債務など、履行についてまず債権者の協力が必要な場合は、債権者の協力がなければ期限の到来だけでは遅滞となりません。なお、指図債権等については、期限の定めがある場合でも、期限到来後に所持人が証券を提示して履行の請求をした時から、債務者は遅滞の責任を負うとされています（商517条）。

②**不確定期限ある債務**　ある人が死亡したら、遺族に一定の金銭を交付するとか、債権者の海外勤務が終了して帰国したら、借りていた家屋を返すというように、**期限が到来することは確実だが、いつ到来するかは確定していない場合**です。この場合も**債権者からの催告は必要ありませんが、債務者はその期限の到来を知った時から遅滞の責任を負います**（412条2項）。

なお、いわゆる「出世払い」の債務は、不確定期限ある債務であり、債務を弁済しても生活してゆける程度の状態になった時に期限が到来するものと解されています。また、不確定期限の到来が不能となると、その時に期限が到来したものと解されます（大判大正4・12・1民録21輯1935頁）。したがって、出世しないことが確定した時には、債務の弁済をしなければならないことになりますが、「出世払い」とした趣旨からすると、債権者は裁判所に訴えることはできるが、強制執行まではできないと考えることもできそうです（我妻栄『民法案内7　債権総論　上』178～179頁参照）。

③**期限の定めのない債務**　**当事者が期限を定めなかった場合、債務者は、履行の請求を受けた時から遅滞の責任を負います**（412条3項）。請求しだい支払うという約束がある場合も同様です（最判昭和40・12・23民集19巻9号2306頁）。ただ、初めに述べたように、期限の定めがない場合につき法律が規定を設けている場合があり、たとえば消費貸借において当事者が返還の時期を定めなかったときは、債権者は相当の期間を定めて返還の催告をし（591条1項）、その期間が経過した時に債務者は遅滞の責任を負うことになります。

法律の規定から生ずる債務は、特別の定めがない限り、期限の定めのない債務として、遅滞となるためには債権者の請求が必要と解されていますが、不法行為による損害賠償債務については、債務の発生と同時に遅滞に陥るとされています（大判明治44・2・13民録17輯49頁、大判大正10・4・4民録27輯616頁、最判昭和37・9・4民集16巻9号1834頁）。しかし、安全配慮義務違反による損害

賠償義務は、人身損害が生ずる場合であって不法行為責任と共通点を有しますが、債務不履行責任として構成されることから、請求の時から遅滞に陥るものとするのが判例です（最判昭和55・12・18民集34巻7号888頁）。

4　履行期前の履行拒絶

履行遅滞は、履行期になっても債務者が履行しない場合ですから、🔲2で見た3類型を前提とするときは、履行が可能である限り、債務不履行になるか否かは履行期にならないとわかりません。しかし、次のような場合はどうでしょうか。

> 〔設例4〕　Aは2010年6月、Bの所有する不動産甲についてBと売買契約を締結し、代金の1割にあたる手付金を交付した上、2011年4月1日に、所有権移転登記手続と引換えに代金を支払う旨を約した。ところが、Bはなぜか Aに債務不履行があったと主張して2010年8月に契約を解除すると通告し、9月1日には不動産甲をCに賃貸し、Cに引き渡した。そこでAは、Bの債務不履行を理由に9月15日に本件売買契約を解除、手付金の倍額返還を請求した。

Aが手付金の倍額返還を請求したのは本件売買契約の履行期より前ですから、この時点ではまだ履行遅滞にはなっていません。しかし、**Bが債務を履行しない意思が明確な場合に、契約の解除と損害賠償の請求を、履行期まで待たなければならないとする合理性**はありません。したがって、最近、このような場合も**「履行期前の履行拒絶」**として、**債務不履行の一類型**とし、その効果として契約解除・損害賠償請求を認める説が有力になっています（なお、旧民法財産編383条1項は、債務者の履行拒絶について規定していました）。

このような場合に契約解除を認めるとするならば、債権者の側で、一定の猶予期間を付して拒絶意思の確認をするために催告をする必要があると考えられます（541条との均衡）。なお、履行期前の履行拒絶を債務不履行の一類型とする考え方は、債務者が本来の債務実現を信義則に従って準備し確実にすべき履行過程における付随義務の違反として、「積極的債権侵害」のひとつであると説明してきました（『新版注釈民法（10）Ⅱ』63頁以下〔北川善太郎・潮見佳男〕）。ただ、ここではなお履行が可能な場合の問題と捉えて、便宜的に履

行遅滞との関連で説明しておきます。

　＊〔設例4〕の元になった最判昭和41・3・22民集20巻3号468頁は、「双務契約において、当事者の一方が自己の債務の履行をしない意思が明確な場合には、相手方において自己の債務の弁済の提供をしなくても、右当事者の一方は自己の債務の不履行について履行遅滞の責を免れることをえない」として、履行遅滞の問題としていますが、この判決は、売買契約の履行期が昭和33年4月30日、Bからの解除の意思表示（履行拒絶）が同年4月3日という事例でした。すなわち、両時点が近接しており、解除後、Aによる実際の責任追及が履行期到来後（4月30日以後）になるならば、Bの履行遅滞責任を追及するにつき、責任発生の一原因事実として履行拒絶を捉えることも不可能ではありませんが、履行期よりも相当以前に履行拒絶がされたときには、履行遅滞で説明することはできません（北川・潮見・前掲66頁）。したがって、体系的位置づけについてはともかく、履行遅滞とは別の類型として把握する必要があります。

③　履行不能

1　意義および効果の特徴

　履行不能とは、**債務の成立後、債務の履行が客観的に不可能となったこと**をいいます。給付の目的物である建物が滅失した場合のように、**給付が物理的に不可能となった場合だけでなく、社会生活上の経験法則または取引上の通念に従えば、債務者に給付の実現を期待できない場合も、履行不能にあたります**。たとえば、海底に落とした時計を引き渡すことは、社会観念上不能と判断するべきものとされ、また不動産の二重譲渡において、一方の譲受人Aに移転登記を完了すると、他方の譲受人Bに対する債務は原則として履行不能となります。後者の場合、不動産が滅失したわけではありませんから、譲渡人はAと交渉して不動産を買い戻し、あらためてBに所有権を移転することが全く不可能とはいえませんが、取引通念上、譲渡人にそのようなことは期待できず、履行は不能になったものと評価するのです。

　＊債権の成立時、たとえば契約時に、既に目的物が滅失していて、当初から履行が不能であった場合（**原始的不能**）につき、かつては、債権は成立せず、契

約は無効であると解されていました。不可能なことを債務者に強制することは法の求めるところではなく、実現しない債権の発生に向けられた契約は無意味だという理由です。確かに、不可能な給付を目的とする債権は成立しないとしても、契約そのものを一律に無効とする必要はありません。現在では、投機的取引として目的物滅失のリスクを買主が負う場合、逆に売主が目的物の存在を保証する場合には、その契約の趣旨に従って、また当事者が目的物の滅失を想定していなかった場合には、錯誤による無効や、事態を調査・告知するべき義務の違反による損害賠償の問題として、契約の合意内容に対応した適切な処理をするべきであると考えられています。

履行が可能か不能かは履行期を基準にして判断し、履行期前に一時的に不能な状態になっても履行期に履行できるのであれば履行不能とはなりませんが、履行期前に確定的に不能となったときは、その時点で履行不能が生じます。

履行不能の場合、債務者に履行を催告する意味はありませんから、直ちに契約を解除することができます（543条）。契約を解除することにより、たとえば原状回復として、既に支払った代金の取戻しを請求することが可能となります（545条1項）。また債権者は、履行に代わる損害の賠償、すなわち塡補賠償を請求することができます。ただし、**契約解除も損害賠償請求も、債務者に帰責事由のあることが要件となっています**。

*他人の権利の売買において、売主がその「権利を取得して買主に移転することができないときは」買主は契約の解除ができ、また善意であれば損害賠償を請求することができます（561条）。他人の物の売主は権利移転義務を負いますから（560条）、その結果が実現できなかったときの権利の担保責任は、その義務の不履行責任という性質を有します（第1章②3 (1)も参照）。ただ、その権利は当初から他人に属しており、売主の意思だけで買主に移転することはできませんから、415条に規定する債務不履行責任とは異なります（561条のいう「買主に移転することができないとき」は、415条の「履行不能」とは異なる面をもっています）。そのことは、買主が契約時に、その権利が売主に属さないことを知っていたときは、売主が権利を移転できない可能性を知りえたのだから、損害賠償の請求ができないとされていることに表れています。

　なお、最判昭和41・9・8民集20巻7号1325頁は、買主が売買契約当時、目的物の所有権が売主に属さないことを知っていたときは、561条により損害

賠償責任を追及することはできないが、移転不能につき売主に帰責事由があれば、415条に従って損害賠償の請求をすることができると判示しました。この判決については、悪意の買主は権利が移転できない可能性を覚悟すべきであるから、損害賠償請求を認めることには疑問があるという指摘もあります。しかし、事案によっては、所有者がいったん譲渡を承諾するなど、買主への権利移転の可能性がかなり高かったにもかかわらず、売主が適切に対応しなかったために権利の移転ができなかった場合もありえます。このような場合には、買主が売主からの取得を断念し、所有者から直接権利を取得するのにかかった費用について、損害賠償を認めてもよいと考えます。

2　履行不能と帰責事由

415条によれば「債務者の責めに帰すべき事由によって履行をすることができなくなったとき」に損害賠償請求権が生じます。5で見るように、履行不能以外の類型においても帰責事由は損害賠償責任の要件となるのですが、債務者に帰責事由なくして履行が不能になった場合はどうなるのか、帰責事由ある場合と比較してみましょう。

〔設例5〕Aは、定年後は甲町に住宅を建てて住みたいと考え、Bの所有する土地を買う契約をBと締結した。土地の代金は3000万円として、そのうち500万円は契約締結とともにBに支払い、残額はAが定年となる3年後に、土地の引渡し並びに登記手続と引換えに支払うこととした。ところがBは契約の2年後にこの土地をCに売却し、所有権移転登記手続まで済ましてしまった。そのために、Aは仕方なく、甲町内のほぼ同じ規模の土地をDから3500万円で購入して住宅を建てた。

この場合、BがCにこの土地を売却し、移転登記をした時点でBの債務は履行不能となりました。BはAにこの土地の所有権が移転できなくなることを知ってCに売ったのですから、帰責事由があります。この場合は、Aは契約解除（543条）をして500万円を取り戻すとともに、415条により損害賠償として、Dから買った土地の代金とBとの契約の代金との差額である500万円を（その額が相当であれば）請求することができます。Bの不履行がなければ3000万円で宅地を買えたのに、不履行があったために3500万円を支払わなければならなくなったからです。

〔設例6〕〔設例5〕と同じ契約をしていたところ、契約の2年後、県の公園整備計画により、この土地は公園用地に指定された。Bは県に対する売却を拒否したが、結局この土地は、強制的に県に買収されてしまった。そのために、Aは仕方なく、甲町内のほぼ同じ規模の土地をDから3500万円で購入して住宅を建てた。

　この場合には、B自身では左右できない事情によって履行が不能になったのですから、Bの帰責事由によるものではなく、損害賠償の請求はできません。また、不能が債務者の帰責事由によるものではないときは、契約解除をすることもできません（543条ただし書）。この場合、債務者に帰責事由なき不能によってBの所有権移転の債務は消滅し、その対価であるAの代金債務につき、危険負担の問題が生じます。〔設例6〕は「特定物に関する物権の移転」を目的とするものですから、法文上は債権者（A）が危険を負担することになりますが（534条1項）、債権者主義は当事者の通常の意思に反するため、学説は534条の適用を制限する立場をとっています。この立場によれば、所有権移転を目的とする債務の消滅に伴い、Aの代金債務も消滅して、Aは契約締結時に支払った500万円の返還を請求することができます。

〔設例7〕AはBから機械甲（特定物）を100万円で買う契約を締結した。しかしAの請求にもかかわらず、履行期になってもBは正当な理由なく機械甲を引き渡さなかった。そして履行期の1ヵ月後、Bが機械甲を保管していた倉庫が隣家の火事からの延焼によって焼失し、機械甲が滅失してしまった。そのため、AはCから甲と同種の機械を150万円で購入する結果となった。

　この場合、機械甲が滅失し、これを引き渡すBの債務は履行不能となりましたが、その直接の原因は隣家からの延焼ですから、履行不能についてBに直接の帰責事由はありません。しかし、正当な理由なく履行を遅滞している債務者は、その後の履行について全責任を負うことが信義則に適するため、債務者は履行不能による損害賠償の責任を負担することになります（これを履行遅滞責任の加重とみることもできます）。ただ、大規模な災害がA・Bをともに襲った場合など、適時に引渡しをしても機械甲が滅失したであろうと考えられる場合は、Bは責任を免れます。Bの履行遅滞との因果関係がない（履行遅滞がなければ損害が生じなかったという関係にない）とされるためです。

④ 不完全履行、並びに給付に伴うその他の債務不履行

1　意　義

履行遅滞、履行不能が、給付がされていない場合であったのに対し、**不完全履行**とは、**給付は一応されたものの、その給付が債務の本旨に従ったものではない場合**をいいます。

問題となる場合は、3つに分けられます。第一は、**給付された目的そのものが、量的・質的に不完全なものであった場合**、これを**狭義の不完全履行**と呼びます。

第二は、給付された目的そのものは不完全なものではないが、**債権者が自らの目的を十分に達するために必要な、付随的な義務が果たされていない場合**、これを**付随義務違反**と呼びます。

第三は、**給付のための行為態様に不適切なところがあったため、債権者が有する既存の利益を侵害した場合**、これを**保護義務違反**と呼びます。

この3つの類型は、構造的な位置には違いがありますが、いずれも当事者が設定した給付関係に関連するものであることに共通点があります。すなわち、第一・第二の類型では、給付が完全なものであったか、また債権者が給付を受ける目的を達成するために、債務者は付随的にどのような行為をするべきであったかという点が、当事者が設定した給付関係の目的に照らして判断されます。また第三の類型では、当事者が設定した給付関係に伴い、債務者が債権者の権利領域に影響を与える可能性が生ずる場合に、債権者の利益を害さないようにどのような注意を払うべきかが問題となります。

以下、設例で考えてみることとしましょう。

〔設例8〕　Aは同好会のユニフォームとするために、その使用目的を示して、同一仕様のシャツを50着、Bから買い入れる契約を締結した。ところがそのシャツはメーカーで製造中止になっており、Bは30着しか仕入れることができなかった。Bは仕入れた30着をAに提供したが、Aはユニフォームという使用目的に照らし、50着ないと困ると言って受け取らない。

これは第一の類型にあたります。Bは残り20着を給付する義務があるので

すが、メーカーでの製造中止のため、一部の履行が不能になったと考えてよいでしょう。ただ30着は入手できたのだから、その範囲では債務の本旨に従った履行の提供があったと考えるべきでしょうか。しかしこの契約ではユニフォームとして使うことが明示されていたのですから、30着ではAの目的を果たすことはできません。したがって、量的に不完全な履行として、Aは50着全部について契約の解除をすることができると考えられます。

〔設例9〕 AはBからアンティークの高級家具を買う契約をした。Bのもとから目的物が届けられたが、Aが梱包を開けて調べてみると、その一部が破損していた。

これも第一の類型にあたります。この契約が種類売買として締結されたならば、破損した物の提供は債務の本旨に従ったものとはいえませんから、AはBに対して同種の代わりの物を引き渡すよう請求することができます。しかし特定物売買として締結された、あるいは引渡し前に特定したといえるならば、代わりの物の給付は選択肢に入りません。Bはこの家具を「その引渡しをすべき時の現状」(483条)で引き渡すほかはないのですが、Aとしては目的物がこの物であることを前提に、値引きを請求するか、可能ならば修理を請求するか、もしこの状態では買った意味がないというのであれば、契約の解除ができないか、思案するところです。この場合には、瑕疵担保責任との関連が問題となります。

〔設例10〕 AはBから工作機械を買った。この工作機械自体には何の問題もなかったが、Bの従業員がAに対し、この機械の操作・管理方法について誤った説明をしたため、短期間でこの機械が壊れ、また使用した材料の一部が無駄になってしまった。

これは第二の類型にあたります。売買の目的物である工作機械は何の問題もないのですから、これを引き渡したBは、売買契約による義務は果たしたといえそうです。しかし、Aからすれば、この機械を動かして、自己の作業が正常に進まなければ契約をした意味がないのですから、説明の誤りによって機械が壊れ、材料が無駄になったことは、Bがその役割を適切に果たさなかった結果だということができます。

〔設例11〕　AはBから工作機械を買った。Bがこの機械をAの工場に運び込む際に、不注意で工場の空調設備にぶつけてしまった。この機械は厳重に梱包していたため、異状はなかったが、空調設備は修理が必要となった。

　これは第三の類型にあたります。給付した工作機械が正常に機能する以上、Aがこの機械を買った目的は達せられます。したがって、給付結果の実現については問題がないのですが、給付のための行為が不適切であるため、給付目的物以外のAの権利を侵害したことにより、損害賠償の問題が生じます。このように債権者の既存の利益（完全性利益ということもあります）を侵害する場合は「積極的債権侵害」とも呼ばれますが、「積極的債権侵害」は「不完全履行」と同じ意味の言葉としても使われますので、ここでは、債権者の利益を害さないようにする「保護義務」への違反と呼ぶことにします。

〔設例12〕　AはBから鶏の雛甲を買った。これをAが従来飼育していた鶏乙とともに飼育していたところ、甲が病気にかかっており、乙にもその病気が感染した。

　〔設例12〕は、第一の類型と第三の類型との両面をもっています。Bの給付の目的物自体に不完全な点があり、もし乙への感染がなければ、甲を返品し、病気にかかっていない雛の給付を請求することとなります。これは第一の類型と共通する側面です。しかしAの所有する乙にも病気が感染したのですから、雛の再給付だけでは収まらず、乙についての損害賠償が問題となります。これは第三の類型と共通する側面であり、給付の目的物の検査を十分にしなかったこと、あるいは感染する病気にかかった雛を給付したことについて、保護義務違反が問題となりえます。

2　狭義の不完全履行——給付目的の不完全

（1）　瑕疵担保責任との関係——従来の理解　さて、給付は一応されたものの、給付目的そのものが不完全であった場合が不完全履行の典型です。給付目的が不完全であったかどうかは、ひとつには当該取引における当事者の目的、もうひとつには同種の取引において一般的に充たされるべき水準が基準となりますが、委任、準委任、あるいは診療債務のように、専門性が高く

債務者の裁量の余地が大きい債務の場合、履行が不完全であったかどうかを客観的に判断することには実際上困難が伴います。他方、売主の債務のような与える債務の場合、なす債務であっても仕事の結果を引き渡す請負人の債務のように、給付が目的物の引渡しによって行われる場合には、契約各論で定められる瑕疵担保責任との関係が問題となります。**債務不履行類型としての不完全履行と瑕疵担保責任とはどのような関係にあるか**、考えてみましょう。

　従来、特定物売買において、契約締結時点で瑕疵が存在する場合には瑕疵担保責任が、契約締結時以後に瑕疵が生じた場合と、種類売買については不完全履行責任が妥当するといわれてきました。それは、次のような論理によります。

　　①種類売買において給付した物に瑕疵があれば、それは債務の本旨に従った履行ではなく、履行としての意味がないため、債務者は瑕疵のない物を市場から調達して給付するべきである。

　　②特定物売買において契約締結時以後に瑕疵が生じたときには、保管義務違反等、債務者に帰責事由があれば債務不履行責任を根拠づけることができ、なければ危険負担の問題となる。

　　③**しかし既に契約締結時点で特定物に瑕疵がある場合には、目的物はその物以外にないため完全な物を給付することはできず、また瑕疵は初めから存在し、債務者の契約上の義務違反によるものではない。そのため債務不履行責任の成立する余地はないが、一方で瑕疵があるままでの給付、他方で瑕疵がないことを前提とする対価という関係を放置すれば、双方の給付の対価的なバランスが崩れる。**したがって、法定の責任として瑕疵担保責任が認められる。

　この論理は、債務の概念を、**債務者が実際にするべき行為の面**からのみ捉えているものということができます。すなわち、種類売買であれば、瑕疵なき物を選んで給付することができる、特定物であっても契約時点で瑕疵がない物であれば、瑕疵が生じないように注意して管理することができる、しかし特定物であり、かつ契約時点で既に瑕疵がある物であれば、債務者としてはもはや何もすることはできない、このときに債務不履行＝なすべきことを

(2) 給付行為と給付結果——瑕疵担保責任の意味

しかし、第1章②3（1）でみたように、債権・債務は給付行為と給付結果の両方の側面から捉える必要があります。すなわち、売買のように権利の移転という結果に向けられた契約において、権利の移転という結果が実現できなかった場合 (561条)、売主が精一杯の努力をしたというだけでは、権利移転義務 (555条) を履行したということはできません。目的物に瑕疵がある場合も同様に、契約によって引き受けられた結果を実現したということはできず、「義務は果たされた」ということはできないと考えます。だからこそ従来の通説 (法定責任説) は、債務を行為の面からみるために債務不履行とはいえないとしつつ、対価的バランス＝(価値の面での) 結果の実現という観点を補充して、別立ての責任として瑕疵担保責任を認めたのです。

確かに、債務とは債務者が一定の行為をするように義務づけられることを意味するものですが、その行為は一定の結果を実現するためのものであることを考えると、いわゆる手段債務と呼ばれるものは別として、一般的には結果が実現していなければ債務は履行されたとはいえない、ただ債務者が努力を尽くしても結果の実現が不可能であった場合は、その不履行について帰責事由がないというにとどまると解することができます。

このように、債務を単独で取り出して見た場合、それはもっぱら当事者が定めた結果を具体的に実現することができるかどうかを問題にしますが、瑕疵担保責任は、双務有償契約である売買について定められ、他の有償契約について準用される (559条) もので、対価との関係を重視しています。すなわち、瑕疵担保責任は給付の結果を具体的に実現できない場合に、その状態を是正する債務不履行責任の特則として、対価的均衡を価値的に実現するという限度で、売主に責任を負わせるものです。そして対価にふさわしい結果を確保するという点では、特定物債務、種類債務の区別はありません。両者の区別は、そのための方法の選択肢の違いに表れるものということができます。すなわち、種類債務の場合は、引き受けた種類・品質の目的物を探して給付することによって、価値的にのみならず具体的にも結果を実現することができますが、特定物の場合にはそうはいきませんので、損害賠償 (値引き

を含む）や契約の解除、可能であれば修補（現物による損害賠償）によって、対価的な均衡を回復することになります。

＊最判昭和36・12・15民集15巻11号2852頁は、売買目的物である放送機械を売主に何度も修理させた後、売主が修理の請求に応じない場合に、買主が債務不履行を理由に行った契約解除の効力を認めるにあたり、不特定物につき「債権者が瑕疵の存在を認識した上でこれを履行として認容し債務者に対しいわゆる瑕疵担保責任を問うなどの事情が存すれば格別、然らざる限り、債権者は受領後もなお、取替ないし追完の方法による完全な給付の請求をなす権利を有」すると述べています。ここで「履行として認容」するというのは、紛らわしい表現ですが（「これで問題ない」と言っているように聞こえますから）、不特定物について本来可能である取替え等を選択肢から外し、給付された物のみを前提として瑕疵担保責任による処理をするためには、買主が単純に目的物を受領するだけでは足りない、たとえば「仕方がないからこれを受け取るが、瑕疵があるから値引きをしてほしい」と言うなどした後は、取替え・追完等、完全な給付の請求をすることができなくなるという趣旨と考えます。すなわち、不特定物についていつから瑕疵担保規定の適用があるかという問題ではなく、いつから完全履行請求ができなくなるかという問題です。

(3) 瑕疵担保責任と不完全履行責任──帰責事由の意味と規律の異同

(a) まず、両責任の違いは、帰責事由を要件とするか否かにあります。**給付の対価的均衡の回復は、帰責事由の有無にかかわらず、有償契約による債務であることに基づいて実現されるべきもの**です。瑕疵担保責任は無過失責任であるため、その責任の範囲に限界がある（しばしば信頼利益の賠償の範囲に限られるといわれますが、それでは狭すぎます）といわれるのは、対価的均衡の回復を直接の目的とすることによります。そして対価的均衡回復の手段のひとつとして代金減額が考えられますが、代金減額に限らず、修理代金の賠償（これは、瑕疵のない状態を実現するための費用ですから、履行利益にあたります）も同様の役割を果たします。**代金減額は、目的物に瑕疵がある状態を前提として、対価をそれに合わせるものですが、修理代金の賠償は、支払った対価を前提として、目的物の状態をそれに合わせるものですから、ともに対価的均衡の回復方法としての意味を持ちます。**

しかし、対価的不均衡を超えて、債権者（買主）に損害が生ずる場合もあ

ります。この場合、帰責事由が存在して不完全履行責任が成立するときは、履行の不完全によって債権者に生じた損害が賠償されるべきです。債務者は、約束した通りの物を給付する義務を負っていますが、給付された物をどのように利用するかは債権者の行為領域にありますから、債務者はその物の利用によって債権者が利益を上げることについてまで責任を引き受けているわけではありません。しかし履行が不完全であるために債権者に損害が生じ、しかも債務者において不完全な履行を防ぐことができたものであるならば、本旨に従った履行をしなかった債務者がその損害について賠償責任を負う責めを負います。

（b）次に、両責任の共通の側面を考えてみます。不完全履行は、履行遅滞、履行不能とは異なり、債務者は給付行為をしていますから、債務者が給付の不完全ないし瑕疵の存在を知らないまま、自分はするべき義務を果たしたと考えていることも多いと考えられます。にもかかわらず、給付をして相当期間を経過した後に、給付の不完全ないし瑕疵の存在についてクレームをつけられても、給付当時の資料を保管していなければ反論できないことがあり、またその不完全ないし瑕疵が、給付当時から存在していたものか、債権者のもとで生じたものか、疑問である場合もありえます。したがって、債権者の保護と同時に、このような危険から債務者を保護することも必要となります。

履行が不完全である場合、それは債務の本旨に従った履行ではなく、いまだ履行がされていないものと評価するならば、その債権が消滅時効（10年）にかかるまで、完全履行請求権が存続することになりそうです。しかし、商事売買においては、買主は売買の目的物を受領したとき、遅滞なくその物を検査し、瑕疵や数量不足があれば直ちに売主に通知しないと、解除・代金減額・損害賠償の請求をすることができなくなります（商526条）。また、民法上の瑕疵担保責任においても、買主が瑕疵を知った時から1年間の期間制限が設けられています（570条・566条3項）。これらの制度を参照して、学説上、履行が不完全であることを発見した債権者は、信義則上相当と認められる期間内に債務者に通知するなど、適切な措置をとらなければ、完全な給付を請求できないとする見解もあります。

3 付随義務違反

〔設例10〕で見たとおり、付随義務違反による不完全履行は、それにより、債権者が目的物の効用を十分に受けることができなかったことが問題でした。したがって、それによって生じた損害は、目的物自体が質的に不完全なものであった場合とほぼ同じです。そして、誤った説明をしたり、必要な説明をしなかったりしたときは、債務者の行為が不適切であったと評価されますから、多くの場合、債務者に帰責事由ありと認められるでしょう。したがって、〔設例10〕の機械の修理費や、無駄になった材料費は、相当な範囲で賠償されることになります。

このように、**不完全履行の一種として付随義務違反が問題となる場合、その付随義務は給付目的の実現に奉仕するものを想定しています。しかし、債務不履行の問題において、付随（的）義務という用語はもう少し広く使われています。**たとえば、第 6 章で扱う安全配慮義務は「ある法律関係に基づいて特別な社会的接触の関係に入った当事者間において、当該法律関係の付随義務として…一般的に認められるべきもの」（最判昭和50・2・25民集29巻 2 号143頁）と説明されていますが、それは雇用その他の法律関係に必然的に伴うものという意味であって、主たる給付義務に従属するものという意味ではありません。

また契約の解除に関して、付随的義務の不履行を理由に契約を解除することはできないといわれることがあります。BがAに売却した土地について、AがBに対して代金は支払ったものの、本来Aの納付するべき公租公課をAが納付しないためにBが売買契約を解除した旨主張した事案において、最高裁は「当事者が契約をなした主たる目的の達成に必須的でない付随的義務の履行を怠ったに過ぎないような場合には、特段の事情の存しない限り、相手方は当該契約を解除することができない」と判示しました（最判昭和36・11・21民集15巻10号2507頁）。この場合、同一の契約に基づくものであるにせよ、代金と公租公課とは別の債務ですから、主たる給付の目的実現に奉仕する付随義務とは違います。

さらに、診療契約において、手術の危険性や治療方法の選択肢について説明する義務が問題になることがあります（最判平成13・11・27民集55巻 6 号1154

頁)。これは、患者の自己決定による同意の前提として必要とされるものです。また、末期ガンを家族等に対して告知することが診療契約に付随する義務であるとされた事例がありますが（最判平成14・9・24判時1803号28頁）、これは家族が事態を理解して患者の残された時間の充実を支えることが、患者本人にとって法的保護に値する利益であるという理由によるものです。これは、治療活動に際して、患者の人格的利益が独立の保護対象として認められるようになったことに対応するものです。

4　保護義務違反

保護義務とは、〔設例11〕について述べたように、**給付にあたって債権者の既存の権利・利益を害さないようにする義務**をいいます。〔設例11〕の事例は、過失により他人の権利を侵害したものとして、不法行為（709条）の要件をも充たしますから、不法行為を理由に損害賠償の請求をすることも可能です。実際、生命・身体や所有権のような絶対的権利の侵害は、本来不法行為によって処理するべきであるという考え方もあります。

しかし、たとえば交通事故のように、全く知らない人との間で突然発生する場合とは異なり、AとBとが結んだ契約に基づいて給付がされる場面で生じたものですから、それぞれがどのような注意を払うべきであるかは、あらかじめその給付関係に即して判断することができたものとして考えることができます。また証拠保全についての困難も、交通事故等の場合に比べ、より少ないと考えられます。これらの点で、発生した権利侵害の責任を問題とする不法行為とは異なるものとして、安全のために注意をするべきことを目的とする義務を観念することには意味があります。具体的には、安全配慮義務との関連で説明します（第6章参照）。

5　債務者の責めに帰すべき事由

1　意　義

もう一度、③2の〔設例5〕と〔設例6〕を見比べてください。Bが土地の所有権をAに移転する債務が履行不能となったのは、〔設例5〕ではBが

自らCにこの土地を売却したため、〔設例6〕ではBの意思にかかわらず県によってこの土地が買収されたためでした。〔設例5〕では、BがAにこの土地を売ったにもかかわらず、自らCに売っているのですから、Aに対する債務が履行不能になることを承知で（故意）売ったか、仮にBがAとの契約が無効であると思っていたとすればその点に過失があったか、いずれにしても、Bの債務の履行不能の原因はBの行為にあるということができます。これに対して〔設例6〕では、Bは履行不能の結果を阻止することができない状況にありました。〔設例5〕は債務者Bに帰責事由があり、〔設例6〕は帰責事由がないということになります。以下、帰責事由の意義について説明します。

帰責事由とは、債務がその本旨に従って実現されていない場合に、その責任を債務者に帰せしめるための、債務者側に存する原因ということができます。その内容は、**債務者の故意・過失および信義則上これと同視するべき事由**（履行補助者の過失）であるとされています。このように、不履行責任を問うために債務の結果が実現されていないことに加え、債務者側の帰責事由を要求することを、不法行為の場合と同様、過失責任主義と呼ぶことがあります。ただ、**不法行為の場合は、個人の行動の自由を前提とし、故意・過失によって他人の権利を侵害しない限り責任を負わないとするものであるのに対し、債務不履行の場合は、債務の内容を実現するという拘束を前提とし、債務者の故意・過失によらず支配不可能な原因によって債務の内容を実現できなかったときは、不履行の責任を負わない**というものですから、同じく故意・過失を原因とするものであっても、その前提と構造は異なります。

＊すなわち、不法行為の場合は、過失があってはじめて責任が根拠づけられるのですから、過失とは何であるかを明確にした上で、当該事例において過失があったか否かを、事実に即して判断する必要があります。しかし債務不履行の場合は、債務の内容を実現できなかった場合に、「債務者の責めに帰すべき事由」以外の事由によるものではないかどうかを判断するのですから（3(1)で後述）、言葉の上で帰責事由を故意・過失と表現しても、不法行為の場合と同じ意味で故意・過失の有無を判断するものではありません。

2 帰責事由の存在と証明

415条の文言上は、履行不能の場合にのみ債務者の帰責事由を必要とするというようにも読めますが、**帰責事由は履行不能のみならず、債務不履行一般について必要とされます**。また、文言上は、履行不能の場合、「履行不能の場合には損害賠償責任を負う、ただし履行不能が債務者の責めに帰すべきでない事由によるときはこの限りでない」という形式になっていないため、帰責事由の存在を債権者側が立証することが必要であるかのようにも読めますが、そうではなく、**すべての債務不履行類型について、債務者側が証明責任を負う**ものと解されています。

> ＊現415条の原案では「債務者カ其債務ノ本旨ニ従ヒタル履行ヲ為ササルトキハ債権者ハ其損害ノ賠償ヲ請求スルコトヲ得但其不履行カ債務者ノ責ニ帰スヘカラサルトキハ此限ニ在ラス」として、債務不履行一般について帰責事由を必要としていたのですが、債務者の過失により履行ができなくなった場合を「履行ヲ為サヌ」と表現するのは日本語として少し無理があるため、現行規定のように修正したもので、原則を変えるものではありませんでした。また証明責任についても本文のような疑問が出されたのに対し、債務者側が証明責任を負うことが確認されました（『史料債権総則』86頁、90頁）。

〔証明責任と条文の形式〕　**訴訟の場で一定の事実の存否が確定されない場合**、裁判所は、その事実に基づく主張の真偽を判断することができません。その場合でも、裁判所は判断をしないというわけにはいかず、ルールを作ってどちらかの当事者を勝たせなければなりません。**このときに「その事実に基づく法律効果は認められない」という不利益な法律判断を受ける側が「証明責任を負担する」**といいます。この証明責任をどちらに負わせるか（証明責任の分配）のルールを、立法者が条文の構造に反映させ、本文が権利を根拠づけ、ただし書がその権利を否定・制限するものとなっていると見るならば、本文に該当する事実については原告が、ただし書に該当する事実については被告が証明責任を負うことになります。たとえば動物の占有者の責任について、718条1項本文は「動物の占有者は、その動物が他人に加えた損害を賠償する責任を負う」と規定していますから、損害賠償を請求する原告が、被告が当該動物を占有しており、その動物が被告に害を加え、それによって損害が生じたことを根拠づける事実を証明すれば、被告は賠償責任を負うことになります。しかしただし書の規定により、被告が「相当の注意をもってその

管理」をしたことを証明すれば、被告は責任を免れますが、相当の注意をもって管理をしたか否かが不明のときは、被告は責任を免れないということになります。これによると、415条の構造から、債務不履行の場合、履行不能について債務者の帰責事由を債権者が証明できなければ、損害賠償を請求することはできないように思われます。しかし、多くの場合は上記のように条文の構造が証明責任の分配を知る手掛かりになるとしても、例外なく条文の構造からわかるというものではなく、履行不能における債務者の帰責事由についての証明責任も、債務不履行に関する原則どおり、債務者に属するとされています。

　債務者は債務を履行し、その内容を実現するという拘束を自ら引き受けています。債務不履行責任を追及するためには、まず債権者の側でその根拠、すなわちある内容の債務が成立し、それがその本旨に従って履行されていないことを主張・立証する。それが証明されたならば、債務者が実現可能なものとしてそのような拘束を引き受けた以上、それが実現されていないのは債務者の側に原因があると見ることができる。そうでないならば、自分のせいではないことを債務者側で証明しなさい、というのがこの規律の趣旨です。

　①履行遅滞の場合には、債権者の側で、債権の存在と履行期の到来、催告が必要な場合には催告をしたこと、そして履行のないことを主張・立証し、債務者の側で、履行をしなくてもよい正当事由（同時履行の抗弁権など）、遅滞について帰責事由のないことを主張・立証することになります。

　②履行不能の場合には、債権者の側で、債権の存在と履行が不能になったこと、並びに履行不能によって被った損害を主張・立証し、債務者の側で帰責事由のないことを主張・立証することになります。ただ、債権者の側で、履行が不能になっているかどうか、明確につかめない場合もあります。この場合には、債権者は本来の給付請求＋履行不能または執行不能の場合の塡補賠償請求という、併合請求の形をとらざるをえません（奥田昌道『債権総論〔増補版〕』149頁）。

　③不完全履行の場合は、債権者の側で、債権の存在と、なされた給付が債務の本旨に従ったものでないこと、並びにそれによって被った損害を主張・立証することが必要です。履行遅滞・履行不能は、給付が（少なくとも履行期

までに）されていない場合の問題ですが、不完全履行ではともかくも給付がされていますから、債権者は、その給付が債務の本旨に従ったものでないことを、契約の趣旨がどのようなものであったか等に照らして立証する必要があります。これに対して債務者は、履行の不完全について帰責事由のないことを主張・立証することになります。

　なお、**付随義務違反・保護義務違反の場合**には、債権者の側で、まずそのような義務が債務者に存したことの主張・立証が必要となります。そしてとりわけ保護義務違反、たとえば〔設例11〕のような場合には、Aの工場の空調設備にぶつけないように注意するBの義務は、保護義務の内容といえるとともに、不法行為における過失の前提としての注意義務ともいえそうです。不法行為（709条）の場合、加害者の故意・過失は損害賠償を請求する原告側に証明責任があるのに対し、債務不履行構成によるならば、債務者側で帰責事由のないことを主張・立証する必要がある点に違いがあるはずなのですが、この場合には実質上、不法行為と同様にAがBの過失（帰責事由）について立証の負担を負うことにならないかという疑問が生じます。この点については、第6章で触れることとします。

3　債務者に帰責事由がない場合とは？

　(1)　「過失」の意義と免責立証　　2で見たように、債務不履行の事実があると、債務者は、自己に帰責事由がないことを証明しなければ責任を免れません。この「帰責事由」は、1で見たように、債務者の故意・過失および信義則上これと同視するべき事由と説明されています。債務を履行しなければならないのを知っていて、あえて履行しないときには故意があることになり、この場合に不履行責任を負わなければならないことは言うまでもありません。

　それに対して、過失があるとはどのような場合でしょうか。これについては、「私なりに精一杯の注意を尽くした」というのではなく、**債務者の職業、その社会的・経済的地位にある者として、その債務を履行するのに一般に要求される程度の注意**を果たしたのでなければ、過失なしということはできません。内容としては、400条の「善良なる管理者の注意」義務の違反と同じ

く、その行為についての標準人のするべき注意が基準となります（第2章③1参照）。当該債務者が、標準的な債務者に求められる注意を尽くせば債務不履行が生ずることがなかったにもかかわらず、その注意を尽くさなかったために不履行が生じたのですから、その責任を負わなければならないのです。

それでは、債務者に帰責事由がないというのは、どのような場合でしょうか。債務者は債務の内容を実現するように拘束されているのですから、その実現が可能であるのに実現しなかった場合には、債務者が注意を尽くさなかったためではないかと疑われます。しかし、**不履行がもっぱら（a）債権者側の事由、（b）債務者の支配下にない第三者側の事由、（c）債務者の支配不可能な自然力によって生じたとき**は、債務者の力だけでは債務内容の実現が不可能であったわけですから、「債務者の責めに帰すべからざる事由によって債務不履行が生じた」ということになります。債務者は、このような事由が存したことを主張・立証すれば、責任を免れることができます。

（2）　具体的な事例　　実際に債務者の過失＝帰責事由の存否が争われた事例を見てみましょう（最判昭和35・3・17民集14巻2号451頁）。直接には商法577条の運送人の責任が問題となった事例です。運送人Yは、A社を荷受人とする運送契約をXと結んでいました。Xは、Yの使用人Bが本件物品を荷受人ではないCのもとに配達した結果、その物品が滅失したとして、Yに対して損害賠償を請求しました。原判決は、①A社は設立準備中の会社であるが、設立事務所には看板その他の表示はなかった、②CはA社の設立準備委員であった、③Cが本件物品と同種同量の荷物につき、虚偽の注文書写しを示してCのもとへの配達を依頼したので、Bはその指図に従ってCに引き渡したものであるから、Yには過失がないと判断したのに対し、最高裁は次のように述べて、それだけではYに過失がなかったと解することはできないとし、原判決を破棄、原審に差戻しました。

すなわち、Xは、本件の1ヵ月前にも本件と同様、荷受人を「A社」とのみ表示してYに物品運送を委託したところ、Yの営業所では荷受人の存在が不明であるとして当該物品を一時保管しておき、A社の設立準備委員Dの連絡を得て、BがA社の設立事務所に配達をしたという事実があるから、配達を担当したBとしては、本件の物品について荷送先がどこであるか、了知す

ることができた、と。

どうやら設立準備委員のCとDとの間に対立が生じたもののようです。運送品の滅失という事実についてX・Yの主張を見てみると、Yは、A社の設立事務所に看板等がなく、A社の設立準備委員であるCが虚偽の注文書写しを示して配達依頼をしたためにCに引き渡したのであるから、運送品の滅失は第三者であるA社側に起因するものであり、Yに帰責事由はないと主張し、原審はこれを認めました。Xの側では、1ヵ月前の配達の際にY側ではA社の設立事務所を把握していたのであるから、A社の設立事務所に配達しないのは不適法だと主張したのですが、原審では、設立委員Cの指示に従ったことには相当の理由があると判断しました。これに対して最高裁は、Bが本来の荷送先を知っていた以上、①～③の事実が存在することだけでは、Yに債務不履行についての過失が存しないと解することはできないとしたものです。

この判決は、帰責事由の判断について一般的なルールを示したものではありませんが、具体的な事情のもとで、過失の有無を判断する一例として見てください。

(3) 「帰責事由がないこと」と「不可抗力」 「帰責事由がないこと」を証明するためには、(1)の (a)～(c) に示したように、債務者の力だけでは債務内容の実現ができない事情を示す必要があります。そうすると、このような事情は「不可抗力」と言い換えてよいかどうか、考えてみる必要があります。

「不可抗力」という用語は、たとえば商法594条1項（場屋営業者が寄託を受けた物品についての責任）、民法では419条3項（金銭債務の不履行）の中で使われています。前者は無過失責任と解されていますが、本来は無過失で責任を負うものであっても、物品を返還できなくなったのが「不可抗力」によるときは、「場屋ノ主人」（旅館や浴場の主人のこと）は責任を免れるというものです。この「不可抗力」という概念は、災害や暴動、敵・盗賊による略奪など、一定の限定された場合をさすとされています。したがって、「不可抗力」は無過失責任の免責事由であって、「帰責事由がないこと」より狭い概念であるということができます。

4 履行補助者の過失

(1) 意 義 債務不履行につき、**債務者が債務を履行するために用いる者（履行補助者）に過失があった場合には、債務者に帰責事由ありとし、債務者は債務不履行責任を負います**。これは債務者自身の過失ではなく、第三者の過失なのですが、**信義則上、債務者の過失と同視する**ものとされます。設例をいくつか挙げてみます。

〔設例13〕 AはBに物品甲を売る契約をし、引渡場所をBの住所とした。Aは、友人CがBの住所地の方面に行く用事があると聞き、Bの住所に届けてもらうように、物品甲をCに託した。ところがCは過失により、物品甲を紛失してしまった。

〔設例14〕 EはDから、住宅の建築を請け負った。Eはこの工事のうち、給排水設備の工事を別の業者Fにさせた。ところがFの工事の不手際により、引渡し後に水が漏れ、建物の一部が腐食して、補修が必要となった。

〔設例15〕 EはDから、住宅の建築を請け負った。Eはこの工事を下請人Fにさせた。ところがFの基礎工事の不手際により、引渡し後に住宅が傾いたため、大幅な補修が必要となった。

〔設例16〕 GはHから、住宅として乙建物を借りた。ところが同居している息子Ⅰの火の不始末により、乙建物が全焼してしまった。

〔設例17〕 GはHから、住宅として乙建物を借りた。Gが3年間、外国で勤務することになったため、GはHの承諾を得て、3年間の期限で乙建物をJに転貸した。ところがJの火の不始末により、乙建物が全焼してしまった。

このうち〔設例13〕は、Aの物品甲を引き渡す債務の履行不能、〔設例16〕〔設例17〕は乙建物を返還する債務の履行不能、〔設例14〕〔設例15〕は住宅の建築請負についてのEの不完全履行の責任が問題となります。いずれも債務者以外の者に過失があった場合ですが、「信義則上」債務者が責任を負うというのは、何を意味しているのでしょうか。

不法行為とも共通する過失責任主義のもとでは、何びとも自分自身の過失についてのみ責任を負い、他人の過失については責任を負いません。これを

前提とすると、特別の規定がない場合に債務者の責任を認めるためには、債権関係を支配する信義則、ないしは信義に従って給付を実現する義務を負う債務者の地位を理由にするほかはないということになります。この点は、後で検討します。

(2) 通説による説明　通説的な見解（我妻栄『新訂債権総論』107頁以下）によれば、履行補助者とは、一時的に使用する者と継続的に使用する者との区別なく、債務者が債務の履行のために使用する者を意味します。また、債務者の指揮命令に従って手足のように使用される者だけでなく、独立の企業者をも含みますが、債務者の手足として使用する者（真の意味の履行補助者）と、債務者に代わって履行の全部を引き受けてする者（履行代行者・履行代用者）とを分けて、次のような規律の違いがあるとしています。

　①真の意味の履行補助者については、債務者は、その者の故意過失について常に責任を負う。

　②明文上履行代行者を使用しえない場合、ならびに特約で履行代行者を使用しないと定めた場合には、履行代行者を使用すること自体が債務不履行であるから、履行代行者に故意・過失がなくとも責任を免れない。

　③明文上積極的に履行代行者の使用が許される場合、債務者は履行代行者の選任監督に過失があった場合にだけ責任を負うことが明文で定められている場合が多い。民法が一定の要件の下に履行代行者に履行の全部をまかせることを許容している場合には、債務者の責任は軽減されると解するのが妥当である。

　④特に明文上、または特約上履行代行者の使用が禁じられているのでもなく、また特に一定の条件の下に許されているのでもなく、給付の性質上履行代行者を使用しても差し支えないという場合（請負その他一身専属的でない給付にはこの例が多い）には、①と同じ責任を負う。

　⑤以上の標準は、債務者が契約上の権利を享受する場合（賃借人が賃借物を使用収益するなど）にも適用される。このような場合には、賃借人の使用収益権能は目的物の保管義務と密接不可分の関係にあるためである。

(3) 検討①——「履行補助者」「履行代行者」について　①④の場合についての我妻博士の見解は、債務がある結果を実現することを内容とし、かつそれが誰によってされるかが重要でない場合には、債務者の支配下にある使用人等であれ、独立の事業者であれ、債務者は選任・監督に注意を払ったということでは免責されず、それらの者の過失につき自己の過失と同様に責任を負う。それは多数の人を組織し、あるいは利用して債務を履行するのが通常となっている現在、必要な規律であり、その根拠は、債務者は信義に従って給付を実現する義務を負う（我妻栄「履行補助者の過失による債務者の責任」『民法研究Ⅴ』128頁）ことに求められる。このような考え方であると思われます。これによれば〔設例13〕〔設例14〕〔設例15〕のいずれも、債務者は責任を負うことになります。

＊〔設例13〕では、友人に物品甲を届けることを依頼したものですが、大手の運送業者に物品甲を託した場合はどうなるでしょうか。債務者はその運送業者を支配することはできませんし、またその運送業者を選んだことに過失があるともいいにくい場合が多いと思われます。これについては、債務者があくまでも債権者の住所に届けることまでを義務の内容としたか、運送業者に託すことをもって義務を果たしたとするか（送付債務）、当該契約の解釈の問題となります。前者の場合には、債務者が債権者に対する関係では不履行責任を負った上で、過失のある運送業者の責任を追及することになります。

また、〔設例14〕では履行の一部を、〔設例15〕では履行の全部をＦにさせています。**(2)** の最初に挙げた我妻博士の定義では〔設例15〕のみが「履行代行者」となりそうですが、〔設例14〕のＦも別の業者ですから、「債務者の手足」といえるかについては疑問があります。奥田教授は履行代行者を「債務者に代わって債務の全部または一部を履行する者」として修正を加えています（奥田昌道『債権総論〔増補版〕』127頁）。

これに対して **(2)** で示した②③の場合、すなわち結果の実現を内容とする一身専属性のない債務（売買のような与える債務や、なす債務であっても請負のように仕事の目的物の引渡しによって給付を完了させるもの）以外の場合には、規律が異なってきます。

②③とも、本来は債務者自身で義務を果たすべきですが、代行者を使用してはならない場合（②）に使用したときは、債務者自身の債務不履行ですか

ら、「履行補助者の過失」の問題ではありません。③は、一定の条件の下で代行者を使用することが認められる場合で、寄託（658条1項）、任意代理（104条）、遺言執行（1016条1項）、雇用（625条2項）、委任（委任の性質および代理に関する民法の態度）がこれにあたる。そして前3者については、条件を守って適法に代行者を用いた場合には、債務者が代行者の選任監督について過失ある場合にのみ責任を負う旨の明文規定があり（658条2項・105条・1016条2項）、委任・雇用にも105条が準用されるべきであるというのが、我妻博士の説明です（我妻『民法研究V』130頁以下）。ここに挙げられた義務は、債権法でいうと、委任を中心とする「なす債務」にあたります。代理や遺言執行などは債権法の規定ではありませんが、我妻博士は、事務の処理をするべき任務に就いた者が、そのために他人を使用する場合について民法自身がどのような考え方をとっているかを、条文を手掛かりに明らかにしようとしたものです。

　このように見ると、通説の考え方は、(i)「債務者の手足として使用する者」すなわち債務者に従属して債務者の履行行為を補助する者と、債務者から独立した者であっても、結果の実現を内容とする一身専属性のない債務について履行を代行する者については、補助者・代行者の選任・監督について債務者自身に過失があったか否かを問わず、補助者・代行者の過失について責任を負い、(ii) 委任を典型とした「なす債務」については、他人にさせることが禁じられている場合と許されている場合とを分け、後者の場合には、代行者の選任監督について過失がある場合にのみ責任を負う。このような規律を、民法、商法の規定を手掛かりにして抽出し、多数の人を組織して債務の履行を行う現代の取引に即して、(i) の規律を一般化するものということができます。

　このように、通説は、民法・商法の規律を観察して、履行補助者の問題に関する規範を発見することに努力を傾けたものです。したがって、理論的な根拠を、結果を実現する債務を引き受けた点に求めるか、無過失責任の拡大という捉え方をするかという問題や、補助者の故意による場合と過失による場合との区別の問題など、さらに検討するべき問題がなお残っています。また、具体的な適用の場面では、当事者間の契約や第三者にさせることの許諾

の趣旨、契約類型の性質などをも考慮しなければなりません。これらの点については、学説上根本にさかのぼった議論が進められているところですので（『新版注釈民法（10）Ⅱ』191頁以下〔北川・潮見〕参照）、ここでは通説の基本を確かめるにとどめておきます。

（4） 検討②──賃借物の保管義務の履行補助者　（1）の〔設例16〕〔設例17〕は、GがHに対して、賃借していた乙建物を返還する債務を負っていたところ、IまたはJの過失によってその債務の履行が不能になった場合です。Gは賃貸借契約に基づき、乙建物を使用する権利を有するとともに、使用する期間は乙建物を滅失・損傷しないように注意を払い、期間の満了とともにこれを返還する義務を負います。（2）の末尾⑤に示したように、賃借人の使用収益権能は目的物の保管義務と密接な関係にあるため、賃借人とともに目的物を利用することのできる者（賃借人の家族や同居者）は賃借人の保管義務の履行に協力するべき立場にあり、この者の過失によって目的物の返還が不能となったときは、賃借人は、自己に過失ある場合と同様、履行不能の責任を負います（賃借人の妻の失火について最判昭和30・4・19民集9巻5号556頁、住込み職人の失火について最判昭和35・6・21民集14巻8号1487頁）。そうすると、〔設例16〕の場合、賃借人Gは、自身に過失があるか否かを問わず、責任を負うことになります。

しかし〔設例17〕では、賃貸人Hは、GがJに乙建物を転貸することを承諾しています。この場合にも、HはJに過失がある場合、当然に責任を負わなければならないでしょうか。大審院は、甲が乙に船舶を賃貸し、乙が甲の承諾を得てこの船舶を丙に転貸したところ、丙の被用者の過失によってこの船舶が沈没した事例で、丙とともに乙の責任も認めました（大判昭和4・3・30民集8巻363頁）。また、甲が乙に家屋を賃貸し、乙が甲の承諾を得てこの家屋を丙に転貸したところ、丙の過失により家屋が全焼した事例で、大審院は、目的物の保管義務を負う賃借人の意思の下に転借人が現実に目的物を利用する関係は、あたかもその債務（保管義務）履行の補助者たる地位を彷彿させると述べて、転借人の過失について賃借人は責任を免れないと判示しました（大判昭和4・6・19民集8巻675頁）。

我妻博士は、この場合は代用者の使用を特に許容された者の責任として、

(2)の③と同様、乙が丙を選任するについて過失があった場合にのみ責任を負うと解するべきであるとし（我妻『民法研究Ⅴ』139頁）、実質的な理由としては「独立して目的物の利用をする転借人の過失について賃借人に責任を負わせることは妥当ではあるまい」と述べています（我妻『新訂債権総論』109頁）。目的物保管の義務は利用の権能に付随するものですが、〔設例16〕の場合には、賃借人Gは自ら利用するのですから、その利用権能に付随して、保管の義務も自ら負うということができます。しかし〔設例17〕の場合には、利用権能を賃貸人Hの承諾を得て転借人Jに委ねるのですから、利用権能に付随した保管義務はJが負うのであって、Gは保管義務の不履行ではなく、Jを選任したことに過失があった場合にのみ責任を負うという考え方も成り立ちえます。他方、賃貸人Hの立場からすると、Gが責任を負うのであればJの使用を認めようという趣旨で承諾をしたという可能性もあります。したがって、事案の具体的な検討が必要となります。

第6章 債務不履行②
信義則に基づく義務・受領遅滞

本章のレジメ

* **安全配慮義務**
  - 定義：使用者が労務遂行のために設置すべき場所，施設もしくは器具等の設置管理又は被用者が使用者もしくは上司の指示のもとに遂行する労務の管理にあたって，被用者の生命及び健康等を危険から保護するよう配慮すべき義務
  - 一定の危険を伴う活動を管理する者は，当該活動に伴う危険を正確に認識し，その危険の現実化を防止・軽減するために必要なすべての措置をとるべき。事故が生じたか否かにかかわらず，適切な措置がとられていなければ義務違反がある→措置の内容：物的側面（施設等の整備）と人的側面（適切な指示・管理）
  - 特別な社会的接触の関係：当事者間に直接の契約関係がなくてもよい
  - 信義則上の義務：当事者の合意を超えた法秩序にもとづく義務
  - 債務不履行構成の意義（不法行為構成と比較して）
    ①消滅時効期間
    ②証明責任：義務違反は被用者側、帰責事由の不存在は使用者側に証明責任→過労自殺類型：過酷な長時間労働が放置されていれば義務違反あり
    ③履行補助者責任と使用者責任、賠償債務の遅滞時期、遺族固有の慰謝料請求権→必ずしも被害者側に有利とはいえない
* **契約交渉当事者の注意義務**
  - 典型的事例：岩波映画事件（契約締結上の過失）：相手方の「誤った信頼」を注意する義務←交渉中に生じた「正当な信頼」の保護の問題は，「注意義務」とは別の法理による
* **受領遅滞（債権者遅滞）**：債務者が本旨履行の提供をしたにもかかわらず，債権者が受領を拒み，または受領しえない場合→債権者の「遅滞の責め」の内容は？
  ①債権者の不履行責任が発生しないこと←492条参照
  ②供託権・自助売却権の発生←494条・497条参照
  ③約定利息の不発生←492条による遅延損害金不発生との均衡
  ④債権者の同時履行の抗弁権喪失←債務者の提供の効果か（533条参照）
  ⑤増加費用の賠償←485条参照
  ⑥危険の債権者への移転←債権者の帰責事由の要否は？
  ⑦債務者の注意義務（400条）の軽減←債権者の帰責事由の要否は？
  ⑧契約解除・⑨損害賠償責任←法定責任説・債務不履行説。判例の立場は？

1 総　説

　第5章では、債務不履行の基本類型を扱いました。事務管理・不当利得・不法行為によって発生する金銭債務も、その不履行があれば履行遅滞の規律が妥当することになりますが、典型的には、契約により自ら引き受けた債務を念頭に置いて説明しました。

　それに対して第6章では、まず信義則に基づいて生ずる義務について説明します。契約なり、法律なりに基づいて生ずる債務については、当該契約・法律を通じてその根拠・内容を明確にすることができますが、判例により、信義則を根拠として認められる義務については、そのような手掛かりがないため、一方では判例の蓄積、他方では理論に基づいて考えることが必要になります。その例として、第一に安全配慮義務、第二に契約交渉過程における交渉当事者の義務について説明することにします。

　次に、受領遅滞（413条）について説明します。これは、履行遅滞についての412条に続く規定ですが、第5節第1款に規定される弁済の提供の効果（492条）とどのように違うのかが問題となります。しかしともかく、第2節第1款「債務不履行の責任等」に規定がありますので、ここで説明することにします。

2 信義則に基づく義務①──安全配慮義務

1　意　義

　安全配慮義務とは、特に雇用・労働関係において、使用者が被用者の生命・身体・健康の安全について配慮するべきことを内容とする義務のことです。これを最初に認めた最高裁判決（最判昭和50・2・25民集29巻2号143頁）は、安全配慮義務の定義と、使用者がこの義務を負う理由を説明しています。

　まず、安全配慮義務は**「使用者が労務遂行のために設置すべき場所、施設もしくは器具等の設置管理又は被用者が使用者もしくは上司の指示のもとに遂行する労務の管理にあたって、被用者の生命及び健康等を危険から保護す**

るよう配慮すべき義務」と定義されます（原文は「使用者」が「国」、「被用者」が「公務員」となっていますが、雇用・労働関係一般に妥当するよう、修正を加えました）。

次に「右のような安全配慮義務は、ある法律関係に基づいて特別な社会的接触の関係に入った当事者間において、当該法律関係の付随義務として当事者の一方又は双方が相手方に対して信義則上負う義務として一般的に認められるべきものであって、国と公務員との間においても別異に解すべき論拠はなく、公務員が前記の義務〔職務に専念する義務等——筆者注〕を安んじて誠実に履行するためには、国が、公務員に対し安全配慮義務を負い、これを尽くすことが必要不可欠であ……るからである」と説明されています。

上記の定義と説明は、安全配慮義務の適用範囲や内容を考えるための手掛かりとなります。

2　どのような場面で問題になるか

上記の定義の中で、安全配慮義務は、使用者が労務遂行のために設置する場所・施設・器具の管理（物的側面）、または使用者の指示のもとに遂行される労務の管理（人的側面）にあたって、使用者が負う義務であるとされています。上記の説明の中で「公務員〔被用者〕が前記の義務を安んじて誠実に履行するために」使用者が安全配慮義務を負うことが不可欠であると述べられているように、被用者が使用者のために行う労務活動につき、使用者が物的・人的管理を行う場面において、被用者の労務活動が安全に行われるための条件を整えることが安全配慮義務の内容です。

したがって、雇用・労働関係が典型的な場面ですが、安全配慮義務は、在学関係においても問題となりえます。労務給付とは違いますが、学校の物的・人的管理のもとで、児童・生徒が、場合によっては一定の危険を伴う活動をするのですから、学校には児童・生徒の活動が安全に行われるための条件を整える義務があるということができます。

＊本文のように、安全配慮義務が、使用者等の管理のもとで、被用者等が一定の活動を行う根拠となる「法律関係」を前提とし、その活動の条件を整えることが「当該法律関係の付随義務」となるのに対し、乳幼児を預かる託児所

の場合は、乳幼児の安全を確保すること自体が給付義務の内容になります。

また、上記の説明の中で、安全配慮義務は「ある法律関係に基づいて特別な社会的接触の関係に入った当事者間において」生ずるものであるとされています。「特別な社会的接触の関係」という表現は、かなり広いものを含むように見えますが、裁判例において、安全配慮義務は、雇用・労働関係、在学関係以外の場面ではあまり問題になっていません。この表現の意味は、特に、下請企業の労働者が元請企業の支配管理のもとで就労している場合のように、**直接の契約関係がなくても、「ある法律関係に基づいて」労務を提供する者に対し、事実上、その労務活動に対する物的・人的管理を行い、あるいは行うべき立場にある者は安全配慮義務を負う**ことを示す点にあるということができます（最判平成3・4・11判時1391号3頁）。

3　義務の内容

それでは、具体的には安全配慮義務の内容は何か、設例を見ながら検討することとします。

〔設例1〕Aの車両整備工場で作業中の労働者Bは、現場監督者Cの指示の不手際により、他の労働者Dの運転する車両にひかれて重傷を負った。Bは療養を続けたが、職場復帰ができないまま、3年後に退職した。事故から4年経過して、BはAに対して損害賠償の請求をした。

〔設例2〕自衛隊の甲駐屯地内で、自衛官Eが、過激派組織に属するFによって殺害された。Fは古着屋で自衛官の制服を手に入れ、これを着用して駐屯地内に侵入した。当時、営門では身分証明書等によるチェックをしておらず、守衛Gは、制服を着用したFが敬礼をして入ってきたので、怪しいとは思わずに通過させたものである。

〔設例3〕労働者Hは、広告会社Iの企画を担当していたが、著しい長時間労働の末、鬱病にかかって自殺した。Hの上司は、過度の残業をしないようにという注意をしていたが、Hの部署に増員はなく、Hに課せられた仕事は、著しい長時間労働をしなければ片づかないものであった。

1で見た定義によれば、安全配慮義務は、労務の物的・人的管理にあたっ

て「被用者の生命及び健康等を危険から保護するよう配慮すべき義務」ですが、その内容は「当該具体的状況等によって異なる」(前掲最判昭和50・2・25) とされます。概括的にいえば、**使用者は当該労務に伴う「危険」を正確に認識し、被用者の生命・健康等を害さないように、その危険の現実化を防止・軽減するために必要なすべての措置をとることが必要**であり、十分な措置をとることが義務の内容です。そして、安全配慮義務の目的は、その措置によって被用者の生命・健康の侵害を防ぐことにありますから、**その措置によって安全が確保された状態**(被用者が安んじて労務に従事できる状態)**が実現していなければ、安全配慮義務に対する違反がある**ということができます。

> ＊これは、事故が起これば直ちに義務違反があるというのではなく、その事故を防止するための適切な措置がとられていなかった（ないしはその措置が適切に機能しなかった）ことに、なすべきことがなされなかったという義務違反があるというものです。求められる措置は、労務をめぐる「当該具体的状況等」によって決まりますから、労働安全法規に掲げられている事項に限られることなく、当該労務に伴う危険との関係で具体的にどのような措置が必要かを、使用者自身が常に調査して実行しなければなりません。したがって、被用者の状況を調査せずに危険を認識できなかったとすれば、それ自体が安全配慮義務違反であるということができます。

〔設例1〕の場合は、車両整備工場で車両を動かすことに伴う危険はAによって認識され、そのために現場監督者Cが配置されていました。したがって、必要な措置は一応とられていたのですが、Cの指示の不手際により、事故が起きたものです。Aからすれば、自分のなすべき措置はとったと言いたいところですが、Aから安全措置を委ねられたCは、Aが負う安全配慮義務の履行補助者にあたります。したがって、Aのとった措置が適切に機能しなかった点に安全配慮義務違反があり、履行補助者Cに過失があるため、Aは損害賠償義務を負うことになります。

〔設例2〕の場合は、営門で身分証明書等によるチェックをしていなかったため、Fの侵入を防ぐことができなかったものです。甲駐屯地の責任者とすれば、これはEの任務に伴う危険ではなく、Fによる故意の犯罪行為であり、これを予測することはできなかったと言いたいところです。しかし、具

体的にFの行為を予測できなかったとしても、自衛隊の駐屯地という性格からすれば、不審者に対する十分なチェックが必要であった。このケースでは営門でのチェック体制は不十分であり、必要な措置はとられていなかった、したがって自衛隊を管理する国に安全配慮義務違反があったということができます（最判昭和61・12・19判時1224号13頁参照）。

〔設例3〕の場合は、Iとしては、Hの上司を通じて過度の残業をしないように注意をしていたのであるから、「労務の管理にあたって」必要な措置はとったと言いたいかもしれません。しかし実際には、過度の残業をしなければこなせない仕事を課していたのですから、Hの労務の状況を把握し、適切な増員をする等によってHの負担を軽減し、その労務の危険を除去しなければ、安全配慮義務を尽くしたとはいえません。〔設例2〕では、安全のための措置に不十分さがあったのですが、〔設例3〕は、それ以前の労働条件の設定段階で、十分な安全配慮がされていなかった場合です。すなわち、安全配慮のためには、安全のための措置をリストアップして実施するだけではなく、実効性をもって安全が確保されるよう、業務の編成・管理そのものを適切にすることが必要です（最判平成12・3・24民集54巻3号1155頁。但し715条による不法行為責任として構成された事件です）。

4　義務の性質

1で見たように、昭和50年の最高裁判決は、安全配慮義務は「当該法律関係の付随義務」として、当事者が「信義則上負う」ものであると説明しています。これと、雇用における労務給付義務と賃金支払義務のような「合意に基づいて」負う「給付義務」とはどのように異なるのでしょうか。

まず、「当該法律関係の付随義務」という点です。通常、付随義務とは、主たる給付結果の実効性を確保し、あるいはその履行に際して派生的な損害を生じさせないようにするため、主たる給付義務に付随するものですが、安全配慮義務は「法律関係」に付随するとされます。その意味は次の通りです。

2で見たように、使用者と契約関係のある被用者のみならず、使用者と直接契約関係のない者（下請企業の労働者）も、使用者（元請企業）の物的・人的

管理のもとに労務活動を行います。後者の場合、下請企業の労働者が元請企業のもとで活動するのは、自己と下請企業との雇用契約及び下請企業と元請企業の請負契約とを根拠としています。また、児童・生徒が学校の管理のもとに学習活動を行うのも、保護者と学校との在学契約を根拠としています。このように、**ある者が何らかの法的根拠に基づいて使用者や学校の管理下で活動する「社会的接触の関係」**がある場合、その活動の総体について**物的・人的管理をする立場にある使用者や学校**は、管理にあたって、その活動が安全に行われるために十分な措置をとる義務を負います。そして、その義務の内容は、個々の給付義務ではなく、その活動の目的（ないしその根拠たる法律関係）によって定まることになります。

> ＊在学関係では、学校側が教育活動として児童・生徒に対して一定の作為給付を行いますから、それを主たる給付として、安全配慮義務がそれに付随すると言ってもよいかもしれません。しかし雇用関係の場合は、使用者は被用者の労務給付を受領する権利者ですから、あえて言うならば、安全配慮義務は労務の受領という権利の行使に付随するということになりそうです（これに似ているのが賃借人の用法遵守義務（594条1項・616条）です。賃借人は、その権利の行使として目的物を自由に使用できるが、それを滅失・損傷させないように注意しなければならないという点です）。さらに下請企業の労働者は、あくまでも下請企業に対して義務を負い、直接元請企業に対して給付義務を負うものではありません。したがって、これらの全体を見るならば、個々の給付義務を超えた「関係」に付随するものといわなければなりません。

次に**「信義則上負う」**ものであるという点です。これは、安全配慮義務の根拠が当事者の合意ではないことを意味します。雇用契約の場合、両当事者が合意して労務の内容を定めるのであり、当該労務を安全に遂行させることは合意の趣旨に含まれているとして、安全配慮義務を契約の解釈から導き出すことも考えられます。しかし、第一に、安全措置の具体的な内容を契約の解釈から導くことは困難です。被用者の側からは、できるだけ確実な安全措置が求められますが、使用者の側からは、企業間の競争によって安全についてのコストを削減するべく圧力がかけられるのですから、それぞれが妥当と考える安全措置の内容には食い違いがあることが多く、両当事者の話し合いで決めることは難しいと思われます。したがって（契約関係の有無にかかわら

ず）安全配慮義務の存在と、必要な安全措置の内容については、法秩序の立場から決せられなければなりません。第二に、当事者の合意が根拠であるとするならば、当事者の合意によって（場合によっては危険手当・管理職手当と引き換えに）安全配慮義務を排除することも可能だということになりそうですが、そのようなことを認めるべきではありません。したがって「**信義則に基づく義務**」であることは、**安全配慮義務が当事者の合意を超えた公序に基づくものであることを意味する**ものと考えます。

5 義務の構造と債務不履行構成の意義

設例に挙げた事例は、人の生命・健康の侵害にかかわるものであり、不法行為としても責任追及が可能です。**同一の事実により、同一の給付に向けられた請求権が、同一当事者間に複数生ずる場合は「請求権競合」と呼ばれます**が、損害賠償請求権の根拠として、不法行為構成の外に債務不履行構成がされたのはなぜか、また不法行為構成として構成するのと、どのような違いが生ずるかが問題となります。

第一に、**債務不履行と構成することの実益は、主として消滅時効期間（167条）について存在します**。〔設例1〕の場合、損害賠償を請求した時点で事故から4年経過していますから、不法行為による賠償請求権は消滅時効にかかっています（724条）。人身侵害の事例は本質的には不法行為であるから、167条ではなく、もっぱら724条を適用するべきであるという見解もあります。しかし、交通事故のように知らない者の間で突発的に生ずる事故とは異なり、「ある法律関係に基づく特別な社会的接触の関係」にある場合には、証拠の散逸の危険も相対的に少ないと考えられますし、〔設例1〕のような場合に、在職中に直ちに使用者に対して訴訟を提起することを期待しうるか等にも疑問があります。したがって、性急に167条の適用を否定する必要はありません。なお、塵肺のように、長期の潜伏期間を経て発症する職業病については、安全配慮義務違反・不法行為のいずれの構成をとるにしても、実態に即した考慮が必要です（最判平成16・4・27民集58巻4号1032頁、最判平成16・4・27判時1860号152頁等）。

第二に、かつて、**債務不履行構成をすることにより、不法行為の場合とは**

反対に、過失の証明責任が債務者（使用者）側に転換される点で、**被害者の保護に資するのではないか**と考えられました。しかし最高裁は、安全配慮義務の内容を特定し、かつ義務違反にあたる事実を主張・立証する責任は、被告（債務者）の義務違反を主張する原告（債権者）にあると判断しました（最判昭和56・2・16民集35巻1号56頁）。したがって、義務違反・帰責事由の証明責任については、事案の特質によって適切な規律をすることが必要ですが、債務不履行と構成することによって、直ちに被害者側の証明責任が軽減されるわけではありません。ただ〔設例3〕のような事例では、不法行為構成をすると、被用者側で使用者側の過失を証明するにあたり、その前提として被害者の権利侵害、すなわちHが鬱病に罹患し、自殺することについての予見可能性があったか否かが問題となります。これに対して債務不履行構成をとるときは、（Hについてではなく）**一般的に従業員の精神疾患が生じうるような著しい長時間労働が放置されていたことを証明すれば、使用者の義務違反の存在を証明できるわけですから、やはり債務不履行構成の意義はあると考えます。**

　第三に、**債務不履行構成をすることが、必ずしも被用者側に有利になるとは限らない場合**があります。〔設例1〕で、仮に現場監督者Cには過失がなく、もっぱら他の労働者Dの過失によって事故が生じたものとします。不法行為構成をするならば、Dに過失があればAは使用者責任（715条）を負います。しかし安全配慮義務の内容は、使用者が被用者の労務活動が安全に行われるための措置をとることですから、その措置によって配置され、使用者のなすべき注意を行うCはAの安全配慮義務の履行補助者にあたります。仮にCに過失があれば、履行補助者の過失を理由に、Aは損害賠償義務を負うことになりますが、Dは履行補助者にはあたらず、判例も運転者としての通常の注意義務は安全配慮義務の内容に含まれるものではないとしています（最判昭和58・5・27民集37巻4号477頁）から、Cに過失がなく、事故発生がもっぱらDの過失によるときは、Aの安全配慮義務違反を問うことはできません（このときは、Dの過失の背景に、Aの管理上の問題がなかったかどうかを検討することになります）。

　＊もっとも、上記の最高裁昭和58年判決には疑問があります。同判決の事案は、

自動車の運転者の過失による事故で同乗者が死亡したケースですが、自動車であれ、航空機であれ、同乗者たる被用者にとっては労務の場所であり、その安全の確保のためには運転者・操縦者が注意を払うことが不可欠です。労務場所の安全を実現するために、安全のための物的・人的配置を行う使用者自身と、それを現場で実現させる安全配慮義務の履行補助者とは、それぞれの持ち場で必要な注意を分担しているのです。したがって、後者の果たすべき注意義務が、道路交通法・航空法に基づく通常のものであったとしても、それはその担当する現場の性質によるものですから、それが安全な労働条件の確保という結果を実現するべき安全配慮義務の体系に組み込まれている限り、安全配慮義務の内容であるということができます。

また、不法行為による場合、損害賠償債務が履行遅滞になる時期は損害の発生時であるとされていますが（最判昭和37・9・4民集16巻9号1834頁）、安全配慮義務違反は債務不履行として構成されるため、判例は債権者から履行の請求を受けた時（412条3項）であるとしています（最判昭和55・12・18民集34巻7号888頁）。学説は、人身侵害による損害であることから不法行為と同様の規律によるべきであるという考え方と、いったん債務不履行構成をとった以上、412条3項によるべきであるとする考え方に分かれています。さらに判例は、同様の理由で、安全配慮義務の不履行により死亡した者の遺族は、固有の慰藉料請求権（711条）を有しないとしています（前掲最判昭和55・12・18）。

3 信義則に基づく義務②——契約交渉当事者の注意義務

1 意 義

信義則を定める1条2項は「権利の行使及び義務の履行は、信義に従い誠実に行わなければならない」と規定しています。したがって、信義則に基づく義務が問題となるのは、その者の権利・義務の存在、すなわち何らかの「法律関係」が存する場合であると考えられます。契約交渉をしている当事者間には、まだそのような法律関係はありませんが、裁判例は、一定の場合に、信義則に基づいて、相手方に対して情報を提供し、注意を喚起する義務を認めています。

本来、交渉当事者は、それぞれ自己に有利な内容の契約を結ぶことができ

るように努力するものですから、自分の有している情報をすべて相手方に提供する必要はありません。しかし、**相手方が契約交渉の前提について誤信をしていることを知りながら、そのことを注意しないで相手方が損害を被るのを放置することは、やはり信義に反する行為である**といわなければなりません。したがって、そのような場合には、信義則に基づいて相手方に注意する義務があり、その義務に違反したときは、損害賠償の責任を負うものとされています。

2 典型的事例

　この問題に関する典型的なケースとして、岩波映画事件と呼ばれる判決があります（東京地判昭和53・5・29判時925号81頁）。これは、環境問題に関する世界博覧会が開催されることになり、政府の参加機関Aは、その展示の一環として映画の製作を企画しました。Aが外部に映画の製作を発注する場合、受注者の決定は入札によるものとされていましたが、Aの被用者Bは、映画製作はその性質上、随意契約によるのが適当だと考え、C会社との間で、C会社が受注できるものと誤解するような言動をしたため、C会社は撮影を開始しました。Bは途中で、映画製作の請負契約も入札によることを知りましたが、それをC会社に伝えず、Bの後任Dも、撮影が進んでいるのを知りながら、それを止めることをしませんでした。入札の結果、C会社は映画製作を受注することができず、撮影にかかった費用が無駄になったため、Aに対して損害賠償を請求しました。裁判所は次のように述べて、損害賠償請求の一部を認めました。

　「契約法を支配する信義誠実の原則（民法第1条第2項）は、すでに契約を締結した当事者のみならず、契約締結の準備段階においても妥当するものというべきであり、当事者の一方が右準備段階において信義誠実の原則上要求される注意義務に違反し、相手方に損害を与えた場合には、その損害を賠償する責任を負うと解するのが相当である。」本件の経緯によれば「Cにおいて将来自己が随意契約により発注を受けうるものと誤信するおそれのあることはたやすく予想されるところであるから、Cがすでに一部の撮影に着手実行しており、Aがそのことを知った以上、信義則に照らし、Aとしては、Cの

誤解を誘発するような行為を避けるとともに、発注の有無は入札にかかるものであり、C・Aの関係はいまだ白紙状態にあることを警告すべき注意義務があり、前示のA担当者の行為は右注意義務を懈怠したものとみるべきであり、Aには、いわゆる契約締結上の過失があり、Cがこれにより被った損害を賠償すべき義務があるといわなければならない。」

3 分析
(a) 義務の性質と内容　これは、引用した裁判例の末尾に示されているように、いわゆる契約締結上の過失の問題です。このケースで、契約関係が「まだ白紙状態にあることを警告すべき注意義務」を負う根拠は、事案の経過により、Cが発注を受けられるものと誤信する恐れのあることはわかっていたのだから、現にCが撮影を進めていることを知った以上、Cが先走って費用を支出し、損害を被らないように一言注意をするのが信義則の命ずるところであるという点にあります。ですから、かなりの程度、個々の事案に即して判断するべきもので、どのような場合にどのような義務を負う、という定式を立てるのが困難であるという特徴があります。

合意や法律によって当事者が権利・義務を有するときであれば、安全配慮義務のように、義務者の管理下でなされる給付や活動の内容から、義務内容をあらかじめ明らかにする手掛りを見いだすことは不可能ではありません。しかし交渉の過程では、各当事者の背後にある事情には限りがありませんから、交渉成立後の権利義務から、交渉過程の義務の内容を明らかにすることも困難です。このように、義務内容の決定が具体的な状況に左右されることからすると、このような義務を「債務」と捉えることには疑問があり、裁判例においても、義務違反を不法行為とするものの多いのが現状です。ただ、不法行為と構成するにしても、このような義務が、交渉当事者間を信義則が支配することに基づくとされる点は確かめておく必要があります。

＊対等な当事者間での交渉では、互いに相手方の事情はわかりませんから、どのような注意をするべきかをあらかじめ決めることはできません。しかし、一方が専門家で他方がその取引については素人である場合、その取引の内容やリスクについての説明が不可欠ですから、特別法により、一定の事項につ

いての説明義務が課せられることがあります。詳細は契約法で学ぶとして、とりあえず「金融商品の販売等に関する法律」の3条・5条を参照してください。

(b) 注意義務違反と信頼の侵害　2のケースは、映画製作請負契約の発注が入札によるという事実を（Aは特殊法人ですから）動かない前提として、その点についてのCの誤信を正すことをAに求めるものでした。確実に自分が受注できるというCの信頼は、その前提が異なる以上誤った信頼であり、Cへの発注は手続上Aだけでは決められないことであるならば、そのことをCに伝えなさいというわけです。したがって、この場合には、Cに不利な事実を告知する義務がAにあり、Aがそれを怠った義務違反が、損害賠償責任の根拠であるということができます。

しかし、契約の締結について自由な立場にある当事者甲・乙が、交渉によって条件を練り上げた結果、契約を成立させる見通しがついた場合、早く準備しなければ納期に間に合わないというような考慮によって、甲が履行準備の費用を支出することがあります。しかし契約はまだ締結されていない以上、甲が費用を投じたとしても、乙は契約を結ばなければならないわけではありません。また、乙も条件さえ整えば契約を結ぶつもりでいる場合には、甲が費用を投じることに対して警告をする義務があるというのも妙なものです。契約に対する乙の本気を疑われることになりますから。このような場合に、結局乙が甲との契約を結ばなかったときは、2のケースのような注意義務違反を根拠に損害賠償責任を認めるのは難しそうです。

これにつき最高裁は、下請業者が下請契約を確実に締結できると信頼して、納期に間に合わせるために正式の下請契約を結ぶ前に準備作業のために費用を投じ、注文者もそのことを予見しえた場合には、注文者は請負契約の締結を図る義務まではないとしても「上記信頼に基づく行為によって上告人〔下請業者〕が支出した費用を補てんするなどの代償的措置を講ずることなく被上告人〔注文者〕が将来の収支に不安定な要因があることを理由として本件建物の建築計画を中止することは、上告人の上記信頼を不当に損なうものというべきであり、被上告人は、これにより生じた上告人の損害について不法行為による賠償責任を免れない」と判示しました（最判平成18・9・4判

時1949号30頁）。

2のケースが、「誤った信頼」を生じさせない、あるいは維持させないために適切な注意を与える義務の違反として捉えられたのに対し、このケースでは、「正当な信頼」に対する不当な侵害行為として問題を捉えています。したがって、信義則に基づく交渉当事者間の注意義務は、交渉の相手方に不当な損害を生じさせてはならないという法的な要請のうち、「誤った信頼」を生じさせないことという局面に関係するものであるということができます。「正当な信頼」の保護は、注意義務とは別の法理によることになります。

4 受領遅滞

1 意義と問題点

受領遅滞（債権者遅滞）とは、債務者が債務の本旨に従った履行の提供をしたにもかかわらず、債権者が受領その他の協力をしないために履行が完了しない状態にあることをいいます。これについては413条が「債権者が債務の履行を受けることを拒み、又は受けることができないときは、その債権者は、履行の提供があった時から遅滞の責任を負う」と規定しています。

要件としては、①債務者が債務の本旨に従った履行の提供をしたこと、②債権者が受領を拒みまたは受領できないこと、そして、後述する債務不履行説によれば、③債権者の帰責事由が挙げられます（法定責任説では、これは要件ではありません）。

問題は効果、すなわち「遅滞の責任」の内容が法文上明らかでないことにあります。債務者の履行遅滞に関する412条の次に置かれている規定ですので、あるいは同様の効果、すなわち損害賠償義務や契約の解除という効果をその内容とするのではないかとも考えられます。しかし、債権者が給付を受領することは権利であって義務ではないと考えるならば、債務者の履行遅滞と同様に扱うのはおかしいということになります。仮に債務者の履行遅滞と同様に考えるならば、要件として債権者の帰責事由を必要とすることになりそうですが、それでよいかどうか。このように、受領遅滞については、第一にその効果の内容、第二に債権者に受領義務ありとするかどうか、第三に債

権者の帰責事由を必要とするかどうかという点で学説上争いがあります。

＊立法の際の審議においては、起草者から、債権者の過失は必要としないとした上で、受領されないことによる迷惑は、危険（負担）の規定と同様、その物を終極（的に取得）する者が負うという原則により、債権者が負担すると説明されています。審議の中で、これは主に危険（負担）の問題かという質問が出されたのに対し、起草委員は、さらに損害賠償・遅延損害金の問題を挙げています（『史料債権総則』77頁）。なお、この「損害賠償」について、梅謙次郎『民法要義巻之三債権編』47頁は、例として増加した運搬費用・保管費用を挙げています。

2 給付が受領されない場合：法的効果と関連規定

1で見たように、条文上、そもそも効果が明らかでないことが第一の問題です。そこで、債務者が債務の本旨に従った履行の提供をしたにもかかわらず、受領がされない場合にどのような法的効果が問題となるかを検討します。またその効果に関連する規定も参照することとします。

①**債務者の不履行責任が発生しないこと**。すなわち、415条の損害賠償請求権や、違約金・遅延損害金は発生しません。また、債権者は、担保権の実行や、契約の解除をすることができません。これらは、受領遅滞の効果というよりも、**債務者による弁済の提供の効果**（492条）だということができます。

②**供託権・自助売却権の発生**。「債権者が弁済の受領を拒み、又はこれを受領することができないときは」債務者は供託をすることができます（494条）。また、弁済の目的物が供託に適さないときは、債務者は裁判所の許可を得てその物を競売に付し、代金を供託することができます（497条）。これらは債権者の受領拒絶・受領不能を要件としていますから、413条の受領遅滞の効果だともいえそうですが、直接には**494条・497条の効果**だということもできそうです。

③**約定利息が発生しないこと**。492条により、遅延損害金は発生しませんが、そのこととの均衡から、約定利息も発生しません（第16章**5**1＊参照）。

④**債権者が同時履行の抗弁権を喪失すること**。債務者が本旨提供をしたにもかかわらず受領しなかった債権者は、同時履行の抗弁を主張することがで

きません。533条は「相手方がその債務の履行を提供するまでは」自己の債務の履行を拒むことができると規定していますから、これも債務者の提供の効果だということもできそうです。

　⑤増加費用の賠償。債務者が履行の提供をしたにもかかわらず、債権者が受領を拒み、または受領しえなかったために、債務者がそれを持ち帰り、保管をするためによけいな費用を支出した場合、この費用は債権者の受領拒絶・受領不能によって生じたものですから、債権者が負担するべきものです。債権者が住所を移転するなどして弁済の費用を増加させた場合については規定がありますが（485条）、受領遅滞の場合も同じように考えるべきでしょう。

　⑥危険の債権者への移転。534条によると、特定物に関する物権の移転を双務契約の目的とした場合、危険は債権者が負担するとされています。ただ、この規律が必ずしも合理的ではないため、当事者間で引渡しが済むまでは危険が移転しない（引渡し前に滅失したときは、代金を払わない）と合意していたとします。この場合に、債権者の受領拒絶・受領不能により引渡しがされず、後に目的物が債務者の帰責事由なくして滅失したときは、債権者が危険を負担し、代金を払うことになります。1＊で見たように、起草者はこれを413条の効果のひとつと考えていたようです（もっとも、現行法413条の審議の前に、現行法492条の審議がされ、そこでは債権者への危険の移転は弁済の提供の効果と捉えられていました。『史料債権総則』573～574頁参照）。

　⑦債務者の注意義務（400条）の軽減。債務者が本旨に従って履行を提供したにもかかわらず、債権者が受領を拒絶し、または受領できない場合に、なお債務者は善良な管理者の注意義務を負うとすることは公平ではないという理由から、債務者の注意義務は軽減されると解されています。もっとも軽減の内容については、債務者は自己の財産に対するのと同一の注意をもって保管する義務を負う（659条参照）とする見解と、故意または重過失ある場合にのみ責任を負うとする見解とがあります。ここでは帰責事由の問題ではなく、果たすべき注意の程度の問題ですから、前者によるべきだと考えます。

　⑧契約の解除。債権者が受領を拒絶し、または受領ができない場合、目的物の保管を続けることが債務者にとって負担となる場合があります。この場

合、債務者としては、契約を解除した上で、目的物を他に処分することができないでしょうか。

⑨ **(⑤以外の) 損害賠償**。⑧で解除が可能だとした場合、債務者が解除した上で目的物を他に処分してもなお損害を被っているとすると、債務者はその損害の賠償を請求できないでしょうか。

3 学説の対立と効果の整理

（1） 以上が、給付が受領されない場合に問題となる効果です。このうち、何を413条の受領遅滞の効果と考えるか、また債権者の帰責事由が必要かどうか。これについては、基本的に法定責任説と債務不履行説との対立があるとされています。

法定責任説は、**1**でも触れましたが、**給付を受領するのは債権者の権利であって義務ではなく、債権者は受領義務を負うものではない。しかし、本旨に従って履行の提供をした債務者との間で公平をはかるため、413条によって債権者に責任を負わせることとしたものである**。受領義務がないのであるから、その不履行についての帰責事由が問題となることもない。受領遅滞は、弁済の提供による債務者の免責と同様、公平の観点による調整であり、問題を債権者の側から捉えたものである。以上のように考えます。そうすると、弁済の提供の効果と、一部分重なってもかまわないことになりますが、弁済の提供の直接の効果（債務者の免責）は492条に基づくものとし、これを超えるものを受領遅滞の効果とする考え方もあります。いずれにしても、**⑧契約の解除、⑨（⑤以外の）損害賠償**は、受領義務を認めない以上、認めることはできないとしています。

債務不履行説は、**債権者・債務者は、信義則により、給付の実現に向けて互いに協力するべき関係にあると考え、一般的な受領義務を認めます**。受領遅滞は債権者の受領義務の不履行と捉えられますから、債務者による弁済の提供の効果とは重なる余地がなく、また**要件として帰責事由を必要とし、**さらにその要件のもとで**⑧契約の解除、⑨（⑤以外の）損害賠償も認められる**ことになります。

これに対して法定責任説からは、受領がされない場合には供託・自助売却

という手段もあり、また多くの場合、債務者は債権者に対して代金債権等の反対債権を有しており、目的物を受領しない債権者は代金債務について履行遅滞になっているであろう。そうであれば債務者は債権者の受領遅滞を理由にしてではなく、代金債務の履行遅滞を理由にして解除することができるはずである。特別の事情があれば、受領されない場合における契約解除・損害賠償を特約によって定めておくこともできるのであるから、一般的に受領義務を認める必要はないと反論されます。

　(2)　⑧契約の解除、⑨（⑤以外の）損害賠償については、受領義務を認めるか否かが重要であると考えられますが、その他の効果についてはどう考えるべきでしょうか。それぞれの根拠は何か、また債権者の帰責事由を必要とするか、考えてみましょう。

　まず①債務者の不履行責任の不発生、②供託権・自助売却権、③約定利息の不発生、④債権者の同時履行の抗弁権喪失のうち、①〜③の内容は債務者の免責であって債権者に不利益を課するものではなく、④は533条により、相手方（債務者）の履行の提供と関連づけられています。したがってこれらは、債務不履行説はもとより、法定責任説をとる場合でも、必ずしも債権者の受領遅滞によって根拠づける必要はありません。

　次に、⑤増加費用の賠償は、485条においても住所の移転という債権者側の事情によって生ずるものですから、債務者の履行の提供によって根拠づけることはできません。したがって債権者の受領遅滞の効果として考えるのが適切です。ただ、485条の場合の債権者の住所移転を「帰責事由」とするのは適切ではないため、受領遅滞について帰責事由を要件とする債務不履行説の立場では、債権者が受領しないことによる増加費用については413条ではなく、485条の解釈によって根拠づけることになります。

　⑥危険の債権者への移転はどうでしょうか。2で述べたように、立法時、現行法492条の審議の段階では、債権者への危険の移転は弁済の提供の効果と捉えられていました。これによれば、債権者の帰責事由は必要がないことになります。しかし債務不履行説をとる我妻博士は「債権者遅滞の後に履行不能となるときは、不可抗力に基づく場合にも、なお債権者の責に帰すべき事由による履行不能となすべきことは、履行遅滞におけると同様である。こ

のことは、第536条第2項の適用において重要な意義をもつ」と述べています（我妻栄『新訂債権総論』241～242頁）。536条2項は、債務者主義のもとでも「債権者の責めに帰すべき事由によって債務を履行することができなくなったときは、債務者は、反対給付を受ける権利を失わない」として、債権者への危険の移転につき、帰責事由を要求しています。この点は、なお検討の必要があります。

⑦債務者の注意義務の軽減についても、検討が必要です。債務者側からすれば、自分は債務の本旨に従った履行の提供をしたのであり、それによって債務不履行の責任を免れることができる (492条)。同様に、注意義務の負担も軽減されるべきであると言いたいところです。しかし492条で免責されるのは、履行遅滞の責任であり、すべての責任を免れるわけではありません。債権者側が理由なく受領を拒絶したのならば、債務者の負担を軽減するのが妥当であるとしても、債権者が受領したくても受領できないときに、債務者の注意義務を軽減することが妥当かどうか。引き続き善良なる管理者の注意をもって管理するための増加費用は、485条と同様、特に帰責事由がなくても賠償されるのですから、債権者に帰責事由がない場合に債務者の注意義務そのものを軽減するのは公平を欠くともいえそうです。債務者の注意義務の軽減は、いずれの説によっても受領遅滞の効果として認められますが、法定責任説では債権者の帰責事由は不要とし、債務不履行説では必要と解しています。

4 受領遅滞による解除と損害賠償

以上のように、債権者が受領しない（またはできない）場合の規律については、法定責任説をとるか、債務不履行説をとるかを決めて、そこから演繹的に結論を引き出すのではなく、関連する諸規定に照らし合わせて検討することが必要です。しかし⑧契約の解除と⑨（⑤以外の）損害賠償については、債権者の受領義務を認めるかどうかが正面から問題となります。

法定責任説・債務不履行説の考え方は3(1)に示した通りですが、最高裁は、債務者の債務不履行と債権者の受領遅滞とは性質が異なり、一般に後者に前者と全く同一の効果を認めることを民法は予想していないこと、また

受領遅滞に対して債務者のとりうる措置として供託・自助売却等の規定が設けられていることを挙げて、債権者の受領遅滞を理由とする解除を否定しました（最判昭和40・12・3民集19巻9号2090頁）。

　しかし、**具体的なケースにおいて、買主の引取義務を認めた判決**もあります。事案は、XがYとの間で、Yの前渡金を受けてXが設備投資をし、契約期間を定めてその期間内にXがある鉱区から採掘する硫黄鉱石の全量をYに売り渡す契約を締結したのですが、Yが採掘された鉱石の一部しか引き取らず、残りの分の引取りを拒絶したまま契約期間が終了したというものです。高等裁判所は、Yが引取りを拒絶したまま契約を終了させたことにより、Yは引取義務の履行不能による損害賠償の義務を負うとして、引き取られなかった鉱石の代金相当額からその鉱石の現在の価格を控除した額につき、Xの損害賠償請求を認めました。最高裁も、本件において「信義則に照らして考察するときは」Yには鉱石を引き取り、その代金を支払うべき義務があったとして、高裁の判断を認めました（最判昭和46・12・16民集25巻9号1472頁）。

　したがって、**判例は、一般的な受領義務を認めない立場をとりつつ、事案によっては債権者の引取義務を認める余地ありとするもの**ということができます。但し、昭和46年判決については、例外的に、信義則に基づいて債権者の引取義務を認めた（根拠は信義則）ものと評価するか、信義則に基づいて当該契約を解釈し、その契約に基づいて引取義務を認めた（根拠は契約）ものと評価するか、見解の分かれるところです。

第7章　債務不履行③
債務不履行の効果──損害賠償

> **本章のレジメ**
>
> * **債務不履行の効果**：①履行遅滞、②履行不能、③不完全履行、④保護義務違反
>   ←それぞれどのような効果と、どのような損害賠償が問題となるか
> * **損害賠償請求権の発生要件**：①債務の存在、②不履行の事実、③債務者の帰責事由、④損害の発生、⑤不履行の事実と損害との因果関係
> * **損害の意義**：①狭義の損害概念は、損害賠償のゴールを見極めるもの
>   　②損害の種類：a) 財産的損害と非財産的損害：証拠に基づく算定が可能か否か
>   　　　　　　　 b) 積極的損害と消極的損害：証明の困難さの程度はどうか
>   　　　　　　　 c) 履行利益と信頼利益：賠償によって実現するべき方向の違い
>   　③損害項目：証拠に基づいて個別的・具体的に損害の金銭的評価をする手段
> * **損害賠償額算定の手順**：事実的因果関係→損害賠償の範囲→金銭的評価
> * **損害賠償の範囲**：416条の解釈　通常損害と特別損害：当事者について存する特別事情と、客観的な特別事情→それぞれ、予見の時期をどう考えるか、また予見の時期以外の要素をも併せて考えるべきこと
> * **損害賠償額の算定**：金銭評価の方法と評価の基準時問題
>   　中間最高価格の問題（富喜丸事件）：騰貴した価格で処分して、確実に利益を
>   　　得ることができたことが必要←「原則として不能時の時価」とする根拠は？
>   　漸次的価格上昇：処分しないで「現に保有しえたこと」→現在の価格が基準
>   　　→価格の変動（その評価の基準時）に加えて債権者の行動という要素（転売
>   　　や塡補購入）の考慮が必要
> * **損益相殺**：債権者の二重利得を防ぐ→損害賠償額の減少
> * **過失相殺**：債権者の過失と債務者の過失とが損害の原因になった場合→損害賠償額の減少
> * **金銭債務の特則**：不可抗力をもって抗弁できないこと＋法定利率・約定利率による損害の賠償←それを超える実損害の賠償の可否
> * **賠償額の予定**：裁判所はその額を増減することができない←その例外は？
> * **損害賠償による代位**：賠償した債務者への権利の移転←債権者による取戻しは？
> * **代償請求権**：債務者の二重利得を防ぐ→債権者は利益の償還を請求できる

1 総　説

1　債務不履行の効果——損害賠償

　第5章・第6章では、債務不履行の要件について説明しました。条文でいうと415条にあたります。これを受けて第7章では、債務不履行の効果、特に損害賠償（416条〜422条）について説明します。それではもう一度、債務不履行の類型（第5章**1**2）ごとに、その効果を確かめてみましょう。

　(a)　まず、履行遅滞の場合には、履行強制をすることができ（414条）、金銭債権について担保が設定されているときは、その実行をすることができます。この場合、給付が実現してもなお、遅延したことによる損害が発生しているときは、債権者はその賠償（遅延賠償）を請求することができます。しかし迅速に問題を処理したい場合には、相当の期間を定めて履行を催告し、その期間内に履行がなければ、債権者は契約を解除することができます（541条）。この場合には、履行を受けることを断念するのですから、履行に代わる損害の賠償（塡補賠償）を求めることができ、またその外にも遅延による損害が発生していれば、遅延賠償をも請求することができます。

　債務者に帰責事由のある履行不能の場合には、債権者は催告なしに解除することができます（543条）。また、履行の実現は不能なのですから、それに代わるものとして、債権者は塡補賠償を求めることができます。不完全履行の場合、修理・交換によって追完されたときは、給付の結果は最終的に実現されたのですから、損害賠償としては遅延賠償が問題になります。修理や交換がされなかったときは、債権者側で修理する費用や、給付の不完全によって生じた余計な出費、あるいは得られるはずであった利益の減少分が、賠償によって補われることが必要になります。これも塡補賠償にあたります。不完全履行の場合も、債務者によって完全な状態が実現されないときは、催告をして契約の解除をすることができます（その外に、債務者の帰責事由を要件としない担保責任による規律があります）。

　(b)　以上、債務不履行の基本的な3類型において、遅延賠償ならびに塡補賠償が問題となりますが、それらは本来の給付が適時に、かつ正常に実現

されていたならばあるべき状態を損害賠償によって実現することを目的とするものです。

これに対して保護義務違反の場合には、本来の給付による利益状態を基準とするのではなく、保護義務違反によって債権者が既存の権利・利益に被った損害が賠償される必要があります。ここでは、債権者の権利・利益の侵害によって実際に生じた損害の賠償が問題となります。契約交渉当事者の注意義務違反による損害賠償も、それによって生じた余計な出費等を賠償するものですから、これも本来の給付による利益状態とは異なる基準によります。ただ、本来の給付による利益状態を基準とする場合も、異なる基準による場合も、給付義務の不履行、保護義務・注意義務違反によって債権者が実際に被った損害を可能な限り正確に把握・算定することが重要である点では同じです。

2　損害賠償請求権の発生

債務不履行により損害賠償請求権が発生するためには、①債務の存在、②不履行の事実、③不履行についての債務者の帰責事由、④損害の発生、⑤不履行の事実と損害との因果関係が存在することが必要です（第5章**1**・1参照）。

②不履行の事実、③不履行についての債務者の帰責事由については、第5章で説明しました。④損害の発生については、**2**で説明します。⑤不履行の事実と損害との因果関係については、第5章**1**1では医療事故における自然科学的な検討について触れましたが、通常の取引の場合につき、次のような例で考えてみます。

〔設例1〕Aの所有する建物甲は、都市計画の規制のもとで、飲食店の営業ができない地区に存在している。Bは地元の有力者Cから、この地区の規制が近く解除されるという情報を得て、Aから建物甲を3000万円で買うことにした。代金の半額は契約締結時に支払ったが、当座は営業準備資金が必要だったので、残額は2年後に支払い、その時に建物甲の所有権移転登記手続をするという約束をした。Bは建物甲の引渡しを受け、800万円をかけて飲食店開店準備のための内装工事をした。ところがAの側に誤解があり、契約から

半年後、AはBに対して残額の支払いを請求し、Bからの支払いがないことを理由に売買契約を解除する旨の意思表示をした上、建物甲をDに売却し、所有権移転登記を済ませてしまった。Bの側に代金債務の履行遅滞はないため、Aによる解除は無効であるが、結局Bは建物甲を明け渡し、別の（規制のない）地区にある同規模の建物乙を4000万円で購入して、あらためて内装工事をし、飲食店を開業した。もっとも、実はCの情報には根拠がなく、建物甲のある地区では、現在でも飲食店の営業ができる見込みはない。BはAに対し、無駄になった建物甲の内装工事代800万円と、建物甲が取得できなかったため建物乙を4000万円で買わざるをえなかったとして、建物甲の代金との差額1000万円の支払いを、損害賠償として請求した。

順番に見てゆきましょう。AはBとの契約により、建物甲の所有権をBに移転する債務を負っており（①）、これをDに譲渡して所有権移転登記手続をすることによって、その債務の履行を不能としました（②）。それはAの側で契約の趣旨を誤解したためであり、Aの支配不可能な事由によって不履行となったものではありませんから、Aに帰責事由が存します（③）。Bは建物甲に800万円をかけて内装工事をしましたが、これはBにとっては無駄となりました。またBは本来ならば建物甲を3000万円で取得できたはずですが、それが取得できなかったため、同規模の建物乙を4000万円で取得することになり、1000万円余計に出費することになりました。この800万円、1000万円の支出は、Bの予定していなかった不利益であり、損害ということができそうです（④）。

この支出のうち、代金差額1000万円の支出は、Aの不履行によるものということができます。建物甲を3000万円で取得していれば、建物乙を購入することはなかったのですから。しかし内装工事費800万円は、仮に建物甲が取得できたとしても、この地区で飲食店を営業できる見込みはないのですから、やはり無駄になったということができます。**事実的因果関係に関する条件説**によると、Xという事実がYという事実の原因であるか否かを判断するにつき、**仮にXという事実がなければYという事実が生じないという場合には、XはYの原因である。しかしXという事実がなくてもYという事実が発生するのであれば、XはYの原因ということはできない**とされます。設例の場合、Aの不履行がなくても、内装工事費は無駄になったといえますから、

Aの不履行は内装工事費が無駄になったことの原因ではない、すなわち因果関係はないということになります。

＊これに対して代金差額1000万円の支出は、条件説の定式によればAの不履行によるものということができ、したがってBはこの1000万円の賠償をAに対して請求することができます。ただ、このケースを具体的にみたとき、この1000万円の支出を当然にAの不履行による損害であるといえるかどうか。仮に、飲食店の営業ができるか否かにかかわらず、この規模の建物がほしいのであれば、建物甲を3000万円で買えたはずなのに、Aの不履行により1000万円余計に支払わなければならなかった、したがって1000万円の損害を被ったということができそうです。しかし、あくまでも飲食店の営業のための建物を求めるときは、この地域の相場として4000万円程度を支払わなければ取得できない、建物甲は規制のある区域だからこそ3000万円で入手できたのであるという事情があれば、飲食店の営業のためには、Bは初めから4000万円の支出を覚悟するべきであったということもできそうです。そうすると、この1000万円を損害ということができるか、疑問の余地が生じます。このように、債務不履行による損害賠償の要件、また3以下で説明するような損害賠償額算定の方法について、さまざまな概念を用いて分析しますが、そのような分析をして暫定的な結論を得た上で、別の角度から、事案の全体を具体的に見て賠償の可否を判断する必要がある場合もある点に、注意が必要です。

3 損害賠償の方法──金銭賠償の原則

損害賠償は、別段の意思表示がないときは、金銭によってその額を定めるものとされます（417条。金銭賠償の原則）。したがって、**2**以下で説明するように、債務不履行によって債権者に生じた不利益を正確に金銭に見積もること（損害額算定方法）が重要になります。

たとえばAがBから借りていた家屋甲を失火で全焼させてしまったとします。AはBに対して、家屋甲の返還債務の履行不能により、責任を負うことになりますが、もしも金銭ではなく、現物で返さなければならないとすると、Aは自らの費用で家屋乙を建てて、Bに引き渡すことになります。しかし引渡しを受けた家屋乙の使い勝手が、Bにとって良くないときにはどうなるのか。むしろ家屋甲と同程度の建物を再築できるだけの金銭をBが受け取り、自らの好みに従って再築することにした方が、無用の問題を避けるため

には適切です。このように、金銭によって損害を評価し、賠償させることが便利であるとして、金銭賠償を原則としたものです。

　それでは**「別段の意思表示」**によって、**金銭以外による賠償をする場合**とは、どのようなときでしょうか。たとえば、建物販売業者Cが建売住宅をDに販売したところ、その住宅に不具合があって修理が必要になったとします。これをCの不完全履行（たとえば、Cがその住宅を建築業者Eに建築させるにあたり、適切な監督をしていなかった点にCの帰責事由があるとします）として、DがCに対して金銭によって賠償を請求するとすれば、たとえばDは別の工務店Fに修理させ、修理費用相当額を請求することになります。しかしCの側からすると、Fによる修理費用を支払うよりも、自分の側で修理した方が負担が少ないかもしれません。そうすると、CとDの特約で、一定の不具合については、Cの側で修理をする旨を定めておけば、金銭賠償ではなく、修理をすることによってCがその責任を果たすことになります。

> ＊もっとも、Cによる修理は、不履行に対する（損害賠償と同様の）責任を果たしたものなのか、それともまだ債務の本旨に従った履行がされていないため、追履行をしたものと評価するべきか、微妙な問題があります。売買に関しては、一応引渡しがされた点において給付行為が完了したものの、不具合の存在によって「不完全履行」という不履行状態が生じ、Cはその責任を修理によって果たしたものとして、前者のように考えておきます。

② 損害の意義と種類──損害を総体的に見る

1　損害の概念

　損害とは、最も概括的には、**ある原因事実によってある人が被った不利益の総体**と定義することができます。債務不履行の場合には、債務の不履行によって債権者が被った不利益の総体、不法行為の場合には、被害者がその権利（利益）を侵害されたことによって被った不利益の総体ということになります。もっとも、債務不履行構成でも、保護義務違反の場合には、不法行為と同様の把握をすることになります。

　もっとも、これでは抽象的にすぎて、生じた損害を金銭に評価してその賠

償額を定めるためには、概念として役に立ちません。そこで、**賠償額の算定作業をするために、損害は3つの次元で捉えられます**。以下、債務不履行による場合と、不法行為による場合とを区別しないで説明します。

まず①**狭義の損害概念**として、**損害とは、賠償責任をもたらす原因となる事実がなかったと仮定した利益状態と、その事実が生じた結果もたらされた利益状態の差**と捉えることができます。

その上で、その損害の金額を算定するために、②**損害の種類**が問題となります。これは、賠償権利者が被った不利益の内容をやや具体的に観察し、財産的損害・非財産的損害、積極的損害・消極的損害など、損害発生の態様によって区分したものです。この区分は、損害の把握の仕方や、損害額の算定の方法を検討するために行われるものです。これについては**2**で説明します（なお「人身侵害によって生じた損害」を「人身損害」と呼ぶことがあります。その保護の必要性の高さと算定の困難さの問題を論ずる際に用いられます）。

最後に、具体的な③**損害項目**が立てられます。給付されなかった目的物に代わる物を購入した費用、目的物を運用して得られたはずの利益、契約を解除したために無駄となった諸経費、あるいは治療費、休業によって得られなかった利益などがその例です。これは、賠償の原因事実によって生じた不利益を、具体的に、証拠に基づいて金銭評価するための直接の手段となります。

しかし、①狭義の損害概念は、これもかなり抽象的ですが、なぜ必要なのでしょうか。設例で考えてみましょう。

> 〔**設例2**〕 AはBから、甲土地を買うように勧められた。Bが言うのには、甲土地は現在は原野であるが、政府筋によれば、最近、工業団地として開発が進められることになった。まだ内部情報なので、甲土地は値上がりしていないが、計画が正式に発表されれば1億円以上に値上がりすることは間違いない。500万円出してくれれば、自分が地権者と交渉して、今のうちに買い取ってあげよう、ということであった。そこでAはBに500万円を支払い、甲土地を取得したが、開発計画があるというのは虚偽であり、甲土地の価値はせいぜい10万円程度であった。

このケースはBによる不法行為にあたりますが、この場合、AはBに対し

て、いくらの賠償を請求できるでしょうか。ひとつの考え方は、Bの行為によってAは1億円の値上がり益を得ることができると期待したのであるから、Bは自分の言葉に責任を持って、1億円を支払えというものです。もうひとつの考え方は、存在しない開発計画の情報に惑わされて500万円を失った、その500万円を賠償して、自分の財産状態を元に戻してくれというものです。前者のような言い方もできないではありませんが、幻の計画に対する期待は保護に値しない、だまし取られた金銭が戻ればAの救済としては十分であると考えれば、後者の考え方をとることになります。①狭義の損害概念の目的は、比較するべき利益状態、ここでは期待が実現していればもたらされた利益状態を基準とするか、それとも誤った情報に惑わされなければ現在あったはずの利益状態を基準とするかを定め、賠償額の算定にあたって評価するべき対象を全体として把握することにあります。その上で、賠償によって回復されるべき利益状態を、②③の概念を用いて分析し、具体的な賠償額を導き出します。①狭義の損害概念の目的は、いわば損害賠償のゴールを見極めるためのものであり、損害項目を通じて実損害額を正確に算定するのが絵画の細部を丁寧に描くこととすれば、損害を総体的に見ることは、絵画全体のバランスが破綻を来していないか、少し離れて確かめる作業に似ています。

2　差額説と具体的損害説

1では、①狭義の損害概念を「利益状態の差」として理解しました。損害概念については、かねてより差額説と具体的損害説の対立があります。初期には、差額説は、賠償原因事実が発生しなければあるべかりし財産額と、原因事実発生後における財産額との差というように、賠償権利者の財産額の全体を比較するものと解されていました。ただ、賠償権利者の財産額の全体を、事前・事後で比較するのは非現実的であり、金額の算定は次の段階の問題（②③）に位置づけて、損害の概念は「利益状態の差」とするのが適切と考えられます。これに対し、具体的損害説は、賠償原因事実による不利益そのものが損害であると捉えるものです。

損害を「利益状態の差」と捉える考え方の狙いは、債務不履行であれ、不

法行為であれ、賠償原因事実の発生が、賠償権利者（債権者・被害者）の財産状態に波及した結果の全体を捉えることにあります。たとえば、契約によって給付するべき物品甲を給付しなかった場合、債権者の被る不利益は、物品甲の価値相当額だけに限りません。給付の欠如によって債権者が強いられた余計な出費や、予定していた利用ができなくなったために得られなかった利益など、債権者が実際に被った不利益の全体を把握した上で、実際の損害を証拠に基づいてできるだけ正確に評価し、賠償額を定めようとするものです。

　しかし、とりわけ不法行為によって人身が侵害された場合には、侵害前後の「利益状態の差」を観念することはできるとしても、それを証拠に基づいて正確に金銭評価することは容易ではありません。精神的苦痛を内容とする非財産的損害はもとより、被害者が死亡した場合に、その損害を現実の収入額を基礎とする逸失利益の計算によって評価することが適切かどうか、また後遺障害が残った場合の家庭的・社会的ハンディキャップをどのように評価するか等、証拠に基づき損害項目ごとに評価する従来の算定方法では公平な賠償額を定めることが困難であることが指摘されるようになりました。その中で、被害者の死傷という事実そのものを損害と捉え、損害項目への分析をすることなく、財産損害・非財産損害を包括して公平な評価をしようとする立場（死傷損害説）も提唱されています。

3　損害概念を議論する意味

　もともと差額説は、さまざまな分別的な利益・損害概念が支配的であった状況のもとで、あらゆる損害項目を財産状態の差として一括し、統一的な損害概念を立てることによって、賠償権利者の利益を十分に保護しようというものでした。そのような損害賠償のゴールを見据えた上で、個々の損害項目を補助手段として活用してきたのですが、それによっては把握できない被害者の不利益が存在することが意識されると、再び損害の具体的な発生状況に立ち戻って、十分な保護を可能にするための再検討が行われるという経過が表れているものと考えます。すなわち、損害を抽象的・統一的に把握する差額説と、具体的に把握する具体的損害説とは、互いに排斥するものではな

く、賠償されるべき損害を的確に把握するための(いわば同一の楕円形の)2つの焦点であるということができます。

人身侵害の事実を損害と捉える場合においても、治療費など、一部の費用については実費を算定の基礎とすることを認める立場もあり、「利益状態の差」と捉える場合においても、収入の減少のみならず稼働能力喪失率のような指標を用いることがあります。また、人身侵害の被害者につき、その尊厳を保った生活を保障するという観点や、〔設例2〕のように、どのような利益が保護に値するかというような、規範的な評価が必要な場面があります。抽象的な損害の概念は、さまざまな算定方法を統括するとともに、単に算術的な総和では捉えられない評価の対象の全体を示すものとして、とりわけ従来の算定方法の反省が必要になった場合に大きな意味を持つものということができます。

4 損害の種類

(a) 設例　以上のようにして損害を全体として把握した後、損害の内容を分析して損害額を算出するのですが、その際に損害の種類が問題になります。設例をひとつ、出してみます。

〔設例3〕Aは、冷凍設備を備えた自動車甲を使って、食品運送の仕事をしている。AはBに自動車甲の点検・修理を依頼し、修理の間、Cから同種の自動車乙を賃料1日あたり1万円で借りて仕事をしていた。修理は2月1日に完了予定、自動車乙は2月3日まで借りる契約であった。2月1日、自動車甲の引渡しの際、修理にBの過失による重大な誤りがあることが判明し、再修理が必要なため、自動車甲をすぐに引き渡すことはできなくなった。AはCに自動車乙の賃貸借契約の期間延長を申し入れたが、自動車乙は2月4日からDに賃貸することになっていたため、Aはやむなく2月3日の夕方、自動車乙をCに返却した。Aは代わりの自動車を借りる努力をした結果、Eから自動車丙を借りて2月7日から仕事を再開した。

再修理は2月10日に完了し、Aは2月11日から自動車甲を使うことができた。しかし、①仕事のできなかった4日～6日の3日間、AはFから請け負っていた運送の仕事ができず、1日あたり7万円の運送賃の支払いを受けられなかっただけでなく、1日あたり3万円の違約金をFに払うこと

となった。②2月7日〜10日の4日間、Aは自動車丙によって仕事をしたが、自動車丙は自動車乙よりも高性能であるため、賃料は1日あたり2万円であった。Aの仕事のためにはその性能は必要がなかったが、代わりの自動車として、丙しか見つからなかったのである。

(b) 財産的損害と非財産的損害 損害の種類としては、まず財産的損害と非財産的損害の区別があります。これは、損害原因事実の発生の結果、財産的な不利益を受けた場合と、精神的な苦痛を受けた場合との区別です（〔設例3〕の①②は、いずれも財産的損害です）。これは不法行為（ならびに保護義務違反）による被侵害利益の区別とは異なります。被害者がけがをした場合、被侵害利益は被害者の身体ですが、それによって生じた損害のうち、治療費や休業による収入の減少は財産的損害、精神的な苦痛を受けたことは非財産的損害として区別されます。非財産的損害の賠償を、慰藉料（慰謝料）と呼んでいます。

財産的損害については証拠によってその発生・内容・損害額を証明する必要がありますが、非財産的損害については証拠による証明は不可能ですから、慰藉料の額は、裁判官の裁量によって決められることになります。慰藉料の請求は、原則として生命・身体・自由・名誉等の人格的利益が侵害された場合にのみ認められます。財産的な利益が侵害された場合には、特別な事情がない限り、その財産的利益が塡補されれば精神的な苦痛も塡補されるものと解されるためです。非財産的損害の賠償は、条文上は不法行為の効果としてのみ認められていますが（710条・711条）、債務不履行構成による場合であっても、人格的利益が侵害された場合には、710条を類推適用して非財産的損害の賠償が認められています（但し、遺族固有の慰藉料請求は否定されます。最判昭和55・12・18民集34巻7号888頁）。

(c) 積極的損害と消極的損害 財産的損害のうち、物の滅失・毀損や費用の支出のように、既存の利益の喪失・減少によるものを積極的損害、将来の利益の獲得を妨げられたことによるものを消極的損害（逸失利益）と呼んでいます。設例のうち、Fから運送賃の支払いを受けられなかったこと（①）は消極的損害、Fに違約金を支払ったこと（①）および自動車丙の賃料（②）は積極的損害にあたります。

積極的損害は、現実に財産を喪失したり、費用を支出したりすることによって被るものですから、その証明は比較的容易です。ただ、実際に支払った費用であっても、それを債務者に賠償させることが適切かどうかが問題となる場合があります。設例では、Bが自動車甲の引渡債務の履行を遅滞しなければ、Aが自動車丙を賃借する必要はなかったのですから、自動車丙の賃料はBに対して請求できる筋合いですが、高性能の自動車丙を1日あたり2万円も出して借りる必要はなかったではないかとも言えそうです。ただ、1日あたり1万円の自動車乙と同等の自動車を容易に借りることができなかったため、やむなく自動車丙を借りざるをえなかったのであれば、避けることのできなかった出費として、賠償の対象となりうると考えます。支払った違約金についても、それが取引通念からして相当かどうかが問題になることがありうるでしょう。

　これに対して消極的損害は、将来得るはずの利益ですから、賠償の対象となるためには利益獲得の確実性が必要です。設例では、既にFとの間で、1日あたり7万円で運送契約が結ばれていましたから、これは取得確実な利益として賠償の対象となります。しかし、たとえば商品1000個を1個あたり10万円で仕入れたところ、輸送途中で滅失してしまったとします。買主は引渡債務の履行不能により、損害賠償を請求することになりますが、仮に1個あたり3万円の利益を見込んでいたとすると、3万円×1000個で、3000万円を逸失利益として賠償請求できるでしょうか。確かに、1000個が確実に完売できるならば、3000万円の賠償請求を認めても良さそうです。しかし完売できるかどうかは、販売してみなければわからないことが普通でしょうし、売れ行きによっては一部を値引きすることもありえます。したがって、どれだけの利益を得られるか、確実とはいえませんから、損害額の証明は困難です。このような場合には、取引の当事者間であらかじめ賠償額の予定（420条）をしておくことが実際的です。

> ＊なお、損害が生じたことは認められるが、損害の性質上、その額を立証することが極めて困難であるときは、裁判所は、口頭弁論の全趣旨及び証拠調べの結果に基づいて、相当な損害額を認定することができます（民訴248条）。最高裁では、特許庁の担当職員の過失により特許権を目的とする質権を取得で

きなかったことによる国家賠償請求事件(最判平成18・1・24判時1926号65頁)、採石権侵害の不法行為を理由とする損害賠償請求事件(最判平成20・6・10判時2042号5頁)において、民事訴訟法248条の適用を考慮するべきことを求めています。

(d) 履行利益と信頼利益 **(b)** の財産的損害・非財産的損害の区別、**(c)** の積極的損害・消極的損害の区別は、損害の種類における基本的な区別です。この外に、**履行利益**(積極的契約利益)と**信頼利益**(消極的契約利益)という区別が論じられることがあります。

信頼利益は、もともと契約締結上の過失において論じられたもので、最も古典的な例としては、給付の原始的・客観的不能により契約が無効となるとされていた法制のもとで、**その無効を知らなかったことにより**(換言すれば、有効な契約の成立を信頼したために)、**相手方が被った損害の賠償**が挙げられます。具体的には、その契約を有効と信じて支払った契約締結費用相当額がその典型的な例です。これに対して**履行利益**は、**有効な契約に基づく債務が履行されることによって、債権者が得るはずの利益**を意味します。すなわち、履行によって得られる給付の価値、さらにその運用によって得られる利益がその内容です。

契約締結費用等は、契約が有効に成立し、約束した給付が受けられれば、それに伴うコストとして有意義な支出となります。しかし契約の無効等の事情によって給付が受けられないとなれば、上記費用の支出は無駄なものとなってしまいます。そこで契約が無効となったこと、ないし無効の原因事実を知らせなかったことについて過失がある側は、その費用相当額を賠償するべきだというのが、当初の契約締結上の過失論でした。ただ、現在、契約締結上の過失論が問題となる事例においては、第6章**3** 2で見た岩波映画事件のように、契約が成立しなかった場合において、一方当事者に契約締結費用等の額を大きく上回る損害が生ずる場合もあり、このような損害は、もともとの「信頼利益」とは異なるという指摘もあります。

＊したがって、信頼利益・履行利益という用語は、日本ではなお明確な理解が確立した概念とはいえません。ただ、〔設例 2〕(無価値な土地を売りつけた事例)でも表れているように、**賠償を通じて、有効な契約の成立を前提とし、**

期待した給付が正常に実現したのと同じ状態の実現をめざす方向と、給付の基礎になった契約を否定し、そのような契約に手を出さなければ現在あったはずの状態の回復をめざす方向とがありえます。給付されなかった目的物の代わりの物を購入する費用や、不完全な目的物を修理する費用の請求は前者ですし、目的物の取得を断念して、無駄になった費用（契約締結費用のみならず、先行して投じた履行費用を含む）を請求する場合は後者です。とりわけ、債務不履行を理由に契約を解除した場合、あくまでも給付がされたと同じ状態を追求する（たとえば逸失利益の請求。しかし、(c)で見たように、証明の困難が予想されます）のか、挫折した契約から撤退し、投じた費用の回収を追求するのか、方向を逆にする2つの考え方があります。これを履行利益・信頼利益と呼ぶか否かは別として、もともとの履行利益・信頼利益の区別も、このような方向の違いとして捉えることができます。

③ 損害賠償の範囲——損害を個別的に見る

1 損害賠償額算定の手順

②では、賠償によってどのような状態を実現するかという観点から、総体としての損害について考え、その際、損害の表れ方によって、損害の認識や証明にどのような違いが生ずるかという問題を扱いました。③以下では、実際に損害賠償額を算定するために、どのような分析・評価をするかという問題を扱います。

①3で見たように、損害賠償は金銭の支払いによって行われますが、その金銭評価額は、非財産的損害を除き、証拠によって明らかにされる必要があります。したがって、ここでは②と反対に、損害は個別的・具体的な損害項目（②1参照）を通じて把握され、証拠や鑑定によってその額が評価されます。そしてその額を合計したものが損害賠償額ということになりすが、この過程で、損害項目の選択に矛盾はないか（たとえば、不履行による逸失利益の賠償が認められるならば、契約費用の賠償は認められません。契約により達成しようとした結果が実現するならば、そのためのコストとして支出した契約費用は、無駄にはならなかったのですから）、また見落とした損害項目はないか等を確かめるために、②で見たように、同時に総体としての損害の把握をすることが必要と

なります。

　この算定作業は、まず債務不履行と当該損害項目で示される損害との間に**事実的因果関係**があるかどうかを判断し（これについては①2で見ました）、次に事実的因果関係のある損害項目について、それが賠償されるべきかどうかを判断します（損害賠償の範囲）。さらに、賠償されるべき損害項目について、その金額を定める（金銭評価）という手順をとります。設例で考えてみましょう。

> 〔設例4〕　AはBから建物を賃借している。AB間の契約では、この建物については転貸が禁じられていたにもかかわらず、Aはその一部をCに転貸して、月5万円の賃料を取得していた。この建物の敷地はDの所有に属していたが、Bが地代の支払いを怠ったため、DはBとの土地賃貸借契約を解除し、建物収去・土地明渡しをBに請求した。その結果、契約期間を3年残して、Aは建物を明け渡すことになった。AはBの賃貸人としての債務がBの帰責事由により履行不能になったものとして、Cから得られたはずの転貸料相当額180万円（5万円×36ヵ月）と、Aが引越しをするのにかかった費用50万円の賠償を請求した。

　ここでは、**損害項目**として「転貸料収入」および「引越し費用」が挙げられます。まず転貸料収入は、Bの債務不履行がなければ引き続き取得できていたものとして、**事実的因果関係**を認めることができます（転貸がBにとがめられる可能性は別問題とします）。しかし、この転貸料を賠償の対象とするのが適切かどうか。AB間の契約で転貸は禁じられていたのですから、これはAB間の契約によって保護されるべき利益ではありません（これを、当該契約の「**保護範囲**」に入らないと表現することがあります）。したがって、この損害項目は賠償の範囲に入りません。

　次に引越し費用は、本来であればこの時期に支出する必要がなかったにもかかわらず、突然支出を余儀なくされたのですから、賠償範囲に入れてよいと考えます。しかし仮に、Aの有している家財の量等から見て、通常なら30万円あれば十分に引越しが可能であるときは、引越し業者に実際に50万円を支払ったとしても、その全部を賠償するのが適切であるとはいえません（②4 (c) 参照）。すなわち、損害項目としては賠償の範囲に含めるものの、その

金銭評価としては相当な額（30万円）の限度でのみ認めることになります。

＊かつて、賠償額の算定について、損害賠償は不履行と「相当因果関係」ある範囲で認めるという表現がされていました。事実的因果関係、賠償範囲、金銭評価という概念は、「相当因果関係」という包括的な概念の中で実際に行われている判断の手順を分析し、それぞれの段階で的確な評価をするために有効な働きをしています。ただ、賠償額の算定作業において、事案に即した総合的な判断をする必要のある場面が稀ではありません。「因果関係」という表現を用いることには違和感があるとしても、その問題性を理解した上で、上記の分析概念を有効に活用しつつ、作業の総合的な面を捉えて「相当因果関係」という用語を用いることは可能であると考えます。

2　416条の解釈：通常損害・特別損害と予見可能性

（a）**通常損害・特別損害**　損害項目によって損害を把握した上で、それを賠償の対象とするかどうか。これが債務不履行による損害賠償の範囲の問題ですが、これについて民法は、416条によって基準を定めています。それによると、第一に、債務不履行によって「通常生ずべき損害の賠償」が目的となります（416条1項）が、「特別の事情によって生じた損害」であっても、「当事者」が「その事情」を予見し、または予見することができたときは、債権者はその賠償を請求することができます（416条2項）。

「債務不履行によって通常生ずべき損害」（通常損害）とは、社会一般の通念に従えば、その種の債務不履行があれば通常発生するものと考えられる損害をいいます。目的物が給付されなかったために、代わりの物を入手するためにかかった費用等はこれにあたります。「特別の事情によって生じた損害」（特別損害）とは、その当事者について特別な事情が存在するために発生した損害をいいます。目的物の特別な運用によって得るべき利益や、取引先に支払った違約金等がこれにあたります。ただ、買主が目的物の転売を業とする商人である場合には、転売利益は通常損害にあたるということができますが、買主が特別の販路により、特に大きな利益を得ることができるという事情があるときは、その利益を得られなかったことによる損害は、上記の事情による特別損害になります。

（b）**特別事情の予見可能性について**　416条2項の基準については、「特

別の事情」とは何か、その事情を予見するべき「当事者」とは誰か（契約の場合、両当事者か、債務者か）、そしてその予見可能性はいつ存在することが必要か（契約締結時か、履行期か）という点について議論があります。

＊この議論は、既にこの規定を作る段階で、法典調査会の場で行われています。当初、2項の原案は「当事者カ始ヨリ予見シ又ハ予見スルコトヲ得ヘカリシ損害」については、特別の事情によって生じたものであっても、賠償を請求することができるというものでした（『史料債権総則』92頁）。その趣旨として穂積陳重委員は、たとえば時価100円の物を買主が1000円（の利益を得るため）に利用する場合、この物を渡さなければ買主が1000円の損害を被るという特別事情を知っていれば、それは賠償の範囲に入る（同書96頁。なお97頁、99頁も参照）、そして、この「始ヨリ」とは契約締結時の意味であり、契約締結後、履行期までに、特別に大きな損害を蒙る事情を告げられた場合には、賠償の範囲に含まれない（同書98頁）と説明しています。これに対して梅謙次郎委員は、契約成立後、履行期に至るまでに予見し、または予見可能であればよい、たとえば契約時には戦争を予見していなかったところ、日清戦争が勃発して刀剣・米穀等が騰貴したという場合、刀剣何千本かを渡すべき債務を負った者は、履行期までに渡さないと相手方が非常な損をすることを、時勢上予見しなければならないとして、戦争という特別な事情から生じた損害も、債務者に帰責事由がある以上、一切を債務者に払わせてよいと述べています（同書100頁）。

一方では、**特別事情による損害のうち、契約の両当事者が、契約締結の段階で予見することができた事情による損害が賠償されるべきだとする考え方**があります。たとえば、債権者の取引先との関係で、厳格に履行期の厳守が要求され、1日でも遅延すると莫大な損害が生ずるという事情があれば、それは契約締結の時点で債務者にも明示されている必要がある。それが示されれば、債務者としては原材料の調達や製品の輸送が確実に行えるよう、通常以上の費用をかけて準備をし、その費用を対価に反映させることができる。その事情を示さずに安い対価で契約しておいて、契約成立後にその事情を示し、予見可能だというのは不公正だ。債務者としてはそのように主張したいところです。

他方では、**特別事情による損害のうち、債務者が、履行期までの段階で予見することができた事情による損害が賠償されるべきだとする考え方**があり

ます。たとえば、小麦の播種の時期に、あらかじめ収穫時の価格を決めて売買契約をしたところ、後に、契約時には予見できなかった大凶作のため、小麦の価格が暴騰した。そのため、収穫時に、売主は当初の価格をはるかに超える金額で小麦を第三者に売却する一方、当初の買主に対しては、この大凶作は契約締結時には予見できなかったのであるから、そのための価格高騰による損害は賠償の対象とならないというのは不公正だ。債権者としてはそのように主張したいところです。

　(c) 検　討　(b)で見たように、**特別事情という場合、当初から契約当事者**(特に債権者)**について存在する事情と、戦争の勃発や凶作のような客観的な事情とがあります**。前者については、契約締結時に両者の間で適切なリスク配分をすることが可能ですから、特別な事情を隠しておいて、契約締結後にこれを明かし、416条の意味で予見可能だとするのは不当なように思われます。そうすると、当初から契約当事者について存在する事情に関する限り、予見可能性の基準時点を契約締結時とするのが妥当であるように思われますが、416条が客観的な事情についても適用されるものとする以上、契約締結時としてしまうことには疑問があります。したがってこの場合については、債権者が重要な情報を告げなかったことをリスク配分にどのように反映させるかを検討するべきであると考えます。紛争を避けるためには、契約において賠償額を予定し（420条1項）、その中でリスク配分をすることが実際的です。

　これに対して客観的な事情については、大審院判例は、特別事情を予知しながら債務を履行しない債務者に、その損害を賠償させても過酷ではないと述べて、特別事情の予見の時期は履行期までであるとしています（大判大正7・8・27民録24輯1658頁）。これは、**マッチの売買契約を締結したところ、その後に第一次世界大戦が勃発してマッチの原料が高騰した事件**で、債務者が特別事情の予見時期は契約締結時であると主張したのに対し、その主張を斥けたものです。これをどう考えるべきでしょうか。債務者がマッチの原料を買い付けるのが価格騰貴の後であれば、履行期までに特別事情を予見できたことを理由に、騰貴後のマッチの価格を基準に賠償させるのは苛酷であるといえます。しかし、原料買付けが価格騰貴の前にすまされていたのであれ

ば、債務者の不履行を弁護する余地はありません。こう考えると、予見時期の確定だけで解決することは困難です。したがって、予見時期は履行期までとした上で、価格騰貴によるリスクを債務者に負わせるのが不当である場合には、事情変更の原則によって対処することが適切であると考えます。

　以上のように、416条2項の解釈としては、債務者が、履行期までに予見することができた事情による損害が賠償されるべきだと考えますが、しかしその基準だけで判断するのではなく、契約の解釈、また他の法理をも適用することによって、事態に即して問題を処理することが必要です。

4　損害賠償額の算定——時価の変動と債権者の行動

1　賠償額の算定——損害項目か金銭評価か

　③1の〔設例4〕で、ある損害項目が賠償の対象となるかどうかを判断し、賠償の対象となる場合に、それを金銭によっていくらと評価するべきかを判断するという手順を示しました。例として示したのは、引越し費用は必要だが（損害項目の問題）、その支出額は通常の引越し業者に比べて多すぎる（金銭評価の問題）というものでした。すなわち、時価に比べて不当に高い場合には、相当な額の限度でのみ賠償することになりますが、さらに、**時価そのものが変動する場合にどのように判断するか**が問題となります。

　その時価の変動が、戦争や凶作などの特別の事情による場合には、③2で見たように、416条2項により、その事情が予見できたかどうか等を検討して判断することになります。しかし、多くの要因が複合して変動する市場価格については、市場価格が変動すること自体は常に予見可能である一方、その金額を予見することは不可能です。すなわち、**時価の変動をもたらす特別事情を、予見可能性判断の対象として析出することができません**。したがって、**416条2項の基準は賠償の対象となる損害項目の範囲に関する規定と捉え、金銭評価については、同条項を離れ、次の段階の問題として検討するべき**です。

　すなわち、特別な使用・収益や具体的な転売契約により、通常以上の利益を得ることのできる事情が債権者の側に存在した場合、また通常想定されな

いような客観的な事情によって時価の変動が生じた場合は、416条2項により、それらの事情について予見可能性が問題になります。それに対して、全般的な市場価格の変動については、これを想定されるべきものとし、予見可能性の有無以外の事情を考慮して、当該損害項目の金銭評価を検討することになります（換言すれば、時価の変動がある場合も、当該損害項目は416条1項の通常損害とした上で、金銭評価の問題に移行するということになります）。

＊なお、416条2項により予見の対象となる「通常以上の利益を得ることのできる事情」についても、その事情それ自体と金銭評価の問題とが区別できるように思われます。大判昭和4・4・5民集8巻373頁では、土地の二重譲渡による履行不能の場合に、買主が具体的な転売契約に基づく利益を主張した事例で、大審院は、売主は転売契約について予見していたが、通常ありうべき代金とはみられない高額の転売代金（売買代金の3倍）については予見可能性がなかったとして、その額の賠償を認めませんでした。本当にそのような金額での転売契約が締結されたかどうかという形で問題とすることもありえますが、ここでは、不自然な転売代金の主張を、法文に明記されている予見可能性の基準を借りて退けたものと考えられます。

　また、416条2項の予見可能性の基準が不法行為による損害賠償にも妥当するかという問題があります。2で見る富喜丸事件判決では、不法行為による損害賠償についても416条を類推するとし、最高裁もその立場を受け継いでいます（最判昭和48・6・7民集27巻6号681頁、最判昭和49・4・25民集28巻3号447頁）。しかしこれらの最高裁判決において大隅裁判官は反対意見を述べ、債務不履行の場合、当事者は合理的な計算に基づく契約によって結合されているのであるから、不履行による損害について予見可能性を問題にすることは意味があり、債権者が特別の事情をあらかじめ債務者に通知することによって将来に備えることも可能である。しかし、多くは全く無関係な者の間で突発する不法行為において、それが過失による場合であれば、予見可能性はほとんど問題になりえない、民法が債務不履行について416条の規定を設けながら、これを不法行為の場合に準用していないのはそれだけの理由があり、同条を不法行為について類推適用するべきではないと説いています。理論的に、説得力のある指摘であると考えます。

2　金銭評価の方法──基準時その他の要素

(a)　富喜丸事件の定式　　約束された給付がされなかったこと自体につ

いては、給付目的物の時価によって損害額を評価することが一般ですが、そうすると、いつの時点の時価によって評価するべきかが問題となります（損害賠償額算定の基準時の問題）。この問題については、いわゆる富喜丸事件判決（大連判大正15・5・22民集5巻386頁）――直接には不法行為の事件ですが、416条の類推適用によるものとしているため、債務不履行についての基準をも示したことになります――が出発点となっています（以下、基準時問題についてのみ説明します）。

　富喜丸事件とは、船舶の衝突により汽船が沈没したことによる損害賠償請求の事件ですが、同種の中古船の価格が、沈没当時は10万円余であったところ、第一次世界大戦の影響で大正6年には190万円余に上昇し、大戦終結後には10万円以下に下落していたというものです。船主が大正6年頃の船舶の中間最高価格を請求したのに対し、大審院は沈没当時の10万円余のみを認めました。判決は、その理由として、①物の滅失毀損に対する現実の損害は、滅失毀損した当時の物の交換価格によって定めるべきである、②騰貴した価格を基準とする賠償には、被害者がその騰貴価格をもって転売その他の処分をする等の方法により、その価格に相当する利益を確実に取得しえた特別の事情があり、かつ、不法行為時にその事情の予見可能性があることが必要であると述べています。

　富喜丸事件判決以前、大審院は当初、債権者は履行期から判決までの任意の時点を選んで算定基準とすることを認め、その時点以前を履行期とする転売契約を結んでいても差し支えないとしていましたが、学説の批判を受けて、まず、買主が転売の契約をしているときはその履行期を標準とし（大判大正10・3・30民録27輯603頁）、また履行期後に債務者が目的物を他に譲渡して履行不能となった場合には、原則として履行不能となった時の価格を標準とする（大判大正13・5・27民集3巻232頁）という判断を示しました。富喜丸事件判決は、中間最高価格の問題、さらに目的物の価格と使用利益との関係等、損害額算定の基本的な定式を明らかにしたものです。

　すなわち、目的物の滅失（債務不履行であれば履行不能）時の交換価格を原則とし、価格が騰貴する特別事情があれば、その予見可能性がある場合に、騰貴した価格での賠償を認めるというものですが、現在では、不法行為につい

て416条2項の予見可能性を用いることには疑問が示されており（**1***の大隅裁判官の意見参照）、また一般的な原則として目的物滅失（履行不能）時の交換価格を基準とすることは適切か、疑問もあります（**(b)** 参照）。しかし、それまでの判例の状況を克服し、賠償額算定基準を分析的に検討する出発点となったという点で、重要な意味をもつ判決です。

(b) 時価の変動と算定の基準時 目的物の滅失（履行不能）時を損害額算定の基準時点とする理由は、目的物が滅失した時点でその物についての権利は損害賠償債権に変わり、また本来の債権が履行不能となった時点でその債権は損害賠償債権に変わる。損害賠償債権は金銭債権であるから、その内容は一定の金額によって示され、上記の損害賠償債権発生時に定まるべきものだからであると説明されています。この立場によると、その時点以後はもっぱら遅延損害金が発生するだけであるということになります。

しかし、同種の目的物の時価が高騰した場合、裁判の結果、債権者が上記の基準による損害賠償金を受け取ったとしても、それによって同種の目的物を購入することはできません。それでは、権利侵害がなかったらあったはずの状態、債務が履行されればあったはずの状態を実現するという損害賠償の目的を達することができないことになります。そこで、第一に、**時価の変動がある場合、算定の基準時点を不能時としてよいかという問題**、第二に、**債権者の側で債務の履行を受けて次の行動をし、また不履行に対して何らかの善後措置をとることを視野に入れたとき、算定基準時はどのような意味をもつか**という問題が生じます。

まず第一の問題として、目的物の時価が漸次的に上昇した場合の算定基準時に関する判例を見ることとします。最判昭和37・11・16民集16巻11号2280頁は、AがB買戻特約付きでBに売却した土地につき、Aが買戻しの意思表示をしたにもかかわらず、Bがこの土地をCに売却し、移転登記をしてしまったため、AがBに対して損害賠償を請求した事件です。裁判所は、Cへの売却時点の価格（77万余円）ではなく、口頭弁論終結時の価格（108万余円）の賠償を認め、最高裁は次のように述べてこの判断を支持しました。すなわち、原則として処分当時の目的物の時価が損害賠償額となるが、「目的物の価格が騰貴しつつあるという特別の事情があり、かつ債権者が、債務を履行不能

とした際その特別の事情を知っていたかまたは知りえた場合は、債権者は、その騰貴した現在の時価による損害賠償を請求しうる。けだし、債権者は、債務者の債務不履行がなかったならば、その騰貴した価格のある目的物を現に保有し得たはずであるから、債務者は、その債務不履行によって債権者につき生じた右価格による損害を賠償すべき義務あるものと解すべきであるからである」と。本判決は富喜丸事件判決の定式を維持して、不能の時点を算定基準時の原則とし、価格の上昇を特別損害と捉えて、その予見可能性を要求しています。しかし異常な価格変動による中間最高価格の場合とは異なり、一般的な地価の上昇傾向であれば予見可能性は広く認められますから、ここでは416条2項の特別損害および予見可能性の基準はあまり機能しているとはいえません。

　上記判決の基準は、最判昭和47・4・20民集26巻3号520頁でも確認されています。居住している土地・家屋を買い受けた賃借人が、売主による二重譲渡によって所有権を取得できなかったため、損害賠償を請求した事件ですが、最高裁は昭和37年判決を引用した上で、売主の債務不履行がなければ買主は騰貴した価格の不動産を現に保有しえたはずであるから、同判決の示す法理は、買主が転売目的ではなく、自己使用の目的で行った不動産売買契約においても妥当すると述べました。富喜丸事件判決の定式によれば、中間最高価格による利益が、適時の転売によって確実に取得しえたものであることが要求されていたのですが、ここでは騰貴による利益の確保ではなく、契約によって実現されるべき状態（給付目的物の保有）の金銭評価が問題であることが端的に示されています。

　債権は給付結果の実現に向けられた権利ですから、履行不能の場合、目的物の時価の上昇による損害は、第一次的には目的物を取得できなかったという不利益の金銭評価であり、したがって給付結果を保有する現在の時点で評価するのが適切であるといえます。しかし上記昭和37年判決が、引用部分に続けて「ただし、債権者が右価格まで騰貴しない前に右目的物を他に処分したであろうと予想された場合はこの限りでなく」と述べているように、債権者が実際に行い、また行うと想定されている行為があるときには、賠償額算定のためには、また別の分析が必要になります。

(c) **債権者の行動との関係** (b)の初めに示した第二の問題に移ります。(b)で扱った事件は、不動産所有権移転義務の履行不能に関するもので、転売等を予定しない事例でしたから、賠償額算定基準時の問題が単純な形で表れました。しかし商品の売買等、種類物売買や特定物であっても代替物を目的とする取引においては、**債権者は履行を受けて転売し、履行がなければ塡補購入をするというように、自ら何らかの行動をするのが普通です。**したがってこの場合には、**算定基準時の問題と、損害をどのように把握するかという問題とが交錯して表れます。**設例で見てゆきましょう。

〔設例5〕 AはBから、商品甲を20万円で買う契約をし、履行期を2月10日とした。契約締結後、商品甲の市場価格は高騰し、履行期には25万円になっていた。履行期になってもBは商品甲を渡さないので、Aは3月10日に契約を解除した。解除の時点では、商品甲の市場価格は30万円になっていた。

この場合においてAがBに対して塡補賠償を請求するとき、損害賠償額はどのように決めるべきでしょうか。ひとつには、履行期における商品甲の価格25万円と売買価格20万円との差額（5万円）をとるという考え方ができそうです。もうひとつには、解除時における30万円と売買価格20万円との差額（10万円）をとるという考え方ができそうです。最高裁は、価格が上昇を続けた事例で、価格上昇による損害を通常損害とした上で、賠償額は解除当時における目的物の時価を標準として定めるべきものとしました（最判昭和28・12・18民集7巻12号1446頁。下駄材売買事件）。その理由は、買主は解除の時点で目的物の給付請求権に代えて塡補賠償請求権を取得するものであるという点に求められています。しかし、この理由は、(b)の冒頭で示した履行不能時を基準とする考え方と同様、形式的に過ぎると考えます。

確かに、履行期に履行がない場合も、AがBによる給付を期待して他からの塡補購入等の措置をとらずにいたが、Bがなお給付をしないために解除したところ、履行期時点よりもさらに時価が上昇していたという場合には、履行期ではなく、解除時を基準とする理由があります。ただ、上記昭和28年判決の事案では、債務不履行の9ヵ月後の解除であり、売買代金2万5000円に対して時価が9万円にまで上昇していた事例でした（昭和21～22年のインフレが急激に進んだ時期です）。買主としても、何もしないで上昇する賠償金を取得す

ればよいというものではありません。実際に塡補購入が行われればその価格の当否を判断し（この場合、損害項目は「時価」ではなく、「塡補購入にかかった費用」として把握されます）、行われなければ、解除して塡補購入をすることを期待できた時期の時価を基準とするなど、事案に即した評価が必要であると考えます。

> ＊最判平成21・1・19民集63巻1号97頁は、債務者の債務不履行に対し、債権者が自己の損害の拡大を防止する措置をとることなく、その損害のすべてについての賠償を債務者に請求することは、条理上認められないと判示しています。

なお、〔設例5〕において、Aが履行期前に、商品甲をCに23万円で転売する契約を結んでいた場合はどうでしょうか。この場合には、転売価格が基準となります（Cに違約金を支払う約定があれば、それも別項目の損害として問題になりえます）。履行期あるいは解除時の価格で転売できたものとして損害額を算定することは、Cに対する債務の不履行を前提することになりますから、正当とはいえません。

〔設例6〕 AはBから、市場で転売することを前提として、商品甲を20万円で買う契約をし、履行期を2月10日とした。契約締結後、商品甲の市場価格は高騰し、履行期には30万円になっていた。履行期になってもBは商品甲を渡さないので、AはなおBに対して履行を請求した。Bは3月10日に商品甲に代わる物をAに引き渡した。Aはこれを処分したところ、引渡し時の市価である25万円で売ることができた。

この場合には契約は解除されず、遅れながらも履行されたものです。最高裁に表れた事案では、原審が、Aが転売目的で購入し、履行期に転売できる市況であり、この事情をBも予見できたという理由で、履行期の市価30万円と契約価格20万円との差（10万円）を損害額として認めましたが、最高裁は、「履行不能の場合あるいは履行遅滞により解除された場合のように、結局売買目的物の引渡がなされないままに終った場合と異なり、履行遅滞後に引渡がなされ、この遅滞に対する損害が問題となる場合には、この遅れてなされた給付を無視すべきものではない」と述べて、履行期と引渡し時の市価の差（5万円）を損害額とするべきものと判示しました（最判昭和36・12・8民集15巻

11号2706頁。大豆原油売買事件)。

　転売を目的とし、また転売が可能であるという場合には、適時に債務の履行があれば、債権者はその機会を利用して利益を得ることができたのですから、履行期の市価を基準とすることは十分に理由があります。すなわち、「適時に債務の履行があれば」という仮定的な財産状態と、現実の財産状態との差が損害ですが、「現実の財産状態」は給付がなければ代金20万円が返還されるだけにとどまりますから、両者の差は10万円になります。しかし本件では、給付がされて処分した結果、「現実の財産状態」として25万円を回収していますから、両者の差は5万円となります。

　(b)で見た履行不能の場合には、「債務の履行があれば現在目的物を保有していた」ことが、上記の履行遅滞の場合には「適時に履行があればその機会を利用して利益を取得できた」ことが、それぞれ債務の履行によって実現されるべき状態です。したがって、目的物の時価をどの時点で評価するかという問いに対しては、それぞれ「現在」および「履行期」と答えることになります。しかし、〔設例6〕の場合には、さらに引渡し後の処分価格との比較という操作が必要ですし、契約を解除して他から塡補購入した場合には、そもそも目的物の時価ではなく、実際に塡補購入に要した費用が(相当な範囲で)損害額を示すことになります。**損害とは債権者に生じた不利益の総体ですから、債権者において不利益がどのような形で発生しているかを全体として把握して行う損害額算定作業の中で、目的物の時価算定の基準時の問題もその一部分として意味をもつものと考えます。**

　　＊なお、本来の給付を請求する訴訟において、執行不能に備えて履行に代わる損害賠償の予備的請求を行う場合、その賠償額は「最終口頭弁論期日当時における本来の給付の価額に相当する」額であるとされます (最判昭和30・1・21民集9巻1号22頁)。執行不能時に、物の引渡しを受けたのと同等の利益を原告に得させる趣旨であると解されています。

5 損害賠償額の調整

　損害賠償は、債務不履行から実際に生じた損害を賠償することを目的と

し、その損害額は証拠によって証明されることが必要とされます。しかし、ひとつには債務不履行から生じた不利益を評価して得た損害額を、別の要因によって減額する場合があります。また、実際の損害額の証明が困難な場合、それに対処する必要もあります。これらの問題について、民法が規定を設け、あるいは理論によって対応しているものがありますので、以下に解説します。

1 損益相殺

損益相殺とは、賠償権利者が、損害を被ったのと同一原因によって利益を受け、または出費を免れた場合に、損害から利益ないし節約額を差し引いて、その残額をもって賠償するべき損害額とすることです。民法に規定はありませんが、賠償権利者が実際に被った不利益が賠償されるべきであるという損害賠償の目的から、当然のことということができます。

もっとも、損害を、賠償責任をもたらす原因事実がなかったと仮定した利益状態と、その事実が生じた結果もたらされた利益状態の差と捉えるならば、賠償原因と同一の原因によってプラスの変化が生じた場合、それも後者の利益状態の内容になるのですから、その考慮は損害額算定の一過程として処理すれば足り、損益相殺という概念を立てる必要はないということもできます。しかし、たとえば同一原因によってもたらされる利益が特別の制度に基づく場合には（たとえば各種の社会保険制度等）その制度の趣旨・目的を考慮することにより、また他の根拠による場合にも公平の観点から、控除の是非を判断するべき場合があります。したがって、損害額算定の一過程ではありますが、このような調整作業の根拠を明らかにし、その当否を検証する必要から、損益相殺という概念が用いられています（後述＊参照）。

具体的には、たとえば不法行為や診療契約上の義務違反によって人が死亡した場合、相続人が取得する損害賠償請求権は、被害者が残りの生涯に得たであろう収入に基づく逸失利益から、対応する期間の生活費を控除した額によります。生存していれば出費した本人の生活費が、不法行為等による本人の死亡によって不要となったことを理由とします。また、土地賃貸借契約について賃貸人による債務不履行があり、賃借人が賃貸借継続の間、そこで得

られるはずであった営業利益の賠償を請求する場合、対応する期間の賃料相当額が不要になりますから、これを控除することになります。

なお、不法行為や契約上の保護義務違反によって財産が滅失・損傷した場合、所有者が損害保険金を取得することがありますが、これは保険契約に基づいて支払った保険料の対価であって、不法行為や保護義務違反によって得た利益とはいえません。したがって損益相殺の対象にはならないのですが、所有者が保険金を取得するとともに賠償義務者に対する損害賠償請求権をも取得するとなると、同一の損害が二重に塡補されることとなります。そのため、損害保険の給付がされたときは、保険者は給付額の限度で当然に被保険者に代位して、損害賠償請求権を取得します（保険25条）。したがって、損益相殺をしたのと同様の結果になります。

＊最判平成22・6・17民集64巻4号1197頁は、売買の目的物である新築建物に重大な瑕疵があって、これを建て替えざるをえない場合に、建物の買主がこの建物に居住していたとき、この居住利益を買主から工事施工業者等に対する建替費用相当額の損害賠償額から控除できるかという問題につき、当該瑕疵が構造耐力上の安全性にかかわるものであって「建物自体が社会経済的な価値を有しないと評価すべきものであるときには」損益相殺ないし損益相殺的な調整の対象として、これを控除することはできないと判示しました。当該家屋は本来居住に耐えないものであるから、請負人等は建て替えが終わるまでの代替住居の費用をすべて賠償するべきところ、買主がやむなく当該家屋に住むことによって、別の住居を必要としなかったのであるから、その使用利益分は、上記代替住居分の賠償額から控除されうるに過ぎず、建替費用の賠償額から控除するべきものではないという分析（北居功「解説」判例セレクト2010〔Ⅰ〕20頁）が的確であると考えます。

2　過失相殺

債務の不履行が生ずるにつき、債権者の過失もその原因となった場合、また債務不履行によって債権者に生じた損害の範囲が、債権者の過失によって拡大した場合、裁判所はこれを考慮して、損害賠償の責任及びその額を定めることとされています（418条）。すなわち、債務者の損害賠償責任自体が否定されるか、債権者の過失を考慮して賠償額が減額されます。これを**過失相殺**といいます。

[設例7] AはBから商品甲を買い、契約の際にBに対して、Aの倉庫乙に届けるよう、発注伝票に明記していた。商品甲は変質しやすい物であり、長期的には冷蔵設備のある倉庫乙で保管する必要があったためである。しかしAの従業員Cが、同じ日に入荷予定の別の商品と間違えて、冷蔵設備のない倉庫丙に搬入を指示したため、Bは元の指示と違うが大丈夫だろうかと思いつつ、商品甲を倉庫丙に搬入した。そのまま数日、商品甲は倉庫丙に置かれていたため、商品甲は変質して価値を減少させてしまった。

　この場合、Aの従業員Cの指示が誤っていたのですから、Aの側に過失があるということができます。Aの側の過失が圧倒的に大きいと認められれば、Bの債務不履行責任自体が否定されることがあるかもしれません。しかし発注伝票には倉庫乙と明記されているのですから、Bの側が冷蔵設備のない倉庫丙への搬入を指示された時に、これではいけないと疑問を感じたのであれば、そのことをCに注意しなかった点にBの側の過失があるということができます。この場合には、Bの責任は否定されず、Cの過失を考慮して賠償額が減額されることになります。

　過失相殺における過失は、債権の所期の結果を実現させるために必要な注意、あるいは損害の拡大を防ぐために必要な注意を怠ることを意味します。債権者側からすれば、債権の結果の実現は権利であって義務ではなく、また自分自身への損害の発生・拡大を防ぐ義務があるわけではありませんが、上記のような不注意は、賠償請求権の否定や賠償金の減額という法的なサンクションを受けるだけの根拠となるものとして、債務者の側において損害賠償義務を負う根拠となる不注意と、内容的には同じであると考えます。なお、過失相殺は、債務者の主張がなくとも裁判所が職権ですることができるが、債権者の過失となるべき事実については債務者が証明責任を負うとするのが判例です（最判昭和43・12・24民集22巻13号3454頁）。

　また、不法行為による損害賠償についても、過失相殺の規定が設けられています（722条2項）。債務不履行に関する418条では、裁判所は債権者の過失を考慮して「損害賠償の責任及びその額を定める」と規定されているのに対し、722条2項では「損害賠償の額を定めることができる」と規定されています。すなわち第一に、**債務不履行の場合には、責任自体を否定することが**

できるのに対し、**不法行為では責任自体を完全に否定することはできず、賠償額の減額ができるにとどまります**。第二に、**債務不履行の場合には、債権者の過失が認定されれば必ずこれを考慮しなければならないのに対し、不法行為の場合には考慮しないでおくこともできます**。これは、立法当初、不法行為責任は過失を要件とするのに対し、債務不履行責任は債務者に過失のない場合にも成立しうると考えられていたことによるもの（梅謙次郎『民法要義巻之三』914頁参照）と推測されますが、債務者の責任も帰責事由あることを要件とすると解するときは、この区別は合理的ではないと考えるのが通説です。これに対して、不法行為については免責まで認めるべきではないが、債務不履行については債権者の行為が免責事由になりうる場合がありうるとして、両者の差異を認めることができるとする見解もあります。

3 金銭債務の特則

419条は、金銭債務の履行遅滞について、特則を設けています。まず、**金銭債務不履行の損害賠償額は、法定利率によって定め、約定利率が法定利率を超えるときは、約定利率によること**（419条1項。第3章①1参照）、この損害賠償については、**債権者は損害の証明をする必要がないこと**（419条2項）がその内容です。次に、上記の損害賠償については、**債務者は不可抗力をもって抗弁とすることができない**としています（419条3項）。

第一に、**債務者は不可抗力をもって抗弁とすることができない**（当然、帰責事由なきことをもって抗弁とすることもできない）**とする点**について考えてみます。この点は、旧民法財産編392条を承継したものであり、ボアソナードは、賠償範囲を法定利率による遅延損害に限定する代わりに、それについては不可抗力を免責事由としえないものとしたと考えられます（『注釈民法（10）』（旧版）660頁〔能見善久〕）。立法例としては特異なものですが、その基礎には金銭の高度の流動性、すなわち金銭は借り入れをすることによって容易に調達することができるという前提があるように思われます（梅謙次郎『民法要義巻之三』67頁参照）。

確かに、消費貸借契約の履行期に合わせて他から融資を受けて返済するべき場合、信用がないために融資を受けられないというときは、債務者が遅滞

責任を負うべきことに疑問はありません。しかし、AがB銀行の口座に十分な資金を用意していたにもかかわらず、B銀行のコンピュータシステムが突然大混乱を起こし、それまでの振込みや出金の記録が集約できないために残高の確認ができない結果、長期にわたって払戻しを受けることができず、そのために期日までにCに対する金銭債務の履行ができないという場合、Aがすぐにまとまった資金の融資を他から受けられるという保障はありません。このような場合にもAは遅延賠償をしなければならないかどうか、疑問が残ります。

＊なお、不可抗力の抗弁が認められないのは遅延損害金の発生に関してであって、それ以外の債務不履行の効果については、別個に解する必要があります（『新版注釈民法（10）Ⅱ』562頁〔能見善久〕）。

第二に、**損害賠償額を法定利率ないし約定利率によって定め、これについて債権者は損害の証明をする必要がない点**です。立法の際、法定利率による賠償に関しては、ある債務者に低利ないし無利子で金銭を貸した場合、期限が来た後に債権者がその金銭を別の用途に用いる可能性があるのに、債務者が前の条件で借り続けることができるのでは債権者に迷惑であり、債務者が不履行によって利益を受けることになる。それは認められないので、普通の利率である法定利率によって賠償額を定めることとしたと説明されています（『史料債権総則』111頁、穂積陳重委員）。また約定利率による賠償に関しては、期限後は理論上、法定利率でもよいのだが、それでは当事者の意思に反し、不公平になる。高い利率で貸しているのは特別の事情があるであろうから、不履行の場合にその事情を無視して法定利率によるとするならば、不履行によって債務者が利益を受けることになるため、損害賠償の名のもとに約定利息を支払わせると説明されています（『史料債権総則』110頁、梅謙次郎委員）。このように、金銭の運用によってどのような損害が生ずるかを証明することは困難ですから、法定利率ないし約定利率による金額相当の損害を擬制し、これについて債権者は損害の証明をする必要がないものとされたものです。他方、債務者の側から、債権者の実損害がこれより少ないことをもって反証することもできません。

第三に、明文はないのですが、**上記のように損害賠償額が限定される結**

果、**債権者はそれ以上の損害が生じたことを証明しても、その賠償を請求することができないと解するのが通説**でした。この点も、他の立法例とは異なる立場です。金銭の高度の流動性を強調するならば、期限までに履行されない場合、債権者は利息（通常の場合は法定利率による）を支払えばすぐに他から融資を受けることができ、その利息分を債務者に賠償請求すればよいということになりそうですが、必ずしも現実的ではありません。上記第一点の例では、B銀行の金銭債務の不履行によってAはCに債務の履行ができず、Cとの取引の挫折によって損害を被る恐れがありますが、これは利息相当の遅延賠償金では填補できません。

しかし判例も、債権者は419条1項所定の額を超える実損害を証明しても、その賠償を請求できないとしています（最判昭和48・10・11判時723号44頁。取立訴訟を起こしたときの弁護士費用の賠償を否定）。ただ最近では、比較法的観点や、たとえば「ボワソナードが念頭に置いていたのは、不可抗力の抗弁を認めるべきでないような損害としての遅延利息であり、故意・過失を要件として遅延利息以外の損害を認めることについては必ずしも明確に反対していたとはいえない」（『注釈民法（10）』（旧版）664頁〔能見〕）等の理由により、債務者に帰責事由（故意を要するという説もある）がある場合に、実損害の賠償の余地を認める見解が有力になっています。金銭債務については、金銭の使途はさまざまであり、債務者の側からこれを認識することが困難なことも多いと思われますが、なお債務不履行の一般原則により、実損害の賠償を認めうる場合があると考えます。

4　賠償額の予定

損害賠償訴訟において、損害額の**主張・立証責任は原告側にあります**。しかし、とりわけ消極的損害については、**給付がされれば確実にどれだけの利益を得ることができたか、証明が困難な場合が稀ではありません**（ **2** 4（c）参照）。債務不履行責任が明らかであっても、損害の発生および損害額に争いがあって紛争が片づかないのでは取引の迅速の要請に反しますから、実際の取引では、**あらかじめ当事者間で損害賠償額を定めておく**ことが一般に行われています。420条1項では、当事者が「損害賠償の額を予定することが

できる」と書かれていますが、これは損害が存在するかどうかわからない場合でも、予定した額の損害賠償を請求することができる趣旨と解されています。

当事者が賠償額を予定したときは、裁判所はその額の増減をすることができません（420条1項後段）。したがって、実損害が予定額より少なくても債権者は予定額の賠償を請求することができる一方、実損害が予定額より多い場合であっても、予定額以上の賠償を請求することはできません。損害の存否・損害額をめぐる争いを回避するという当事者の意思を尊重するためです。ただ、最高裁判決には、損害賠償額の予定がある場合に、債権者の過失を考慮して過失相殺することを認めたものがあります（最判平成6・4・21裁判集民事172号379頁）。420条1項の趣旨が、広く裁判所の判断が入ることによる不確定要素を排除するというものであれば、過失相殺を認めることには疑問が生じますが、その主眼が損害の存否・損害額の確認の困難を回避することにあるとするならば、過失相殺を認めても差し支えないと考えます（もっとも、立法の際には、過失相殺の余地を認めていた旧民法財産編389条の規律を否定するものとしていますから、前者の考え方がとられていました。『史料債権総則』122頁参照）。

賠償額の予定の合意が、対等の当事者間で適正に行われたといえない場合には、その効力を制約する必要があります。予定額が高額に過ぎる場合、または低額に過ぎる場合（航空機事故による損害賠償額を低く定める運送約款につき、東京地判昭和53・9・20判時911号14頁参照）には、公序良俗違反（90条）として無効になることがあります。また、労働契約については損害賠償額の予定は禁じられ（労基16条）、消費者取引において、契約の解除や消費者側の履行遅滞に伴う損害賠償の額を定める条項については、一定の基準を超える部分について無効とされています（消費者契約9条）。

賠償額の予定は、履行の請求または解除権の行使を妨げるものではありません（420条2項）。賠償額の予定は損害額の確認の困難を避けるために行われるものですから、履行請求と同時に遅延賠償の請求をしたり、契約を解除するとともに塡補賠償の請求をしたりすることが可能である以上、賠償額を予定した場合も履行請求や解除権行使ができるのは当然です。

「違約金」が合意された場合には、これを賠償額の予定と推定します（420

条3項)。「違約金」の合意が**「違約罰」の趣旨**であるときには、債権者は合意した金銭の外に実損害の賠償を請求することができます。これに対して**賠償額の予定の趣旨**であるときは、前述のように、それ以上の損害の賠償を請求することはできません。420条3項は、合意が「違約罰」の趣旨であるとすれば、そのことを債権者が主張・立証しなければならないとするものです。

　以上の規律は、当事者が金銭でないものを損害の賠償にあてるべき旨を予定した場合にも準用されます（421条）。かつて、親権者が子供を徒弟に出し、子供が逃げ帰ったら白米を払うという約束がされた事例があります（大判大正8・3・1民録25輯352頁）。

6　損害賠償による代位（賠償者代位）

1　意　義

　債務不履行の損害賠償として、債権者が債権の目的である物または権利の価額の全部の支払いを受けたときは、債務者はその物または権利について当然に代位します（422条）。

〔設例7〕Aは自己所有の絵画甲を、B美術館に寄託した。ところがB美術館に盗人が入り、絵画甲が盗まれてしまった。B美術館は損害賠償として、Aに500万円を支払った。2年後、盗人Cがつかまり、絵画甲はCの自宅から発見された。

この場合、BがAに代位するとは、Bが絵画甲の所有権を取得することを意味します。本来、盗難にあったとしても、Aは絵画甲の所有権を失わないはずですが、一方で絵画甲の返還に代わる500万円の賠償を受け取り、他方で所有権に基づいて絵画甲の返還を受けることになると、Aは二重に利得する結果になります。損害賠償は、債権者を利得させることを目的とするものではありませんから、これは是正しなければなりません。

　是正の方法としては、不当利得の制度によることが考えられます。絵画甲がAの手元に戻った以上、AはBから受け取った500万円を保持する理由がありませんから、これをBに返還するという方法です。しかしこの場合、A

が無資力になっていると、BはAの所有にかかる絵画甲を返還する義務を負うにもかかわらず、Bから500万円の返還を受けることが困難になります。そのため、当然にAの権利をBに移転させることにより、上記の是正をするとともに賠償をした債務者の利益を保護するというものです。

> *422条は債務不履行による損害賠償に関する規定ですが、労働者の死亡について第三者が不法行為責任を負う場合において、使用者が労基法79条に基づく遺族補償の義務を履行したときには、同条の類推適用により、使用者は、被用者の遺族に代位して上記第三者に対する賠償請求権を取得するとされます（最判昭和36・1・24民集15巻1号35頁）。それに対して、労働者の業務上の災害に関して損害賠償債務を履行した使用者は、賠償された損害に対応する保険給付請求権を代位取得しません。労災保険法に基づく保険給付と不法行為による損害賠償とは制度の趣旨・目的を異にし、保険給付は賠償された損害に代わる権利とはいえないためです（最判平成元・4・27民集43巻4号278頁）。

2 要件・効果

債権者が債権の目的である物または権利の価額の全部を受けること、すなわち損害賠償請求権が満足されることが要件です。一部の賠償をした場合に、一部代位をすることにはなりません。効果は、物または権利が法律上当然に債務者に移転することです。法律上当然の移転ですから、譲渡行為の必要はなく、対抗要件も不要です。

〔設例7〕の場合、BがAに500万円を支払って、損害賠償債務を完済した時に、絵画甲の所有権はBに移転します。したがって、絵画甲が発見されると、BがCに対して返還を請求できることになります。しかし、**本来の所有者Aは、この場合にBに500万円を返還して、絵画甲を取り戻すことができないでしょうか**。立法の際に、起草委員はこれを認めない旨の説明をし、これに対して賠償額を償還して物または権利の回復を認めることを明記する旨の修正案が提出されましたが、否決されました（『史料債権総則』134頁）。しかし現在では、422条の本来の目的は二重利得の防止であり、1で見たように賠償をした債務者の利益を保護するものではあるが、権利の移転それ自体を目的とするものではないことから、上記の取戻しを認めることができると解する見解が一般です。

7 関連問題：代償請求権

　履行不能を生じさせたのと同一の原因によって、債務者が履行の目的物の代償と考えられる利益を取得した場合、**債権者はその履行不能によって被った損害の限度**において、**債務者に対してその利益の償還を請求する**ことができます。これを**代償請求権**といいます。明文はありませんが、判例によって認められています（最判昭和41・12・23民集20巻10号2211頁）。

〔設例8〕AはBと、B所有の自動車甲を買う契約を結び、すでに代金を支払った。BはAから受け取った代金で、第三者に対する自己の債務を弁済した。ところが自動車甲を引き渡す前に、Cの過失によって交通事故が生じ、自動車甲は滅失してしまった。BはCに対して、自動車甲の時価に相当する損害賠償請求権を有している。

　〔設例8〕の場合には、AはBに対して、BのCに対する損害賠償請求権を譲渡するよう、請求することができます。BはAから代金を受け取る一方、Cから損害賠償金を受け取るとすれば二重に利得することになりますから、これに応じる必要があります。Aの請求に応じてBが譲渡行為をすることにより、AはCに対する損害賠償請求権を取得することができます。

　＊二重利得にならないようにするという点では、損益相殺（5 1参照）と似ています。しかし**損益相殺**の場合は、損害発生と同一原因によって債権者が取得した利益を、**債務者の負担する損害賠償債務から控除する**というものでした。これに対して**代償請求権**は、履行不能を発生させたのと同一原因によって債務者が取得した利益を、**債権者に移転する**というものです。

　代償として認められる「同一原因による利益」としては、設例に示した損害賠償請求権の外に、保険会社に対する損害保険金請求権が挙げられます。保険金請求権は、保険契約に基づくものではありますが、目的財産の滅失・損傷に備え、その代償としての意味を有するものですから、担保物権における物上代位（304条）におけると同様、代償請求権の目的となるものと考えます（前掲の昭和41年判決は保険金について代償請求権を認めたものです）。

　〔設例8〕において、BがAに対して自動車甲を引き渡すことができなく

なったのは、第三者Cの行為によるものですからBには帰責事由がなく、AはBに対して損害賠償請求権を有しません。そして、自動車甲が特定物として売買されたときは、民法の規定によれば危険は債権者（買主）が負担することになりますから（534条）、Aは代金の返還を請求することもできません。**代償請求権は、このように債務者に帰責事由がない場合にその機能を発揮します**。しかし、債務者に帰責事由がある場合にも、債務者に対する損害賠償請求権と並んで、代償請求権が認められるとする見解も主張されています（債権者が代償請求権を行使すると、その限度で損害賠償請求権から控除されることになります）。ただ、債務者の財産管理権にはできるだけ介入するべきではなく、代償請求権は公平の観念に基づいて認められる（前掲昭和41年判決）ものであることから、他の制度を補完する必要のある場合、すなわち債務者に帰責事由のない場合にのみ認めるべきものと考えます。

第8章　債権侵害に対する保護

本章のレジメ

＊**債権の相対性**：第三者による債権侵害とはどのような場合か、それに対して損害賠償請求・妨害排除請求ができるか

＊**損害賠償請求**
  a) 営業活動上の利益の侵害：自由競争秩序の範囲内かどうか←給付の実現が相手方の意思に媒介されるという点で債権侵害の場合と共通
  b) 第三者による債権侵害——類型と要件
    ①第三者に対する弁済が有効とされたために債権が消滅した場合：受領した第三者が、当該債権が自己に帰属するものでないことを認識している必要
    ②債権の目的である給付を事実行為によって侵害した場合：直接には所有権侵害や人身侵害→不法行為となるためには、債権の侵害について故意ないし認容が必要
    ③債権の目的である給付を取引行為によって侵害した場合：二重譲渡、従業員の引抜き→害意ないしそれに準ずる意思が必要
    ④債務者の一般財産を減少させた場合：事実行為による場合→他の債権者を害することについての認識が必要。法律行為による場合→詐害行為取消権との関係

＊**妨害排除請求**
  a) 不動産賃借権に対する妨害の排除
  ・占有訴権←いったん占有を取得していなければ使えない
  ・所有者の物権的妨害排除請求権の代位行使←二重賃貸借の場合には使えない
  ・賃借権自体に基づいて妨害排除請求が可能か？
  b) 判例の展開
  ・大審院：「権利の性質上当然」として認める。但し、賃借権者に占有があった場合→賃借権者に占有がない場合につき、最高裁は妨害排除請求を否定
  ・最高裁：対抗力を有する賃借権については、「物権的効力」を有するに至ったものとして、妨害排除請求を肯定←常に「対抗力」の取得を必要とするか。無権限者に対しては？

1 総説

　債権は、特定の人（債権者）が特定の人（債務者）に対して給付を請求する権利ですから、給付結果が実現していない場合、債権者はもっぱら債務者に対してその実現を請求するべきであって、第三者に対して何らかの請求をすることは問題にならないはずです。しかし、本来の給付請求は債務者に対してするべきものであるとしても、給付結果が正常に実現しないのが第三者の行為のためであるときは、その第三者に対して損害賠償を請求し、あるいは妨害排除を請求することができないでしょうか。すなわち、第三者による侵害に対して債権はどのような保護手段を用いることができるかという問題であり、本章では第一に、**第三者による債権侵害が不法行為となるか**、第二に、**債権に基づいて妨害排除請求をすることができるか**を検討します。

2 損害賠償請求

1　債権侵害による不法行為の特徴

　所有権をはじめとする物権は、誰に対しても主張することのできる絶対権ないし対世権と呼ばれています。したがって、物権の侵害は、誰が行っても不法行為の要件である権利侵害となります。これに対して債権は、債務者以外の者に請求することができない権利ですが、前述の通り、誰に給付を請求することができるかという問題と、給付の実現という債権者の利益を誰が侵害するかという問題とは別ですから、そのこと自体は債権侵害による不法行為を否定する理由にはなりません。古くは、債権の相対性を理由に、第三者による債権侵害は不法行為とならないという学説が有力になった時期がありますが、現在ではこれが不法行為となることを認めるのが判例（大判大正4・3・10刑録21輯279頁）・通説です。

　ただ、どのような場合に不法行為となるのかはなお問題となります。たとえば次の設例の場合はどうでしょうか。

〔設例1〕　ＡＢ間で、ＡがＢの事業所の通信システムを整備・管理する契約が成立した。Ｂは大口の有力な顧客であり、この契約によってＡは大きな利益を得るとともに、Ｂとの契約実績によって業界内で信用を獲得し、自らのランクを高めることが期待できた。ところが同業者のＣが、ＡＢ間の契約締結後に、同様のシステム整備・管理をより安く請け負うことをＢに申し出たため、ＢはＡに違約金を支払ってＡＢ間の契約をキャンセルし、Ｃと契約した。

　この場合、Ｂは契約を一方的に破棄したのですが、これについては違約金の支払いにより、一応責任はとったことになります。すなわち、Ａの契約上の地位の喪失は、Ｂの違約金支払いによって填補されたということもできそうです。しかし、Ｂとの契約で有形無形の利益を期待していたＡとしては、違約金の額をはるかに超えた損害を被ったとして、これを妨害したＣに対して賠償を請求することができるでしょうか。

　Ｃの売り込みが少々強引であったとしても、より低コストで同種の機能を提供することができるならば、ＢがＡに対する違約金を支払ってでもＣと契約することは、Ｂの立場からは合理的な選択であり、これはいわゆる自由競争の範囲内ということになります。したがってＣはＡに対して不法行為による責任を負いません。しかし仮に、Ｃが競争相手として力をつけてきたＡの評価が高まることを警戒して、ＡＢ間の契約を妨害することを目的に赤字を覚悟でダンピングをした結果であるならば、自由競争の範囲を逸脱することになります。この場合には、ＣはＡに対して不法行為による責任を負う可能性があります。このように、**債権ないし契約上の利益は、物権のように絶対的に保護されるものではなく**、その性質上、競争にさらされることによって害される恐れがある権利であり、**侵害者の侵害態様が悪質な場合にのみ不法行為法上の保護を受けることができる**という点が、大雑把にいえば、債権侵害による不法行為の特徴であるといわれてきました。

　＊我妻栄『新訂債権総論』77頁は、不法行為の「違法性は、被侵害利益と侵害行為のそれぞれの態様を相関的に考察して決定されるべき価値判断である。債権は被侵害利益としては、――債務者の意思を媒介として成立する権利であるから――物権に比較して、弱いものである。従って、債権侵害が違法性

をもつのは、侵害行為の違法性が特に強い場合でなければならない。この根本理論については学説に異論はない」と述べています。

もっとも上記の設例は、「被侵害利益と侵害行為の態様の相関的考察」や自由競争秩序との関係という、基本的な考え方を示すために挙げたものであり、厳密にいうと「債権」の侵害とは少し異なります。**営業活動上の利益の侵害**というべきものですが、契約の相手方Ｂの意思に媒介される関係という点では債権と共通です。しかし、給付を請求する権利としての債権を侵害する行為が不法行為になるかどうかについては、給付の実現を害する態様ごとに、具体的に考える必要があります。以下、検討してみましょう。

2　第三者に対する弁済が有効とされたために債権が消滅した場合

債務者Ａが、本来は債権者Ｂに弁済しなければならないにもかかわらず、**債権の準占有者（478条）または受取証書の持参人（480条）であるＣに弁済し、その弁済が有効とされると、ＢはＡに対する債権を失う**ことになります。この場合、ＢはＣに対して**不当利得返還請求権**（703条・704条）を取得しますが、同時に、Ｃについて709条の要件を満たすときは、**不法行為**も成立し、損害賠償請求権を取得します。

ＢのＡに対する債権は、その目的とする給付を受ける権利であって、一種の財産権として保護に値します。他方、Ｃはこの給付について何らの権利をも有していないのですから、別段Ｂと競争関係にあるわけでもありません。したがって、過失（709条）があれば不法行為が成立するということができそうですが、仮にＣが自己の債権ではないことを知らず、知らないことについてＣに過失があったとしても、その場合、Ｃは善意の不当利得者として、利益の存する限度において返還義務を負うにとどまります（703条）。すなわち、**不法行為が成立するためには、Ｃが、この債権が自己に帰属するものではないことを認識している必要があります。**

＊たとえば、Ｃはこの債権がＢに属することを知っていたが、過失により、この債権をＡから取り立てて、自分が費消することをＢに許されているものと誤信していた場合がこれにあたります。

3 債権の目的である給付を侵害した場合

　第三者が債務者の給付を妨害し、あるいは不可能にしたときは、債権者はその給付を受けられなくなりますから、債権者の債権が侵害されたということができます。この場合、債権者は上記第三者に対して、不法行為による損害賠償を請求することができるでしょうか。

　(a)　事実行為による侵害　**与える債務において、給付目的物を第三者が滅失・損傷させた場合**、その給付を受けられないことにより、債権者はその債権を侵害されることになります。また、**なす債務において、第三者が債務者にけがをさせた**ため、債務者が債権者のもとで仕事をすることができなくなれば、やはり債権者は給付を受けられないことによって債権を侵害されることになります。次のような場合、第三者の責任はどう考えるべきでしょうか。

〔設例2〕　Aは、入手困難な薬品甲をBに引き渡す債務を負っており、薬品甲を自己の倉庫に保管していた。取引先CがAから別の薬品を受け取る際に、Cは誤ってBに渡されるべき薬品甲までも持っていってしまった。その結果Bは薬品甲を入手することができず、適時に服用することができなかったため、病気が重くなってしまった。

〔設例3〕　DはE会社の有能な従業員であり、重要な商談をまとめてE会社に多大な利益をもたらしてきた。ある日、DはFの過失によって自動車事故にあい、長期間仕事に復帰することができなかった。Dの不在の間、E会社は有利な商談をまとめることができず、その利益は減少した。

　〔設例2〕の場合、Cの行為によってAは薬品甲の所有権を侵害されましたが、BもAに対して期日までに薬品甲の引渡しを求めることのできる債権を侵害されたことになります。〔設例3〕の場合、DはFの行為によって身体を侵害されましたが、E会社もDに対して仕事をすることを求めることのできる雇用契約上の債権を侵害されたことになります。これらの場合に、BはCに対して、またE会社はFに対して、自己の被った損害の賠償を請求することができるでしょうか。

　〔設例2〕の場合、Cの行為は直接にはAの所有権を侵害するものであり、その過失もAの所有権侵害に関するものです。また薬品甲の受領に関するB

の利益は、Cにはわからない事柄です。〔設例3〕の場合も同様です。したがって、BやE会社の債権の侵害は、Aの所有権、Dの身体を侵害する不法行為の間接的な結果であり、直ちにC・Fに不法行為責任を追及することはできません。しかし、〔設例2〕において、薬品甲がBに届けられるものであることをCが知っており、これを妨害することでBに被害が生じてもよいと考えて故意にAのもとから持ち去ったときは、Bに対する不法行為が成立します。また〔設例3〕においてFがE会社に営業上の損害を与えることを目的とし、その手段としてDの身体を侵害したときは、E会社に対する不法行為が成立します。このように、**債権の侵害が、債務者による給付を妨害し、あるいは不可能にすることを通じてされた場合には、不法行為成立のためには、加害者が上記のような間接的な被害を意図し、あるいは認容して行為をしたこと、したがって故意が必要であると考えます。**

＊この類型に属する先例を見ておきましょう。いずれも設例とは少し異なる事例です（むしろ設例の方が講壇事例なのですが）。前掲大判大正4・3・10は、事案を簡単にすると、次のような事件です。Aから山林をできるだけ高値で売却するよう委任されたCが、Bがこの山林を2万7000円で買う意思があることを知り、Aに対しては2万1000円で売れたように装って差額を着服しようと考え、Bの代理人Dを誘った。Dはこれに応じて、差額6000円を、Aに秘してCに交付したという事件で、Aは（Cに対する債務不履行責任の追及と並んで）Dに対しても不法行為を理由に損害賠償を請求しました（図参照）。こ

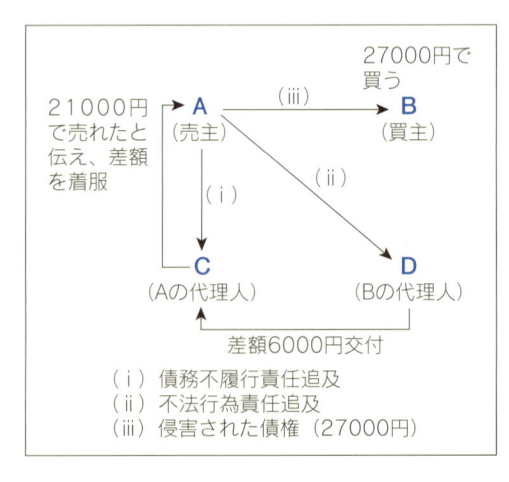

```
21000円                    27000円で
で売れたと      （ⅲ）      買う
伝え、差額   A ─────────→ B
を着服      （売主）       （買主）
              │ ＼
              │  ＼
          （ⅰ）   （ⅱ）
              │      ＼
              ↓        ↘
              C ←───── D
           （Aの代理人）  （Bの代理人）
              差額6000円交付

（ⅰ）債務不履行責任追及
（ⅱ）不法行為責任追及
（ⅲ）侵害された債権（27000円）
```

れは、第三者DがCの背任行為に加担することによって、AがBに対する債権額のうち6000円の給付を受けることを妨害する行為を、Aの債権を侵害する不法行為と捉えるものです。原審が、債権侵害は不法行為とならないとしたのに対し、大審院は、債権も「権利不可侵の効力」を有するとして不法行為成立の余地を認めました。この事件では、Aが6000円の給付を受けられない結果について、Dに故意（認容）の存在が認められますが、〔設例2〕のような第三者自身の不法行為の間接的な結果という事例ではなく、直接の加害者との共謀において故意が認められる事例です。

次に最判昭和43・11・15民集22巻12号2614頁は、交通事故の間接被害者ないし企業損害の事例です。これは、甲が交通事故により乙会社の代表取締役丙を負傷させたが、乙会社が丙の個人会社であって丙と乙会社とが経済的に一体をなすという事情がある場合に、乙会社は丙の負傷のため利益を逸失したことによる損害の賠償を甲に請求することができるとしたものです。この場合、甲は過失があれば足るのですが、乙会社に対する責任は乙会社と丙との経済的一体性を理由としていますから、〔設例3〕と事件類型は共通ですが、責任を負う理由には違いがあります。

(b) 取引行為を通じた侵害　これに対して、目的物の二重売買や、二重雇用（有能な従業員の引抜き）の場合、第一譲受人が給付を受けられなくなることにより、譲渡人に対して有している債権が侵害され、また使用者が労務給付を受けられなくなることにより、従業員に対する債権が侵害されることになります。この場合、第三者は債務者のするべき給付をめぐって債権者と競争関係に立つことになり、また契約の相手方として誰を選ぶかについては、債務者の自由意思と主体性を尊重するべきですから、第三者の行為が不法行為となるかどうかについては慎重な判断が必要です。

　二重譲渡について、判例は、丙が甲乙間の売買の事実を知って買い受けたものであっても、それだけでは丙は第一譲受人乙に対して不法行為責任を負うものではないとしています（最判昭和30・5・31民集9巻6号774頁）。それでは、丙がいわゆる背信的悪意者である場合はどうでしょうか。この場合、丙は乙に対して登記の欠缺を主張できないことになり、乙が権利を取得するという結果で満足することが多いでしょうが、仮に丙が目的物を二重に買い受ける目的が乙に対する嫌がらせにあるような場合、すなわち乙に対する害意がある場合には、不法行為による損害賠償を認める余地があると考えます。

従業員の引抜きについては、基本的には職業選択の自由から、不法行為とはならないと考えられますが、退職者が移籍をするにあたり、大量の労働者に呼びかけて一斉に退職させ、会社の組織活動等が機能しえなくなるようにした場合には、呼びかけた退職者は損害賠償責任を負います（東京地判平成3・2・25労判588号74頁、大阪高判平成10・5・29労判745号42頁参照）。

4　債務者の一般財産を減少させた場合

債務者の給付自体を妨害したり、不可能にしたりするのではなく、**第三者が債務者の一般財産を減少させることによって、債権者の金銭債権を事実上回収困難にした場合**にも、不法行為となる可能性があります。

東京高判昭和52・11・24下民28巻9～12号1157頁では、債権者の1人Aが債権の回収のために、経営不振に陥った債務者B会社の大量の在庫商品を無断で搬出したため、B会社が倒産し他の債権者の債権回収が不可能となった場合について、その行為が他の債権者の債権侵害であり、「しかもその方法が自由競争の範囲の合法的手段で行われたのではなく、法規違反ないし公序良俗違反の不法な手段によってなされたのであるから違法性があり、そこには不法行為が成立する」と判示しました。この判決が引用する原審判決においては、Aが「価額にして在庫の全商品の約3分の2に当る大量の商品を搬出し去ったことがB会社の経営に重大な支障を及ぼすに至るべきことは見易い事理であって、それが取引関係ある金融機関や得意先の信用を失墜する危険性も大であるから、ひいてはB会社の倒産につながり、よって他の債権者に迷惑をかけることも認識し得べかりしもの」であると述べていますが、このように、**一般財産を減少させることによって他の債権者に満足を与えることができなくなることを、第三者が認識していることが必要**です。

上記の事例は、債務者に無断で一般財産を搬出するという事実行為によるものですが、債務者と第三者が共謀した場合にも不法行為が成立します。たとえば、債務者の家資分散〔非商人の破産手続〕にあたり、債務者と共謀して財産を隠した第三者について不法行為の成立を認めた事例があります（大判大正5・11・21民録22輯2250頁）。

第三者が法律行為によって債務者の一般財産を減少させたときはどうでし

ょうか。この場合、**424条の要件を充たすならば、その法律行為を詐害行為として取り消すことができます**。大判昭和8・3・14新聞3531号12頁は、債権者は詐害行為取消権の行使によってその結果を除去しうるのみであるとしています（但し、この判決は、第三者の債権侵害による不法行為は、第三者の行為によって債権者が債権の全部または一部を喪失した場合に限られ、債務者の一般財産を減少させることによって債権者の権利実行を事実上困難ならしめた場合にはこれにあたらないという理由によるものです）。もっとも、詐害行為取消権に基づいて価額賠償を請求するときは、不法行為による損害賠償請求をした場合と実質上同じことになると考えます（前田達明『口述債権総論第3版』236頁参照）。

3 妨害排除請求

1 不動産賃借権に対する妨害の排除

債権に基づいて物を占有・利用する場合、その占有・利用が第三者によって妨げられたときは、妨害排除の請求が問題となりえます。しかし、債権自体は、債権者が債務者に対して給付を請求する権利ですから、債権者は妨害をしている第三者に対しては直接に妨害排除を請求できないとも考えられそうです。これは、特に不動産の賃借権について現実の問題となります。

第三者によって目的不動産の占有・利用を妨げられた場合、賃借人がその妨害を排除するためには、第一に、**占有訴権（197条以下）によること**が考えられます。ただ、そのためには、賃借人がまず目的不動産の占有を獲得し、その後に占有が奪われ、あるいは妨害されたものであることが必要です。したがって、所有者との賃貸借契約によって賃借権を取得したものの、まだ目的不動産の占有を獲得しないうちに第三者が占有してしまったときには、これによることができません。

第二に、不法占拠する第三者に対しては、自己の賃貸人（所有者）に対する賃貸借契約上の債権（目的物を使用させることを請求する権利）を保全するために、所有者が第三者に対して有する**物権的妨害排除請求権を代位行使（423条）すること**が考えられます。債権者代位権の「転用」の一場面です。しかし、当該第三者が二重賃借人である場合には、これを使うことはできませ

ん。所有者はその第三者に対して妨害排除請求権を有していないからです。そこで、**賃借権それ自体に基づく妨害排除請求が認められるか否か**が問題になります。

2 判例の展開

　債権侵害による損害賠償請求については、前に述べた大判大正4・3・10が債権も「権利不可侵の効力」を有するとして、不法行為の成立の余地を認めましたが（2 3 (a) ＊参照）、妨害排除請求を初めて認めたのは、大判大正10・10・15民録27輯1788頁です。ある漁場の専用漁業権を賃借して漁業を営む者が、権利なくしてその漁場で漁業を営む者に対して賃借権に基づいて妨害排除を求めた事件ですが、大審院は、妨害排除しうるのは「権利の性質上当然」であるとして請求を認容しました。その後も大審院は、河川占用権に基づく不法占拠者への妨害排除請求（大判大正11・5・4民集1巻235頁）、寺院境内地として「管理使用権」を与えられていた国有地上に、無権限で工作物を建設した者に対する工作物取払いの請求（大判大正12・4・14民集2巻237頁）を認めました。もっとも、これらの判決は、いずれも賃借権者・使用権者が占有を有していた事例です。

　戦後、最判昭和28・12・14民集7巻12号1401頁は、本件土地（石灰石山）の使用収益をするべき債権を取得したと主張するXが、Yが本件土地に侵入して石灰石を採掘することに対して妨害排除を求めた事件ですが、最高裁は、債権契約により、債権者は債務者に対して一定の給付を請求する権利を有するに過ぎず、第三者に対して法律的効力を及ぼして第三者の行動の自由を制限することはできないのが本則である、ただ、第三者の不法行為による債権侵害については、損害賠償請求を認める限度において肯定されるのであって、そのために「債権に排他性を認め第三者に対し直接妨害排除等の請求を為し得べきものとすることはできない」と判示しました。なお、この事件では、Xが本件土地を占有しているという事実の疏明がなく、占有権者としての請求を是認することもできないとされました。

　また最判昭和29・7・20民集8巻7号1408頁は、XがAから土地を賃借、Aの承諾を得てBに転貸し、Bがバラックを建てて所有していたところ、B

③ 妨害排除請求　151

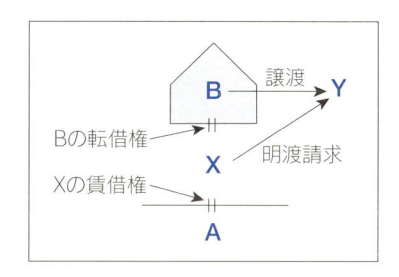

がXに無断でバラックと転借地権をYに譲渡した事件です（図参照）。XがYに対し、賃借権に基づいて明渡しを請求し、原審はこれを認めましたが、最高裁は「債権者は債務者に対して行為を請求し得るだけで第三者に対して給付（土地明渡という）を請求し得る権利を有するものではない。(物権の如く物上請求権を有するものではない)」と述べて原判決を破棄しました。

3　賃借権の「物権化」「物権的効力」

(a)　判例　上記の妨害排除請求権を否定した最高裁判決は、賃借人が目的不動産の占有を有していない事例でした。しかし他方で最高裁は、民法605条や罹災都市借地借家臨時処理法の規定によって第三者に対抗できる賃借権は「物権的効力」を有するとした上で、このような賃借権を有する者は、以後その土地について賃借権を取得しこれにより地上に建物を建てて土地を使用する第三者に対して、直接にその建物の収去、土地の明渡しを請求することができると判示しました（最判昭和28・12・18民集7巻12号1515頁）。

　＊梅博士は605条について、賃貸借は債権を生ずるにすぎないが、その債権は間接的に不動産を目的とするものであって登記によって公示することが容易であり、登記によってこれを公示するときは、「恰モ物権ノ如ク」第三者に対抗することができるものとしたと説明しています（梅謙次郎『民法要義巻之二債権編』639頁）。

また最判昭和30・4・5民集9巻4号431頁では、一審判決が、土地上に建物を所有している被告が借地権を有していないことを認定した上で罹災前の借地人による建物収去・土地明渡請求を認め、二審もこれを支持したところ、被告が賃借権は債権であるから物上請求権を有しないとして上告したの

に対し、最高裁は上記最判昭和28・12・18を引用して、罹災都市借地借家臨時処理法10条によって第三者に対抗できる賃借権に基づいて第三者に対し建物収去・土地明渡しを請求することができると述べ、上告を棄却しました。

　(b)　「物権的効力」の検討　このように、判例は対抗力を備えた不動産賃借権は「物権的効力」を有するに至ったものとして、妨害排除請求権を認めています。ただ、**605条**は、登記の「後その不動産について物権を取得した者に対しても」賃貸借の効力が生ずると規定しており、主として賃貸人から目的不動産の所有権を譲り受けた者によって賃借権を否定されないことを趣旨とする規定です。すなわち、**妨害の排除ではなく、賃借権自体の貫徹を直接の目的としています**。しかし、まず同条の「物権を取得した者」は所有者から地上権のような制限物権の設定を受けた者をも含むものと解することができ、この者に対しても自己の賃借権の存在を主張することができることから、**二重賃借人に対する関係でも、自己の賃借権の優先効を認めてよい**とする見解があります（奥田昌道『債権総論〔増補版〕』245～256頁）。

　次に、対抗力を備えた不動産賃借権に基づき、物権に基づく場合と同様、第三者に対して直接明渡しを請求することができるかという点です。不動産賃借権はあくまでも債務者（賃貸人）に対する権利であり、物に対して直接の権利を有するのではないため、直接に明渡請求をすることはできないのではないかとも考えられるからです。債権の性質上、複数の者に対して同一目的物の給付をする債務を負担することは可能であり、そのうちの誰に給付するかは債務者の意思にかかることになりますが、それは目的物と債権者との間に直接の結びつきがなく、債務者の給付によってのみ結合されることによるものです。しかし**不動産賃借権が対抗力を得ることによって、目的不動産とその賃借人との結びつきを第三者に対しても主張することができるのであれば、もはや債務者の行為によって媒介される必要はなく、不動産賃借権に基づいて直接に妨害排除を請求することができる**ものと考えます。そしてこのように目的物と債権者との結びつきを重視するならば、対抗力を備えていない場合（地上建物の保存登記がない場合など）であっても、賃借権者が目的不動産を占有しているときは、違法な侵害に対して妨害排除をすることを認めてよいとする考え方も主張されています（我妻栄『新訂債権総論』85頁参照）。

第9章　債権者代位権

本章のレジメ

* **責任財産の保全**：債権者は、債務者の責任財産の保全を通じて、自己の債権を保全する→債権者代位権・詐害行為取消権
* **債権者代位権**：①被保全債権の存在、②その債権の保全の必要、③代位行使の対象となる権利の存在、④債務者自身による権利の不行使→債権者は債務者の権利を行使することができる
* **被保全債権の存在**：被保全債権（原則として金銭債権）が存在すること（代位行使の対象となる権利以前に成立していることは必要ではない）。また、原則として履行期が到来していること。到来していない場合には裁判上の代位による
* **代位行使の対象となる権利**：債権に限らず、原則としてすべての権利が代位行使の対象となる（取消権、解除権、相殺権など）。但し、債務者の一身に専属する権利の代位行使はできない（親族法上の権利や慰藉料請求権はこれにあたる。相続法上の権利は？）。契約に関する意思表示や消滅時効の援用はどうか？
* **保全の必要性**：債務者の無資力。但し、転用の場合には無資力は要件とならない
* **債務者自身による権利の不行使**：債務者の権利行使が拙劣な場合は訴訟参加による
* **債権者代位権の行使**
  a) 債権者は自らの名で権利を行使するが、その権利はあくまでも債務者の権利であること
  b) 債権者は、金銭その他の引渡請求権を行使するにあたり、目的物を直接自己に引き渡すことを請求しうる←事実上の優先弁済が可能。債務者の責任財産保全という趣旨に適合しないのではないか？
  c) 債権者は、自己の債権額の範囲においてのみ債務者の権利を行使しうる
* **債権者代位権行使の効果**：債務者が自ら権利行使したのと同様の効果が発生
  a) 債権者の代位権行使の着手により、債務者本人の権利行使は制約されるか
  b) 債権者が債務者の権利を代位行使した場合、判決の効果は債務者に及ぶか
* **債権者代位権の転用**：金銭債権以外の特定の債権を行使するために、債務者の特定の権利を行使することが必要な場合。債務者の無資力は問題とはならない
  a) 登記請求権の保全
  b) 不動産賃借権の保全
  c) 金銭債権保全のために債務者の特定の権利を行使する必要がある場合

1 総説

1 責任財産保全の目的

債務者が任意に給付をしない場合、債権者は民事執行手続によって、債権内容の直接実現をはかることができます（第4章参照）。給付内容がそのまま実現できないときは、給付に代わる損害賠償を請求することができますから、**金銭債権であれ、他の債権であれ、最終的には債務者の責任財産が債権者の権利を保障する役割を果たします**。ところが債務の履行を請求する段階になって、肝心の債務者の責任財産が不十分な状態であれば、債権者は権利の実現を図ることができません。その不十分な状態が、債務者の通常の経済活動の結果ではなく、債務者の不当な作為・不作為によって生じた場合には、債権者は**債務者の責任財産の保全を通じて自己の権利を確保するために、債務者の権利の領域に介入すること**が認められます。これが債権者代位権（423条）、詐害行為取消権（424条〜426条）の趣旨です。本章ではまず、債権者代位権の説明をします。

2 債権者代位権の要件と機能上の問題点

債権者代位権の要件は、①被保全債権が存在すること、②その債権を保全する必要があること、③代位行使の対象となる権利が存在し、④債務者自身がこの権利を行使しないことであり、これらの要件を充たすときは、債権者は債務者の有する権利を行使することができます。それぞれの要件の内容と、行使方法および効果については 2 以下で説明しますが、現在の債権者代位権の運用は、第一に民事執行手続との関係で、第二に「責任財産の保全」の趣旨との関係で問題を含んでいます。まず以下の設例を見てください。

〔設例1〕AはBに対して100万円の貸金債権を有している。BはCに対して100万円の代金債権を有しているが、BはCに人間関係上の義理があるため、Cに対して代金債権の請求をしようとしない。

〔設例2〕DはEに対して100万円の貸金債権を有している。EはFから美術

品甲を買う契約をし、200万円の代金を先払いした。Fは納品期限になってもEのもとに納品しないばかりか、美術品甲を第三者に譲渡してしまった。

〔設例3〕 GはHに不動産乙を売り、HはIにこの不動産乙を転売したが、登記はまだGの所有名義になっている。

以上のうち、〔設例1〕は債権者代位権が問題となる典型例ですが、この場合、債権者代位権の運用が、責任財産の保全を超えて、**実質上「簡易な執行手続」の役割を果しており**、その当否が問題とされています。すなわち、債務者BのCに対する債権を代位行使した債権者Aが、Cから直接受領した100万円を、自己のBに対する債権100万円の弁済に充てる――Cから受領した100万円をBに返還する債務との相殺という形で――ことが、運用上認められています。しかし、本来はAのBに対する100万円の債権を回収するためには、民事執行手続によりBのCに対する100万円の債権を差し押さえ、裁判所の命令によって取り立てて、これをAの債権の弁済に充てることができるのであり、そのためにはAは債務名義を有していることが必要です。しかし債権者代位権の行使には債務名義を必要としませんから、上記のような運用を認めると、民事執行制度を骨抜きにする結果になりかねませんが、それでよいかどうかという問題です。

＊債権者代位権はフランス民法に由来する制度です。フランスでは執行制度が十分ではなかったため、民法に債権者代位権の制度が設けられたのですが、日本ではドイツの民事訴訟制度を継受して民事執行制度を整備しています。したがって、同じ機能をもつ2つの制度が重複して存在することになり、債権者代位権制度を廃止するべきであるという意見もあります。ただ、債務者の倒産など債権の保全に急を要する場合のため、債権者代位権制度は必要であるという意見もあり、現行法のもとでは制限的に解釈・運用することによって調整をはかっていますが、立法論的には検討が必要です。

そうすると、債権者代位権には存在意義がないのでしょうか。〔設例2〕の場合、美術品甲を引き渡すFの債務は履行不能になっているのですが、Eに代金返還請求権を発生させるためには売買契約を解除する必要があります。解除権は形成権ですが、後で見るように、債権者代位権によって行使することが可能です。これに対して、強制執行の手続によって解除をすること

はできませんから、やはり債権者代位権の固有の存在意義があると解されています。

また、〔設例3〕は、IのHに対する不動産乙についての登記請求権を実現するための前提として、HのGに対する登記請求権を代位行使することが問題となります。**6**で述べる「転用」の事例です。ここでは、責任財産の保全ではなく特定の請求権の実現が問題となっていますから、**1**で見た「責任財産の保全」の趣旨からは外れていますが、議論はありながらも、債権者代位権の機能として認められています。

2 被保全債権

1 被保全債権の存在と種類

債権者代位権は、債務者の責任財産の保全を通じて債権の実現を確保するための制度ですから、まず、これによって保全されるべき債権が存在することが必要です。この債権は、第10章で見る詐害行為取消権の場合とは異なり、代位行使の対象となる権利よりも前に成立している必要はなく（最判昭和33・7・15裁判集民事32号805頁）、代位権行使の際に被保全債権が存在していれば足ります。

> ＊詐害行為取消権は、債務者の責任財産を引当てにして融資をした債権者が、債務者のその後の詐害行為によって責任財産が減少した場合、既に存在している融資債権を害する行為として、債務者の行為を取り消すというものです。詐害行為とは「債権者を害することを知ってした」債務者の行為ですから、その時点で被保全債権が存在しなければ、「債権者を害する」行為とはいえません。したがって行為前に被保全債権が成立していることが必要です。
> 　これに対して、債権者代位権は、債務者は誠実に債務を履行しなければならないところ、被保全債権の履行期において、債務者が自己の権利を行使しないために債務が履行できない場合に、債権者が代わって行使するというものです。被保全債権の履行期において、履行を確保するために債務者の権利の行使が必要かどうかが問題であって、その権利が被保全債権の成立前に生じたか成立後に生じたかは問題ではありません。

債権者代位権を行使するためには、被保全債権の範囲・内容が確定したも

のであることが必要です。それが確定しなければ、保全の必要性があるか否かを判断することもできないからです。判例は、離婚によって生ずることのあるべき財産分与請求権は、協議あるいは審判によって具体的内容が形成されるまでは、その範囲及び内容が不確定・不明確であるから、その保全のために債権者代位権を行使することはできないとしています（最判昭和55・7・11民集34巻4号628頁）。

> ＊上記の判例については、財産分与請求権は協議や審判によって確定的なものになるとしても、抽象的には、離婚という事実と清算・慰藉料・離婚後扶養のいずれかを成立させる事実が存在すれば当然に発生するものと解することができるから、これを被保全債権として、少なくとも裁判上の代位、あるいは保存行為については代位権の行使が許されるべきであるという見解があります（『新版注釈民法(10)Ⅱ』726頁〔下森定〕）。

被保全債権は、責任財産の保全を通じて保全されるものですから、原則として**金銭債権**です。金銭債権以外の保全は、転用の問題となります。

2 被保全債権の履行期

被保全債権は、原則として履行期が到来していることが必要です。債権者代位権は、債権者が債務者の意思にかかわらず、債務者の財産管理に干渉することを認める制度ですから、まだ履行の請求ができない段階でその行使を認めることは正当とはいえません。

しかし、履行期の前であっても、債権者が債務者の権利を行使しないと債権の保全ができない、または保全が困難になる場合には、**裁判上の代位**によって債務者の権利を行使することができます（423条2項本文）。被保全債権の履行期まで待っていては、債務者の有する取消権が消滅してしまう場合などがこれにあたります。裁判上の代位は、**非訟事件手続法の規定**（85条〜91条）によって行います。

> ＊裁判所は、申請に理由ありと認めたときは、場合により担保の提供を命ずる等して裁判上の代位を許可することができ、許可した場合には債務者に告知します。告知を受けた債務者は、代位の対象となる権利の処分が禁じられます（非訟88条）。もっとも、裁判上の代位が狙うものは、そのほとんどを仮差

押え、仮処分でまかないうるという理由から、立法上は無用であるという批判があります（『新版注釈民法(10)Ⅱ』729頁［下森］参照）。

また、**保存行為は、裁判上の代位によることなく、履行期前にすることができます**（423条2項ただし書）。保存行為とは、時効の中断や未登記の権利の登記など、債務者の権利の現状を維持する行為です。権利の保存は迅速にしなければならないことが多く、また債務者に不利益を及ぼすものでもないからです。

③ 代位行使の対象となる権利

1 原則

①の［設例1］では、Aの貸金債権の保全のためにBの代金債権を代位行使する例を出しましたが、**債権に限らず、原則としてすべての権利が代位行使の対象となります**。取消権や［設例2］のような解除権（大判大正8・2・8民録25輯75頁）、相殺権（大判昭和8・5・30民集12巻1381頁）、また債権者代位権（大判昭和5・7・14民集9巻730頁、最判昭和39・4・17民集18巻4号529頁）の代位行使も認められます。さらに、訴訟の提起、強制執行の申立て、請求異議の訴えや第三者異議の訴えのような訴訟上の行為をすることもできます。

＊相殺権の代位行使が問題となった昭和8年判決の事例を単純化すると、YがAに対して1万円の債権を有し、その担保のためにA所有の甲不動産に1番抵当権が設定されている。XもAに対して債権を有し、甲不動産上に2番抵当権を有している。他方AはYに対して1万5000円の債権を有している。この場合にXがAに代位してAの相殺権を行使することにより、1番抵当権が消滅してXの債権の回収が可能になるというものです。

また債権者代位権の代位行使が問題となった昭和5年判決は、A所有の土地をBが賃借、BからXが転借していたが、Yが権利なくして土地上に石垣を作ったので、Xは所有者AのYに対する妨害排除請求権を代位行使するBの権利を、さらに代位行使するものです。昭和39年判決は、AからB、BからXへと土地所有権が譲渡されたが、登記がされないうちに、AからYに所有権が移転したという誤った登記がされたので、XはAのYに対する抹消登記請求権を代位行使するBの権利を、さらに代位行使するものです。

また判例は、要素の錯誤（95条）による無効を主張しうるのは原則として表意者本人のみであるが、第三者において表意者に対する債権を保全するため必要があり、表意者が意思表示の瑕疵を認めているときは、表意者自身に無効主張の意思がなくても、第三者たる債権者は、表意者の意思表示の錯誤による無効を主張することができるとしています（最判昭和45・3・26民集24巻3号151頁）。

　＊この事件は、有名画伯の真筆として、ある絵画をYが38万円でAに、Aが55万円でXに売ったところ、贋作であったという場合です。XがAに対する代金返還請求権を保全するために（A無資力）、AのYに対する代金返還請求権を代位行使する前提として、Aの錯誤による無効をXが主張することを認めたものです。

2　例　外

　しかし、**債務者の一身に専属する権利を代位行使することはできません**（423条1項ただし書）。一身専属的な権利については、債務者自身が行使するか否かを自由に判断するべきものであって、第三者の介入を許すべきものではないと説明されます。また、そのような権利の行使を、債権者が自己の債権を確保するために期待することができるか否かという点からも検討する必要があります。以下、具体的に見てゆきましょう。

　(a)　**親族法上の権利**　嫡出否認権、認知請求権、相続人廃除権のように、身分関係そのものの存否にかかわる権利を第三者が代位行使することができないのは自明というべきですが、**親族法上の地位に基づく権利で財産的利益を内容とする夫婦間の契約取消権、扶養請求権等も、代位の対象とはならない**ものと解されています。財産的利益を内容とするとしても、親族関係に基づく権利の行使は本人の自由意思に委ねるべきものと考えられるからです。もっとも、**離婚に伴う財産分与請求権**は、②1で見たように、協議・審判によって具体的内容が確定された後であれば、代位行使することができます。

　(b)　**相続法上の権利**　相続法上の権利は、財産権的な性格がより強いため、代位行使の可否が問題になりえます。

　①**相続の承認・放棄をする権利、相続回復請求権**は、個々の（積極・消極

財産の承継という面を超えて、被相続人の地位全体の承継が問題になるため、その権利を行使するか否かは相続人の判断に委ねられるべきですから、代位権の対象にはならないと考えます。

②**遺留分減殺請求権**について、最高裁は、民法は「被相続人の財産処分の自由を尊重して、遺留分を侵害する遺言について、いったんその意思どおりの効果を生じさせるものとした上、これを覆して侵害された遺留分を回復するかどうかを、専ら遺留分権利者の自律的決定にゆだねたもの」であり、また「債務者たる相続人が将来遺産を相続するか否かは……極めて不確実な事柄であり、相続人の債権者は、これを共同担保として期待すべきではない」という理由で、代位権の対象にはならないとしています（最判平成13・11・22民集55巻6号1033頁）。

③**遺産分割請求権**については、相続分の譲渡が認められている（905条参照）ことから、代位権行使の対象としてよいという見解があります。しかし、遺産を具体的にどのように分割するかは、相続人の自由ですし、共同相続人の債権者は自己の費用で分割に参加することができます（260条）。また分割前の相続財産に執行することもできるのですから、代位権行使の対象とする必要はないと考えます。

　(c)　慰藉料請求権　　最高裁は、**人格的利益を害されたことによる慰藉料請求権は、一身専属性を有する**としています。被害者の精神的苦痛に対する賠償がその内容であり、その金額も、被害者の精神的苦痛の程度や主観的意識・感情等を考慮して決せられる性質のものであるから、被害者が慰藉料請求権を行使する意思を表示しただけで、その具体的な金額が客観的に確定しない間は、被害者がなおその請求意思を貫くかどうかをその自律的判断に委ねるのが妥当であるという理由です。しかし、慰藉料の額について合意が成立したり、一定額の慰藉料を支払うべき債務名義が成立する等、**具体的な金額の慰藉料請求権が当事者間において客観的に確定したときは**、債権者代位権行使の目的とすることができます（最判昭和58・10・6民集37巻8号1041頁）。

　(d)　契約に関する意思表示　　契約を申し込む意思表示、申込みに対して承諾する意思表示は代位行使することはできません。契約を締結するか否かは本人の自由に委ねられるべきだからです。**贈与契約の申込みに対する承諾**

は、対価の支出なくして財産的利益を得る、したがって責任財産を増加させるものですから、債権者代位権の対象としてもよさそうなものですが、贈与には純粋に財産的なものに還元されない人間関係がかかわっていることも多く、贈与を受けるか否かもやはり本人の自由に委ねられるべきものです。

第三者のためにする契約 (537条) における受益の意思表示も、自己の意思に反して一方的に利益を受けさせられることは望ましくないという点からすれば、同様に債権者代位の対象とならないものと解するべきです。ただ、大審院の判例には、受益の意思表示をなしうる地位が「一種の形成権」であると述べて、代位行使を認める余地があるものとしたものがあります（大判昭和16・9・30民集20巻1233頁）。

> ＊受益の意思表示について代位行使の余地を認めた昭和16年判決は、次のような事案です。XがAに対して有する債権に基づいてA所有の不動産の競売を申し立てたのですが、YもAに対する延滞賃料債権に基づいて配当要求を申し立てました。しかしYのAに対する延滞賃料債権については、XとYの間で（YのAに対する500円の延滞賃料債権のうち、200円についてはXが支払い、200円についてはYが免除し、100円についてはAが支払うという内容で）免除契約がされ、Aが受益の意思表示をすれば免除されることになっていました。Aが受益の意思表示をしないため、このままではXの債権の回収が困難になるとして、XがAを代位して受益の意思表示をしましたが、原審が受益の意思表示をなしうる地位は権利とはいえないとして代位行使を否定したのに対し、大審院が代位行使の可能性を認めたものです。これは、Aの債務の免除ではありますが、XがAから買った（しかし実はYの所有であった）林檎畑の林檎果実に対してYが行った仮差押えを解除するためにXY間で交渉した結果であり、むしろX自身の利益になるものです。したがって、この判決は、一般的に受益の意思表示が代位権行使の対象になるものと認めたものか、疑問の余地があります（四宮和夫「評釈」『判例民事法昭和16年度』355頁参照）。

(e) 消滅時効の援用 債務者が負担する他の債務が時効によって消滅すれば、債務者のマイナスの財産が消えて債権者にとっても有利です。最高裁は、**債権者は債務者の時効援用権を、423条の規定により代位行使することができる**としています（最判昭和43・9・26民集22巻9号2002頁）。ただ、この判決には松田二郎裁判官の反対意見が付せられており、松田裁判官は2つの例を出して、これを認める多数意見に疑問を呈しています。すなわち「(1) 商

人が経営上の難局に遭遇し多額の債務を負担しながらも、消滅時効にかかった債務につき、時効を援用する意思なく、挽回の上将来これを支払うことを心掛けているとき、たまたま同商人に対する1人の大口債権者が、その商人に代位して同人の消滅時効を援用して多くの債務を一挙に消滅せしめ、これによって自己の債権の保全をはかることが可能となろう。このような結果を是認し得るであろうか」「(2) 1人の債務者に対し2人の債権者があり、その額が等しく、しかもいずれも消滅時効にかかっているとき、そのうちの1人の債権者が債務者に代位して他の債権につき消滅時効を援用してこれを消滅せしめ、自己の債権の保全をはかることも可能となり、かくて他人に先んじて時効を援用した債権者のみが弁済を受け得ることとなる」と。この点は、意見が分かれそうですが、時効援用の一身専属性を主張する見解として、引用しておきます。

　(f)　その他の場合　　一身専属性の問題ではありませんが、**債権譲渡の通知を、譲受人が譲渡人に代位して行うことはできません**（大判昭和5・10・10民集9巻948頁）。代位であっても譲受人による通知を認めることは、債権譲渡の通知は、その信憑性を確保するため譲渡によって権利を失う譲渡人がするべきものとする467条1項の趣旨に反するためです。また、差押えが禁止された権利（民執152条、生活保護58条等）も、債権者の共同担保とするべきものではなく、代位行使の対象とならないものと解されています。

4　保全の必要性と債務者の権利不行使

1　保全の必要性

　債権者は「自己の債権を保全するため」（423条1項）に**債権者代位権を行使する**ことができます。学説は、これを「**債務者が無資力であること**」と解しており（「**無資力要件**」）、判例も「債権者は、債務者の資力が当該債権を弁済するについて十分でない場合にかぎり、自己の金銭債権を保全するため、民法423条1項本文の規定により当該債務者に属する権利を行使しうると解すべきことは、同条の法意に照らし、明らかである」るとして、これを認めています（最判昭和40・10・12民集19巻7号1777頁）。

本来、債務者が自己の権利を行使するか否かは、債務者自身の財産管理権に属することであり、第三者が干渉するべきことではありません。しかし、債務者に弁済の資力がなく、そのままでは債権者が債権の実現をはかることができない一方、債務者が自己の権利を行使すれば弁済の資力が回復するという場合には、債権者の債権を保全する必要を優先させ、債務者の責任財産を保全するために、例外的に債権者に債務者の権利を行使することを許すのが債権者代位権です。

　したがって、上記の判例も示すように、「無資力要件」は債権者の金銭債権——債務者の責任財産によって確保される債権——を保全する場合に必要とされます。これに対して、判例・学説はいくつかの場合に金銭債権以外の債権を保全するために債権者代位権を認めていますが（債権者代位権の「転用」。後述6参照）、その場合には債務者の無資力を要件としていません。

＊最判昭和49・11・29民集28巻8号1670頁は、交通事故の被害者が加害者に対して有する損害賠償債権を被保全債権として、加害者が保険会社に対して有する任意保険の保険金請求権を代位行使する場合につき、債務者＝加害者が無資力であることを必要とするとしています。損害賠償債権は金銭債権ですから、他に責任財産があればそこから回収することができるとして、無資力要件が当然に必要であるようにも思われます。しかし、自動車損害賠償責任保険においては、加害者の取得する保険金は被害者への賠償金支払いに充てられるべきものであるため、被害者は保険会社に直接支払いを請求することができるのに対し（自賠法16条）、当時、任意保険については直接請求が認められていなかったことから、判例は債権者代位権によってこれを補ったものです。しかし、判例が債務者の無資力を要件としたことについては、学説の反対がありました。保険金請求権は金銭債権ではありますが、間接的ながら被害者の損害填補に向けられた特定の権利ということができますから、これはむしろ後述の「転用」の事例として捉えることができ、無資力要件は不要と考えるべきであるというのがその趣旨です。もっとも現在では、任意保険約款にも直接請求制度が認められたため、この問題は解決しました。

2　債務者の権利不行使

　債権者が債務者の権利を代位行使することができるのは、**債務者自身が自己の権利を行使しない場合**に限られます。債権者代位権は、債務者がその権

利を行使しないために責任財産が減少することを防ぐためのものですから、債務者自身が権利を行使すれば、債権者が代わって行使する必要はありません。

ただ、債務者の権利行使の方法が拙劣で、かえって責任財産を失いかねない場合にはどうでしょうか。判例は、「債務者がすでに自ら権利を行使している場合には、その行使の方法又は結果の良いと否とにかかわらず、債権者は債務者を排除し又は債務者と重複して債権者代位権を行使することはできない。……債務者自らがその権利を行使するに当り不十分、不誠実、不適当な場合には、債権者は補助参加により、さらに場合によっては当事者参加によって、自己の権利保全をすることもできるし、事情によっては詐害行為として取消を請求することもできる」と述べています（最判昭和28・12・14民集7巻12号1386頁）。

5 債権者代位権の行使とその効果

1 債権者代位権の行使

以上の要件が備わったときは、債権者は債務者に代わって、第三者に対する債務者の権利を行使することができます。代位権の行使は、裁判上でも、（被保全債権の履行期が到来していない場合を除き）裁判外でもすることができます。

(1) その場合、債権者は自らの名で権利を行使します。すなわち、訴訟の場合には、債権者が原告本人となるのであって、債務者の代理人となるのではありません。しかし、行使することができるのはあくまでも債務者の権利です。したがって、第三者は、債務者に対して主張することのできる抗弁（弁済等による権利消滅の抗弁、相殺の抗弁、同時履行の抗弁等）を、代位権を行使する債権者に対して主張することができます。これに対して、第三者は、債権者に対して有する抗弁を、この場面で主張することはできません。

　　＊また最判昭和54・3・16民集33巻2号270頁は、被告である第三者が提出した抗弁に対し、原告（債権者）の提出することのできる再抗弁事由は債務者自身が主張することのできるものに限られ、原告独自の事情に基づく再抗弁を提

出することはできないとしています。これは、XがA会社に売った楽器の代金債権を保全するために、A会社がその取引銀行であるYに対して有する荷為替手形の買取・取立金の支払請求権を代位行使したのに対し、YがA会社に対する反対債権による相殺を主張した事件です。原審が、この取引の経緯（XがA会社との取引に応じたのは、Yの取立事務を通じて確実に支払いを受けられると信じたためであること）からすると、YはA会社との関係ではともかく、Xに対する関係で相殺を主張するのは信義則違反・権利濫用として許されないとしたのに対し、最高裁は、代位債権者の地位は「あたかも債務者になり代るものであって、債務者自身が原告になった場合と同様の地位を有するに至るもの」であるとして上記のように述べ、原判決を破棄しました。

(2) 債権者は、代位の対象となる権利が**金銭その他の引渡しを求める権利**である場合、**第三者に対して、目的物を自己に直接引き渡すことを請求すること**ができます（大判昭和10・3・12民集14巻482頁〔金銭債権の代位行使〕、最判昭和29・9・24民集8巻9号1658頁〔建物明渡請求権の代位行使〕）。その理由について大審院昭和10年判決は、もし債権者が、第三者に対して債務者に給付することを請求することができるだけであるとすると、債務者が第三者の給付を受領しない限り、債権者は債権の保全ができないという結果になると説明しています。これは上告人が、債権者への直接給付を認めることは債務者の財産が総債権者の共同担保であるという趣旨に反するではないかと主張したのに対して答えたものです。

実際、⃞1 2で述べたように、第三者から金銭を受領した債権者が、自己の債務者に対する債権により、これを債務者に返還する債務と相殺して、事実上の優先弁済を受けるという運用がされており、共同担保の保全という趣旨が生かされていないことは否めません。これについては、「債権者代位権本来の趣旨からすれば、目的物の代位受領を否定するか、代位受領した後、裁判所ないし供託所においてこれを保管させ、その上で債権者に強制執行手続をとらせ、他の債権者にも配当加入の機会を与えるという扱いを志向すべきであろう」が「手続法的裏付けなくしてこのような扱いをなしうるかが問題であり、通説の処理もやむをえないところというべきだろうか」（奥田昌道『債権総論〔増補版〕』268頁）という指摘もあり、立法的に検討するべき課題です。

なお、**金銭以外の物の引渡請求権**を代位行使するときは、債務者が受領し

ないときは債権者が受領し、代位債権者は受領物の占有代理人となります（前田達明『口述債権総論第3版』257頁）。また、**移転登記手続の請求権**を代位行使するときは、第三者から債務者に移転するべきことを請求しうるにとどまります。

(3) 債権者が金銭債権に基づいて債務者の第三者に対する金銭債権を代位行使する場合においては、**債権者は自己の債権額の範囲においてのみ債務者の債権を行使することができる**とするのが判例です（最判昭和44・6・24民集23巻7号1079頁）。したがって〔設例2〕の場合、DはEの解除権を行使した上で、代金200万円のうち100万円についてのみEの返還請求権を代位行使することができます。共同担保の保全という趣旨によれば代位行使する債権者の債権額に限定する理由はないのですが、上記のように、債権者代位権の行使による事実上の優先弁済を認めている運用のもとではやむをえない処理というべきです。

2 債権者代位権行使の効果

債権者が代位権を行使すると、**債務者自身が権利を行使したのと同様の効果**が生じます。権利行使の効果は債務者に帰属しますから、債権者が債務者の金銭債権を代位行使すると、債務者の債権が消滅するとともに、金銭の所有権は債務者に帰属します（ただし、上記の事実上の優先弁済により、債権者がその金銭を取得することになります）。また、債権者による代位行使により、債務者の債権について時効が中断します（大判昭和15・3・15民集19巻586頁）。なお、債権者は、債権者代位権の行使に要した費用の償還を、債務者に請求することができると解されています。

(1) **債権者が代位権の行使に着手することによって、債務者本人の権利行使が制約される**か否かが問題となります。判例は、裁判上の代位について債務者の権利の処分権を喪失させる非訟事件手続法旧76条（現88条3項）の法意に準拠し、**債権者が適法に代位権行使に着手した場合において、債務者に対して事実を通知するか、または債務者がこれを了知したとき**は、債務者は代位の目的となった権利につき債権者の代位権行使を妨げるような処分をする権能を失い、したがって右処分行為と目される訴えを提起することができ

なくなるとしています（大判昭和14・5・16民集18巻557頁。最判昭和48・4・24民集27巻3号596頁も参照）。

　これについては、債権者に債務者の権利を管理する権限を与えたものである以上、理論として当然のことであるだけでなく、そう解さなければ、代位の目的を達することができないとして支持するのが通説です（我妻栄『新訂債権総論』170頁は、非訟事件手続法（旧）76条の規律を裁判外の代位についても類推するべきであるとしています）。ただ、**第三債務者が債務者に任意に弁済することが禁じられるか**否かについて、学説は分かれています。上記の場合に差押えと同様の効果を認めて、弁済が禁じられるとする見解（内田貴『民法Ⅲ〔第3版〕』293頁）がある一方、代位権に基づく訴えの提起は第三債務者に対して支払いを差し止める効力を有せず、弁済は禁じられないとする見解（星野英一『民法概論Ⅲ』102～103頁）があります。また、無資力であり、かつ債権者が介入するまで自己の財産管理を怠っていた債務者に権利行使を許すのは必ずしも適当でないとしつつ、債務者の財産管理権を剥奪するためには、債務者に最後の権利行使機会を与える何らかの手続保障が必要であり、その措置がされた後には弁済禁止の効果を認めるべきであるとする見解も主張されています（潮見佳男『債権総論Ⅱ第3版』50～51頁）。

　これに対して、非訟事件手続法の場合は裁判所の許可という公的介入に基づくもので、一私人たる代位債権者の告知と裁判所の告知を同一視するのはおかしいという批判があり（三ヶ月章「取立訴訟と代位訴訟の解釈論的・立法論的調整」『民事訴訟法研究7巻』131～132頁）、これを受けて、債務者の権利行使を阻止するためには債務名義を前提とする差押えが必要であり、仮に債権者が代位権行使に着手し（訴訟を提起し）、債務者に通知したり債務者の知るところとなっても、債務者は権利行使が可能であるとする見解があります（前田達明『口述債権総論〔第3版〕』258頁）。

(2)　**債権者が債務者の権利を代位行使して、第三者に対して訴訟を提起した場合、その判決の効力は債務者に及ぶか**も問題となります。判例は、その判決は、債務者が当該訴訟に参加したか否かを問わず、民事訴訟法の法定訴訟担当の一場合として（民訴115条1項2号＝旧法201条2項）、**債務者に対してもその効力を有する**としています（前掲大判昭和15・3・15）。この判決

は、債権者が代位権を行使するためには善良な管理者の注意を払うことが当然であり、訴訟追行上過失があった場合（たとえば債務者に訴訟告知をしなかったため、債務者の手にある訴訟資料を利用できなかった場合等）には債務者に対して損害賠償の責任を負うのであるから、このように解しても債務者に酷とはいえないと述べています。

　これに対しては、法定訴訟担当においても、代位訴訟の場合には代位債権者と債務者とは利害が対立する関係にあり、訴訟担当者（代位債権者）は他人（債務者）のためにではなく自己のために訴訟を追行しているのだから既判力は他人に及ばないという三ヶ月博士の批判、また代位債権者には債務者の債権について管理権限はあるが処分権限はなく、債権者の訴訟追行が管理権限を超えている場合には、たとえ判決を受けても既判力は及ばないという於保博士の批判等があります（奥田昌道『債権総論〔増補版〕』269～270頁参照）。これらの説を考慮して、債権者が勝訴した場合にのみ、判決の効力が債務者にも及ぶとする見解がある一方（もっとも、これに対しては、第三者が二重応訴の危険にさらされる不利益を問題視する指摘があります。中田裕康『債権総論［新版］』216頁参照）、代位訴訟は代位債権者固有の実体的地位に基づき、債務者の財産管理権に服する権利を行使するものであると捉えた上で、債務者に対して権利行使機会の手続保障がされていない限り、代位訴訟の判決は、債務者の有利にも不利にも及ばないとする見解もあります（潮見佳男『債権総論Ⅱ〔第3版〕』58～59頁）。

6　転　用

　債権者代位権は本来、債務者の責任財産の保全を通じて債権者の債権を保全するものですから、保全される債権は原則として金銭債権であり、また債務者の財産が他にあるときは、債権者代位権を行使する必要はありません。しかし、**金銭債権以外の債権を保全するために、債権者代位権が使われる場合**があります。これは本来の趣旨とは異なる利用の仕方であり、**債権者代位権の「転用」**と呼ばれています。この場合に保全される債権は金銭債権ではない特定の債権であり、債務者の責任財産の状況いかんにかかわらず保全さ

れる必要があるものですから、**転用の場合には債務者の無資力は要件とされません**。以下で、具体的な転用例を見てみます。

1 登記請求権の保全

もう一度、① 1で挙げた〔設例3〕を見てみましょう。GはHに不動産乙を売り、HはIにこの不動産乙を転売したが、登記はまだGの所有名義になっているという場合です。この場合、H・I間の売買においては、買主Iは売主Hに対して登記請求権を有しています。また、G・H間の売買においては、買主Hは売主Gに対して登記請求権を有しています。登記はまだGにあるのですから、IがHに対する登記請求権を行使するためには、まず登記がHに移転されなければなりません。そこで、IのHに対する登記請求権を保全する＝行使可能にするために、IはHのGに対する登記請求権をHに代わって行使することができるものとされています。

すなわち大審院は、423条には一身専属権を除外する旨の規定はあるが、それ以外の制限は設けられていないと述べた上で、このケースにおいては、IはHのGに対する登記請求権を行使しなければ、Hの資力の有無にかかわらず、登記を取得するという目的を達することができないのであるから、Hの請求権の行使はIの請求権を保全するために適切かつ必要であると説明して、代位権の行使を認めています（大判明治43・7・6民録16輯537頁）。仮にIからGに対する直接の登記請求権が認められれば、このような転用の必要はありませんが、不動産登記法の解釈上、登記は権利移転の過程を如実に反映させるべきものとされてIからGに対する「中間省略登記」の請求権は否定され、平成16年改正の不動産登記法のもとでは手続的にも中間省略登記をすることは不可能になりました。したがって、債権者代位権を用いることは、本来の趣旨とは異なるにせよ、やむをえないものと考えます。

2 不動産賃借権の保全

第8章で、不動産賃借権に基づいて、妨害排除請求をすることができるかという問題を扱いました。KがLから不動産を賃借したものの、Mがその不動産を不法占拠している場合に、KはMに対して、妨害をやめてその不動産

を明け渡すように請求できるかという問題です。判例は、賃借権が対抗力を備えて「物権的効力」を有するに至った場合に、賃借権自体に基づく妨害排除請求を認めていますが（第8章③1）、それ以前から、債権者代位権の転用として、KのLに対する賃借権の保全のために、KがLのMに対する物権的妨害排除請求権を代位行使することが認められてきました。

すなわち大審院は、**1**で見た大判明治43・7・6を引用して、423条は債権者の特定債権を保全する必要がある場合にも適用があると述べ、賃借人が賃貸人に対して当該土地の使用収益をさせるべき債権を有する場合において、第三者がその土地を不法に占拠し、使用収益を妨げるときは、賃借人は上記債権を保全するため、423条によって賃貸人の有する妨害排除請求権を行使することができると判示しました（大判昭和4・12・16民集8巻944頁）。現在、賃借権自体に基づく妨害排除請求が認められるとはいえ、Kが賃借権の対抗要件を得ていない場合にはこれによることができません。したがって、Kが賃借権の対抗要件を得ておらず、また目的不動産の占有も得ていない（したがって占有訴権にもよることができない）場合には、なお債権者代位権の転用を認めることが必要であると考えます（もっとも、債権者代位権の転用が認められるのは、LがMに対して物権的妨害排除請求権を有する場合であり、LがMに当該不動産を賃貸している場合には、これは使えません）。

＊最大判平成11・11・24民集53巻8号1899頁は、抵当不動産の不法占有者に対する不動産所有者（抵当権設定者）の妨害排除請求権を、抵当権者が代位行使することを認めました（保全される権利が抵当権ですから、債権保全のためとはいえないのですが）。これも債権者代位権が転用された例ですが、その後、最判平成17・3・10民集59巻2号356頁は抵当権自体に基づく妨害排除請求を認めたため、債権者代位権を用いる必要はなくなりました。

なお、土地賃貸人Nが借地人による借地権譲渡を承諾しない場合、建物譲受人OはNに対して建物買取請求権を有します（借地借家14条）。この場合、建物の賃借人Pが自己の賃借権を保全するため、OのNに対する建物買取請求権を代位行使することができるかという問題につき、最判昭和38・4・23民集17巻3号536頁は、Oが建物買取請求権の行使によって受けるべき利益は建物の代金債権、すなわち金銭債権にすぎないのであるから、これによってPの賃借権が保全されるものではないと述べて、代位行使を否定しました。しかし学説には、Pが建物買取請求権を代位行使することによってNが建物

の所有権を取得し、PはNに建物の賃借権を対抗しうるのであるから、結果的に賃借権が保全されるとして、判例に反対する見解があります（林良平他『債権総論〔第3版〕』183頁〔石田喜久夫〕参照。なお、同書186頁は、星野英一『借地借家法』361頁を引用して、建物の譲渡後の賃借人には代位行使を認めるべきではないと注記しています）。

3　金銭債権の保全――無資力を要件としない事例

　金銭債権の保全を目的とする場合に、債務者の無資力を要件としないで債権者代位権の行使を認めた事例があります。設例の形式で説明します。

〔設例4〕　QはRに、自己所有の土地を売ったが、代金の一部のみを受領し、残代金の受領と移転登記が済まないまま死亡し、SとTが相続した。SはRに登記を移転して残代金の支払いを受けたいと考えたが、TはQ・R間の売買の効力を争って、登記移転を拒絶した。

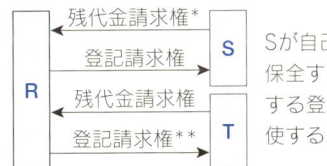

```
          ← 残代金請求権*
          → 登記請求権       S    Sが自己の残代金請求権*を
    R                              保全するために、RのTに対
          ← 残代金請求権              する登記請求権**を代位行
          → 登記請求権**     T    使する。
```

　この場合にSは、自己のRに対する代金債権を保全するため、RのTに対する登記請求権を代位行使することにしました。すなわち、Tが登記義務の履行を拒絶している限り、Rは登記義務の履行を提供しているSに対しても、同時履行の抗弁権により、代金残額の支払いを拒絶することができます。そこでSは、Rの同時履行の抗弁権を失わせてRに対する自己の代金債権を保全するために、債権者代位権によりRのTに対する登記請求権を行使したものです。最高裁は、債務者である買主Rの資力の有無を問わず、この権利行使を認めることができるとしました（最判昭和50・3・6民集29巻3号203頁）。

　＊「TはRから残代金の支払いを受けるのと引換えに登記手続をせよ」「RはS・Tが登記手続をするのと引換えに残代金を支払え」という判決になります。

SのRに対する債権は金銭債権ですが、この金銭債権は対価関係にあるRのTに対する登記請求権と不可分に結びついています。したがって、Rに資力があるとしても、この登記請求権を代位行使しなければSの金銭債権は実現しないのですから、Rの資力の有無を問わず、登記請求権の代位行使が必要不可欠であったという事例です。

　金銭債権の保全のために、無資力要件を不要としたものについては、他に、4 1*で見た最判昭和49・11・29民集28巻8号1670頁を参照してください。

第10章　詐害行為取消権①——要件

本章のレジメ

詐害行為取消権：債権者の債権保全のため、例外的に債務者の自由な財産処分を覆すもの→非常に重大な影響を及ぼすため、訴訟を通じて行う。転用の余地もない
＊責任財産の保全・財産処分の自由・取引の安全・債権者平等の要請：対立と調整
＊客観的要件と主観的要件→一応分けられるが、具体的事件では相関的に考慮される
＊破産法上の否認権との関係：新破産法の規律をどう考えるか
要件：①被保全債権の存在：詐害行為前に存在していること←対抗要件の具備は？
　②被保全債権の種類：金銭債権であること←債権に担保が付されているときは？
　③債務者が「債権者を害する」法律行為をしたこと
　　＊財産権を目的としない法律行為は取消しの対象にならない
　　　←a）相続放棄、b）遺産分割協議、c）離婚給付はどうか？
　　＊債権者を害する：債権者が十分な満足を得られなくなること→「無資力要件」
　④債務者の認識（「詐害の意思」）：債権者が満足を得られないことを認識していればよく、害意は不要←しかし複数の債権者の一部のみを満足させる場合には？
　⑤受益者・転得者の悪意：善意者から転得した者が悪意であった場合は？→取消しの効果との関係
＊主観的要件と客観的要件との相関的考慮→類型的検討の必要
類型的検討a）——財産の処分：相当価格による財産処分は詐害行為となるか？
　判例：相当な価格であっても、消費しやすい金銭に替えることは詐害行為となるが、弁済や公租公課の支払い等に充てたときはならない←一部の債権者にのみ弁済する場合は？→処分行為の詐害性の判断につき「通謀」等を考慮（現在の判例状況）
類型的検討b）——弁済・代物弁済：弁済は義務であるから、原則として詐害行為とはならない→「通謀」「他の債権者を害する意思」があれば詐害行為となる
　　＊債権者間の公平が考慮されるのは、破産等の場合のみであるとして良いか？
　　＊「通謀」等の認定←①再建に協力するとの合意、②強引な取立ての場合は？
　代物弁済は義務ではないから、目的物の価格が債権額に相当する場合でも詐害行為となりうる→「通謀」「他の債権者を害する意思」の考慮
類型的検討c）——担保の供与：債務者の生計や事業の維持のために相当かどうか

1 総説

1 意義

　債権者は、**債務者が債権者を害することを知ってした法律行為の取消しを、裁判所に請求することができます**（424条1項本文）。これを**詐害行為取消権**といいます。詐害行為取消権も、債権者代位権と同様、債務者の責任財産を保全することによって債権者が自己の債権を保全する方法です。

　債権者代位権は、本来行使できる権利を債務者自身が行使しないために債権者の債権実現が困難になる場合に、債権者が代わってこれを行使するというものでした。第三債務者等、権利行使の相手方は、債務者が権利行使をすればそれに応じなければならない立場ですから、債権者が代わって行使したとしても大きな不利益を受けるものではありません。これに対して詐害行為取消権は、債務者が行った法律行為を真っ向から否定するのですから、債務者に対しても、その相手方に対しても、非常に大きな影響を及ぼすことになります。したがって、詐害行為取消権の行使には慎重を期する必要があり、裁判所を通じてするものとされるとともに、債権者代位権とは異なり、転用の余地もありません。また、どのような場合に取消しを認めることができるか、難しい判断をする必要があります。第10章では、取消権の要件について説明します。

2 取消権の概略と考慮するべき要素

　それでは、取消しを認めるか否かの判断において考慮するべき要素を、設例を使って考えてみます。行使方法と取消しの効果については、第11章であらためて説明しますが、取消しを認めるか否かについて考慮するべき要素としては「**責任財産の保全**」「**財産処分の自由**」「**取引の安全**」「**債権者平等の要請**」が挙げられます。

〔設例1〕　SはAに3000万円、Bに3000万円の債務を負担していた。Sは財産としては時価3000万円の不動産甲を所有していたが、他に価値のある財産はない。Sは不動産甲を弟Cに贈与し、その後CはこれをDに3000万円で

売却した。Dは所有権移転登記を経由した。

〔設例2〕 SはAに3000万円、Bに3000万円の債務を負担し、財産としては時価3000万円の不動産甲を所有していたが、他に価値のある財産はない。SはAの「代理店」として、Aから商品の供給を受けていた。Aに対する3000万円の債務は、商品の売掛代金である。Aは、弁済しなければ商品供給をやめると言って、Sに対して強く弁済を求めた。やむなくSは、不動産甲をEに3000万円で売却し、その代金でAに対する債務を弁済した。Eは所有権移転登記を経由した。

〔設例1〕を見てみましょう。SからCへの贈与は、あるいは債権者の追及を逃れるための仮装譲渡かもしれません。その場合には通謀虚偽表示（94条）として、贈与は無効です。しかし通謀虚偽表示でなかったとしても、Sの行為は詐害行為として取り消すことができます。債権者A・Bの共同担保となるべき不動産甲が無償で譲渡されることにより、3000万円あったはずのSの責任財産がなくなってしまい、A・Bは債権を回収できなくなります。債務を負担しながら、自己の唯一の財産を贈与するSの行為は「債権者を害することを知ってした法律行為」といわなければなりません。民法は、財産の処分は権利者の自由であるとはいっても、このような処分まで正当化することはできないものと評価します。そこでAはSの行為を詐害行為として取り消し、不動産甲を取り戻すために、転得者Dを被告として取消訴訟を提起します。この訴訟によりSの行為を取り消して不動産甲を取り戻したときは、登記をSに戻した上で、A・Bが不動産甲に強制執行の手続をとります。取消しは「責任財産の保全」が目的であり、「すべての債権者の利益のためにその効力を生ずる」（425条）ものですから、もし債権者がA・Bだけであれば、1500万円ずつ回収できることになります。

しかし、DがCから譲渡を受けた時点で「債権者を害すべき事実を知らなかったとき」（424条1項ただし書）には、Dに対する関係で、Sの行為を取り消して不動産甲を取り戻すことはできません。「取引の安全」の考慮です。この場合Aは、受益者Cを被告として価格賠償の請求をし、Cに対して3000万円の支払いを求めることになります。Cについても「債権者を害すべき事実を知らなかったとき」には取消しができませんが、無償の譲渡であり、ま

た。CがSの弟であることから見ると、Cが「知らなかった」とは言いにくいと思われます。取消しが認められると、AはCから3000万円の支払いを受けることができますが、この場合、Aはこの金銭をBに分配する必要はないとされています。「責任財産の保全」という趣旨からすると疑問であり、また「債権者平等の要請」には反するものですが、この点については第11章で説明します。

〔設例１〕は、比較的単純なケースでしたが、〔設例２〕ではどうでしょうか。この場合、BがSのEに対する不動産甲の処分またはSのAに対する弁済を、詐害行為として取り消すことができるかどうか。〔設例１〕では無償の譲渡でしたから、責任財産が不動産甲の価額だけ減少しましたが、〔設例２〕の場合、3000万円の不動産甲の代わりに3000万円の代金がSに交付されたのですから、計算上は責任財産の額に変化はありません。またSはAとの取引を継続するために、その代金によってAに対する債務を弁済するのですから、**不動産甲の処分は「財産処分の自由」による正当なものである**と言うことができるでしょう。またAに対する弁済についても、「**責任財産の保全**」**という観点**から見たとき、A・Bに対する負債が計6000万円、資産としての不動産甲が3000万円、結局Sの資産状態はマイナス3000万円であったところ、これによって資産とともにAに対する負債も消滅し、Bに対する負債が3000万円残って、Sの資産状態はやはりマイナス3000万円であり、全体としては変わらないことになります。しかしBの立場からすれば、このような処理がされなければ、〔設例１〕で見たように、Bは1500万円を回収できたはずですから、BにとってはSの責任財産は害されたことになります。とはいえ、Sは、Aの要求に応じなければ事業を継続できなくなるため、やむをえないと考えたのかも知れません。**SがAだけに弁済することも「財産処分の自由」によって正当化できるものかどうか、「債権者平等の要請」は全く働かないのかどうか**、問題となりえます。

3　要件論の捉え方①――相関関係説を受けて

このように、明確に割り切れない問題を、どう考えるべきでしょうか。これまで、詐害行為として取り消すための要件は、次のように捉えられてきま

した。
　a）詐害行為前に被保全債権が存在していたこと。
　b）財産権を目的とする法律行為を債務者が行ったこと。
　c）その法律行為によって債権者が害されたこと（債務者の無資力）。これらは、詐害行為として取消しがされるための「客観的要件」です。
　d）その法律行為が債権者を害することを債務者が知っていたこと（債務者の詐害の意思ないし悪意）。これは、詐害行為として取消しがされるための「主観的要件」です。

　この要件に照らして〔設例2〕の場合を見てみますと、Sが不動産甲を処分し、その代金をすべてAに弁済するならば、Bの債権にとって引当てになる責任財産はなくなってしまいますから、Bの立場から見る限り、c）の要件を充たすことになります。また、SはA・Bに3000万円ずつの債務を負担していることを認識していますから、不動産甲の処分とAへの弁済によってBがその債権を回収できなくなることは知っていたと言わざるをえません。そうすると、Sによる不動産甲の処分またはAへの弁済を取り消すことができることになりそうですが、Sは自己の事業の継続のためにこのような行為を行ったという点を見るならば、当然に取消しを認めてよいか、疑問が生じます。

　判例でも、生活費を得るために財産を譲渡担保に供した行為（最判昭和42・11・9民集21巻9号2323頁）、牛乳の小売業者が、製造業者からの卸売の継続を確保するために財産を譲渡担保に供した行為（最判昭和44・12・19民集23巻12号2518頁）を、詐害行為にはあたらないとしています。すなわち、c）によって他の債権者のための共同担保を喪失したこと、及びd）によって債務者がその事実を認識していたことが認められれば詐害行為として取り消すことが可能になりそうですが、判例は、**行為の目的・手段の相当性をも考慮に入れ、客観的要件と主観的要件とを相関連して判断するものとしており、この相関関係説**は現在の通説ということができます。

　この説を受けて、潮見教授は、詐害行為取消権の要件を次のように考えるべきものと述べています。
　a）詐害行為前に被保全債権が成立していること。
　b）債権者にとって自己の債権を保全する必要があること（債務者の無資

力)。

　c) 財産権を目的とする法律行為を債務者が行ったこと。

　d) その法律行為が債権者を害する行為であること（詐害行為。規範的要件である）。

　最後のd)については、相関関係説は「行為の『詐害性』・『不当性』を判断すべく——行為の主観・客観の両面から——相関関係的考慮（当該行為に対する無価値判断をするわけであるから、必然的に規範的評価を伴う）をおこなっているのである」と説明されています（潮見佳男『債権総論Ⅱ〔第3版〕』96頁）。もっとも、このように考えるとしても、相関関係的考慮の前提として、行為の主観的側面、客観的側面をいったん区別して考える必要がありますから、以下では、客観的要件としての「詐害行為」と主観的要件としての「詐害の意思」を区別して説明することとします。

4　要件論の捉え方②——否認権との比較

　強制執行や破産の手続においては、債権者平等の原則が妥当します。したがって、全破産債権者を害する行為とともに、破産債権者間の公平を害する行為をも封ずることが必要です。

　債務者について破産手続が開始すると、債務者（破産者）の財産は破産管財人の管理のもとに置かれ、債務者は財産管理権を失います。しかし破産手続開始前には、債務者は財産処分の自由を失っていませんから、債務者はその間に財産を隠匿したり、財産を不当に安い価格で処分して事業資金や生活資金を得ようとしたり、様々な事情から一部の債権者のみに弁済したりすることがあります。しかしそれによって、破産手続開始後に一般債権者（破産債権者）の満足に充てられるべき財産が減少したり、債権者間の公平に反する結果となる恐れがあります。そこで破産法は、破産手続開始前にされた破産債権者を害する行為の効力を、破産財団との関係で失わせ（否認して）、その行為によって債務者（破産者）のもとから逸出していた財産を回復する権限を、破産管財人に認めました。これを「否認権」といいます（破産160条以下）。

　否認権と詐害行為取消権とは、一部分は歴史的にも共通の淵源を持ち、ま

たその考え方には共通の面があります。否認権は破産者の詐害意思の有無を問わず認められる場合があり、また総債権者の公平の理念も加わるなど、詐害行為取消権よりも成立範囲が広いものと考えられてきました。しかし平成16年（2004年）の新破産法により、否認権の成立要件が類型ごとに精密に定められた結果、かえって詐害行為取消権の方が成立要件が緩やかになるのではないかと思われる場面も生ずるに至りました（＊参照）。破産手続に至った場面で問題になる否認権と、破産手続に至らない場面で、強制執行の準備のために各債権者が個別に行う詐害行為取消権とでは目的が異なりますから、必ずしも両者の規律が同じになる必要はないのですが、これまで詐害行為取消権につき判例によって形成されてきたルール（**3** 4～6参照）を見直すために、**否認権の規律と比較・検討すること**は有益です。

＊新破産法では、a) **担保の供与・債務消滅行為を除く詐害行為（財産減少行為）** と、b) **既存の債務についてされた担保の供与・債務消滅行為（偏頗行為）** とを明確に分けて規律しています。

a) については、①破産者が破産債権者を害することを知ってした行為で、受益者がその行為の当時、破産債権者を害する事実を知っていた場合（**財産減少行為の故意否認**、破産160条1項1号）、②破産者が支払いの停止または破産手続開始の申立てがあった後にした破産債権者を害する行為（**危機時期の財産減少行為の否認**。破産者の詐害の意思の有無を問わない。破産160条1項2号）、③破産者が支払いの停止等があった後またはその前6月以内にした**無償行為およびこれと同視すべき有償行為**（破産160条3項）は、それぞれ否認することができます。**相当の対価を得てした処分行為**については、その対価たる金銭の隠匿等の恐れがあり、破産者が隠匿等の処分をする意思ならびに相手方に破産者の隠匿等の意思の認識がある場合に限り、否認することができるものとされています（破産161条）。

b) については、**破産者が支払不能になった後または破産手続開始の申立てがあった後において、既存の債務について担保供与または債務の消滅に関する行為がされたときは**、これを否認することができます（破産162条。**偏頗行為の否認**）。実質的な危機時期に、特定の債権者のみに弁済等をすることは、破産債権者間の公平を害するからです。

民法の詐害行為は「債務者が債権者を害することを知ってした法律行為」とされています。破産法で対応するのは上記a)①の類型ですが、**3**で見るように、民法では他の類型もこの中に含めて処理されています。否認権の規律

と詐害行為取消権の規律が同じである必要はないとしても、破産法の上記規律は、実際問題での法の運用経験に基づき、要件・効果の関連を考慮して作り上げられたものですから、同様の問題を対象とする詐害行為取消権規定の解釈においても参照する価値があります（潮見・前掲140頁〜151頁参照）。

2　債権者側の要件──被保全債権の存在

1　被保全債権の発生時期

(1)　詐害行為前に存在していること　詐害行為の取消しによって保全されるべき債権は、詐害行為の前に存在していることが必要です（大判大正6・1・22民録23輯8頁、最判昭和33・2・21民集12巻2号341頁）。債権者は、その債権発生時の債務者の責任財産を引当てにして信用を供与し、さらにその後の責任財産の増加・維持によって信用を維持するのですから、その後にそれを減少させる詐害行為があれば、これを取り消す必要があります。しかし財産減少行為の後に債権者となった者は、減少後の債務者の責任財産を引当てにしているのですから、債権取得以前の責任財産減少行為は、この債権者を害するものではありません。

　なお、被保全債権は履行期にある必要はありません（大判大正9・12・27民録26輯2096頁）。債権者が引当てにしている責任財産を減少させる行為は、被保全債権の履行期の到来の有無を問わず債権者を害するものであり、また被保全債権の履行期まで取消しを待たなければならないとすると、取り消した上で財産の取戻しをする時期を逸する恐れがあるからです。

＊別居中の妻が、将来発生する婚姻費用を保全するために、債務者たる夫の財産処分行為の取消しを求めた事件で、最高裁は、家庭裁判所が審判または調停によって決定した婚姻費用債権は「家庭裁判所が、事情の変動によりその分担額を変更しないかぎり、債務者たる配偶者は、右審判または調停によって決定された各支払期日に、その決定された額の金員を支払うべきもの」であるから「この債権もすでに発生した債権というを妨げない」とした上で、「右調停または審判の前提たる事実関係の存続がかなりの蓋然性をもって予測される限度においては、これを被保全債権として詐害行為の成否を判断することが許される」と判示しました（最判昭和46・9・21民集25巻6号823頁）。

また、詐害行為の後に、準消費貸借により発生した債権であっても、その基礎となる既存債権が詐害行為前に発生していれば、既存債権と同一性を有しているがゆえに、これを被保全債権として詐害行為の取消しをすることができるとした最高裁判決もあります（最判昭和50・7・17民集29巻6号1119頁）。

さらに、被保全債権が詐害行為当時に成立していれば、詐害行為後に発生した遅延損害金も、詐害行為取消権によって保全される債権額に含まれます（最判平成8・2・8判時1563号112頁）。

(2) 対抗要件の具備のみが被保全債権発生後にされた場合 それでは、次の〔設例3〕のような場合はどう考えるべきでしょうか。**債権の発生前に処分行為がなされたが、その対抗要件の具備が債権発生後になされた場合**です。

〔設例3〕 Aは昭和50年7月30日、Xから400万円の貸付けを受けた。他方、Aは、貸金債権発生前である昭和49年11月20日、長男Yに農地を贈与し、同月25日に農業委員会から所有権移転の許可を得ていたが、その所有権移転登記は昭和51年3月10日に行われた。Xは上記贈与は詐害行為であるとして、その取消しと所有権移転登記の抹消を求めて訴えを提起した。

時間的には、①Yへの贈与、②Xの債権発生、③Yへの所有権移転登記という順序になっています。これについて最高裁は、「詐害行為と主張される不動産物権の譲渡行為が債権者の債権成立前にされたものである場合には、たといその登記が右債権成立後にされたときであっても、債権者において取消権を行使するに由はない」と判示し、その理由として「物権の譲渡行為とこれについての登記とはもとより別個の行為であって、後者は単にその時からはじめて物権の移転を第三者に対抗しうる効果を生ぜしめるにすぎず、登記の時に右物権移転行為がされたこととなったり、物権移転の効果が生じたりするわけのものではない」と述べています（最判昭和55・1・24民集34巻1号110頁）。

判例の立場に対しては、「登記のない間は、一般債権者は受益者の権利取得を無視して差し押えることができるのだから、詐害行為の要件がある場合には、登記がなされた後にも差押の前提として取り消すことが可能というべきであろう。いいかえれば、債権者に対する関係でも登記をしたときに移転行為が行われたことを対抗しうるに止まり、従って取消権の対象となりう

る」と述べて、「債権成立前の行為として取消権が及ばないものとするためには、登記も債権の成立前になされることを必要とする」とする反対説が唱えられています（我妻栄『新訂債権総論』179頁）。判例を支持するのが通説ですが、反対説の原則には賛成できないとしつつ、「債務者が、あらかじめ受益者と通謀して財産を処分し、しかし、わざと登記を遅らして登記名義を残しておき、債権者を信用させて金銭を借り受け、その後に受益者への移転登記をした場合」などには、詐害行為として取り消しうるという指摘もあります（下森定「判批」民商83巻3号456頁。大判昭和3・5・9民集7巻329頁を参照）。

　昭和55年判決は不動産の登記の問題でしたが、Yへの債権譲渡が行われた後にXの債権が発生し、その後で債権譲渡通知がされた場合にはどうでしょうか。最判平成10・6・12民集52巻4号1121頁の事件では、原審が、債権譲渡における債務者に対する通知は、債務者との関係で、債権者の変更を債務者に主張しうる必須の要件であり「これによってはじめて当該債権が譲渡人の責任財産から確定的に逸出することになるという意味において、第三者に対する関係で対抗要件を具備することになる以上の機能を持つものである」から、登記の場合とは異なり、債権譲渡通知については詐害行為となりうると判断したのに対し、最高裁は、昭和55年判決と同様の理由で、譲渡通知のみを詐害行為とすることはできないと判示しています。

　両判決とも、**詐害行為取消しの対象となるのは財産減少行為である譲渡行為そのものであるところ、対抗要件の具備はそれとは別個の行為である**ことを理由としていますが、平成10年判決については「譲渡の客体が有体物に関する所有権ではなく、より抽象的・観念的存在である債権の場合においては、その移転が対外的に公示され、一般債権者にも認識できるようになった時点ではじめて、こうした責任財産保全手段を行使する機会が一般債権者に実質的に確保される。ここでは、譲渡通知には、対抗要件を具備する以上の機能がある」と述べて、原審と同様、譲渡通知の取消しを認めることができるとする見解も主張されています（潮見佳男『債権総論Ⅱ〔第3版〕』107頁）。

2　被保全債権の種類

(1)　金銭債権であること　　詐害行為取消権は、総債権者の共同担保であ

る債務者の一般財産を保全・回復することによって債権者の債権を保全するものですから、**被保全債権は金銭債権であることが必要**です。

しかし、**特定物引渡請求権であっても、究極において損害賠償請求権という金銭債権に変わりうる**のであり、そうすると債務者の一般財産によって担保されなければならないことは金銭債権と同様であるから、その目的物を債務者が処分することによって無資力となった場合には、その特定物債権者は上記処分行為を詐害行為として取り消すことができるというのが判例です（最大判昭和36・7・19民集15巻7号1875頁）。したがって、AがBに甲不動産を売却しながら、これをCに二重譲渡したことによってAが無資力となった場合には、BはAのCに対する譲渡行為を詐害行為として取り消すことができますが、取り消した後、BがあらためてAから履行を受け、甲不動産の所有権を取得することはできません。これについては第11章で説明します。

(2) 被保全債権に担保が付されている場合　　それでは、**債権に担保が付されている場合**はどうでしょうか。担保から回収できる以上、債務者の一般財産を保全する必要がないようにも思われますが、次の設例で考えてみます。

〔設例4〕AはXから3000万円の貸付けを受け、その担保のために、A所有の甲不動産（時価2000万円）に抵当権が設定されている。Aは他に乙不動産（時価3000万円）を所有していたが、Xに債務を負担しているにもかかわらず、乙不動産をYに贈与して、無資力になった。

Xは3000万円の債権のために、甲不動産の上に抵当権を有しているのですから、時価2000万円の範囲では甲不動産から回収することができます。この場合には、**担保の価値が債権額に及ばない範囲**、すなわち1000万円の範囲でのみ、取消権を行使することができ（大判昭和7・6・3民集11巻1163頁）、それでXの目的は達せられます。

しかし**甲不動産が物上保証人Bの所有であった場合には、3000万円全額について取消権を行使することができる**とするのが通説です（大判昭和20・8・30民集24巻60頁参照）。というのは、もし1000万円の範囲でしか取り消せないとすると、Aの一般財産には1000万円しか戻りません。しかしXが甲不動産上の抵当権を実行した場合、甲不動産を失った所有者Bは、Aに対して

2000万円の求償権を取得します。取消しの効力はすべての債権者の利益のために生じますから（425条）、取消しによって回復された1000万円に対して、Xは残額1000万円につき、そしてBは求償額2000万円について権利を行使することになり、Xは1000万円の3分の1しか回収することができません。この場合は、3000万円全額について贈与を取り消し、Aの一般財産に3000万円を戻さなければ、Xは目的を達することができないからです。

③ 債務者側の要件――「債権者を害することを知って」法律行為をしたこと

1 総 説

424条によれば、債務者側の要件としては、**債務者が「債権者を害することを知って」**（主観的要件）**「債権者を害する法律行為をしたこと」**（客観的要件）というように分析することができます。しかし①3で見たように、この両要件が充たされる場合であっても、なお行為の目的・手段の相当性をも考慮に入れ、客観的要件と主観的要件とを相関連して判断するのが通説です。ここでは、その相関的判断の前提として、まず客観的要件及び主観的要件を分けて検討し、次に問題となるケースを類型的に検討することとします。

2 債権者を害する法律行為（客観的要件）

〔設例1〕は、SがAに3000万円、Bに3000万円の債務を負担していたところ、唯一の財産である時価3000万円の不動産甲をCに贈与したというものでした。この場合、Sは贈与契約という法律行為をした結果、唯一の財産を失って、債権者A・Bはその債権の満足を受けることができなくなりました。客観的要件である**「債権者を害する法律行為」**とは、このように、**債務者が「法律行為」をし、その結果債権者を害すること、すなわち債権者が債権の十分な満足をえられなくなることをいいます。**

（1） 法律行為　まず、債務者の行為でなければなりませんが、**債務者の行為は、厳密な意味での法律行為に限りません。**弁済や、時効中断事由としての債務の承認、法定追認事由たる行為（125条）など、財産減少の法律効果を伴う行為は、法律行為でなくても取消しの対象となるものと解されます

(於保不二雄『債権総論〔新版〕』181頁)。しかし、対抗要件を具備する行為は、**2**1(2)で見たように、権利移転行為から切り離して単独で取消しの対象とはならないとするのが判例です。

(2) 財産権を目的としない法律行為　これに対して、**財産権を目的としない法律行為は、取消しの対象になりません**(424条2項)。立法時には、詐害行為取消権は、債権者を財産上、保護するにとどまるものであるから、財産以外の事項に影響を及ぼすべきではなく、したがって隠居、家督相続の承認等については、たとえ財産上の影響があるとしても取り消すことはできないと説明されていました(梅謙次郎『民法要義巻之三債権編』87頁)。現在は隠居や家督相続のような制度はありませんが、親族法上の身分の成立や解消にかかわる行為、すなわち婚姻、離婚、縁組などについては第三者が介入するべきではないため、取消しの対象にはなりません。

しかし、**家族法上の行為であっても財産関係の変動にかかわるもの**については、問題があります。設例で考えてみましょう。

〔設例5〕　Aが死亡し、子であるBとCが相続人となる地位にあった。Aの死亡以前からBはXに金銭債務を負担していたが、Bにはめぼしい財産がなかった。しかしCが経済的な困難に陥ったため、Bは相続放棄をした。

〔設例6〕　Aが死亡し、子であるBとCが相続した。Aの死亡以前からBはXに金銭債務を負担していたが、Bにはめぼしい財産がなかった。しかしCが経済的な困難に陥ったため、BとCは遺産分割協議により、Bの相続分を0パーセント、Cの相続分を100パーセントとした。

〔設例7〕　Dは自宅である甲不動産(時価3000万円)を所有しているが、他方でXに対して3000万円の債務を負担していた。その後、Dは協議によって妻Eと離婚し、財産分与および慰藉料の支払いとして甲不動産の所有権をEに移転した。

(a) 相続放棄　相続放棄は、家族法上の行為ではありますが、財産の帰属に影響を与える点で財産法上の効果が生じます。〔設例5〕で、Xは債務者Bが行った相続放棄を取り消すことができるでしょうか。最高裁は、424条の「**取消権行使の対象となる行為は、積極的に債務者の財産を減少させる**

行為であることを要し、消極的にその増加を妨げるにすぎないものを包含しない」こと、「相続の放棄のような身分行為については、他人の意思によってこれを強制すべきでないと解するところ、もし相続の放棄を詐害行為として取り消しうるものとすれば、相続人に対し相続の承認を強制することと同じ結果とな」ることを理由に、相続の放棄のような身分行為については、詐害行為取消権行使の対象にならないと判示しました（最判昭和49・9・20民集28巻6号1202頁）。この立場によれば、Xは取り消すことができないことになりそうです。

　　＊もっとも、昭和49年判決は、〔設例5〕のように相続人の債権者ではなく、被相続人の債権者が、相続人の相続放棄を詐害行為として取り消すと主張した事例です。最高裁の言うとおり、相続人が負債の「相続の承認を強制」されるのは不当であるといえますが、しかしこの債権者は、放棄をした相続人の債権者ではないのですから、そもそも取消しを主張することはできないのではないかという疑問があります。またこの債権者は、債務者である被相続人との関係で債権保全の措置をとることができたのですから、相続人の固有財産をあてにするべきではないということもできます。

　〔設例5〕の場合、積極財産の相続を放棄することは、昭和49年判決のいうように、消極的にBの財産の増加を妨げるにすぎない行為ではあります。もともとXはBの財産状態を評価した上で取引し、債権を有するに至ったのですから、Aの財産をBが相続することを期待するべきではないと考えるならば、相続放棄は取消しの対象にならないことになります。しかし、BがAの財産を相続する期待があることを示してXとの取引をしたとすると（前田達明『口述債権総論第3版』282頁参照）、債権者の期待を害することは不当であるとして、相続放棄は取消しの対象になるとする考え方もありえます。学説においても、相続人の債権者が相続放棄を取り消すことの可否については意見が分かれていますが、Xとしては、Aの財産をBが相続することを当然に期待することができるものではないのですから、取消しの対象にはならないと考えます。

　(b)　遺産分割協議　これに対して〔設例6〕の場合はどうでしょうか。Aの遺産をもっぱらCに承継させるという点で、〔設例5〕の場合と同じ機

能を有していますが、遺産分割協議について、最高裁は詐害行為取消権行使の対象になりうるとしています。その理由は「遺産分割協議は、相続の開始によって共同相続人の共有となった相続財産について、その全部又は一部を、各相続人の単独所有とし、又は新たな共有関係に移行させることによって、相続財産の帰属を確定させるものであり、その性質上、財産権を目的とする法律行為である」と説明されています（最判平成11・6・11民集53巻5号898頁）。**相続放棄は、Bが初めから相続人にならなかったこととなる身分行為であるが、遺産分割協議はいったん取得した財産の処分という「財産権を目的とする法律行為」である**という説明です。遺産をCに承継させるという目的は相続放棄と同じであるとしても、いったん共同相続により、Aの遺産の2分の1がBの財産となったこと、また、相続放棄は一定期間内しかできないのに対し、遺産分割はいつでもできることを重視して、その処分は詐害行為となりうるものと考えます。

　(c)　離婚給付　〔設例7〕では、Dは3000万円の債務を負担しながら、財産分与および慰謝料の支払いとして時価3000万円の甲不動産をEに移転しましたが、これは詐害行為になるでしょうか。最高裁は、離婚における財産分与の額及び方法は一切の事情を考慮して定めるべきものであり、「分与者が債務超過であるという一事によって、相手方に対する財産分与をすべて否定するのは相当でなく、……分与者が既に債務超過の状態にあって当該財産分与によって一般債権者に対する共同担保を減少させる結果になるとしても、それが**民法768条3項の規定の趣旨に反して不相当に過大であり、財産分与に仮託してされた財産処分であると認めるに足りるような特段の事情のない限り、詐害行為として、債権者による取消の対象となりえないものと解するのが相当**」（最判昭和58・12・19民集37巻10号1582頁）という原則を示しましたが、その後具体的な事件で、「財産分与のうち不相当に過大な額及び慰謝料として負担すべき額を超える額」の限度で財産分与（並びに慰謝料）の合意を取り消すべきものと判断しました（最判平成12・3・9民集54巻3号1013頁）。したがって〔設例7〕でも、一切の事情を考慮して、財産分与および慰謝料として相当な額を定め、たとえば財産分与1500万円、慰謝料500万円、併せて2000万円が相当であるということになれば、Xは1000万円の限度でD・E

間の合意を取り消すことができます。

　(3)　**その行為によって債権者を害すること**　「**債権者を害する**」とは、**債務者の行為の結果、債務者が「無資力」となり、債権者が自己の債権につき十分な満足を得られなくなることをいいます**。〔設例1〕の場合、Ｓは時価3000万円の不動産甲の所有権を無償でＣに移転したのですから、Ａ・Ｂは、債権者平等の原則によればそれぞれの債権額3000万円のうち、1500万円の回収を期待することができたところ、Ｓの行為により全く回収できなくなりました。もしもＳが他の財産、たとえば時価6000万円の不動産乙を有しているのであれば、不動産甲を贈与したとしても、Ａ・Ｂは不動産乙から回収すればよいのですから、Ｓの行為を取り消す必要はありません。取消しは、本来自由な債務者の財産管理行為を否定する重大な結果を招くものですから、債権者としてそれ以外の方法がない場合に限られるのです。

　「**無資力**」とは、債務者の処分行為によって責任財産が減少し、債権者に完全な弁済をすることができない状態に陥ることをいいます。〔設例1〕の場合に、仮に債権者がＡだけであったとすると、Ｓが不動産甲を贈与しなければ、これによって自己の3000万円の債権を完全に回収できたのに、贈与によって全く回収できなくなります。このように、**処分行為によってはじめて無資力になる場合**と、上記のように債権者としてＡ・Ｂがあり、ただでさえそれぞれが２分の１しか回収できない状態であった（既に無資力であった）のに、**処分行為によってさらに回収ができなくなる場合**とがありえますが、**いずれも詐害行為として取消しの対象になります**。

　＊もっとも、無資力にあたるかどうかは、計算上の財産状態だけでなく、債務者の信用状態（新たに融資を受けることができるかどうか）をも考慮して判断するものと解されています。

　取消しのためには、債務者の処分行為の時点に無資力であったこと、または処分行為によって無資力となったことに加えて、事実審口頭弁論終結時点においても債務者が「無資力」であることが必要です（大判大正15・11・13民集5巻798頁）。処分行為後に財産状態が回復したのであれば、もはや取消しの必要はないからです。

　それでは、〔設例2〕の場合はどうでしょうか。**１**２でも触れましたが、

SはAに3000万円、Bに3000万円の債務を負担し、時価3000万円の不動産甲を所有しているのですから、計算上は3000万円のマイナスです。不動産甲の処分とAへの弁済により、SはBに3000万円の債務を負担するのみになったのですから、やはり計算上は3000万円のマイナスです。しかしBの立場からすれば、3000万円のうち1500万円の回収を期待することができたところ、Sの行為により全く回収できなくなったのですから、Sの処分行為により害されたと言いたいところです。これを詐害行為として取消しの対象にするべきかどうかは、「無資力」か否かという基準だけでは判断できません。これについては、**4～6**において、行為類型ごとに検討します。

3 債権者を害することを知ってしたこと（主観的要件）

取消権発生のためには、主観的要件として、債務者が「債権者を害する行為」をした時点で、その行為が債権者を害することを知っていたことが必要です。一般に、これを債務者の「詐害の意思」と呼んでいますが、判例・通説は、債務者がその行為によって債権者が十分な債権の満足を受けられなくなることを認識していれば足り、積極的に債権者を害する意図を有する必要はないと解しています（最判昭和35・4・26民集14巻6号1046頁）。債務者がこれを認識していたこと（債務者の悪意）の証明責任は債権者にあり、また債務者がこれを認識していなかったときは、たとえ債務者に過失があっても取消権は成立しないと解されています。しかし、債務者は自己の財産状態を知っているはずですから、〔設例1〕のように、債務超過の状態にあるにもかかわらず無償または低廉な価格で財産の処分をする場合には、債務者の悪意は比較的容易に立証することができます。

しかし最高裁は、複数の債権者のうちの1人から手形金の支払いを強く要求されたため、債務超過の状態にある債務者がその債権者に弁済した事例について、詐害行為の成立を認めた原判決を破棄し、「債務超過の状況にあって一債権者に弁済することが他の債権者の共同担保を減少する場合においても、右弁済は、原則として詐害行為とならず、唯、債務者が一債権者と通謀し、他の債権者を害する意思をもって弁済したような場合にのみ詐害行為となるにすぎない」と判示しました（最判昭和33・9・26民集12巻13号3022頁）。他

方、特定の債権者だけに代物弁済をした事例について、詐害行為にならないとした原判決を破棄し、債務者の詐害の意思の有無についてさらに審理を尽くすべきであるとして差し戻した判決もあります（最判昭和48・11・30民集27巻10号1491頁）。

債務超過の状態で一部の債権者にのみ満足を与え、他の債権者の回収を困難にした場合、主観的要件は認識で足るとするならば、債務者の悪意が認められ、詐害行為として取消しが可能になるはずですが、この場合はそれだけでは足りず、**一債権者との通謀および他の債権者を害する意思**が必要とされています。したがって、ここでも判例は、客観的要件と主観的要件とを相関的に考慮しているものということができ（**1**3参照）、取消しができるかどうかについては行為類型ごとに検討することが必要となります。

4　類型的検討①──財産の処分

（1）　無償譲渡　　**財産を無償で譲渡し、または不相当に低廉な価格で売却することは詐害行為にあたり、また債務者が、それによって債権者が債権の満足を得られなくなることを認識していれば、主観的要件を充たします。**

（2）　相当価格による財産処分──判例の立場　　問題は、**財産を相当な価格で売却した場合**です。判例は、**不動産について、相当な価格であっても、これを消費しやすい金銭に換えることは、債権者のために確実な担保を失わせるものであるとして、原則として詐害行為になるが**（大判明治39・2・5民録12輯136頁、大判昭和3・11・8民集7巻980頁等）、**その代金を他の債権者への弁済や公租公課の支払いなど「有用の資」に充てたときは詐害行為とならない**、但しその事実は取消しの相手方において主張・立証するべきものとしています（大判明治44・10・3民録17輯538頁）。

＊その後の判決として、既存債務の弁済資金にあてる目的で不動産の処分をした債務者につき、他の債権者を害する意思がないものとして取消しを認めなかったもの（大判大正13・4・25民集3巻157頁）、抵当権付の不動産（実価は被担保債権額以下）を、被担保債権を弁済するために相当価格で売却した行為につき、原審が「詐害の意思」がないとして取消しを認めなかったのに対して、債権者が「詐害の意思」は認識があれば認められると主張して上告、最高裁が上告棄却をするにつき、当該売却行為（優先弁済権ある者への売却）は「一

般債権者の共同担保を減少することにはならない」と理由づけたもの（最判昭和41・5・27民集20巻5号1004頁）等があります。

これによると、他の債権者に弁済するために相当の代価で処分することは取消しの対象にならないはずですが、**他方で、特定の債権者と通謀して、その者のみに債権の満足を得させる意図のもとに処分する場合には、詐害行為となる**ものとしています（前掲大判大正13・4・25参照）。最高裁も、「債務超過の債務者が、特に或る債権者と通謀して、右債権者のみをして優先的に債権の満足を得しめる意図のもとに、自己の有する重要な財産を右債権者に売却して」相殺の約定をした場合には、売買価格が適正であっても、この売却行為は詐害行為にあたるとしています（最判昭和39・11・17民集18巻9号1851頁）。

(3) 相当価格による財産処分——学説の状況　昭和39年判決は、債務者の財産（在庫商品）を買った債権者が、その代金債務と債務者に対する自己の債権とを相殺した事件です。したがって、当該債権者に対する財産の処分という面と、当該債権者のみの債権の満足という面とが二重映しになっています（事実上の代物弁済）が、処分の相手と弁済の相手とが異なる場合を検討してみましょう。

〔設例8〕Aは債務超過になっていたが、複数の債権者のうちBに弁済をすることを意図し、その資金を得るために、自己所有の不動産をYに相当価格で売却した。そこで他の債権者Xが上記売買を詐害行為として取消訴訟を提起した。

かつての通説は、相当価格による不動産の売却が原則として詐害行為になるとする判例の立場に反対していました。たとえば於保博士は、「相当価格による不動産の売却は債務者の財産、したがって、共同担保を減少せしめるものでないばかりでなく、これを詐害行為とすることは、債務者が不動産を換価して有利にこれを運用して経済的更生をはかることを妨げ、また売買の相手方に知れない債務者の代金の使途によって取消権を成立しめることは取引の安全を害するから、相当の代価をもってする不動産の売却は常に詐害行為とはならない」とするのが多数説であり、「少なくとも、有用の資に充てなかったという事実の挙証責任は、取消債権者に転換すべきである」と主張しています（於保不二雄『債権総論〔新版〕』189頁）。また我妻博士も同様の理由

を示した上で、「関係当事者の行為が全体として著しく信義に反するときは、無効とされる場合もあろう。然し、それは詐害行為取消権の問題ではない」と述べています（我妻栄『新訂債権総論』188頁）。

しかし現在では、**主観的要件と客観的要件とを相関連して判断するという相関関係説の立場**から、関係当事者の主観的要素を併せて考慮するため、**相当の代価による処分であるということだけで詐害行為性を否定することはできないとする見解**が一般です。したがって〔設例8〕の場合も、A・B・Yが意思を通じ、Xを排除して不動産の処分とBへの弁済を行ったときには、判例のいう「通謀」ありとしてYに対する取消権行使が認められることがありえます。しかし他方で、新破産法により（①4参照）、相当の対価を得てした財産処分行為を否認しうる場合が限定され（破産161条）、また既存の債務への担保供与や債務の消滅に関する行為の否認についても、時期の限定などの規律がされています（破産162条）。今後、詐害行為取消権についても、相関関係説の中で、新破産法で考慮された諸要素をどの程度反映させるべきかが課題となると考えます。

 ＊前掲最判昭和39・11・17は、X、Y、さらに複数の債権者が債権を有し、Aが債務超過になっている状況で、YがAのもとにある在庫商品を買い取り、その代金債務とYの債権とを相殺するという約束をした上、Yが他の債権者に知られないように、偽名で宿泊して夜遅く在庫商品を運び出す等の行為をした事実関係のもとにおいて、売買価格が適正であったとしても、Aの売却行為は詐害行為にあたるとしました。事実上、代物弁済と同様の結果を生ずることもひとつの理由かと思われますが、「通謀」および「他の債権者を害する意思」の要件につき、他の債権者を出し抜こうとする意図が明確に表れている事例としても参考になります。

5　類型的検討②——弁済・代物弁済

前に〔設例2〕に関して、複数の債権者のうち一部の者のみに満足を与える行為が、債務者の「財産処分の自由」によって正当化できるかどうかという問題に触れました（①2）。この問題を検討してみましょう。

〔設例9〕　AはX・Yほか複数の者に債務を負担し、債務超過の状況にある。唯一の財産としては、Bに対して500万円の代金債権があるのみである。A

とYは相談して、いったんAの事業を整理した上、AがYに対する債務（500万円）の全額を弁済するならば、あらためてAが事業を再建するときにはYが援助をするという約束をした。そこでAはBから500万円の代金を受け取り、これによってYに対する債務を完済した。これに対してXは、AのYに対する弁済は詐害行為であると主張した。

〔設例10〕 AはX・Yほか複数の者に債務を負担し、債務超過の状況にある。唯一の財産としては、Bに対して500万円の代金債権があるのみである。YはAに対して、自己の債権（500万円）を弁済するよう強く申し入れた。Aは、翌日に債権者を集めて相談するので、その場で話し合おうと言ったが、YはAを自己の事務所に連れ出し、深夜まで弁済を迫った。その結果、Aは翌朝、YとともにBを訪れ、Bから500万円の代金を受け取って、これを弁済としてYに交付した。

〔設例11〕 AはX・Yほか複数の者に債務を負担し、債務超過の状況にある。唯一の財産としては、Bに対して500万円の代金債権があるのみである。YはAに対して、自己の債権（600万円）を弁済するよう強く申し入れた。そこでAは、代物弁済として、Bに対する上記代金債権をYに譲渡した。

(1) 判例の状況　まず〔設例9〕は、複数の債権者のうち、一部の者にのみ弁済することが、他の債権者に対する関係で詐害行為になるかという問題です。最高裁は、大判大正6・6・7民録23輯932頁を引用して、**債権者が弁済期の到来した債務の弁済を求めるのは当然の権利であり、債務者も債務の本旨に従い履行をするべき義務を負うのであって、いずれについても他に債権者があることは妨げとならない**。「債権者平等分配の原則は、破産宣告をまって始めて生ずるものであるから、」債務超過のもとで一債権者に対して弁済することは原則として詐害行為とならず、**ただ債務者が一債権者と通謀し、他の債権者を害する意思をもって弁済したような場合にのみ詐害行為となるにすぎない**と判示しました（最判昭和33・9・26民集12巻13号3022頁）。これによれば、〔設例9〕におけるAとYとの相談とその内容が「通謀」および「他の債権者を害する意思」にあたるかどうかが問題となります。もっとも、単純な弁済を詐害行為と認めた最上級審公刊裁判例は見当たりません（中田裕康『債権総論〔新版〕』242頁）。

次に〔設例10〕についてはどうでしょうか。上記昭和33年判決は、第一に、債権者自身の経済状態が逼迫しているもとで、債権者から強く弁済を要求された結果、債務者が弁済したものであること、第二に、債務者たる会社の社員が売掛金の集金を行い、初日の集金はすべて他の債権者への弁済に充て、その後の集金をもって当該債権者への一部弁済に充てたという事実から見ると、債務者と当該債権者との間に「通謀」および「他の債権者を害する意思」があったとは断じがたいと述べています。なお、〔設例10〕に類似した事例で、最判昭和52・7・12判時867号58頁は、かなり強引な取立ての場合について詐害行為を認めた原判決を破棄し、昭和33年判決を引用した上で、取消しの対象にはあたらないとしています。昭和33年判決が、通謀等の主観的要件の有無を重視したのに対し、昭和52年判決は、弁済が義務であること、債権者平等原則は破産手続外では妥当しないことから、詐害行為にあたらないという原則の面を重視しているように思います。

　〔設例11〕は特定の債権者だけに代物弁済をした事例です。代物弁済につき、大審院は、債務の本旨弁済は債務者の義務であるが、**代物弁済は本旨履行ではなく、債務者がこれを行うか否かは自由**であるから、**目的物の価格が債権額に相当するという一事だけで詐害行為でない**ということはできず、債務者が債権者を害することを知って代物弁済をし、これによって債権者の一般担保を減少させたときは詐害行為となるとし（大判大正8・7・11民録25輯1305頁）最高裁もこの立場を踏襲しています（最判昭和48・11・30民集27巻10号1491頁参照）。〔設例11〕の場合、Bに対する500万円の代金債権を譲渡することにより、Aに対する600万円の債務が消滅したのですから、財産状態全体からすると一般財産の減少はないように見えます。最高裁は、代物としての給付の価額が債権額を超えないことを理由に詐害行為にならないとした原判決に対し、「債務超過の状態にある債務者が、**他の債権者を害することを知りながら特定の債権者と通謀し、右債権者だけに優先的に債権の満足を得させる意図**のもとに、債務の弁済に代えて第三者に対する自己の債権を譲渡したときは、たとえ譲渡された債権の額が右債権者に対する債務の額を超えない場合であっても、詐害行為として取消の対象になる」としてこれを破棄し、債務者の詐害の意思の有無についてさらに審理を尽くすよう差し戻しま

した（前掲最判昭和48・11・30）。

(2) 検　討　(a)　**債権者の一部のみに対する弁済が詐害行為にならないとする考え方**の理由としては、①弁済は債務者の果たすべき義務であること、②弁済によって同額の債務が消滅するのであるから、総債権者の共同担保である債務者の総財産の状態には変化がないこと、③債権者間の平等の要請は、強制執行や破産手続の外では妥当しないこと、④債務者が特別の関係にある債権者に弁済をして事業再建のための支援を得ることを禁ずる理由はないことが挙げられます。

これに対して、**詐害行為になりうるとする考え方**は、詐害行為取消権は債務者の信用が破綻に瀕した段階で問題となるのが実際であり、③の債権者平等の要請は、破産手続によらない債務整理の場面でも妥当するべきであると主張します。下森教授は、平等弁済は破産手続のみによるべきものとする説は正論ではあるが、破産手続はきわめて慎重に行われ、時間がかかるとともに、手続費用がかかるため配当率が格段によくなるとは限らない。他方、内整理の場合には手続が簡単で早期に処理でき、さらに配当が少なくても残額につき債権放棄をして損金処理をすれば税額が安くなり、実損を少なくするというメリットがある。現実にも、倒産の大部分は破産に至らず、この場合に、不満のある債権者が抜駆けをした債権者に対して争う手段として詐害行為取消権が用いられている。そうだとすると、この制度の簡易破産的機能をある程度容認し、債権者間の不当な不公平さの解消を図ることは許されるべきであろうと述べています（下森定『債権者取消権の判例総合解説』103〜104頁）。

(1) で見たように、判例は、弁済は原則として詐害行為にならないが、債務者が一部の債権者と通謀し、他の債権者を害する意思をもって弁済した場合にのみ詐害行為となるとして、その限りで債権者間の不公平の是正を図っています。ただ、**実質上の代物弁済ではなく、純粋な弁済の場合において、具体的にどのようなときに「通謀」があったと見るべきか**、判例からは必ずしも明らかではありません。〔設例9〕の場合につき「実際からいっても、債務者は、破綻しようとするときに、特別の関係ある債権者に弁済して再建のための支援をえようとすることは世上しばしばみるところであって、これを禁ずべき理由はあるまい」という指摘があります（我妻栄『新訂債権総論』

185頁)。これに比べると、〔設例10〕の場合は、債務者は受身の立場で弁済せざるをえなかったにせよ、強引な手段で抜駆けを図る債権者の行為は不当であり、取消しを認めても良いようにも思われます。ただ、これについて下森教授は「倒産の気配をいち早く察知し、有利な弁済、代物弁済、担保権の設定をうけうる立場にあるのは、一般に債務者に対し生殺与奪の権をもっている大口の取引先や銀行などの債権者であるから、平和的回収はつねに詐害行為とならないとすると、情報にうとい、小口の弱小債権者の保護に欠ける面も無視しえまい」と指摘しています。その上で下森教授は、債権者間の公平を重視し、平和的回収であっても、債務者に詐害の認識さえあれば、詐害行為取消しを認めるべきであると述べています（下森・前掲109頁）。この点については立法によって明確にすることが期待されますが、現行法のもとでは、当該債務者の信用状態との関連で「通謀」「他の債権者を害する意思」ありと評価すべきかどうかを検討する必要があります。

　(b)　**代物弁済**についても、**給付されるものの価格が債権額に相当する限り、詐害行為とならないとする見解**がある（我妻栄『新訂債権総論』186頁）一方、**弁済と異なり代物弁済は義務ではないため、詐害行為となりうるとする見解**があります。ただ(1)で見たように、最高裁の昭和48年判決が債務者の主観的態様の詐害性を重視しているように、後者の見解においても、代物弁済が義務でないということだけで直ちに詐害行為とするものではありません。

> ＊なお、一部の債権者に対して財産を売却し、その代金債務と債権者の債権とを相殺するという場合に、「売却行為」の詐害性を判断するにあたって「通謀」「他の債権者を害する意思」を問題にすることは、一連の行為が実質的に代物弁済と同視されることによるものと考えられます（前掲最判昭和39・11・17民集18巻9号1851頁参照）。

　代物弁済はもともと、代わりに給付されるものの価格のいかんにかかわらず、当事者の合意によって債権を消滅させるものです。したがって通常の場合であれば、債権額を超えるものを給付することによる代物弁済にも問題はありませんが、債務者が無資力の場合には、不相当な価格による財産処分と同様、詐害行為として取消しの対象となります。これに対して、給付される

ものの価格が消滅する債権額に相当しているならば、その点では問題がないはずです。ただ、弁済の場合と同様、債権者間の公平をどの程度考慮するべきかという問題があることに加えて、代わりに給付されるものの評価は代物弁済の当事者が行うのですから、他の債権者から見て、その評価が適正か否か（詐害行為ではないか）という疑問が生じうるものと思われます。

6　類型的検討③——担保の供与

債務者が既存の債務のために、あるいは新たに借り入れをするために、その財産に担保権を設定する場合はどうでしょうか。

〔設例12〕　SはAに3000万円、Bに3000万円の債務を負担し、財産としては時価3000万円の不動産甲を有しているが、他に価値のある財産はない。AはSに対して強く返済を迫ったため、SはAの上記債権のために不動産甲に抵当権を設定した。

〔設例13〕　SはCに3000万円の債務を負担し、財産としては時価3000万円の不動産甲を有しているが、他に価値のある財産はない。Sは新たな事業のため、Dから3000万円を借り入れ、その担保のために不動産甲に抵当権を設定した。

(1)　既存の債務のための担保供与　〔設例12〕の場合、3000万円の一般財産に対して6000万円の負債があり、Sの財産全体としては3000万円のマイナスになっていました。Aの債権のために不動産甲に抵当権を設定した結果、不動産甲はAのための特別担保となって一般財産から脱落しましたが、同時にAに対する債務も一般財産による担保の対象でなくなりました（394条1項参照）。したがって一般財産が零となったものの、一般財産によって担保されるべき債務は3000万円となり、マイナスの値は変わりません。このことから、詐害行為にはならないとする見解もあります（我妻栄『新訂債権総論』187頁）。

しかし大審院は、**一部の債権者のために抵当権を設定するときは、他の債権者の有する共同担保はそのために減少する結果となる。法律は総債権者に対して害を及ぼすことを詐害行為の要素としているのではないから、上記設定行為はこの債権者に対して詐害行為を構成する**と判示しました（大判明治

40・9・21民録13輯877頁)。最高裁もこれを踏襲しています(最判昭和32・11・1民集11巻12号1832頁)。ただ**1**3でも触れたところですが、牛乳の買掛代金等の支払いを遅滞した小売業者が、従前通り牛乳類の供給を受け、その小売営業を継続して更生の道を見出すために、示談の結果やむなくその資産を譲渡担保に提供したという場合に、上記目的のための担保提供行為として合理的な限度を超えたものではなく、かつ、この方法以外には債務者の更生策として適切な方策はなかったとして、その行為によって債権者の一般担保を減少させる結果となったとしても、詐害行為にはあたらないとした例もあります(最判昭和44・12・19民集23巻12号2518頁)。**債務者の経済活動として相当性の範囲内にあり、これに対する他の債権者からの介入は許されない**としたものです。通説も、以上のような判例の立場を支持しています。

(2) 新たな借入れのための担保供与 〔設例13〕の場合、Sは3000万円の一般財産に対して3000万円の債務を負担していますから、プラスマイナス零の状態ですが、Dからの借入れのために不動産甲を担保に提供したことにより、一般財産が零となり、Cに対する債務の分3000万円のマイナスとなりました。これはCのための担保の減少を意味しますから、詐害行為になりそうです。しかし我妻博士は、戦前の判例が多くの場合詐害行為の成立を否定し、その理由が**債務者の事業経営のための資金獲得の手段としてやむをえなかったこと、弁済資金を得るための適当な手段であったこと**等にあることを指摘しています(我妻栄『新訂債権総論』188頁。我妻博士自身は、不動産の売却行為と同視し、抵当権の設定は常に詐害行為とならず、譲渡担保は目的不動産の価格が被担保債権額を超過する場合にだけ詐害行為となるものとしています)。最高裁も、生計費および子女の教育費にあてるため、新たに借財をして家財衣料等を譲渡し、あるいは譲渡担保に供した事例において、たとえ共同担保が減少したとしても、その売買価格が不当に廉価であったり、担保物の価格が借入額を超過したり、借財を生活を営む以外の不必要な目的のためにする等の特別の事情がない限り、詐害行為は成立しないとしました(最判昭和42・11・9民集21巻9号2323頁)。

担保の供与は、一方では他の債権者のための責任財産を減少させることになりますが、**既存の債務のためと新たな借入のためとを問わず、債務者の営**

業活動や生活を継続することを目的とし、それが手段として必要かつ相当である限りは、詐害行為とはならないと評価される傾向にあるといえます。

4 受益者・転得者側の要件——受益者・転得者の悪意

1 意義

受益者とは、詐害行為である債務者の行為の相手方をいいます。また転得者とは、受益者から詐害行為の目的物の全部または一部を取得した者をいいます。〔設例1〕であれば、Cが受益者、Dが転得者にあたります。債務者が「債権者を害することを知ってした」行為であっても、受益者を相手に取り消す場合には受益者が、転得者相手に取り消す場合には転得者が、その行為または転得の時において「債権者を害すべき事実」を知らなかったときは、これを詐害行為として取り消すことはできません。本来、債務者が自由に行える財産処分を例外的に取り消すのであり、受益者・転得者が事情を知らない場合に取消しを認めることは取引の安全を著しく害することになるからです。

この意味で、受益者・転得者の悪意が詐害行為の取消しの要件であるということができますが、証明責任は受益者・転得者の側にあり、受益者・転得者がその善意を立証することが必要です（最判昭和37・3・6民集16巻3号436頁）。

「悪意」の対象は、債務者の行為が債権者を害すること、すなわち客観的要件であり、債務者の悪意ないし詐害の意思（主観的要件）を認識している必要はありません。しかし複数の債権者の一部にのみ弁済する場合のように、「通謀」および「他の債権者を害する意思」があることを要件とするときには、受益者（一部の債権者）についても同様な主観的要件を必要とすることになります。これについては、債権者側が証明責任を負うと解するべきです（中田裕康『債権総論〔新版〕』248頁）。

2 善意者から転得した者の主観的要件

現行民法典の制定に際して、法典調査会で議論になった問題があります。

次の設例のような場合です。

〔設例14〕 Ｓが唯一の財産である自己所有の不動産をＡに贈与し、Ａはこれをに Ｂに売却した。さらにＢはこれをＣに売却して、Ｃに所有権移転登記をした。

　この場合に、Ｂ・Ｃとも善意のときは、第11章で説明するように、Ｓの債権者はＳの行為を取り消した上、Ａに対して価格賠償を請求することになります。Ｂ・Ｃとも悪意のときは、ＡまたはＢに対して価格賠償を請求するか、Ｃに対して不動産の返還を請求することになります。Ｂが悪意でＣが善意のときは、ＡまたはＢに対して価格賠償を請求するほかありません。

　これに対してＢが善意でＣが悪意のときはどうなるでしょうか。Ｂに対して価格賠償の請求ができないことは明らかですが、Ｃに対して不動産の返還を請求できるでしょうか。取消訴訟において誰を被告とするか、また取消しの効果がどのようなものかという点に関連し、難しい問題です。法典調査会での審議の中で、実質論的な議論を見ると、肯定説は、詐害行為は債務者が債権者を害することを知ってした行為であり、現に利益を得た者がその事情を知りさえすれば取り消すことができるとするものである、善意者を経由することによってこの規定が画餅に帰することがあってはならないと主張しています（『史料債権総則』153頁、156頁の穂積委員の発言）。これに対して否定説は、Ｃに対する不動産の返還請求を認めると、善意のＢが担保の義務（追奪担保責任）を負うことになって保護されないことになると主張しています（同155頁の土方委員の発言）。

　この問題について現在の通説は、債権者がＣを相手として取り消した場合、取消しの効果はＣとの関係でのみ生じ、Ｂとの関係では生じないと解しています（相対的効力。第11章参照）。したがって、ＢにとってはＳ・Ａ間の贈与は有効であり、Ｂは所有権を有するＡからこの不動産を買い、その所有権をＣに有効に移転したものであるから、追奪担保責任を負うものではないということになります。また最高裁も、「受益者又は転得者から転得した者が悪意であるときは、たとえその前者が善意であっても同条〔424条〕に基づく債権者の追及を免れることができない」と判示しています（最判昭和49・12・12裁判集民事113号523頁、金法743号31頁）。これに対して、取引安全の見地か

ら、Bが善意ならば取り消すことはできず、悪意のCに対しては詐害行為取消権の外で、不法行為による損害賠償請求ができると解するべきであるという主張もあります（前田達明『口述債権総論　第3版』284頁。なお前田教授は、詐害行為の取消しは絶対的効力を有すると考えるとしています。同286頁）。

第11章　詐害行為取消権②——行使方法と効果

本章のレジメ

* **詐害行為取消権の効果と法的性質**：「取消し」と「取戻し」の2つの局面
    * 形成権説：取消しの重視 ↔ 請求権説：取戻しの重視
    * 折衷説（相対的取消説）：財産取戻しの根拠としての（その限度での）取消し
    * 責任説：「取消し」を介することなく責任財産を確保する
* **取消権の行使方法**：受益者または転得者を被告として、訴訟によって行う（債務者は被告にならない）
* **取消権の消滅**：取消権の時効消滅と被保全債権の時効消滅

* **効果論の問題点**：①相対的取消しの結果と理論的な不整合
    * 債権者と被告（受益者または転得者）の間でのみ取り消し、債務者との関係ではなお有効であること
    * 債務者への回復ではなく「債務者の責任財産」への回復
    ②425条の考え方（総債権者の利益）が貫かれないこと
* **取り消しうる範囲**：原則として取消債権者の債権額の限度。しかし目的物が不可分の場合にはそれを超える
    ・目的物に抵当権が設定されている場合の取消しの範囲
* **取戻しの方法**：原則として現物返還、例外的に価格賠償
    * 目的物が不動産の場合：債務者への登記名義の回復
        ・二重譲渡の場合の問題：取消債権者による不動産自体の取得は否定
    * 目的物が動産・金銭の場合：取消債権者への引渡し
        ・金銭の場合、事実上の優先弁済が可能→425条の趣旨が貫かれない
        ・債権者相互間の問題：①他の債権者は按分額を請求しうるか
            ②弁済を受けた債権者が取消しを受けた場合、按分額を留保しうるか
            →平等主義をとるか否かの立法論的検討、手続についての法的整備の必要
* **財産の取戻しを受け、あるいは価格賠償を行った受益者・転得者の地位**
    ・取戻し財産により債権者が債権の満足を受け、債務者が債務を免れた限りで不当利得の返還を請求すること

1 総　説

1　「取消し」と「取戻し」

詐害行為取消権の目的は、債務者が自己の財産を処分することにより、債権者の共同担保となる責任財産が減少して、債権者が債権を回収できなくなる場合に、債権者の債権回収の利益を保護することです。そのために、債務者の財産を処分前の状態に回復するものですから、**債務者の処分行為を「取り消す」だけでなく、財産を「取り戻す」ことが必要**となります。設例で見てみましょう。

〔設例1〕　SはGに対して8000万円の貸金債務を負担している。SはAに対して2000万円の代金債権を有し、また時価6000万円の不動産甲を所有しているが、他に財産はない。SはAに対して上記代金債権を免除し、また不動産甲を弟Bに贈与した。Bはこの不動産甲をCに売却し、Cへの所有権移転登記がされた。

Gはこのままでは貸金債権の回収ができませんから、Sの財産状態を回復するために取消権を行使する必要があります。Aに対する代金債権の免除については、免除というSの処分行為を取り消すことによってSの代金債権は回復します。しかし不動産甲についてSの財産状態を回復するためには、SのBに対する贈与を取り消した上で、所有権の登記名義をCからSに戻すことが必要になります。そしてCが善意であれば、第10章4で見たように、Cとの関係でSの行為を取り消すことはできませんから、(Bが悪意であれば) SのBに対する贈与を取り消した上で、Bに対して価格賠償を請求し、価値的にSの財産状態を回復することになります。

このように、詐害行為取消権の行使には「取消し」と「取戻し」という2つの局面があります。そして詐害行為の取消しは債権者が裁判所に請求して行うことになっていますから (424条1項本文)、債権者は誰を被告として何を請求するべきかが問題となります。この問題を考えるにあたり、詐害行為取消権の性質論が、重要な意味を持っています。

2 詐害行為取消権の法的性質

それでは、この問題を、〔設例1〕の甲不動産の処分について、Sの行為を取り消し、Cから甲不動産を取り戻す場合を例として考えてみます。

第一に、**形成権説**という考え方があります。424条には債権者は「取消し」を裁判所に請求することができると明記されていますが、これを文字通りに解するならば、債権者Gは、Sの処分行為の当事者であるSとBとを被告として、SのBに対する贈与の取消しを裁判所に請求することになります（形成訴訟）。この取消しの効果は絶対的なものであり、Bは初めから無権利者であったことになりますから、CはBから甲不動産の所有権を取得することができません。そうすると取消しの結果として、SはCに対して甲不動産の所有権につき、登記をSに返還（移転）することを請求できますが、もしもSが登記の返還を請求しないのであれば、GはSの登記請求権を代位行使することになります。しかし債権者Gの狙いは、Sの一般財産を回復することですから、424条からその効果が導かれず、債権者代位権を使わなければならないという二段構えの方法では十分でないようにも思われます。

第二に、**請求権説**という考え方です。これは、詐害行為取消権を端的にSの一般財産から逸出した財産を取り戻すための請求権として捉えるものです。この立場によれば、訴えは請求の相手方であるCを被告とする給付訴訟になり、SおよびBは被告にはなりません。確かに制度の目的には適合していますが、「取消し」を請求できるとしている424条の文言を無視する結果になっていること、また、このままでは〔設例1〕のAに対する代金債権の免除のように、財産の逸出を伴わない場合の取消しを説明できないという大きな問題点があります。

第三に、**折衷説**（相対的取消説）という考え方が示され、これが判例・通説となっています。これは、詐害行為取消権は詐害行為を取り消し、かつ、これを根拠として財産の取戻しを請求することのできる権利であるとするものです。この考え方においても、被告はC（Bに対して価格賠償を請求するときはB）のみであり、Sは被告になりません。そして判決では、判決主文中でSの行為の取消しを宣言した上で、取り戻すべき財産の返還（価格賠償を命ずるときは逸出した財産に相当する価額の支払い）を命ずることになります。また、こ

の考え方によれば、**取消しの効力は、債権者Gと被告Cとの間で相対的にのみ生じますから、SからBへの贈与、BからCへの売買は、SとBにとっては有効なままである**ことになります。したがって、被告になっていないBにとってはCへの所有権移転は有効なのですから、CからBに対する代金返還請求の根拠はありません。他方、甲不動産の所有権に関する登記がSのところに戻ることについては、Sにとってはもはや有効にBに贈与したものですから、その理由はないことになります。相対的取消しという論理をとるときは、このような論理的不整合について十分な説明が困難であるという問題が生じます。

さらに、折衷説の難点を克服するべく、**責任説**という考え方が示されています。これは、詐害行為そのものを取り消すのではなく、甲不動産の所有権はCに残したまま、これを債務者Sの責任財産とするというもので、あたかもCがSの債務のための物上保証人となるのと同様の効果が生ずることになります。詐害行為取消訴訟は、それによって上記の状態（「責任的無効」）が生ずる形成訴訟であり、その勝訴判決を受けた上で、債権者Gは別訴（「責任訴訟」）でCに対し「執行認容判決」を得て、Cの所有する甲不動産に強制執行をすることができるというものです。取消しの効果の相対性による矛盾を避け、債務者Sの責任財産を確保するという詐害行為取消権の目的に適合した考え方ですが、「責任訴訟」が現行の手続法では認められていないという問題があります。

＊責任説の提唱以後も、詐害行為取消権の性質に関する研究は続き、詐害行為取消権を実体法上の権利と訴訟法上の権利とが融合している「訴権」と解し、424条に基づいて執行認容訴訟が認められうるとする「訴権説」、形成権説を再評価して取消しの絶対効を認め、形成訴訟と給付訴訟を併合することにより別途債権者代位訴訟をすることを不要とする説、詐害行為取消権の行使により債権者が優先弁済を受けること（③3(1) 参照）を正面から肯定する説等が主張されています。しかし以下では、通説・判例の立場から説明することとします。

2 行使方法

1 裁判上の行使

債権者代位権と異なり、**詐害行為取消権の行使は「裁判所に請求する」こ
とによってすることが必要**です（424条）。本来は自由にすることのできる債
務者の行為を取り消すのであり、第三者に対する影響も大きいからです。判
例によれば、424条の文言上、この取消しは訴訟の提起によってしなければ
ならず、抗弁によってすることはできない（最判昭和39・6・12民集18巻5号764
頁）が、反訴による行使は認められるものとされています（最判昭和40・3・
26民集19巻2号508頁）。

＊後者の点について昭和40年判決は、本訴である第三者異議訴訟に対し、所有
権取得原因たる行為を詐害行為として取消しを求める反訴が提起されて本訴
とともに同一の裁判所において審理された結果、取消しが認められ、本訴原
告の本件動産所有権取得が否定されるべきことが裁判所に明らかな場合には、
その所有権をもって第三者異議の訴えをすることはできないとしたものです。

2 請求の内容と相手方

判例によれば、詐害行為取消権は、債務者の法律行為を取り消し、逸出し
た財産を（直接に、または価格賠償を通じて価値的に）回復するものですから、債
権者は、**まず詐害行為である法律行為の取消しを**（形成訴訟）、**回復するべき
ものがあれば財産の返還等を**（給付訴訟）請求することになります。相手方
については、**債務者は被告適格がなく、被告とするべきは受益者**であり、受
益者の外に転得者がいる場合には、**転得者を被告として目的物の返還を請求
しても、受益者を被告として価格賠償を請求してもよい**とされています。

＊このことは、取消しの効果が相対的なものであることと密接な関係を有して
います。そこで、この法理を確立した大連判明治44・3・24（民録17輯117頁）
の内容を見てみることとします。
　この事件は、債務者SがAに山林を売却したことが詐害行為であるとして、
債権者GがSとAを相手取って、SA間の売買契約の取消しと、Aへの移転
登記の抹消を請求したところ、Aはすでにこの山林をBに転売していたとい

うものです。原判決が、詐害行為取消権は債務者の給付能力の回復を目的とするから、転得者Bを被告とせず、またAに対して賠償を求めるのではなく、取消しのみを求めることは訴えの利益がないとして、Gの訴えを却下したのに対し、大審院は、以下の理由でAに対する部分を破棄、差し戻しました。

①従来、債務者と受益者とは取消しの対象である法律行為の当事者であるがゆえに、また転得者も取消しによる直接の利害関係をもつがゆえに被告とするべきであり、結局詐害行為取消しの訴えは、この三者との間で必要的共同訴訟をなすものとするのが判例であった。しかし②③で示すように、この判例は変更すべきである。

②詐害行為取消しの効力は相対的なものであり、当該法律行為は訴訟の相手方に対しては無効となるが、訴訟に関与しない者に対しては存立を妨げない。債権者が受益者または転得者に対して訴訟を提起し、財産の回復またはこれに代わる賠償を得た以上、その担保を回復するものであるから、特に債務者に対して訴訟を提起する必要はなく、債務者は被告とならない。

③債務者の財産が受益者の手を経て転得者の所有に帰した場合においても、受益者を取消しの相手とするか、転得者を相手とするかは債権者の自由である。詐害行為取消権における受益者・転得者の財産回復の義務は、目的財産を所有することによる「依物義務」ではなく、債務者の財産を逸出させたことによる責任に基づくものであるから、その財産を他人に譲渡することによって免責されるものではない。

④財産の回復や賠償の請求を伴わず、取消しのみを請求することも斥けられるべきではない。民法は単に取消しのみを規定し、取消しの結果直ちに原状回復の請求をするか合かを債権者に委ねており、また詐害行為取消しの裁判は、単なる確認訴訟ではなく、被告たる受益者・転得者は法律行為の消滅を認めるべく拘束されるのであるから、原告のために訴訟の利益がある。

3　詐害行為取消権の消滅

(1)　詐害行為取消権の時効消滅　　詐害行為取消権は、債権者が取消しの原因を知った時から2年間行使しないときは、時効によって消滅します。詐害行為の時から20年を経過したときも同様です(426条。もっとも長期の期間制限は、一般に除斥期間と解されています)。本来債務者が自由にできる財産処分行為を取り消すという特別な権利であり、第三者に対しても重大な影響を与えることから、権利関係の速やかな確定を図ったものとされています。また「2年間」としたのは、時間が経過すると善意・悪意の証明が難しくなるた

めであるとされています（梅謙次郎『民法要義巻之三債権編』89頁）。

　取消しの原因を知った時とは、債務者が債権者を害することを知って法律行為をした事実を債権者が知った時を意味します（大判大正4・12・10民録21輯2039頁）。したがって、売買の事実を知っても、詐害の事実を知らなければ、取消しの原因を知ったとはいえません（大判大正6・3・31民録23輯596頁）。また、受益者に対する関係でも、転得者に対する関係でも、時効の起算点は同一と解されています（大判大正4・12・10民録21輯2039頁）。

　(2)　被保全債権の時効消滅　　**被保全債権が時効消滅すると、詐害行為取消権を行使することはできません**。受益者は被保全債権の消滅時効を援用することができます（最判平成10・6・22民集52巻4号1195頁）。

　判例は、債権者が受益者に対して詐害行為取消訴訟を提起しても、被保全債権の時効中断の効力は生じないとしています（最判昭和37・10・12民集16巻10号2130頁）。取消訴訟において、債務者は被告適格を有しないため、債務者に対して裁判上の請求がされたものではないことを理由としていますが、裁判の場で被保全債権の存否が明らかにされるのですから、時効中断を認めても良いように思われます。学説においても、155条に準じて、債務者に対する取消訴訟の告知または通知に中断効を認めるべきであるとする見解があります（於保不二雄『債権総論〔新版〕』202頁）。

　(3)　破産手続との関係　　詐害行為取消訴訟係属中に債務者について破産手続が開始したときは、訴訟は中断し、破産管財人または相手方の受継申立てに基づいて、破産管財人が取消債権者側を受継します（破産45条1項・2項）。債務者について破産手続が開始した後は、債権者は新たに詐害行為取消訴訟を提起することはできません（大判昭和4・10・23民集8巻787頁）。

3　効　果

1　効果論の問題点──425条との関係

　425条は、**詐害行為取消権による取消しは「すべての債権者の利益のためにその効力を生ずる」**と規定しています。取消しによって、総債権者の共同担保である債務者の責任財産が保全されるのであり、取り消した債権者に優

先弁済権を与えるものではありません。しかし後で見るように、目的物が可分の場合、債権者が取り消しうる範囲はその債権者の被保全債権額の範囲に限定されること、また金銭の取戻しの場合には事実上の優先弁済が可能となっていること等、**425条の趣旨は必ずしも貫かれていません。**

　また **2** 2で見たように、判例は取消しの効果を相対的なものとしていますが、**相対的効力の考え方**を徹底するならば、債務者は取消訴訟の当事者にはなっていないのですから、債務者に対する他の債権者にとって、取り戻された財産は債務者の責任財産として回復されたということができるか、また2で見るように、取消しの効果が取消権を行使した債権者との間でのみ生ずるのであれば、当該取消債権者の債権を保全する必要を超えた分については、受益者（または転得者）の債権者にとっては、なお受益者（または転得者）に帰属するものということにならないか、それによって権利関係に混乱が生じないかという疑問が生じます。

　このような問題点を、425条の考え方と相対的効力の考え方との矛盾に着目し、設例によって概観しておくこととします。

〔**設例2**〕　SはGに対して1000万円、Aに対して1000万円の債務を負担している。Sは不動産甲（時価1800万円）を所有しているが、他に財産はない。Sが不動産甲をBに贈与し、Bは甲をCに売却した。そこでGはCを被告として、SのBに対する贈与を取り消し、Sに甲の所有権を移転する登記をすることを請求した。なお、DはCに対して1000万円の債権を有している。

　この場合、425条の考え方によるならば、Gの取消権行使の効果はすべての債権者の利益のために生ずるのですから、不動産甲はSの責任財産に戻り、Sの債権者であるGとAとが不動産甲に対して強制執行をし、債権者平等の原則によって、900万円ずつの配当を受けることになります。しかし相対的効力の考え方により、取消しの効果が債権者Gと被告Cとの間でのみ生ずるのであれば、その効果はSには及ばないのですから、不動産甲がSの責任財産に戻るといってよいか、疑問となります。

　さらに、もし不動産甲の全部がSの責任財産に戻るのではなく、不動産甲の価値が、Gの債権を保全するのに必要な限りでCへの帰属を否定されるというのであれば（責任説のような考え方です）、Gの債権の引当てとして回復さ

れる1000万円分を超えた部分は、Sの債権者であるAではなく、Cの債権者であるDの債権の引当てということになりそうです。しかし判例は、**目的物が不可分の場合、債権者Gは自己の債権額を超えて取消しをすることができる**としており（最判昭和30・10・11民集9巻11号1626頁）、この場合にはGとともに、Aが不動産甲から債権の回収をすることができます。したがって、**取り戻す財産が不可分である場合には、425条の趣旨が生きる**ことになります。

〔設例3〕　GはSに対して1000万円の債権を有している。またAもSに対して1000万円の債権を有している。Sは唯一の財産である時価1000万円の不動産甲の所有権を、代物弁済としてAに移転した。

〔設例4〕　GはSに対して1000万円の債権を有している。またAもSに対して1000万円の債権を有している。SはAに対し、弁済として1000万円を支払い、無資力となった。

〔設例3〕の場合には、〔設例2〕の場合と同様、Gが詐害行為取消権を行使して不動産甲の登記をSに戻し、GとAとがともに不動産甲から債権の回収をすることになります（大判大正5・12・6民録22輯2370頁参照）。425条の趣旨からすれば、〔設例4〕の場合もいったん金銭をSに戻し、その上でGとAとがともに執行手続により、自己の債権を回収することになりそうですが、後述するように、判例によれば、この場合にはGがAに対して直接支払いを求め、支払いを受けた1000万円を自己の債権の回収にあてることができるとされています。したがって**Gが事実上、優先弁済を受ける**ことになりますので、425条の趣旨は貫かれません。

　以上のように、判例がとる相対的取消説は、取消債権者が自己の債権を保全する必要のある限りで債務者の行為を取り消し、そのために必要な財産を取り戻せば目的を達するのであるから、それ以上に影響を及ぼすべきではないというものですが、その取戻しの方法は目的物の性質によって制約されます。不可分の財産の場合には全部を取り戻さざるをえず、全部を取り戻した以上は、425条の趣旨に従った解決をすることになります。そのため、目的物が分割可能か否かによって、詐害行為取消権の効果には違いが生ずることになります。

＊したがって、相対的取消説は、その効果については論理的な一貫性を持つことができません。425条の趣旨を貫くときは、取消債権者の債権額のいかんにかかわらず全部を取り消すことになりますし、相対的取消説の趣旨を貫くならば、責任説をとるのが論理的に一貫することになります。

2 取消し──取り消しうる範囲

(1) 目的物が可分の場合　金銭など、目的物が可分の場合には、取消債権者は、原則として自己の債権額を超えて取消権を行使することができないものとされています。詐害行為によって債権者の被った損害を回復することが、取消権の目的であることを理由とします（大判明治36・12・7民録9輯1339頁）。そして他に債権者がいる場合であっても、それだけでは自己の債権額を超えて取消しをする理由にはならないとしています（大判大正9・12・24民録26輯2024頁）。

〔設例5〕　AがSに対して100万円の債権を有し、BもまたSに対して100万円の債権を有していた。SはCに対して150万円の債権を有していたところ、Sがこの150万円の債権をDに譲渡した。

したがって、〔設例5〕の場合には、Aは自己の債権額100万円の限度で、SのDに対する債権譲渡を取り消すことができます。この場合、他に債権者Bがあり、両者の債権額は目的財産（SのCに対する債権）の額を超過しますが、AはBとは無関係にA自身の債権を保全するのですから、AはBとの按分額75万円ではなく、100万円全額について取消しをすることができます（大判昭和8・2・3民集12巻175頁）。

(2) 目的物が不可分の場合　不動産など、目的物が不可分の場合に、被保全債権額が目的物の価額よりも少ないときはどうでしょうか。次の設例で考えてみましょう。

〔設例6〕　AがSに対して200万円の債権を有していた。Sは唯一の財産として、不動産甲（時価2000万円）を有していたが、これをBに代物弁済として譲渡し、所有権移転登記を経由した。

AがBを被告としてSの行った代物弁済を取り消す場合、所有権移転登記を抹消させることが考えられます。しかし、被保全債権額の10倍の価額を有

する不動産甲について、所有権の移転を全面的に否定することは影響が大きく、他方、Aとしては200万円の債権回収ができれば良いのですから、移転登記の抹消ではなく、Bに対して200万円の価格賠償を求めることはできないでしょうか。判例は、債権者は故なく自己の債権額を超過して取消権を行使することはできないが、**行為の目的物が不可分のものであるときは、その価額が債権額を超過する場合であっても行為の全部について取り消すことができ**（最判昭和30・10・11民集9巻11号1626頁）、**裁判所は、特別の場合を除いて価格賠償を命ずるべきではない**（大判昭和9・11・30民集13巻2191頁）としています。

　(3)　目的物に抵当権が設定されている場合　〔設例6〕の場合において、不動産甲にCの500万円の債権のために抵当権が設定されていたときはどうでしょうか。詐害行為取消権は、一般債権者のための共同担保である債務者の責任財産を回復するものであるところ、不動産甲の価額2000万円のうち500万円分はCのみのための担保となっており、共同担保の範囲は1500万円にとどまるから、取消しの範囲も一部にとどまり、Aの債権額の範囲で価格賠償を認めるべきであるという考え方もありえます。しかし判例によれば、**現物返還の原則**、すなわち「詐害行為取消権の制度は、詐害行為により逸出した財産を取り戻して債務者の一般財産を原状に回復させようとするものであるから、逸出した財産自体の回復が可能である場合には、できるだけこれを認めるべきである」という考え方により（最判昭和54・1・25民集33巻1号12頁）、**Cの抵当権を付着させたまま、所有権の登記名義をSに戻すことに**なります。

　これに対し、**抵当権の設定登記が抹消された場合**はどうでしょうか。設例で検討してみましょう。

〔設例7〕　AがSに対して200万円の債権を有していた。Sは唯一の財産として、不動産甲（時価2000万円）を有していたが、不動産甲にはBの1000万円の債権のための抵当権、並びにCの500万円の債権のための抵当権が設定されていた。SはこれをBに代物弁済として譲渡し、所有権移転登記を経由した。Bは自己の抵当権の設定登記の抹消手続を行い、またCに500万円を弁済して、Cの抵当権の設定登記の抹消手続を行った。

この場合、代物弁済の前には、不動産甲には1500万円分の抵当権が付着していたため、一般財産としては500万円分が存在していたのですが、抵当権設定登記抹消後の状態で所有権の登記名義をＳに戻すならば、抵当権の負担のない不動産甲、すなわち2000万円分がＳの責任財産に戻ることになります。これでは原状回復を超える結果となってしまいます。詐害行為である代物弁済によって害されたのは500万円にとどまりますから、Ｓの行為の一部のみが取消し可能であり、Ａは自己の債権額である200万円の範囲で価格賠償を求めるほかはありません（最大判昭和36・7・19民集15巻7号1875頁）。このように、**原状回復が不可能な場合には、例外的に価格賠償が認められます**。

＊なお、甲不動産（1000万円）と乙不動産（2000万円）とに2000万円の債権のための**共同抵当権が設定されている場合**において、両不動産（3000万円）が2000万円で私的に売却されて上記の債権が弁済され、抵当権設定登記が抹消されたときは、一般財産の額に相当する甲不動産が現物返還されるのではなく、受益者である買い手は残額1000万円の限度で価格賠償をするべきであるとするのが判例です。この場合、甲不動産と乙不動産の買い手が異なる場合には、392条の趣旨に照らして、各不動産の価額に応じて賠償額が割り付けられることになります（最判平成4・2・27民集46巻2号112頁）。

　受益者に対して価格賠償を請求する場合の算定基準時について、判例は、特別の事情がない限り、詐害行為取消しの効果が生じ受益者において財産回復義務を負担する時、すなわち当該詐害行為取消訴訟の事実審口頭弁論終結時を基準とするべきものとしています（最判昭和50・12・1民集29巻11号1847頁）。

3　取戻し――返還及び価格賠償

（1）　**基本的な考え方と問題点**　2で見たように、債務者の行為を取り消した上で、逸出した財産の現物の返還を求めることが原則ですが、**財産が第三者に譲渡されたときに受益者を被告として取消しをする場合や、現物返還が困難な場合には、取消債権者の債権額の限度で価格賠償を求めることになります**。しかし、ひとつには取消しの効果を相対的なものとする点、もうひとつには返還されるべき目的物の性質の点から、困難な問題が生じます。

　詐害行為取消権は、債権者の債権を保全するために、債務者の一般財産か

ら逸出した財産を取り戻すものです。すなわち、あらためて強制執行をするための準備としての取戻しという意味を持ち、425条の定める通り、その効力はすべての債権者の利益のために生ずるというのが、本来の趣旨でした。しかし、**判例のとる相対的取消説によれば、取消訴訟の被告にならない債務者には取消しの効力が及ばず、取り戻した財産権が債務者に帰属する理由はない**ことになります。そうすると、債務者に対する債務名義によって執行手続をとることはできないことになってしまいます。これについては、**債務者自身とは区別される「債務者の責任財産」というものを観念し、債権者はこの「責任財産」に対して執行手続をとることができる**と考えます。

（2）以下で見るように、取戻しの目的財産が不動産である場合には、これを「債務者の責任財産」に戻すためには、登記名義を債務者に戻せば足りるのですが、動産や金銭の場合には、取消債権者が自己に引き渡すように請求することができます。これらはあくまでも「債務者の責任財産」なのですから、取消債権者は、責任財産の管理人的な立場でその引渡しを受けることになります（奥田昌道『債権総論〔増補版〕』281頁参照）。したがって、**取消債権者は取り戻した財産から優先弁済を受けることができるものではありません**。しかし、これらが可分であるときには、**2**1で見たように、取消債権者は、原則として自己の債権額の限度でのみ取り消すことができ、それが金銭の場合には、（3）で見るように、「責任財産」への返還義務と自己の債権とを「相殺」することによって事実上の優先弁済を受けることが可能になります。この場合には、強制執行の準備としての取戻しという趣旨とは齟齬が生じ、理論的に困難な問題となっています。

（2）**目的物が不動産の場合** 返還の目的物が不動産である場合には、**所有権の登記名義が、受益者への移転登記の抹消または債務者への移転登記により**（登記が転得者にある場合など）、**債務者に戻されます**。

不動産の二重譲渡があった場合にも、詐害行為としての取消しが問題になります。設例で見てみましょう。

〔設例8〕　AはBに不動産甲を譲渡したにもかかわらず、これをCに二重に譲渡し、Cへの移転登記を経由してしまった。これによりAは無資力となった。

AのCに対する処分行為によって、BはAに対する不動産甲の引渡請求権を害されたことになりますが、特定物引渡請求権も究極的には損害賠償請求権に変わりうるがゆえに、その特定物債権者は上記処分行為を詐害行為として取り消すことができるというのが判例でした（第10章 2 2(1) 参照）。そうすると、取消しの効果として、不動産甲についてのCへの移転登記を抹消し、Aに戻すことになりますが、BはAに対して移転登記請求権を有していたのですから、あらためてAに対して移転登記を請求することができないかが問題となります。

　判例は「債権者取消権は、窮極的には債務者の一般財産による価値的満足を受けるため、総債権者の共同担保の保全を目的とするものであるから、このような制度の趣旨に照らし、**特定物債権者は目的物自体を自己の債権の弁済に充てることはできない**」として、Bの移転登記請求を斥けています（最判昭和53・10・5民集32巻7号1332頁）。第10章 2 2(1) で見たように、詐害行為取消権の被保全債権は金銭債権であることが必要です。〔設例8〕では、Cへの所有権移転登記がされた時点でBの特定物債権は不能となって金銭債権である損害賠償請求権に変わり、強制執行の準備のために回復された一般財産を構成する不動産甲によってその金銭債権が保全されるという理解です。したがって、**Bは不動産甲の競売代金から損害賠償債権額を受け取るべきであって、不動産甲そのものの権利の移転を請求することはできません。**

　さらに補充的な説明として、第一に、取消しの効果は債務者Aに及ばず、不動産甲はA自身の処分可能な財産としてAのもとに戻ったのではなく、Aの債権者のための責任財産としての性格を取り戻したにとどまるものであること、第二に、仮に取り消した上でBへの移転登記を認めるならば、177条の規律と離齬が生じること（Bへの移転登記を認めるのが妥当な場合については、Cが背信的悪意者にあたるかどうかの問題として検討するべきである）が挙げられます。

　(3)　目的物が動産・金銭である場合　　不動産の場合には登記名義を債務者に戻せばよいのですが、**目的物が動産や金銭である場合**には、その引渡しを誰に対してするべきかが問題になります。「債務者の責任財産」の回復が目的であることからすると、債務者に引き渡すべきであるとも考えられますが、判例は、**取消債権者が**「**他の債権者とともに弁済を受けるために**」自

己に直接引き渡し、または支払うことを請求することができるとしています（大判大正10・6・18民録27輯1168頁、最判昭和39・1・23民集18巻1号76頁も参照）。大審院はその理由として、取消しの相対的効力のゆえに、債務者にとっては処分行為が有効であるため、債務者が取消しの裁判に基づいて返還を請求することができないことを挙げています。

　目的物が動産である場合には、取消債権者が受け取った動産を執行官に提出することによって差押えが可能となり（民執124条）、**動産執行が開始する**ことになります。しかし**目的物が金銭である場合**について、通説は、債権者代位権の場合（第9章**1**2参照）と同様、**債権者が受け取った金銭を債務者（の責任財産）に返還する債務と、債務者に対する被保全債権とを「相殺」することによって、事実上、取消債権者が優先弁済を受けることを可能とする**運用をしています。ここでは425条の趣旨は貫かれないことになります。判例は、「相殺」とは明言していませんが、**取消債権者が受け取った金銭から他の債権者が分配を受けることを否定しています**（最判昭和37・10・9民集16巻10号2070頁）。

　＊昭和37年判決は、詐害行為の取消しは総債権者の利益のために効力を生じ、回復された財産または価格賠償は、総債権者において平等の割合で弁済を受けうるものであり、取消債権者がその引渡しを受けた場合でも同じであるが、「債権者が債務者の一般財産から平等の割合で弁済を受け得るというのは、そのための法律上の手続がとられた場合においてであ」り、「取消債権者が自己に価格賠償の引渡を受けた場合、他の債権者は取消債権者の手中に入った右取戻物の上に当然に総債権者と平等の割合による現実の権利を取得するものではない。また、取消債権者は自己に引渡を受けた右取戻物を債務者の一般財産に回復されたものとして取扱うべきであることは当然であるが、それ以上に、自己が分配者となって他の債権者の請求に応じ平等の割合による分配を為すべき義務を負うものと解することはできない。そのような義務あるものと解することは、分配の時期、手続等を解釈上明確ならしめる規定を全く欠く法のもとでは、否定するのほかない」と述べて、手続法の不備に触れています。

　＊＊本文で「相殺」とカッコをつけて書いたのは、取消しの効力は債務者自身には及んでおらず、債務者には取消債権者に対して受け取った金銭の返還を請求する権利が生じませんから、厳密にいえば、取消債権者と債務者との間

に債権の対立が生じないためです。

それでは、次のような場合はどうでしょうか。

〔設例9〕AはSに対して100万円の債権を有し、BもまたSに対して100万円の債権を有していた。SはBに対して100万円を弁済し、その結果無資力になったため、AはSのBに対する弁済について詐害行為取消訴訟を提起した。Bは、自分もAと同様、Sに対する債権者なのであるから、債権額に応じて50万円は自分の取り分として留保すると主張した。

最高裁は、Bが昭和37年判決のいう「法律上の手続」として「配当要求の意思表示」をしたとして、自己の按分額の留保を主張したのに対し、そのような「配当要求」の効力を認める実定法上の根拠がないこととともに、「取消債権者が受益者または転得者に対し、取消にかかる弁済額を自己に引き渡すべきことを請求することを許すのは、債務者から逸出した財産の取戻しを実効あらしめるためにやむをえないことなのである。その場合、ひとたび取消債権者に引き渡された金員が、取消債権者のみならず他の債権者の債権の弁済にも充てられるための手続をいかに定めるか等について、立法上考慮の余地はあるとしても、そのことからただちに、Bのいわゆる配当要求の意思表示に、所論のような効力を認めなければならない理由はない」と述べてBの主張を斥けました（最判昭和46・11・19民集25巻8号1321頁）。

このように、取戻しの目的物が金銭である場合には、425条の趣旨は空文化しているのが現状ですが、最高裁は、それはそのための手続規定が整備されていないためであって、望ましいことではないという認識をとっています。ただ、民法制定時の審議において、富井委員がフランスの学説を引用して425条とは逆に、取消しの効果は取消債権者だけの利益となるとするべきであるという意見を提出したという経緯もあり（『史料債権総則』159頁。また下森定『債権者取消権の判例総合研究』163～166頁も参照）、あらためて立法を考えるとき、現在の倒産法制全体との関連づけを考慮しながら、425条のような考え方をとって平等主義を徹底するのか、取消債権者の優先を認めるのかは重要な検討課題となります。いずれの方向をとるにせよ、手続の整備が不可欠です。

4 受益者・転得者と債務者との関係

取消しの結果、取得した財産を取り戻され、あるいは価格賠償をした受益者・転得者は、その損失を、誰からどのように回復することができるでしょうか。

〔設例10〕 Sが唯一の財産である不動産甲をAに売却、AはこれをBに転売し、所有権移転登記を経由した。Sに対する債権者Gが詐害行為取消権を行使した結果、Bは不動産甲を失い、登記名義をSに移転した。

Bは、Aに代金を支払いながら、目的物である不動産甲を失ったのですから、権利の担保責任（561条）を追及して契約を解除し、Aに対して代金の返還を求めることができるとも考えられそうです。しかし、取消しの効果はGとBとの間でだけ生じ、S・Aには及びません。したがって、AにとってはSとの売買契約は有効であり、Aは有効な契約に基づいて不動産甲の所有権を取得し、これをBとの有効な契約に基づいてBに移転したのですから、売主としての権利移転義務（555条）は果たしたのであり、561条の権利の瑕疵、すなわち権利を「買主に移転することができないとき」にはあたらないことになります。したがって、Aに対して代金の返還を請求することはできません。

そして、不動産甲の所有権は「Sの責任財産」に戻ったのであって、（取消しの効果が及ばない）Sに戻ったのではありません。したがってSに不当利得があるということもできないように思われます。しかし、GがS名義に回復した不動産甲から債権を回収したときは、SがGに対して負担していた債務が、自らの出捐なくして消滅することになります（Sにとっては、Aに対する譲渡行為はなお有効なのですから、不動産甲はSの財産ではありません）。したがって、Sが免れた債務額の限度で、BはSに対して不当利得返還請求をすることができます。

第12章　多数当事者の債権関係
―― 総説・分割債権関係・不可分債権関係

本章のレジメ

＊**多数当事者の債権関係**：1個の給付に対して、複数の債権者または債務者が存在
1　分割債権関係：給付は可分。債権・債務も各自に分割
2　不可分債権関係：給付が不可分であるために、一債権者が他の債権者のために単独で履行請求し（不可分債権）、一債務者に対して給付の全部を請求することが可能（不可分債務）→「相対的効力」（債権者間・債務者間のつながりなし）
3　連帯債務：（共同事業など）債務者の間に結びつきがあるため、一債務者に対して給付の全部を請求することが可能→債権を満足させる事由以外にも「絶対的効力」が認められる場合がある（債務者間のつながり）
　　＊ただし、給付目的の性質上の不可分性や債務者の共同事業がなくても、意思表示のみにより不可分債務・連帯債務を成立させることができる：「人的担保」という機能
＊**分割債権関係の原則**：債権の効力を弱めることにならないか？　相続の場合は？
＊**不可分債権関係**：「必要的共同訴訟」ではないこと
・不可分な給付の反対給付は、不可分になるかどうか？

　　a) 共同購入ケース　　　　　b) 共有物売却ケース

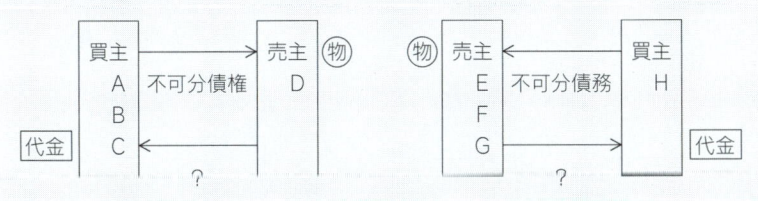

| 買主
A
B
C | ―不可分債権→
←　　代金　　 | 売主
D
? | | 物
 | 売主
E
F
G | ←不可分債務―
　代金　→ | 買主
H
? |

・不可分債権・不可分債務の効力
　・相対的効力（429条2項）：連帯債務のように、債権者間・債務者間のつながりに基づくのではなく、給付目的が不可分であるという事情に基づくものであるから
・絶対的効力：弁済など、債権を満足させる事由（なお、429条1項は、償還の複雑化を避けるための処理）
・不可分債務者間に求償関係が生ずる
・不可分債権（債務）が可分債権（債務）になる場合→分割債権関係へ

1 はじめに——多数当事者の債権関係とは？

　多数当事者の債権関係として、第3節では、1個の給付について、複数の債権者または債務者が存在する場合の規律が定められています。このうち、第4款「保証債務」は少し性格が違いますので、まず第3款までの分割債権関係・不可分債権関係・連帯債務が、それぞれどのようなものかについて大雑把に見ておきます。

1　分割債権関係

　AがBに対して100万円の金銭債権を有していたとします。判例によれば、Aが死亡して、CとDがこの債権を相続すると、C・Dは（相続分が平等であれば）、Bに対してそれぞれ50万円の支払いを請求することができます（[図1]）。また、Bが死亡して、EとFがこの債務を相続すると、同様にE・FはAに対してそれぞれ50万円の支払いをする義務を負担します（[図2]）。もともと、この債権がたとえば1個の消費貸借契約に基づいて発生したものであれば、1口の債権の内容として、この100万円の支払いは1個の給付といえるのですが、このように相続が生じた場合は50万円ずつの債権・債務として分割されることになります。

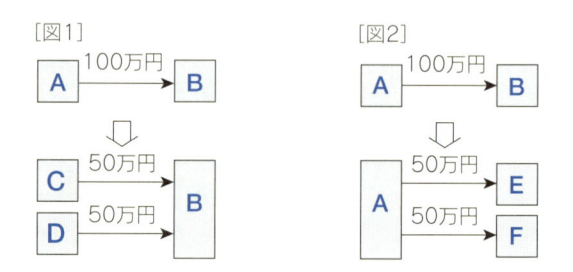

[図1]
A →100万円→ B
⇩
C →50万円→ B
D →50万円→

[図2]
A →100万円→ B
⇩
A →50万円→ E
　→50万円→ F

2　不可分債権関係

　1の場合は、給付の目的は金銭という分割可能なものでした。それに対して、AとBが、Cに対して牛1頭の引渡しを受ける債権を有していたとしま

す（[図3]）。AとBがこの牛について2分の1ずつの権利を有していたとしても、CがAに対してこの牛の2分の1のみを引き渡すことは不可能ですから、**AとBが揃わなければ引き渡せないとするか、CはAにこの牛を引き渡せばBに対する債務も履行したこととするか**、どちらかにしなければなりません。428条は、このような場合（不可分債権）について後者の立場をとり、Aは単独で、BのためにもCに対して履行を請求でき、またCはAに履行すればBに対しても履行したことになるとしました。

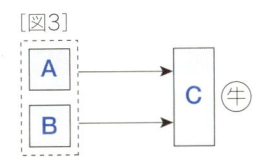

[図3]

逆にCとDが、Eに対して牛1頭を引き渡す債務（不可分債務）を負担する場合（[図4]）には、EはCとDの両方を相手としなくても、Cに対して履行を請求すればよく、またCがEにこの牛を引き渡せば、Dの債務も消滅することになります。

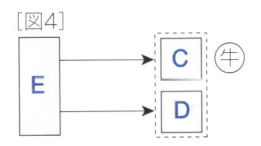

[図4]

このように、**給付目的が不可分であるために、複数いる債権者の1人が他の債権者のためにも履行を請求し、また履行を受けることができるのが不可分債権**であり、**複数いる債務者の1人が他の債務者のためにも履行の請求を受け、また履行をすることができるのが不可分債務**です。ただ、そうするのは目的物を分割するのが不可能であるという客観的な事情によるのであり、債権者間・債務者間に何らかの関係があるわけではありません。したがって、債権を満足させる事由を除いて、次の連帯債務のような「絶対的効力」は認められません。

3 連帯債務

たとえば、AとBが、ある共同事業をするために、「連帯して」Cから1000万円を借りたとします。この場合、A・Bの債務は連帯債務となり、CはたとえばAとBの両方に対して、同時に1000万円を支払うよう請求することも、またAに対して1000万円請求してAから600万円の支払いを受け、次にBに対して400万円の支払いを請求することもできます（432条）。ただし合計して1000万円を超える支払いを受けることはできません（[図5]）。

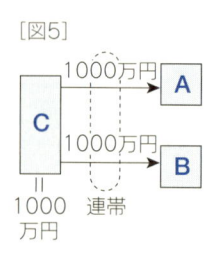

[図5]

```
        1000万円
       ┌──────→ A
   C ──┤
       └──────→ B
        1000万円
   ＝     連帯
  1000
  万円
```

この場合、CがAに対して全額を請求することができ、またAが全額を支払えばBの債務も消滅するのですから、形の上では不可分債務とよく似ています。ただ、不可分債務では給付の目的が不可分であるため、そうせざるをえなかったわけですが、この場合の給付目的は金銭ですから分割は可能です。連帯債務の場合は、給付目的よりも、共同事業をするとか、あるいは連帯によって複数の者の責任財産を債務の引当てとすることにより信用を増すというように、**複数の債務者間のつながりが重要**です。だからこそ、**債務者の1人と債権者との間に生じた事由が**――共同事業をしている場合が典型ですが――**他の債務者にも及ぶ**（「絶対的効力」）とする理由があるのです（この問題については第13章で説明します）。

＊不可分債権関係は、1頭の牛のように目的物の性質上不可分である場合のみならず、当事者の意思表示によって不可分とされることによって成立する場合もあります（428条）。また、連帯債務は、当事者が連帯の意思表示をすれば成立し、必ずしも複数の債務者が共同事業をしている場合には限りません。したがって、**不可分債務も連帯債務も、複数の者の責任財産を引当てにする点に実益があり、保証債務と同様、人的担保の一種として位置づけられるこ**

とが一般です。機能としてはその通りなのですが、なぜ連帯債務では前述のような絶対的効力が認められ、不可分債務では認められないのか等、民法の定める規律の意味を理解するためには、性質上の不可分や共同事業による債務負担の場合を典型として考えるのがよいでしょう。

2　分割債権関係

1　分割債権関係の原則

分割債権関係とは、**1個の可分給付について数人の債権者または債務者がある場合において、債権または債務が数人の債権者間または債務者間に分割される債権関係**であると定義できます。427条は、数人の債権者（または債務者）がいる場合、別段の意思表示がなければ、各債権者（または債務者）は平等の割合で権利を有する（または義務を負う）と定めています。これは、**多数当事者の債権関係においては分割債権関係が原則であること**を示すものです。分割可能である限り、債権・債務は各債権者・債務者が個別に独立して行使・負担するべきであるという考え方は、近代私法の原則である個人主義にかなうことが理由とされています。

判例もこの原則を尊重する傾向にあります。たとえば金銭債権が相続された場合には、この債権は法定相続分に従い、分割して各相続人に帰属し（大判大正9・12・22民録26輯2062頁、最判昭和29・4・8民集8巻4号819頁等）、金銭債務その他の可分債務の相続の場合、共同相続人は法定相続分の割合でその債務を分担する（大決昭和5・12・4民集9巻1118頁、最判昭和34・6・19民集13巻6号757頁も参照）とする例、1船分の木材を2人が共同して買い受けた場合、代金債務は分割債務となるとする例（最判昭和45・10・13判時614号46頁）等があります。

2　分割債務原則の是非

ただ、学説の中では、分割債務の原則については疑問が示されています。というのは、債権者の立場からすれば、債権を分割してしまうと、債務者の中に資力の乏しい者がいる場合、債権の全部を回収できなくなる恐れがある

からです。たとえば上に述べた1船分の木材を2人が共同して買い受けた場合、そのうちの1人が全額を支払える十分な資力を有していたとしても、無資力の1人が加わることによって、分割債務の原則により半分しか回収できなくなるのでは、売主は困ります。したがって、このような場合には不可分債務ないし連帯債務であると考えるべきだとする主張もあります。しかし反対に、債務者が複数であれば常に不可分債務ないし連帯債務とすべきだとも言い切れず、複数当事者との取引の場合には、**その債務を不可分債務ないし連帯債務とする明示または黙示の合意の有無**が問題となるでしょう。不可分給付の対価の問題に関連して、後でもう一度考えてみたいと思います（**3**2参照）。

　また、債務の相続の場合に相続人が当然に連帯債務を負うものと考えると、相続が生じなかった場合に比べて、債権者が著しく有利になる可能性があります。たとえばAがBに対して100万円の債務を負担していたところ、Aが死亡して子のCとDが相続したとします。判例によれば、C・Dはそれぞれ50万円ずつBに対して債務を負担することになりますが、この場合、子が相続したAの責任財産の2分の1に加えて、子の固有財産が引当てとなるのですから、本来、Bにとって必ずしも不利益になるわけではありません。相続が生ずることによるリスクとしては、たとえばCは資力があるがDは負債の方が多いため、Cからは50万円しか取れず、事実上Dからは回収できない場合が考えられます。しかしC・D間には、連帯債務の場合のように、共同事業や相互の信用を利用するようなつながりがあるわけではなく、Dの無資力の危険をCに負担させる理由はありません。

3　427条が「総則」であること

　なお、多数当事者の債権関係の「第1款 総則」は、427条のみを含んでいます。同条は、当事者の特約（別段の意思表示）によって、（債務者複数の場合についていえば）債務者各自または数人のうちの1人が債務の全額について責任を負うものとすることは差し支えないが、それがなければ給付が可分である限り分割債権関係となることを定めています。この意味で、427条は、多数当事者の債権関係の総則となっています。ただ、起草時には、連帯債務等に

おける債務者間の負担部分についても、別段の意思表示がなければ平等であることをも定めたものと理解されていたようです（『史料債権総則』165頁、167頁参照）。

③ 不可分債権関係

1 不可分債権・不可分債務

債権の目的が不可分である場合において、債権者が数人いる場合、その債権を不可分債権といい、債務者が数人いる場合、その債務を不可分債務といいます。①2で述べたように、不可分債権では、各債権者はすべての債権者のために履行を請求し、債務者はすべての債権者のために各債権者に対して履行をすることができます（428条）。また不可分債務では、債権者は債務者の1人に対して同時または順次に、全部または一部について履行を請求することができます（430条による432条の準用）。不可分債権では債権者が全員揃って権利を行使する必要がないこと、不可分債務では全部の債務者を被告とする必要がないこと、すなわち必要的共同訴訟ではないことが、不可分債権関係の特徴です。

2 不可分な給付に対する反対給付は？

不可分債権関係は、債権の目的が物理的に不可分である場合のみならず、社会観念上不可分である場合、さらに当事者の意思表示によっても（428条）成立します。それでは、不可分である給付の対価を請求する場合、その対価は不可分債権、不可分債務となるのでしょうか。

たとえば、A・B・CがDから1台の自動車を買い、その引渡しを請求する場合、買主の債権は不可分債権となり、Aは単独でDに対して自動車の引渡しを請求することができます。この場合、自動車の対価であるA・B・Cの代金債務は、不可分債務になるのでしょうか（共同購入ケース、[図6]）。逆に、E・F・Gが共有する自動車をHに売った場合、E・F・Gの自動車を引き渡す債務は不可分債務となりますが、対価であるE・F・Gの代金債権は不可分債権になるのでしょうか（共有物売却ケース、[図7]）。

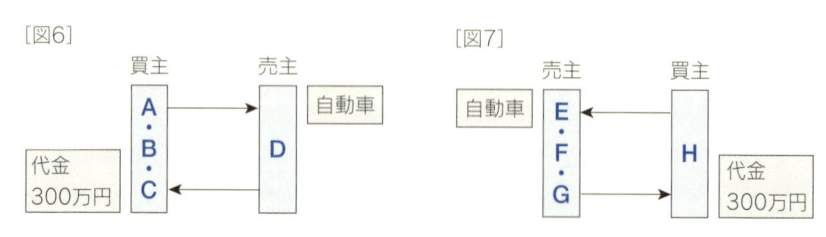

[図6]　買主　売主
A・B・C ⇄ D　自動車
代金300万円

[図7]　売主　買主
自動車　E・F・G ⇄ H
代金300万円

（1）共同購入ケース　A・B・Cが自動車の買主で、Dに対して300万円の代金債務を負担したとします。これが不可分債務であれば、Dは3人のうち誰に対しても、300万円全額を請求することができますが、そう考えてよいでしょうか。

判例では、共同賃借人の賃料債務につき、数人が共同して賃借人の地位にある場合には、賃料債務は反対の事情が認められない限り「性質上」不可分債務であるとされています。賃借人相互の内部関係はともかく、賃貸人との関係では各賃借人は目的物の全部について使用収益しうる地位にあることを理由とします（大判大正11・11・24民集1巻670頁）。しかしこの趣旨を売買代金にまで広げ、一般的に、複数債務者の受ける反対給付が不可分であるときは、その債務も不可分であるということには疑問があります。上記判決は、「賃借人の地位」が不可分であることを重視していると考えられるのに対し、所有権の場合は、使用収益とは別に持分ごとに権利関係を考えることができるからです。

自動車の共同購入の場合、たとえば①Aが利用するために購入し、B・Cはその資金を援助する趣旨で共同購入したときは、Bにしてみれば A・Cの分まで支払う筋合いはなく、自分の負担部分（たとえば100万円）だけ支払えば足ると言いたいところです。それに対して②A・B・Cの共同事業のためにこの自動車を購入する場合、とりわけA・B・C全員の資力が考慮されたと見るべき特段の事情があるときは、連帯債務とする黙示の特約があると認められると思われます。したがって、**共同購入の場合、当然に不可分債務とはならず、原則として分割債務であるが、具体的な事情から不可分債務ないし連帯債務とする特約を認めうる場合がある**と考えます。

＊上記①において代金債務を分割債務と仮定しましょう。この場合、DがBに

対して、それでは100万円を支払えと言ってきたときは、Bは同時履行の抗弁（533条）を主張して、自動車をAに引き渡すことを請求できると考えられます。すると、Dの側でも同様に、代金の全額が提供されなければ自動車を引き渡すことはできないと主張することができるのでなければなりません。結局、双方が同時履行の抗弁（ないしそれと類似の抗弁）を主張すれば、A・B・Cは事実上、共同して代金債務の履行提供をすることになります。しかしA・B・Cはそれぞれ、100万円の支払義務を負うにとどまり、分割債務という性質には変わりがありません。売主Dとしては、誰がどのように支払うのかを確かめる必要があるでしょう。

(2) 共有物売却ケース　E・F・Gが共有する自動車の売主で、Hに対して300万円の代金債権を有するとします。E・F・Gの自動車引渡しの債務は不可分債務ですが、対価である代金債権が不可分債権であるとすると、Eはすべての債権者、すなわちF・Gのためにも、Hに対して300万円全額につき履行を請求できることになりますが、そう考えてよいでしょうか。

E・F・Gの仲がよく、Eに全額を支払えば、F・Gに確実にその取り分が渡される場合には問題がないとしても、そうでない場合には、F・Gが不利益を被る恐れがあります。したがってこのケースでも、**原則として分割債権であり、F・GがEに受領の権限を与えたと認められる場合にのみ、HはEに全額を支払うことによってF・Gに対する債務を履行したということができる**と考えます。

3　不可分債権の効力

不可分債権者の1人はすべての債権者のために履行を請求でき、債務者は1人の債権者に対して、すべての債権者のために履行することができるため（428条）、債権者の1人が履行請求をすれば、他の債権者のためにも、債務者の履行遅滞や時効中断の効果が生じ、債務者が債権者の1人に対して履行の提供をすれば、他の債権者のためにも債権の消滅や債権者の受領遅滞の効果が生じます（**絶対的効力**）。しかしこれ以外の事由は、他の債権者に対しては影響しません（**相対的効力**。429条2項）。

不可分債権者の1人と債務者との間で更改・免除がされた場合でも、他の債権者は債務の全部の履行を請求できますが、更改・免除をした債権者が分

与されるはずであった利益を、債務者に償還しなければなりません（429条1項）。

〔設例〕A・B・Cは、Yに対して自動車甲の引渡しを求める債権を有していた。しかしCは、Yに対して、甲の引渡しの債務を免除した。

〔設例〕の場合、CはYに対して債務を免除しましたが、目的物は不可分ですから、A・Bは甲の引渡しを請求できます。そしてA・BはCにその取り分を与え、債務を免除したCはA・Bから与えられた利益を債務者Yに償還するべきですが、この関係を簡単にするために、Cに与えるべき利益をA・Bから直接にYに償還するべきものとしたのです。法文上は更改と免除について定められていますが、代物弁済・相殺・混同・時効の完成についても、同様に考えるべきです。

なお、不可分債権が可分債権に変じたときは、債権関係は以後、分割債権関係となります（431条）。たとえば、数人が有する引渡債権の目的である自動車が滅失した場合、各債権者は、自己が有する権利の範囲でのみ、債務者に対して損害賠償を請求することができます。

4 不可分債務の効力

不可分債務については、429条および連帯債務に関する規定が準用されますが、連帯債務の規定のうち、絶対的効力に関する434条〜440条の規定は準用されません（430条）。すなわち、不可分債権の場合と同様、**相対的効力が原則**です。したがって**1**で見たように、債権者は債務者の1人に対して、同時または順次に、全部または一部について履行の請求ができます（432条の準用）が、1人の債務者への履行請求は、他の債務者に対して「絶対的効力」を有しません（434条の準用排除）。他方、債務者の1人がその債務を履行すると、すべての債務者の債務が消滅します。したがって、一債務者の弁済、弁済の提供、それによる債権者の受領遅滞は、他の債務者にも絶対的効力を生じますが、それ以外の事由は相対的効力しかありません（429条2項。なお、更改・免除等の場合の処理につき、429条1項参照）。

＊連帯債務の場合には認められる絶対的効力が、不可分債務の場合には認めら

れない理由は何でしょうか。沿革を見ると、旧民法では連帯債務者相互に代理の関係があるとされ（『史料債権総則』190頁参照）、そのため連帯債務者の1人に生じた事由が他の連帯債務者に及ぶものとされていました。現行法では連帯債務者間に代理の関係があるとはされていませんが、当事者の意思を推測して、それに近い関係を認めるのが絶対的効力です。これに対して、不可分債務の場合には、もっぱら目的物の不可分性のゆえに、各債務者が自分の分を独立して履行することができないというにすぎず、不可分債務者相互に代理類似の関係があるわけではありません。したがって、債権を満足させる事由の他は、絶対的効力を認める理由がないのです（なお、『史料債権総則』187頁参照）。

　不可分債務者の1人が弁済したときは、他の債務者に対し、その負担部分の割合に応じて求償権を取得します（442条以下の準用）。負担部分は、別段の事情がなければ、各債務者平等です。

　なお、不可分債務が可分債務に変じたときも、債権関係は以後、分割債権関係となります（431条）。数人が負担する引渡債務の目的である自動車が滅失した場合、各債務者は負担部分の割合に応じて、独立して損害賠償債務を負うことになります。

第13章　連帯債務

本章のレジメ

＊**連帯債務**：数人の債務者が（可分給付を目的とする）同一内容の債務をそれぞれ独立して重畳的に負担し、全部の給付がされればすべての債務者の債務が消滅するもの　→・債権者との関係では「債権額全額」について責任を負う
　　　　　　　　　　　　・連帯債務者の内部関係では「負担部分」について責任を負う
　・「債権額全額」を基準として権利を行使すること：複数債務者の破産の場合
＊**連帯債務の成立**：連帯は推定されない。当事者の意思表示、法律の規定が必要
　　　　　　　　　連帯債務者の1人についての無効・取消し→他の連帯債務者には影響しない（保証との違い）
＊**連帯債務の性質**：「相対的効力」が原則（440条）連帯債務者の1人に生じた事由は、他の連帯債務者に影響しない。
　・「絶対的効力」：連帯債務者の1人に生じた事由が他の連帯債務者に影響
　　　・履行の請求（434条）→履行遅滞・時効の中断：債権者に有利な「絶対的効力」
　　　・更改（435条）
　　　・相殺（436条）：反対債権を有する債務者の保護。しかし連帯債務者の1人が他の連帯債務者の債権で相殺することの当否→履行の拒絶にとどまる？
　　　・免除（437条）：求償の循環の回避
　　　　　一部免除：①割合的免除（判例）、②金額的免除、③相対的免除
　　　・混同（438条）
　　　・時効の完成（439条）：どのような場合に生ずるか
＊**連帯債務者相互間の求償関係**：自己の財産をもって「共同の免責」を得た連帯債務者は、他の連帯債務者に対し、各自の「負担部分」について求償権を取得する
　・一部弁済の場合、負担部分を超えた分のみの求償か、割合的求償か？
　・通知の必要　ⓐ弁済等の前にするべき通知、ⓑ弁済等の後にするべき通知
　　　　　　→ⓐもⓑもないために二重弁済になったときは？
　・連帯債務者間に無資力者がいる場合　a）原則、b）「連帯の免除」ある場合
＊**不真正連帯債務**：全部の弁済で全員の債務が消滅する。しかし連帯債務規定の適用はない
　複数者が重畳的に損害賠償債務を負う場合：それぞれの法律関係の特徴に即して処理する

1　連帯債務の意義

1　連帯債務の例

連帯債務とは、**数人の債務者が同一内容の可分給付につき**――不可分であれば不可分債務になりますから――、**それぞれ独立して全部の給付をするべき債務を負担し、そのうちの1人または数人が全部の給付をすれば、すべての債務者の債務が消滅する債務**をいいます。たとえば次のような例を考えてみます。

〔設例1〕Aは紡糸、Bは染色、Cは織物を専門としている。A・B・Cは共同で新製品を開発しようと計画し、その資金調達のために3人でXを訪ね、事業計画を説明して、3人連名でXから1200万円を借りた。その後3人で相談して、その資金のうち300万円をAが、200万円をBが、700万円をCが使って設備投資をした。

この設例の**A・B・Cが、それぞれが各自1200万円の債務を負うという合意をXとした場合**には、連帯債務を負担したものということができます。この場合、A・B・CはいずれもXに対する関係では1200万円の債務を負担しますから、Xから請求されれば1200万円を支払わなければなりません。他方、この1200万円の負担を、3人の間で分担するときに、それぞれが内部的に担当する割合を「**負担部分**」といいます。

A・B・Cが連帯債務を負担した場合、①XはAにいきなり1200万円を請求してもよいし、②同時または順次に、たとえばAから500万円、Bから400万円を回収して、Cに残りの300万円を請求してもかまいません(432条)。Xが1200万円を回収したところで、Xに対する3人の債務は消滅し、後は3人の間での求償の問題となります(442条)。その場合には、**各連帯債務者の負担部分が求償の基準**になりますが、〔設例1〕において、それぞれが設備投資に使った額が各自の負担部分となるならば、①の場合は、AはBに200万円、Cに700万円求償することになり、②の場合は、最終的にはAが200万円、Bが200万円、それぞれCに求償することになります。

＊〔設例1〕の場合に、A・B・Cが資金を借りた後しばらく経ってから、A・B・Cの資力に不安を持ったXの申し入れにより、資産はあるが製品開発には関与しないDが、連帯についてA・B・Cの同意を得て連帯債務者に加わったとします。**連帯債務が成立するためには、必ずしも全当事者が同時に合意する必要はありません**。また、自ら共同事業に加わるのではなく、自己の責任財産により担保を提供する趣旨で連帯債務者になることも可能です。したがって、この場合にはA・B・C・DがXに対して1200万円の連帯債務を負担することになりますから、DはXから1200万円の支払いを請求されれば、これに応じなければなりません。そして内部関係として、各自の負担部分は当事者間で決めることができますが、もしDが事実上の保証人として連帯債務者となったのであれば、自らの負担部分は零であり、全額をA・B・Cに対して求償することになります。

2　破産手続と連帯債務

上記の＊で触れたように、債権者の立場からすると、連帯債務には、**連帯債務者全員の責任財産を引当てにするという、担保的な機能**が期待されます。どの債務者に対しても全額を請求することができるという連帯債務の性質は、この担保的機能を保障するものですが、それは破産の場面でも発揮されます。

> 〔設例2〕A・B・CはいずれもXに貸金債務を負担しているが、それぞれについて破産手続が開始した。
> ①Aが300万円、Bが200万円、Cが700万円を、それぞれ独立にXから借りた場合。
> ②A・B・Cが連帯して、Xから1200万円を借りた場合。

連帯債務者の全員または数人が破産手続開始決定を受けた場合、債権者はその債権の全額について各破産財団の配当に加入することができます（441条）。〔設例2〕において、A・B・Cそれぞれの財団の配当率がいずれも2割だったとすると、①のようにAが300万円、Bが200万円、Cが700万円の債務を、別々に負った場合は、XはAの財団から60万円、Bの財団から40万円、Cの財団から140万円、併せて240万円しか回収できません。しかし②のように、連帯債務を負った場合には、それぞれの財団に対し、1200万円について配当に加入することができますから、各財団から240万円ずつ、併せて

720万円を回収することができます。

　もっとも、破産法104条1項は「数人が各自全部の履行をする義務を負う場合において」債務者の全部または一部について破産手続開始決定があったときは、債権者は「破産手続開始の時において有する債権の全額について」それぞれの破産手続に参加できるものと定めています。したがって、1人が破産して債権者がその破産手続で配当を受け取った後、他の連帯債務者が破産したときは、先の破産手続で受け取った配当額を控除した残額についてのみ、後の破産手続に参加することになります。これは、破産手続開始の前に、債権額の一部について任意弁済を受けていた場合も同様です。

3　連帯債務の2つの面——債権者に対する関係・連帯債務者間の関係

　以上のように、連帯債務は、債権者に対しては、各連帯債務者がそれぞれ「債権額全額」について責任を負うことにより、全員の責任財産を引当てに提供するという担保的な機能を有しています。それは、連帯債務者が共同事業をするものであれ、そうではなく全債務について共同で責任を負うことを引き受けるものであれ、連帯債務者間の（緩やかなものにせよ）主観的結合関係に基礎を置いています。他方、求償が問題になる場面で表れるように、各連帯債務者は、自らが最終的に負担するべき固有の「負担部分」をもっています。これを基準として考えると、各連帯債務者は固有の負担部分をもちつつ、他の連帯債務者の負担部分について相互に保証しあう関係であるということもできます。後述する「絶対的効力」について、連帯債務者全員に効力を生ずるものと、ある債務者の負担部分の限度で生ずるものとの2種類があるのも、この2側面の表れと考えることができます。

2　連帯債務の成立

　それでは、連帯債務が生ずるのはどのような場合でしょうか。432条の条文からは、手掛かりを得ることができません。

　まず、〔設例1〕において、A・B・Cの3人とも1200万円を債務として負担し、その中の誰に請求しても1200万円全額を支払うというように、当事

者が連帯債務を負担するという意思を表示した場合に、連帯債務が成立します。この意思表示は黙示でもかまいませんが、**意思表示のない場合に、連帯債務であることを推定するべきではありません**（大判大正4・9・21民録21輯1486頁）。したがって、たとえば卒業旅行の費用が足りないため、一緒に行く3人が揃って先輩のところに借りに来たというだけでは、（旅行という一種の共同事業を目的とするにしても）当然に連帯債務にはなりません。もっとも、旅行のための借金というのではなく、〔設例1〕のような共同の営利事業をする場合には、その中の1人が無資力となったときに他の債務者が責任をもたないのであれば、信用を得ることができません。このようなケースでは、**連帯債務とする特約があると認めるべき場合**が少なくないと思われます。

次に、**法律の規定に基づいて連帯債務となる場合**があります。商法では、数人がそのうちの1人または全員のために商行為となる行為によって債務を負担したときは、連帯債務となると規定しています（商511条1項）。判例にも、建設工事を行う共同企業体の構成員に会社が含まれている場合、各構成員は、共同企業体がその事業のために負担した債務について連帯債務を負うとしたものがあります（最判平成10・4・14民集52巻3号813頁）。また民法でも、共同不法行為（719条）、日常家事債務（761条）について連帯責任を規定しています。ただし、連帯債務の絶対的効力には債権者に不利なものが多いため、**共同不法行為等については連帯債務の規定をそのまま適用せず、弁済等、債権者に満足を与える事由を除いては、絶対的効力事由を制限して解するべきものとされています**（不真正連帯債務。5参照）。

なお、**連帯債務者の1人について法律行為の無効または取消しの原因があっても、他の連帯債務者の債務の効力には影響しません**（433条）。債務に主従の関係がある保証の場合とは異なり、各連帯債務者はそれぞれの債務を独立に負担しているためです。ただし、当事者がある特定の者についての連帯債務が有効に成立していることを条件としたときは別です。連帯債務という形式で事実上の保証をしている場合に、主たる債務者にあたる連帯債務者の債務の有効性を条件とするようなケースです。

③ 連帯債務の性質

1 連帯債務者の1人について生じた事由の影響

　連帯債務とは、数人の債務者が同一内容の債務を、それぞれ独立して重畳的に負担し、全部の給付がされればすべての債務者の債務が消滅するというものです。したがって、規定はありませんが、弁済はもとより、代物弁済、供託は**債権者に満足を与えるもの**として、他の債務者のためにも効力を生ずる、すなわち「**絶対的効力**」をもちます。また弁済の提供も絶対的効力をもつものとされ、債権者は他の債務者に対する関係でも受領遅滞となります。

　これに対して、**債権者に満足を与えるのではない事由**が連帯債務者の1人について生じた場合には、その効力は他の連帯債務者に影響しません。すなわち「**相対的効力」しかもたないのが原則**です（440条）が、**2**以下で見るように、これにはいくつかの例外があります。

2 履行の請求

　連帯債務者の1人に対する履行の請求は絶対的効力を有し（434条）、**それにより、他の債務者についても、履行遅滞、時効の中断が生じます**。これは債権者に有利な効力です。債権者の立場からは、同時に全員に対して履行請求しないと連帯債務のメリットを失うというのでは不便だからであると言えそうですが、他方、これによれば、請求を受けなかった債務者は知らないうちに履行遅滞となり、また時効が中断されるために不利益を受けることになります。このような債権者の地位の強化は、民法が債権を満足させる事由以外についても広く絶対的効力を与え、とりわけ時効の完成について絶対的効力を認めていること（439条）に見合うものとして定められており、やむをえないものと説明されています。

> ＊443条では、連帯債務者の1人が債権者から履行の請求を受けて弁済をする場合、また弁済等をした場合には、他の連帯債務者に通知することが想定されています。連帯債務者間には、緩やかなものであれ、主観的結合関係があるとする前提をとるならば、履行の請求を受けた連帯債務者は、債権者が「同

時に若しくは順次にすべての連帯債務者に対し」て権利を行使し始めたものと考え、他の連帯債務者と連絡をとるのが通常であると考えられます。したがって、履行の請求に絶対的効力を認めることは、請求を受けていない連帯債務者にとって不測の不利益とはいえないとは考えられないでしょうか。疑問として提示しておきます（これは、連帯債務を認めるのはどのような場合かという問題に関連します）。

3　更　改

連帯債務者の１人と債権者との間で更改がされたときは、債権は、すべての債務者の利益のために消滅します（435条）。

〔設例３〕A・B・Cは、Xに対して3000万円の連帯債務を負担していた。AとXは契約を結び、Aがこの3000万円の債務の代わりに、自己所有の不動産をXに取得させる債務を負担することとした。

〔設例３〕の場合、AX間の更改によってB・Cの債務は消滅し、Aの不動産の権利移転義務だけが残ることになります。もっとも、その後にAの不動産が滅失しても、旧債権は復活しませんから、債権者はそのリスクを負う結果になります。したがって、**435条の適用を特約で排除**すれば、債権者はAに対しては不動産を、B・Cに対しては3000万円を請求することができ、債権者がいずれかを受領すれば他の債務は消滅するとすることもできます。

4　相　殺

連帯債務者の１人が債権者に対して反対債権を有し、これをもって相殺を援用したときは、債権はすべての債務者の利益のために消滅します（436条１項）。債権が直接に満足された場合ではありませんが、債務者の出捐によって債権者が負担する同種の債務が消滅し、それに相当する額の債権が満足されたのと同じ結果が生ずるため、絶対的効力を認めるものです。次の〔設例４〕の場合、Aが自己の2000万円の債権によって相殺を援用すると、Xの債権は2000万円の範囲で消滅し、Aのみならず B・Cについても、1000万円の連帯債務が残ることになります。

〔設例4〕 A・B・Cは、Xに対して3000万円の連帯債務を負い、その負担部分は平等であった。他方、AはXに対して2000万円の債権を有している。

ところで436条2項は、**反対債権をもつ債務者Aが相殺を援用しない場合に、他の連帯債務者Bが、Aの負担部分の限度で相殺を援用することを認め**ています。たとえば〔設例4〕においてAが相殺を援用しない間に、Bが3000万円を弁済したとします。そうすると、弁済したBは、Aの負担部分1000万円についてAに求償します。他方でAは、Xに対して自己の債権2000万円を請求することになりますが、その時にXが無資力になっていると、Aは一方ではXに対する債権を回収できず、他方ではBの求償に応じなければなりません。436条2項は、このような事態に対応し、求償関係の簡略化とAの保護のために、Bは1000万円の限度で相殺を援用できるものとしたと説明されます。

とはいえ、Aが何らかの理由で相殺を援用しない場合に、Bが代わって援用し、Aの債権を消滅させることまで認めるのは、Aの財産権への介入であって好ましくないと思われます。そこで、BはXから請求を受けても、Aの負担部分1000万円については履行を拒絶することができるにとどまるとする解釈が有力です。

5 免 除
(1) 規定の趣旨 **債権者が連帯債務者の1人に対して債務を免除したときは、その債務者の負担部分の限度で、他の連帯債務者も債務を免れます**（437条）。〔設例4〕のようにA・B・Cが3000万円の連帯債務を負い、負担部分が平等である場合、債権者XがAの債務（3000万円）を免除すれば、B・CもAの負担部分1000万円について債務を免れ、B・Cが2000万円の連帯債務を負うことになります。

これは、免除を受けていないBやCが3000万円を弁済してAに1000万円を求償し、その後Aが債権者に対して不当利得としてその1000万円の返還を請求するという求償の循環を避けるためです。ただし、実はAの負担部分が8割を占めていたような場合において、債権者がその事実を知らなかったとき

は、437条によれば債権者は予期した以上の債権を失う恐れがあります。これについて通説は、債権者が連帯債務者間の実際の負担割合を知りえない場合には、債権者との関係では負担部分を平等として扱うべきものとします。

(2) 免除の趣旨の探究 もっとも「免除」という場合、債権者の意思がどのようなものであったかを探究することが必要です。437条ではAの負担部分を、債権者との関係でも、連帯債務者内部の関係でも免れさせるという処理をしていますが（絶対的免除）、Aに対しては請求しないがB・Cに対しては全額、すなわち3000万円を請求するという趣旨である場合（相対的免除）もありえます。しかしこの場合、BまたはCからAに対して1000万円の求償がされるならば免除の意味がありませんし、Aに対して求償できず、B・Cが1500万円ずつ負担するとすれば、債権者XがAを免除することにより、B・Cの負担部分を一方的に増やすことになってしまいます。これは正当ではありませんから、B・CからAが求償されたときには、免除したAの負担部分1000万円は最終的にXが負担し、XがAに対して不当利得として返還することになります。

(3) 一部免除の場合 また、債権者が連帯債務者の1人に一部免除をした場合の処理については、見解が分かれています。次の〔設例5〕の場合、AはB・C・Dに対していくら求償することができるでしょうか。

〔設例5〕A・B・C・DはXに対して500万円の連帯債務を負い、負担部分は平等であった。AはXに200万円を弁済し、Xは残りの300万円の債務をAに対して免除した。

①**割合的免除**という考え方　判例（大判昭和15・9・21民集19巻1701頁）は、**Aの負担部分が割合的に免除されるとする見解**をとります。**AがXとの関係では500万円の債務を負担している点に着目**します。300万円の免除は、その5分の3であるというわけです。これによれば、Aの負担部分125万円の5分の3である75万円が免除された結果、連帯債務額は425万円となります（その上で、Aの弁済により残りは225万円になります）。Aの負担部分は125万円から免除された75万円を引いた50万円となっているため、Aは弁済した200万円から負担部分50万円を引いた残り150万円を、B・C・Dに対して3分の

1 つずつ求償することができます。

　②金額的免除という考え方　　これに対して、金額で示された免除を割合的な免除と読み替えるべきではなく、300万円の免除はＡの負担部分をその額だけ減少させるものであるとする見解があります。①と異なり、**Ａの負担部分の軽減を重視**します。これによれば、Ａの負担部分125万円が免除されて負担部分は零、連帯債務額は375万円となります（その上で、Ａの弁済により残りは175万円になります）。Ａは負担部分がありませんから、弁済した200万円全額につき、Ｂ・Ｃ・Ｄに対して3分の1ずつ求償することができます。

　③相対的免除という考え方　　さらにまた、300万円の免除は、Ｘは本来なら500万円全額をＡに請求できるところ、Ａに対しては200万円までしか請求しないという趣旨であって、**Ａの負担部分を減少させるという趣旨を当然に有するものではない**とする見解があります。これによれば、Ａはもうから請求される心配はありませんから、弁済した200万円から負担部分125万円を引いた残りの75万円につき、Ｂ・Ｃ・Ｄに対して3分の1ずつ求償することができます。

　ただし、ＸがＡから100万円の弁済を受けて、残り400万円を免除した場合には、ＸがＢ・Ｃ・Ｄの負担部分を増やすわけにはいきませんから、Ａの負担部分125万円からＡから弁済を受けた100万円を引いた25万円はＸが負担することになります。Ｂ・Ｃ・Ｄの連帯債務額は475万円となり、その上でＡの100万円の弁済により、375万円となります。この場合、Ａは負担部分を超えた弁済をしていませんから、ＡからＢ・Ｃ・Ｄへの求償の問題は生じません。

　　＊少し説明を補足します。①の考え方は、**全額免除の場合と比較して考える**ものです。つまり、ＸがＡに500万円全額を免除すれば、**Ａの負担部分125万円は全額消滅する**が、300万円（5分の3）を免除すれば、負担部分のうち75万円（5分の3）が消滅するというものです。免除が「その連帯債務者の負担部分についてのみ」他の連帯債務者の利益のために効力を生ずるとする437条の規定に忠実な考え方です。それに対して②の考え方は、300万円を免除するというＸの表示を、文字通り金額で捉えたものであるといえます。また③の考え方では、結局Ａの負担部分が減少しないのであれば、Ａに実益がないのではないかという疑問がありえます。ただ、Ｘからの請求の心配がなくな

ることは、事実上、Aにとっての大きな利益ですし、またXがAからは200万円回収することで妥協して、もうAには請求しないとしたのですから、仮にXがB・C・Dから残りの全額を回収できなかったとしても、そのリスクはXが負うことになります。したがって、Aにとって実益があるといえます。

6 混 同

債権者と連帯債務者の1人との間で混同が生ずると、その債務者は弁済をしたものとみなされます（438条）。たとえば、A・B・Cが3000万円の連帯債務を負い、負担部分が平等である場合に、Aが債権者Xからその債権を譲り受けたり、債権者を相続したりして、Xに対して3000万円の債務を負うと同時にそのXの3000万円の債権を取得したときは、混同により債権は消滅することになります。Aは免責行為をしたわけではありませんが、弁済したのと同様に、B・Cに1000万円ずつ求償することができます。

7 時効の完成

連帯債務者の1人について時効が完成すると、その債務者の負担部分の限度で、他の債務者も債務を免れます（439条）。

> 〔設例6〕A・B・CはXに対して、連帯して3000万円の債務を負担し、その負担部分は平等であった。ところがAについてだけ、その債権の消滅時効が完成した。

〔設例6〕の場合、Aについて消滅時効が完成することにより、Aの負担部分1000万円の限度でB・Cも債務を免れ、B・Cが2000万円の連帯債務を負うことになります。このような事態は、Aは無資力であるため、Xが、B・Cからの回収を考えてB・Cについては債務の承認（147条3号）をとったものの、Aからは承認をとっていなかった場合等に生じます。学説上は、このような場合に、XがAの負担部分の範囲で債権を失うのは妥当でないという批判があります。

4　連帯債務者相互間の求償関係

1　負担部分と求償権

　連帯債務者の1人が、債務を弁済する等、自己の財産をもって共同の免責を得たときは、他の連帯債務者に対し、その各自の負担部分について求償権を有します（442条1項）。自己の財産によることが必要ですから、免除や時効の完成の場合には求償権は生じません。**「共同の免責」を得るとは、すべての連帯債務者と債権者との関係で、債務を消滅または減少させることをいいます**。求償権の範囲としては、弁済等があった時以後の法定利息、避けることができなかった費用その他の損害の賠償を含みます（442条2項）。負担部分は、特別の合意がなければ平等と解するべきですが（427条参照）、初めに挙げた〔設例1〕のように、連帯債務から受ける利益の割合が異なるときは、負担部分もその割合によることが多いと考えられます。

〔設例7〕　A・B・CはXに対して3000万円の連帯債務を負い、負担部分は平等であった。AはXに、債務の一部である1500万円を弁済した。

　〔設例7〕の場合、債務の一部である1500万円を弁済したAは、B・Cに対して、自己の負担部分を超える500万円についてのみ求償することができるでしょうか、それとも共同の免責を得た1500万円を負担部分の割合に応じて分け、1000万円を求償することができるでしょうか。どちらの考え方も成り立つと思われますが、残り1500万円について債権者から請求される可能性はA・B・Cとも同じであり、内部的な負担部分相当額を完済したAについても、債権者との関係で責任が軽くなるわけではありません。この点を考慮すれば、後者の考え方（判例・通説）をとるべきだと思われます。

2　通知の必要

　連帯債務者が、互いに連絡することなく各自で弁済すると、二重払いとなったり、他の債務者が有利な地位を活用する機会を失う等の不都合が生じます。そのために、**弁済等の出捐をする前、あるいは出捐をした後に他の債務**

者に通知しないと求償ができなくなる場合があります。

(1) 事前の通知 まず、連帯債務者の1人Bが債権者から請求を受け（必ずしも請求を受けた場合に限らないと解されていますが）、そのことを他の連帯債務者Aに通知しないまま、弁済等、自己の出捐によって共同の免責を得た場合において、Aが、たとえば相殺や同時履行の抗弁権等、債権者に対抗できる事由を有していたときは、Aは自己の負担部分についてBの求償に対抗でき、BはAに求償することができなくなります（443条1項前段）。

〔設例8〕 A・BはXに対して300万円の連帯債務を負い、負担部分は平等である。他方、AはXに対して200万円の債権を有している。

相殺を例にとると、たとえば〔設例8〕の場合、仮にXが無資力になったとしても、Aは相殺によって自己の反対債権を確実に回収できる地位にありました。弁済前にBが通知してくれれば、AはBの弁済を待ってもらってまず相殺による回収をはかることができたはずです。ところが、Bが通知しないまま300万円を弁済してしまうと、AはBに対して150万円の求償に応じる一方、Xから200万円を回収しなければならず、不利益を被る恐れがあります。そこで、443条1項前段により、AはBの求償を拒むことができるものとされたのです。150万円の求償を拒絶されたBはどうするかというと、Xに対してこの150万円の支払いを請求することができます（443条1項後段）。Aの反対債権が、150万円の限度で法律上当然にBに移転することになるわけです。

(2) 事後の通知 次に、Aが300万円を債権者に弁済したが、そのことをBに通知することを怠ったため、Bがそれを知らずに重ねて債権者に300万円を弁済した（または有償で免責を取得した）とします。この場合には、Bは自己の弁済を有効とみなし、Aの求償を拒絶するとともに、逆にAに対して、150万円を求償することができます（443条2項）。Aが既に弁済したことをBに通知すれば、Bは二重払いすることはなかったといえるからです。

(3) 事前の通知・事後の通知ともにされなかった場合 それでは、AがBに事前に通知することなく債権者に弁済し、弁済した後もBに通知することはしなかったとします。その後に、BがAに事前の通知をすることなく債権

者に弁済して、**二重弁済になった場合**にはどう処理するべきでしょうか。Aからは、Bが事前の通知をしてくれれば、弁済ずみであることを教えたのに、と言いたいところですし、Bからは、Aが事後の通知をしてくれれば、自分が二重弁済することはなかったのに、と言いたいところです。これについて判例（最判昭和57・12・17民集36巻12号2399頁）は、**443条2項の規定は同条1項の規定を前提とするものであって、同条1項の事前の通知について過失のある連帯債務者までも保護する趣旨ではない**と述べて、**先にされたAの弁済を有効**としています。

> *3 2*でも触れたところですが、債権者はどの連帯債務者に対しても請求できる立場にあるのですから、債権者からの請求を受けて（443条1項前段）弁済しようとするBとしては、すでにAが弁済している（あるいは弁済しようとしている）可能性を考えることが必要です。したがって、債権者から履行の請求を受けたこと（あるいは弁済しようとしていること）をAに通知し、二重弁済にならないように注意することが求められます。ただ「通知」をすればよく、Aに確認までする必要はありませんから、Aから返事がなくても弁済してかまいません。Bが事前の通知をした以上、そのリスクは事後の通知を怠ったAが負担しますが、Bが事前の通知を怠ったときは、上記の注意を怠ったものとして、そのリスクはBが負担することになります。

3　連帯債務者中に無資力者がいる場合

　A・B・Cが300万円の連帯債務を負い、Aが全額を債権者に弁済したところ、Cが無資力で求償に応じられないとします。この場合に、Bは自己の負担部分（100万円）だけをAに償還すれば済むのかどうか。

　(1) 原　則　この場合には、**求償者（A）と「他の資力のある者」（B）との間で、Cが求償に応じられない部分を、それぞれの負担部分に応じて分割して負担します**（444条本文）。したがって、負担部分が平等であれば、本来A・Bはそれぞれ100万円ずつ負担すればよいはずですが、Cの無資力のために、Bは150万円をAに償還しなければならないことになります。しかし求償者に過失があるとき、たとえばAが求償し忘れている間にCが無資力になったような場合には、回収できなかったCの分は、全額Aが負担しなければなりません。

なお、444条には「各自の負担部分に応じて」分割すると規定されていますが、連帯債務者のうち、負担部分が零の者があったときはどうなるのでしょうか。そのような者は多くの場合、実質的には保証人であり、債権者との関係ではともかく、内部的には責任を負担する立場ではありません。したがって、負担部分を有する者から負担部分のない者に求償することはできないと考えるべきです。

(2) 「連帯の免除」があった場合　債権者がAに「連帯の免除」をした場合において、Cが無資力であるときは、債権者はCが弁済できない部分のうち、Aが負担するべき部分を負担します（445条）。「連帯の免除」とは、債権者とある連帯債務者との間で、その債務者の債務額をその負担部分に限定することです（したがって、連帯債務者全員に対して連帯の免除をすれば、A・B・Cの関係は分割債権関係となり、求償の問題も生じません）。

　上記の例でゆけば、Aが100万円の分割債務、B・Cが300万円の連帯債務を負うことになります。このときBが300万円を弁済し、Cに100万円を求償したところCが無資力であったとすると、444条によれば、BはCの負担部分のうち50万円を自ら負担し、Aに150万円を求償できることになります。しかしそれでは、Aに連帯の免除、すなわち債務額を負担部分（100万円）に限定した意味がありませんから、50万円は債権者が負担し、BはAに100万円、債権者に50万円を求償することになります。もっとも、債権者が連帯の免除をする場合、Aには100万円しか請求しないということ以上に、連帯債務者間の内部関係におけるAの負担部分まで引き受ける意思はないと考えられ、445条は立法論的には疑問であるとされています。

5　不真正連帯債務

1　不真正連帯債務とは

　数人が同一内容の債務を独立して重畳的に負担し、**全部の給付がされたときはすべての債務者の債務が消滅するという限りでは連帯債務と共通するが、民法の連帯債務の規定が適用されないものを、一般に不真正連帯債務**と呼んでいます。

〔設例9〕 Aは、タクシー会社Bの従業員Cが運転するタクシーに乗ったところ、Cの過失による交通事故にあって負傷し、治療費等30万円の損害を被った。

たとえば、〔設例9〕の場合、AはCに対して30万円の損害賠償を請求できる (709条) と同時に、Cの使用者であるBに対しても、使用者責任を追及して (715条) 同じく30万円の損害賠償を請求することができます。そしてB・Cのいずれかが30万円を支払えば、他方についても債務が消滅します。しかし、これはB・Cが共同の目的を持って債務を負担する場合ではなく、Cの過失による不法行為につき、被害者の保護のためにBが重畳的に責任を負うものです。したがって、両者の負担部分についても、連帯債務一般の原則ではなく、使用者責任の趣旨に従って決するべきですし、またB・Cの一方について生じた事由の効果を他方に及ぶものとしてよいかどうかは——特に債権者にとって不利な事由については——問題であるため、民法の連帯債務の規定は当然には適用されません。

不真正連帯債務は、このように、**同一の損害について数人の者がそれぞれの立場で塡補するべき義務を負う場合**に問題になります。その例としては他に、他人の家屋を焼失させた者の賠償義務と火災保険会社の契約上の保険金支払義務、動物による加害についての占有者の賠償義務 (718条1項) と保管者の賠償義務 (同条2項) 等が考えられます。さらに共同不法行為の場合、「各自が連帯して」責任を負うものと規定されていますが、この場合も不真正連帯債務の関係であって、連帯債務の規定をそのまま適用するべきではないと解されています (最判昭和57・3・4判時1042号87頁。434条の適用を否定したもの)。

2　不真正連帯債務の効力

債権者が債務者の1人に対し、または同時もしくは順次にすべての債務者に対して、全部または一部の履行を請求することができること、債権者の1人について生じた事由のうち、債権を満足させる事由 (弁済・代物弁済・供託・相殺) が他の債務者に対しても効力を生ずることについては、通常の連

帯債務と同じです。しかし、**債権を満足させる事由以外のものは、相対的効力を有するにとどまります**。たとえば前述の例において、Ｃがしばしば見舞いに訪れて誠意ある対応をしたため、ＡがＣに対しては賠償を請求しないと言ったとします。この場合、Ｂ会社が、Ａの言明はＡのＣに対する免除であり、437条に基づき免除はＣの負担部分（100％）についてＢにも及ぶとして責任を免れることはできません。

> ＊もっとも、共同不法行為者の１人甲と被害者が訴訟上和解して損害賠償債務を免除した場合、437条の適用はないから他の共同不法行為者乙に免除の効力が及ぶものではないが、被害者が乙に対しても免除する意思を有しているときは、乙に対しても免除の効力が及ぶとした判例があります（最判平成10・9・10民集52巻６号1494頁）。**免除者の意思解釈**を根拠にしたもので、連帯債務規定の適用の可否だけで判断してはならないことを示しています。

また、**通常の連帯債務では、特別の合意がなければ負担部分は平等と解されますが、不真正連帯債務では、それぞれの場合に重畳的な責任を根拠づける法律関係によって決せられます**。たとえば、他人の家屋を焼失させた者と火災保険会社との間では、家屋の焼失に責任のある者が最終的には全額を負担するべきであるとして、保険会社が保険金を支払ったときには、被害者の損害賠償請求権を保険会社が代位取得します（保険25条）。さらに使用者責任の場合、使用者は帰責事由のある被用者に対して全額につき求償することができるのが原則ですが（715条３項）、事情によっては使用者の求償権を制限するべき場合もありえます（最判昭和51・７・８民集30巻７号689頁）。

このように考えると、これらのケースについて法律関係を明確にするためには、当事者の意思や当該ケースをめぐる諸事情を検討する必要があり、「多数当事者の債権関係」のひとつとはいえるものの、不真正連帯債務としてまとめる積極的な意味はあまり大きくないということができます。

第14章　保証債務

本章のレジメ

* **保証債務**：主たる債務を負う他人がその債務を履行しなかった場合に、これを代わって履行するべき（保証人の）債務
    保証契約：保証人と債権者との契約→保証債務の発生
    保証委託契約：保証人と主たる債務者との契約　→保証委託契約の無効は、保証契約の効力に当然に影響するものではない。影響しうる場合は？
* **保証債務の内容**：主たる債務と同一。主たる債務に「従たるもの」にも及ぶ。解除による原状回復義務は？
    一部保証の趣旨は？
    附従性：保証債務は主たる債務の担保を目的とする→その内容・範囲が主たる債務に規定され、成立・存続においても主たる債務と運命を共にする
    補充性：主たる債務の履行がない場合にはじめて保証人が履行の責任を負う
* **附従性に関連して注意すべきこと**
    ・主たる債務の無効・取消し→保証債務も成立しない。ただし、能力の制限による取消可能性を知って保証した場合、同内容の独立の債務を負う（449条）
    ・主たる債務に伴う抗弁権の主張→主債務者の反対債権による相殺（457条2項）
    ・主たる債務の消滅時効の援用：当事者（145条）として援用できる
    ・主たる債務の消滅時効の中断：承認（147条3号）も含まれる
    ・主たる債務者に対する債権の移転に伴って保証人に対する債権も移転する：随伴性
* **補充性に関連して注意すべきこと**
    ・催告の抗弁権、検索の抗弁権：その内容と効果は？
    ・連帯保証：債権者は直ちに連帯保証人に請求できる。連帯保証人に生じた事由はどのようなものが主たる債務者に及ぶか？
    ・共同保証：分別の利益と保証連帯（連帯保証との違いは？）、共同保証人の1人が負担部分を超えた弁済をした場合の処理
* **保証人の求償権**
    ・委託を受けた場合と委託を受けない場合：求償の範囲の違い
    ・委託を受けた保証人の事前求償権：どのような場合に認められるか。物上保証人に類推適用できるか
    ・求償関係と通知：保証人からの通知、（委託を受けた保証の場合の）主たる債務

者からの通知
＊**継続的保証**：保証人の責任の適切な制限（期間・限度額の制限、解約権、相続性）
　　・根保証→貸金等根保証契約についての規定
　　・身元保証→身元保証法
　　・賃借人の債務の保証：具体的事情に照らして解除を認める可能性

1　保証債務の意義と成立

1　保証債務の意義

保証とは、他人の債務（主たる債務）につき、その他人（主たる債務者）がこれを履行しない場合に代わって履行する責任を負うことをいいます（446条1項）。次の〔設例1〕①のような場合です。

〔設例1〕　AはXに対し、1000万円を融資してくれるよう申し入れたところ、Xは担保を付けるように求めた。そこで①BがXに対し、Aが期限までに融資金を返済できなかったときは、自分が代わって支払うことを約束した。②XのAに対するこの債権のために、Cが自己の所有する不動産甲に抵当権を設定した。

　日本民法はこの関係を、**B（保証人）が主たる債務と同内容の、しかし主たる債務とは別個の債務（保証債務）を負担し、保証人が保証債務を履行したときは、主たる債務もその目的を達して消滅すると構成しています**。そのため、保証人Bは主たる債務者Aと並んで、自己の債務としての保証債務を負うことになり、連帯債務と同様、同一内容について複数の債務者が並立する形式となります（多数当事者の債権関係）。しかし連帯債務とは異なり、保証債務の履行は主たる債務が履行されない場合にはじめて問題となり、また保証人には負担部分も存しないというように、保証債務は主たる債務に対して補充的な地位にあります。すなわち、**保証債務は、形式的には保証人自身の債務ですが、経済的には主たる債務に対する担保としての役割を果たします**。

　同じく担保として、債務者Aのために自己の特定の財産を提供する物上保証人Cの場合（〔設例1〕②）と比較すると、理論的には次のような違いがあります。第一に、**保証人が債権者に対して「債務」を負担するのに対し、物**

上保証人は当該財産の上に**物的な「責任」**を負担します。第二に、**保証人**が自己の一般財産をもって**無限の責任**を負うのに対し、**物上保証人**は当該財産の限度で**有限の責任**を負います。次に、どちらが債権者に有利かという点を比較します。物上保証人は債務を負担しているわけではないため、債権者はこれに対して履行を請求することはできず、債権回収のためには担保目的物に対する担保権実行手続が必要になりますが、保証人に対しては履行を請求できるのですから、より簡便に債権を回収することができます。しかし物上保証人の提供する担保目的物については、債権者が優先弁済権を有するため債権回収の確実性が高いのに対し、保証人の一般財産については優先弁済権がないのみならず、そもそも一般財産が減少すれば債権が回収できなくなる恐れがあります。

2 保証契約と保証委託契約

保証債務は、通常、債権者と保証人との間で保証契約が締結されることによって成立します。主たる債務者は、保証契約には直接の関係をもちません。実際には、保証人は債務者から保証人になってくれるよう委託を受け、これを承諾して（**保証委託契約**）保証人となる場合が多いでしょう（[図1]参照）。しかし**保証契約が有効に成立するためには、必ずしもこの委託は必要がありません**（もっとも、委託の有無は、後に見るように求償権の範囲に影響します）。なお、**保証契約は書面ですることが必要です**（446条2項・3項）。これは、い

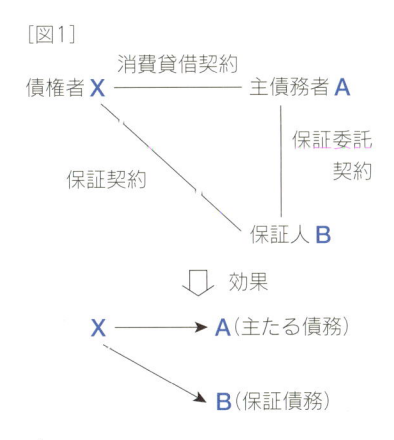

[図1]

```
              消費貸借契約
   債権者 X ─────────── 主債務者 A
        \                    |
         \                   | 保証委託
          \  保証契約         |  契約
           \                 |
            \                |
             ─── 保証人 B ───

              ⇩ 効果

        X ─────▶ A（主たる債務）
          \
           ─────▶ B（保証債務）
```

ろいろな人間関係の中で軽率に保証を引き受けることを防ぐため、2004年の民法改正で新たに設けられたものです。

保証契約は保証委託契約とは当事者の異なる別個の契約ですから、保証委託契約が無効であっても、保証契約の効力には影響しません。保証人は、諸事情を考慮した上、自らの自由な決断によって保証人になることを決めたものだからです。しかし保証委託を受けるにあたり、主たる債務の内容や債務者の資力、他に物的担保や保証人を立てる予定等について虚偽の説明を受けたために保証契約をするに至った場合、その事情は保証契約の効力に影響を及ぼさないでしょうか。

債務者による詐欺があっても、その事実を債権者が知っていた場合でなければ、保証契約を取り消すことはできません (96条2項)。また錯誤についても、一般的には前述のような事情は動機にすぎず、保証契約の無効を主張することはできません。しかしこれらの事情が保証契約の条件や前提になっていないかどうか、保証契約の解釈として検討するべき場合もあると思われます。

＊錯誤について、他にも保証人がいると思って保証したが、実はいなかったという場合に動機の錯誤にすぎないとした例 (最判昭和32・12・19民集11巻13号2299頁) がある一方、空クレジットとは知らずにクレジット会社に対する立替金支払債務を保証した場合に「主債務がいかなるものであるかは、保証契約の重要な内容である」として保証人の要素の錯誤を認めた例 (最判平成14・7・11判時1805号56頁) もあります。

3　保証人の資格

保証人となるためには、原則として保証契約を締結する能力があればよいのですが、**法律の規定、裁判所の命令で保証人を立てる義務がある場合には、保証人には特別の資格が要求されます**。すなわち、行為能力者であることに加え、弁済の資力を有することが必要であり (450条1項)、立てた保証人に弁済の資力が欠けたときは、債権者は、行為能力者でありかつ弁済の資力を有する者に代えることを請求することができます (同条2項)。また債務者が450条所定の条件を有する保証人を立てることができないときは、他の担保を供してこれに代えることができます (451条)。債務者が資格を有する

保証人を立てることができず、また他の担保を供することもできなかったときは、担保供与義務違反として、期限の利益を喪失することになります（137条3号）。

② 保証債務の性質と範囲

1 内容の同一性と附従性・補充性

(1) 不代替的給付と保証 保証債務は、主たる債務者が履行しない場合に保証人が代わって履行するものですから、主たる債務と同一の、代替的給付を内容とすることになります。不代替的給付を目的とする債務を保証した場合は、主たる債務が不履行により損害賠償債務に変わったときに、その損害賠償債務と同一内容の給付の保証を行う条件付保証と解されます。なす債務、たとえば請負人の債務の保証人が、主たる債務者が履行をしない場合に、代わりに仕事を完成する義務を負うか、それとも損害賠償の義務を負うかは、その保証契約の趣旨によって決まります。

(2) 一部保証 また、主たる債務の一部分についてのみ保証するという場合もあり、これを一部保証といいます。たとえば、主たる債務は100万円であるが、そのうち70万円のみについて保証するという場合ですが、この場合に、主たる債務者が20万円弁済した後に支払えなくなったとき、保証人はいくら支払えばよいでしょうか。もし保証契約の趣旨が、債権者に70万円までの満足を与えることにあるとすれば、50万円支払えばよいのですが、保証人が70万円までの限度で責任を負うことにあるとすれば、70万円支払う義務があります。一部保証の趣旨は、通常は保証人が自己の責任の範囲を限定することにあると見るべきですから、後者の解釈をとるべきでしょう。

(3) 附従性・補充性 保証債務は主たる債務とは別個の債務ですが、主たる債務に附従し、また原則として補充性を有します。附従性とは、保証債務は主たる債務の担保を目的とするものですから、その内容・範囲が主たる債務に規定され、その成立・存続においても主たる債務と運命を共にすることです。補充性とは、第一次的には主たる債務が履行されるべきであり、主たる債務の履行がない場合にはじめて保証人が履行の責任を負うということ

です。

2　保証の範囲

　保証債務の範囲は、主たる債務の元本のみならず、**利息、違約金、損害賠償、その他この債務に従たるすべてのもの**に及びます（447条1項）。主たる債務について契約解除がされた場合の原状回復義務は、主たる債務に従たるものではありませんが、保証の趣旨が**主たる債務の不履行に起因して債務者が負担する可能性のある債務について責任を負うことにある**ものと認められる限り、保証債務の範囲に含められます。

> ＊特定物の売主の債務を保証した者は、売主が代金を受け取りながら目的物を引き渡さないときは、契約解除による売主の代金返還義務について保証人として責任を負い、返還するべき代金相当額を支払わなければならないとした判例があります（最大判昭和40・6・30民集19巻4号1143頁）。

　また、主たる債務について違約金・損害賠償額の予定がなくても、**保証債務についてのみ違約金・損害賠償額を約定することができます**（447条2項）。主たる債務者が損害賠償義務を負う場合、保証人はそれについて責任を負いますが（447条1項）、賠償額は、損害が発生してみなければわかりません。そのため、保証債務について損害賠償額の予定をし、保証人が自己の責任範囲を予測できるようにすることを認めたものです。

3　主たる債務と保証債務の関係

1　附従性の効果

　保証債務が附従性を有する結果、次のような効果が導かれます。

　(1)　成立について　　主たる債務が、法律行為の無効・取消しにより効力を生じなかったときは、保証債務もまた成立しません。ただし、**行為能力の制限によって取り消しうる債務を保証した者が、保証契約の当時、取消原因を知っていたときは、同じ内容の独立の債務を負担したものと推定され、主たる債務が取り消されても責任を負います**（449条）。

　保証人が行為能力の制限による取消しの可能性を知っている以上、債務不

履行の危険のみならず、制限行為能力者との取引が取消しによって挫折する危険についても責任を負う意思があると推定されるのです。ただ保証債務は附従性を有するものですから、主たる債務が効力を生じなければ、保証債務も成立しません。したがってその場合の責任は、保証債務ではなく、一種の損害担保契約により独立の債務として負担されたものとされます。

(2) **内容について** 保証債務は、金額・条件・期限など、その目的・態様において、主たる債務よりも重いものであってはならず、重いときは主たる債務の限度に縮減されます（448条）。保証債務は主たる債務を担保することが目的であり、主たる債務の内容以上の責任を負う理由がないからです。これに対し、主たる債務より軽いものであることは差し支えありません。保証人がどこまでの責任を負うべきかは、保証契約によって定めうるものだからです（2 1 (2) 参照）。

(3) **抗弁について** 保証人は、同時履行の抗弁権など、主たる債務に付着する抗弁権を主張することができます。これは (2) と同じ趣旨です。

〔設例 2〕 XはAに対して1000万円の貸金債権を有し、これについてBが保証人となっている。他方、AはXに対して500万円の代金債権を有している。Aが期限になっても返済しないので、XはBに対して、保証債務の履行として1000万円を支払うよう請求してきた。

457条 2 項では、保証人は主たる債務者の債権により、相殺をもって債権者に対抗することができると規定されています。これによれば、保証人の相殺により、主たる債務者の債務と反対債権は、対当額において消滅しますから、〔設例 2〕では、BはAのXに対する代金債権による相殺を主張して、500万円だけ支払えばよいことになります。しかし保証人には主たる債務者の債権について処分権はないのですから、学説は、保証人は相殺しうる範囲で履行を拒絶する抗弁権をもつにとどまるものと解しています。

＊457条 2 項が保証人による相殺を認めたのは、主たる債務者が相殺しうるのに相殺せず、保証人に弁済させるのは不当であること、弁済した保証人が主たる債務者に求償し、主たる債務者が債権者に対して自己の債権の履行を請求するという手続は煩雑であり、また主たる債務者の無資力の危険を保証人に、債権者の無資力の危険を主たる債務者に負担させるのは適切ではないという

理由によります（梅謙次郎『民法要義巻之三債権編』171〜172頁）。

(4) **消滅について**　主たる債務が消滅すると、保証債務も消滅します。

(5) **移転について**　主たる債務者に対する債権が移転すると、原則として保証人に対する債権も移転します（随伴性）。主たる債務について債権譲渡の対抗要件が具備されると、保証人に対しても対抗力を生じます。

2　主たる債務者について生じた事由

(1) **主たる債務の内容の変更**　保証債務が附従性を有するため、主たる債務が同一性を保ちつつ内容に変更を生じたときには、保証債務の内容も、それに応じて変動します。ただし、保証契約成立後に、債権者と主たる債務者との合意により主たる債務の内容を加重しても、保証債務には及びません。附従性という性質からは、保証債務の内容も加重されることになりそうですが、保証契約は主たる債務の当初の内容を基礎として締結されたものですから、保証人の意思に基づかないで、債権者・主債務者がその内容を変更することはできません。

(2) **時効の完成・中断**　主たる債務について時効が完成したときは、保証人も当事者（145条）として消滅時効を援用することができます。これは、保証人としての自己の地位に基づくものであって、主たる債務者の時効援用権を行使するものではありません。したがって、主たる債務者が時効の利益を放棄した場合でも、それは相対的効力しかなく、保証人はなお時効を援用することができます。

主たる債務者に対する履行の請求など、時効中断事由が生じたときは、その効力は保証債務に及びます（457条1項）。連帯債務の場合と異なり、承認等も含みます。債権者はまず主たる債務者に履行を請求し、その履行がない場合にはじめて保証人に履行を請求するため、保証債務が主たる債務の時効消滅前に時効消滅するならば、担保としての機能を十分に果たせませんし、時効の中断は、(1)とは違って債務内容の変更にはあたらず、保証人に不測の不利益を与えるものでもありません。

(3) **主たる債務の責任限定**　主たる債務について相続が開始し、相続人が限定承認をした場合はどうでしょうか。相続によって主たる債務が縮減す

るのではなく、**責任が相続財産の範囲に制限されるだけですから、保証債務には影響がありません。主たる債務者が破産し、免責許可決定が確定した場合でも、保証人の債務は影響を受けません**（破産253条2項）。この場合も、主たる債務者の責任は消滅・縮減するが、債務が縮減するのではないと構成されています。これらの処理は、主たる債務者に不慮の事態が生じても確実に債権を回収できるようにするという、保証制度の目的が要請するところでもあります。

3 保証人について生じた事由

保証人について生じた事由は、弁済・供託・相殺のように、**債権の満足をもたらすものを除いて、主たる債務者に影響を及ぼしません**。連帯債務の場合には、各債務が同一の次元で並立し、それぞれが負担部分を有することを原則としていますから、連帯債務者の1人について生じた事由が、その負担部分の範囲で連帯債務者全体に影響しないかどうかが問題になります。これに対し、保証人は主たる債務について二次的な責任を負うにとどまり、自己の負担部分も有しないのですから、保証人について生じた事由は、主たる債務の担保についての変動を意味するにとどまり、主たる債務自体には影響しません。

4 債権者と保証人との関係

1 補充性に基づく抗弁権

(1) 催告の抗弁権・検索の抗弁権　保証人は、主たる債務が履行されないときに、代わって履行の責を負う地位にあります（保証債務の補充性）。したがって、**債権者が保証人に保証債務の履行を請求した場合、保証人は、まず主たる債務者に催告をするべきことを請求することができます**（452条）。これを**催告の抗弁権**といいます。しかし、主たる債務者が破産手続開始決定を受け、または行方が知れないときは、催告が不可能ないし無意味ですから、保証人は催告の抗弁権を有しません（452条ただし書）。債権者は、この抗弁を受けると、主たる債務者に催告をしない限り保証人に請求できません

が、すでに主たる債務者に催告をしている場合には保証人への請求は妨げられず、まだ催告をしていない場合であっても、抗弁を受けた後、催告は裁判外ですれば足ります。

　債権者が主たる債務者に催告した後であっても、保証人は、主たる債務者に弁済をする資力があり、かつ執行が容易であることを証明して、まず主たる債務者の財産に執行をするべき旨の抗弁をすることができます（453条）。これを**検索の抗弁権**といいます。「弁済をする資力」については、債務の全部を弁済する資力があることは必要ではなく、執行可能な若干の財産が存することを証明すれば足りると解されています。また「執行が容易であること」は、債権者が格段の時日および費用を要することなく債権を執行できることを意味しますが、具体的には各場合に応じて判断する必要があります。

　　＊大判昭和8・6・13民集12巻1472頁によれば、一般的に主たる債務者の住所にある動産については執行が容易であるが、第三債務者に対する金銭債権の場合は執行が容易か否かは即断できず、不動産に対する執行は、遠隔地にあるかどうかにかかわらず、容易とはいえないとされています。

　（2）　債権者が催告・執行を怠った場合　　**保証人が催告の抗弁権・検索の抗弁権を行使したにもかかわらず、債権者が催告・執行することを怠り、その後、主たる債務者から全部の弁済を受けることができなかったときは、保証人は、直ちに催告・執行をすれば弁済を受けられたであろう限度において、その義務を免れます**（455条）。たとえば、100万円の債権のうち、適時に催告・執行をすれば少なくとも80万円は回収できたと認められるところ、債権者がこれを怠ったために、主たる債務者から30万円しか弁済を受けられなかった場合には、保証人は、適時に催告・執行をしたならば80万円は回収できたとして、その場合にも回収できなかったであろう20万円についてのみ責任を負います。すなわち、現実に回収できなかった70万円のうち、50万円は債権者自身が催告・執行を怠ったことによるものとして、保証人はその義務を免れることになります。

2　連帯保証

（1）　連帯保証の意義　　催告の抗弁権が行使された場合、保証人の請求を

受けて催告をするのは裁判外でも可能であるため、債権者にとってそれほどの負担ではありませんが、検索の抗弁権が行使された場合には執行の手続をとらなければならないため、大きな負担となります。そこで、**保証人が主たる債務者と連帯して債務を負担すること**により、**保証債務の補充性、すなわち催告の抗弁権・検索の抗弁権を有しない保証債務**を生じさせることができます（454条）。このような保証を、**連帯保証**といいます。

(2) 458条は何を意味するか　連帯保証は補充性を有しないため、**債権者は主たる債務者に請求する以前に連帯保証人に履行を請求することができます**が、それ以外の性質は、基本的に通常の保証と変わりません。ただ458条は、連帯保証について、連帯債務者の１人について生じた事由の効力に関する434条～440条の規定を準用するものとしています。具体的には、どのような効果が生じるのでしょうか。個々の規定について検討してみましょう。

第一に、主たる債務に生じた事由は、附従性の理論に従い、すべて保証人に及ぶため、連帯保証で問題になるのは、**連帯保証人に生じた事由が主たる債務者に及ぶかどうか**です。第二に、保証人は自己の負担部分を有しません。したがって負担部分の存在を前提とする436条２項・437条・439条は、準用の余地がありません。第三に、436条１項の準用によれば、保証人が債権者との間で行った相殺によって主たる債務が消滅することになりますが、これは債権者に満足を与える事由ですから、保証の性質上当然です。また440条の準用によれば、連帯保証人に生じた事由は原則として主たる債務者に及ばないことになりますが、これも保証の性質上当然です。したがって、**特に準用の可能性があるのは434条・435条・438条**です。

＊それでは、この３つの条文の準用により、どのような効果が生ずるでしょうか。まず434条の準用の結果、連帯保証人に対する履行の請求は、主たる債務者に対しても効力が及び、主たる債務の消滅時効を中断します。次に、連帯保証人との間で更改がされれば、新債務が成立して旧債務が消滅しますが、435条の準用の結果、主たる債務のためにも既存の債務が消滅します。最後に438条の準用の結果、連帯保証人のもとで混同により債務が消滅すると、連帯保証人が債務を弁済したものとみなされます。したがって主たる債務は消滅し、連帯保証人は主たる債務者に対して求償権を取得します。

3 共同保証

(1) 共同保証と保証連帯 同一の主たる債務について、数人が保証債務を負担する場合を共同保証と呼びます。共同保証には、数人の保証人が、通常の保証人である場合、連帯保証人である場合、通常の保証人であるが保証人間で「保証連帯」の特約をしている場合があります。

共同保証は、複数人が同時に債権者と保証契約を結ぶことによっても、順次に各別に結ぶことによっても成立します。各別の行為で保証人となった場合でも427条が適用され（456条）、共同保証人は、主たる債務の額を平等の割合で分割した額についてのみ保証債務を負担します。たとえば600万円の債務につき保証人が3人いるときは、各自200万円ずつ保証債務を負担するのです。これを分別の利益といいます。

> *456条で「各別の行為により債務を負担したときであっても」と書かれているのは、次のような意味です。A・Bが同時に保証人になったときは、427条の原則により責任は2分の1ずつである。しかし、初めにAだけが保証人になった場合、Aが全部について責任を負う覚悟であったとしても、後でBが保証人に加わったときは、同様に2分の1ずつ責任を負うことになるということです（『史料債権総則』331～333頁参照）。

もっとも、これでは担保としての効力が弱くなりますから、保証人間に連帯の特約がされることがあります。すなわち各保証人が全額を弁済する特約をし、あるいは分別の利益を放棄すると、債権者は各保証人に対して600万円を請求できます。これを保証連帯といいます。また主たる債務が不可分の場合（465条1項）、あるいは共同保証人の各自が主たる債務者と連帯する場合（各自の連帯保証）にも、分別の利益はなく、同様の結果となります。保証人間の特約がなくとも、すでに債務の全部について弁済の義務を負っているからです。

> *「保証連帯」と「連帯保証」、すなわち通常の共同保証人が保証連帯の特約を結んだ場合と、共同保証人の各自が主たる債務者と連帯した場合（各自の連帯保証）とでは、どのような違いがあるでしょうか（［図2］参照）。第一に、通常の共同保証人の保証連帯においては、主たる債務者との関係で補充性がありますが、各自の連帯保証の場合には補充性がありません。第二に、各自の連帯保証の場合には、それぞれが主たる債務者との関係で連帯関係を有し

ているのみで、共同保証人間には連帯関係がありませんから、1人の連帯保証人に生じた事由は他の連帯保証人に影響を与えません（最判昭和43・11・15民集22巻12号2649頁は、連帯保証人の1人に対してされた債務免除の効力は、他の連帯保証人に及ばないとします。ただし、他の連帯保証人に及ぶとする1名の裁判官の反対意見があります）。

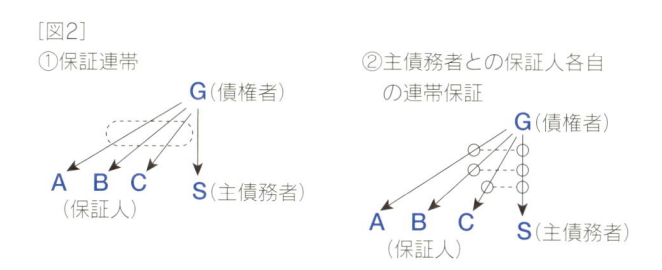

[図2]
①保証連帯
　G（債権者）
A B C　S（主債務者）
（保証人）

②主債務者との保証人各自の連帯保証
　G（債権者）
A B C　S（主債務者）
（保証人）

(2) 負担部分を超えた弁済　分別の利益がない場合において、共同保証人の1人が自己の負担部分を超えて弁済したときは、求償の際の通知の必要や、無資力者がいる場合のリスク分配など、求償関係について連帯債務の442条〜444条が準用されます。ただし、連帯債務者の1人が他の連帯債務者に求償するためには自己の負担部分を超えた出捐をしていることが必要とされないのに対し、共同保証人の場合は、自己の負担部分を超えた弁済をすることが求償の要件とされています（465条1項）。したがって共同保証人は、他の共同保証人に対して求償しようとするならば、自己の負担部分を超えた部分については他の共同保証人に、自己の負担部分については主たる債務者に求償することになります（弁済した全額を主たる債務者に求償できることはもちろんです）。

＊これを説明するならば、共同保証人は連帯債務者と異なり、直接に対等の立場で相互に結びついているのではなく、主債務者との結びつきが先行し、それを軸に並列する関係にあります。そして特約がなければ保証人の数で分割した限度で責任を負うところ、その分別の利益を放棄するのが特約の趣旨であって、それ以上の強い結びつきを背景とするものではありません。したがって、自己の負担部分については、第一次的な主債務者との関係において処理するべきである、ということになります。しかし、このような処理については、共同保証人間の均衡を失するとして疑問を示す見解もあります（潮見

佳男『債権総論Ⅱ［第3版］』504～505頁）。

分別の利益がある場合において、共同保証人の1人が自己の負担部分を超えて弁済したときは、462条が準用され、他の共同保証人は、弁済当時に利益を受けた限度において求償に応ずればよろしい（465条2項）。分別の利益を有する共同保証人の債務は自己の負担部分の範囲に限られ、それを超えた部分の弁済は、一種の事務管理にほかならないからです。

5 保証人の求償権

1 求償権の基礎

保証人は、債権者に対しては自己の債務を弁済するのですが、主たる債務者との関係では自己の負担部分をもたないのですから、いわば他人の債務の弁済をすることになります。したがって、**債権者に対する弁済その他の出捐によって主たる債務者を免責したときは、保証人は主たる債務者に対して求償権を取得します**。

＊主たる債務が不可分債務または連帯債務である場合、債務者の1人のために保証人となった者は誰に対して求償することができるのでしょうか。その債務者に対して全額を求償できることについては問題がありませんが、民法は、直接には保証していない他の債務者に対しても、その負担部分の限度で求償を認めています（464条）。その理由は、ひとつは、保証人の弁済により他の債務者が利益を受けており、その償還の必要があること、もうひとつは、保証人からその債務者、その債務者から他の債務者へという求償関係を簡単にするためです。

ただし、主たる債務者の委託を受けて保証した場合と、委託を受けないで保証した場合とでは、その求償権の基礎が異なります。委託を受けた保証人は、第一に債権者と保証契約を結ぶこと、その結果、もし主たる債務の弁済ができなかったときには、その保証契約に基づき、弁済等を行うことを債務者から委任されています。したがって、債権者に対する弁済等の出捐行為は、委任事務の処理という意味をもち、その出捐は委任者において負担するべき費用だといえます。すなわち、**委託を受けた保証人の求償権は、委任事**

務処理費用償還請求権（650条1項）としての性格をもちます。

これに対して、委託を受けない保証人が行った弁済は、事務管理としての意味をもち、本人（主たる債務者）に有益であった限度で、保証人に償還されるべきものとなります。すなわち、**委託を受けない保証人の求償権は、事務管理費用償還請求権（702条1項）としての性格をもちます**。以下では、461条・462条による求償権の要件・範囲の違いについて説明しますが、それは主たる債務者からの委託の有無による、このような求償権の基礎の違いに基づくものです。

2　委託を受けた保証人の求償権

（1）**範　囲**　主たる債務者に代わって弁済をする等、自己の出捐によって主たる債務を消滅させた保証人は、主たる債務者に対して求償権を取得します。**求償権の範囲としては、弁済その他免責のあった日以後の法定利息、避けることのできなかった費用など損害の賠償を含みます**（459条2項、442条2項）。もっとも、保証人と債務者との間で、求償債権の遅延損害金につき、法定利息とは異なる利率を定める特約も有効であるとされています（最判昭和59・5・29民集38巻7号885頁）。

（2）**事前求償権**　求償権は、弁済などの免責行為が行われ、主たる債務が消滅することによって発生しますが、**委託を受けた保証人については、一定の場合に、免責行為前に求償権を行使すること（求償権の事前行使）が認められます**。前者の求償権は事後求償権、後者の求償権は事前求償権と呼ばれています。**求償権の事前行使が認められるのは、以下の4つの場合です。**

①保証人が過失なく、債権者に弁済すべき旨の裁判の言渡しを受けたとき（459条1項）。

②主たる債務者が破産手続開始の決定を受け、かつ債権者がその破産財団の配当に加入しないとき（460条1号）。

③債務が弁済期にあるとき。ただし、保証契約の後に債権者が主たる債務者に許与した期限は、保証人に対抗できません（460条2号）。

④債務の弁済期が不確定であって、かつその最長期をも確定できない場合において、保証契約の後10年を経過したとき（460条3号）。

①の場合は、債権者から直ちに執行を受ける可能性が生じたものですから、それに応じる準備が必要であり、また②③の場合は、弁済期到来後あるいは破産手続開始後、債権者が適時に主たる債務者に請求しないと、債務者の財産状態の悪化あるいは破産手続の終了により、後になって債権者に弁済した保証人が債務者に対して事実上求償できなくなる恐れがあるからです。さらに③の場合は、弁済期到来後の遅延損害金が発生しますが、債権者が適時に請求せずにこれを溜まるに任せた上で、保証人から取り立てようとする弊害を防ぐという意味もあります。また④の場合は、保証人を長期間不安定な状態に置くことは好ましくないという考慮によります。

(3) **事前求償権の根拠**　それにしても、なぜ、保証人が弁済する前に主たる債務者に求償できるのでしょうか。これについては、保証委託契約は一種の委任であるとした上で、委託を受けた保証人の事前求償権に関する460条は、受任者の費用前払請求権に関する649条の特則であり、委任事務処理費用の前払いとしてあらかじめ求償金を請求できるとする説明が有力です。しかし、登記手続を委任する際に登記費用をあらかじめ渡しておくというような場合と、保証委託契約の場合とは違います。保証委託契約において保証人に委託されているのは、まず債権者からの信用を得るべく（人的）担保を提供することであって、代わりに弁済すること自体が直接に委託されているわけではありません。求償権の事前行使が保証を引き受けた時点で直ちに認められるのではなく、上述の①〜④の場合にはじめて認められることに照らし、むしろ事前求償権は、主たる債務者に対する保証人の一種の免責請求権として理解するべきだと考えます。

すなわち、保証人は債権者との保証契約を結ぶことにより、弁済期までの期間、主たる債務者に信用を与えます。債権者との関係では、弁済期が到来しても、弁済などが行われない限り保証人の債務は消滅しません。しかし主たる債務者との関係では、信用の供与は弁済期までの期間に限られているのですから、弁済期が到来すれば、主たる債務者は自ら債権者に弁済する等して保証人を免責しなければなりません。保証人の免責は、保証委託契約に基づく主たる債務者の義務ですから、主たる債務者がその義務を果たさない場合、保証人は債権者に弁済して自ら免責を得るために、その費用をあらかじ

め主たる債務者に請求することができるのであると考えます。

> ＊このことは、**460条の類推適用により物上保証人に事前求償権を認めることができるか**どうかという問題に関連します。保証人の場合は、いったん自らの出捐において債権者に弁済し、その後に求償することができれば、支払った金銭を取り戻すことができますが、物上保証人の場合には財産が競売された後に求償するのでは手遅れであり、より事前求償権の必要が大きいとも考えられます。判例は、保証の委託は保証債務の負担を内容とし、保証債務の弁済はこの委任事務処理により生ずる負担であるのに対し、物上保証の委託は物権設定行為の委任にすぎず、債務負担行為の委任ではないため、抵当不動産の売却による債務の消滅や物上保証人の弁済による弁済費用の出捐を委任事務の処理と観念することはできないとして、類推適用を否定します（最判平成2・12・18民集44巻9号1686頁）。しかし本文のように、事前求償権を保証人の免責請求権と捉えるならば、物上保証人は弁済期到来の後、債務者が弁済をしないときは、自ら第三者弁済をすることによって免責を実現するため、あらかじめその費用を、免責の義務を負う主たる債務者に請求することができると考えます。

(4) 事前求償に対する主債務者の対抗手段 保証人が主たる債務者に対して事前に求償し、弁済資金を受け取りながら、それを債権者への弁済に使わず費消してしまうと、主たる債務者はあらためて債権者に二重に弁済しなければならないことになります。したがって、債権者が全部の弁済を受けない間は、主たる債務者は**事前求償に応ずるにあたり、保証人に担保を供与させ、あるいは保証人に対して自己に免責を得させることを請求すること**ができます（461条1項）。また、主たる債務者は、**供託をし、担保を供与し、あるいは保証人に免責を得させることによって、事前求償に応ずる義務を免れる**ことができます（461条2項）。

3 委託を受けない保証人の求償権

(1) 主債務者の意思に反しない場合 **主たる債務者の委託を受けずに保証した者**が自己の出捐によって主たる債務者を免責させた場合において、**その保証が主たる債務者の意思に反するものでないとき**には、主たる債務者は、**その当時利益を受けた限度**で、求償に応じる義務があります（462条1項）。

求償権の範囲は、事務管理者の費用償還請求権の範囲（702条1項）と同じであり、弁済以後の法定利息や損害賠償は含みません。

「その当時利益を受けた限度」ですから、たとえば、保証人が弁済した時点ですでに主たる債務者が一部を弁済していたとき、あるいは保証人の弁済前に主たる債務者が債権者に対して反対債権を取得したときは、保証人が求償できるのは、弁済額から主たる債務者がした一部弁済額、あるいは債権者に対して相殺をもって対抗できる額を控除した残額の範囲に限られます。

（2）　主債務者の意思に反する場合　　これに対して、主たる債務者の意思に反して保証した者は、主たる債務者が現に利益を受けている限度で求償することができます（462条2項）。その範囲は、本人の意思に反した事務管理の費用償還請求権の範囲（702条3項）と同じです。

「現に利益を受けている限度」ですから、保証人の弁済後に主たる債務者が債権者に対して反対債権を取得した場合、さらにその後で保証人が求償してきたとしても、（保証がなくても債務者は反対債権による相殺ができるのですから）保証人の弁済は債務者に利益を与えていないとして、求償を拒絶することができます。この場合には、保証人は債権者に対して、その相殺によって消滅すべきであった債務の履行を請求することができます（462条2項後段）。

4　求償関係と通知

主たる債務者と保証人とが互いに連絡することなく、両方とも債権者に対して弁済した場合、債権者は二重の弁済を受けることになります。この場合に、もし主たる債務者の弁済が有効ならば、保証人が債権者に対して不当利得返還請求をしなければなりません。保証人の弁済が有効ならば、保証人は主たる債務者に求償し、主たる債務者が債権者に対して不当利得返還請求をすることになります。どう処理するべきでしょうか。

（1）　保証人が通知しなかった場合　　これについては、連帯債務に関する443条が保証人に準用されます（463条1項）。その結果、保証人があらかじめ主たる債務者に通知することなく、弁済その他の出捐をしたときには、主たる債務者は債権者に対抗できる事由をもって、保証人の求償金請求に対抗することができます。そして相殺をもって対抗したときは、債務者の債権は、

法律上当然に保証人に移転します（443条1項）。さらに、**保証人が弁済その他の出捐をした後に通知を怠ったため、主たる債務者が善意で、弁済その他により有償で免責を得たときは、主たる債務者は自己の行為を有効とみなす**ことができます（同条2項）。すなわち、いずれの場合も、債権者が無資力となった場合の危険を、通知を怠った保証人に負わせるというものです。以上の規律は、委託を受けた保証人と、委託を受けない保証人とに共通です。

(2) 主債務者が通知しなかった場合 **委託を受けた保証の場合**は、443条は主たる債務者にも準用されます（463条2項）。すなわち、**主たる債務者が、免責を得た後の通知を怠ったため、保証人が善意で弁済等の免責行為をしたときは、保証人は、自己の行為を有効とみなすことができます**（443条2項）。したがって、保証人は主たる債務者に求償することができます。これに対して、保証人が委託を受けなかった場合は、主たる債務者の通知は問題になりません。委託がないときは、主たる債務者は、保証人の存在さえ知らないこともあるからです。

6 継続的保証

1 継続的保証とは

これまでの説明では、主たる債務がすでに発生し、内容・数額とも特定することができる場合を前提としています。これに対して、**継続的な関係の中で、将来にわたって発生する不特定の債務を保証する場合**があります。主なものとして、第一に、継続的な取引関係から生ずる不特定の債務を保証する根保証、第二に、雇用の場合に行われる身元保証、第三に、賃貸借において賃借人が負う債務の保証が挙げられます。継続的保証に伴う問題点を、根保証の例で見てみましょう。

〔設例3〕 C銀行とAとの間では、Aが必要とする時に、C銀行が運転資金を貸し付け、Aはそれぞれの貸付金を期限ごとに返済するという継続的な取引を行うことになった。BはAからの依頼で、C銀行がAに対して将来取得する一切の債権について保証する契約を、C銀行との間で締結した。締結当時は貸出残高が1000万円を超えることはないと予想されていたので、

> Bは保証人となることにしたのであるが、保証限度額や保証期間については約定していなかった。

〔設例3〕の場合、BはC銀行とAとの取引が続く限り、いつまでも保証をしなければならないのでしょうか。また、Aの経営が悪化して返済が滞り、債務の残高が増える恐れが生じた場合、保証人をやめることができないのでしょうか。さらに、Bが死亡してDがBを相続した場合、Dは引き続き保証人として責任を負わなければならないのでしょうか。

2 根保証

(1) 根保証の意義と解約権　当座貸越契約、手形割引契約、継続的供給契約のような継続的取引関係において、将来発生する不特定の債務についてあらかじめ保証がされる場合、これを、物的担保における根抵当に対応するものとして、根保証と呼んでいます（信用保証と呼ばれることもあります）。

根保証の場合、保証期間・限度額の定めがなければ、保証人が過大な責任を負う可能性があります。2004年に、貸金等根保証契約に関する規定（(4)参照）が設けられましたが、それ以前から判例・学説は、保証人の責任を合理的な範囲に限定する姿勢をとってきました。それによると、第一に、期間の定めがない根保証は、契約締結以後相当の期間が経過したときには、保証人は将来に向かって一方的にこれを解約することができ（大判昭和7・12・17民集11巻2334頁）、第二に、期間・限度額の定めの有無を問わず、主債務者の資産状態が保証契約時に比べて著しく悪化するなど、将来において保証人を拘束することが信義則に反すると認められる場合には、保証人は直ちに解約することができます（大判昭和9・2・27民集13巻215頁）。これらの場合、保証人の責任は、すでに発生した債務についてのみ生じ、解約以後に発生した債務については生じません。

　＊上記の昭和7年大審院判決では、手形割引契約について、契約締結から2年半後の解約について、相当の期間が経過したものとされています。もっとも、この事件においては、債務者の営業方針に保証人が不安を感じたという付随的な事情があり、解約を認めるについてはこれらの事情も考慮されています。

最判昭和39・12・18民集18巻10号2179頁では、期間の定めのない根保証契約において、保証人が主債務者に対する信頼を失う事情があったことを理由とする解約が認められています。

(2) **保証責任の限定**　保証人が解約権を行使しない場合であっても、保証人をあてにして取引慣行を無視した多額の貸付けが行われた場合などについては、判例は保証責任を相当な範囲に限定するよう努め（大判大正15・12・2民集5巻769頁等）、また、金融機関である債権者が、主たる債務者の経営状態の悪化を知りながら、保証人の意向を打診することなく漫然と貸付けをした場合には、その貸付金について保証債務の履行を求めるのは信義則に反し、権利濫用にあたるとした例もあります（最判昭和48・3・1金法679号35頁）。

(3) **根保証と相続**　特定の債権についての保証債務が相続されるのに対し、根保証の場合には、原則として保証契約上の地位（基本的保証債務）は相続されないとするのが判例です（最判昭和37・11・9民集16巻11号2270頁。ただし「限度額ならびに期間について定めのない連帯保証契約においては」と述べています）。これに対して、根保証の場合であっても、すでに具体的に発生した債務についての保証債務は相続されます。

(4) **貸金等根保証契約**　2004年の改正により、①根保証契約、すなわち「一定の範囲に属する不特定の債務を主たる債務とする保証契約」であって、②その債務の範囲に貸金等債務、すなわち「金銭の貸渡し又は手形の割引を受けることによって負担する債務」が含まれ、かつ③保証人が（法人でなく）個人であるものについては、極度額、すなわち責任限度額を定めなければ、保証契約の効力を生じないものとされました（465条の2第1項・2項）。なお、書面でしなければ効力を生じないのは、一般の保証契約と同じです（同条3項）。

また、保証期間については、元本確定期日についての規律がされています。元本確定期日とは、その日までに発生した債務とその利息等のみを保証の対象とし、その日以後に発生した債務は保証の対象とならないというものです。この元本確定期日の定めは、貸金等根保証契約締結の日から5年以内でなければならず、5年を超える日を定めた場合には、その定めは効力を生じません（465条の3第1項）。元本確定期日の定めがない場合またはその定め

が効力を生じない場合には、元本確定期日は貸金等根保証契約締結の日から3年を経過する日とされます（同条2項）。元本確定期日を変更する場合、変更後の期日をその変更をした日から5年を超える日としたときは、その変更は効力を生じません（同条3項）。

さらに、①債権者が主たる債務者または保証人の財産につき、金銭債権についての強制執行または担保権の実行を申し立て、その手続の開始があったとき、②主たる債務者または保証人が破産手続開始の決定を受けたとき、③主たる債務者または保証人が死亡したときには、主たる債務の元本が確定します（465条の4）。

なお、**これらの規定の適用対象は「貸金等債務」ですから、継続的取引による代金債務についての根保証等は含みません。また保証人が法人である場合も、適用がありません**。ただ、主たる債務の範囲に貸金等債務が含まれ、これについて法人が根保証をした上で、債権者に弁済すると、その法人は債務者に対する求償権を取得します。その求償権を主たる債務として、個人がその法人に対して保証債務を負担した場合において、その根保証契約について極度額や元本確定期日の定めがなく、あるいは元本確定期日の定め・変更が465条の3により効力を生じないときは、上記の求償権についての保証契約は効力を生じません（465条の5）。

3 身元保証

ある人を雇用するに際して、その**被用者の行為によって使用者が損害を被ったときのために、使用者が被用者の親族等に対してその損害を賠償するべき義務を引き受けさせる**ことがあります。これを**身元保証**といいます。この場合、身元保証人が過大な責任を負担することになりがちであるため、昭和8（1933）年に「**身元保証ニ関スル法律**」（身元保証法）が制定され、身元保証人の責任を合理的な範囲に制限しています。同法による責任制限の規律は、継続的保証全体について、ひとつのモデルとなっています。

雇入れ当初には被用者の人柄等がわからないため、万一の場合のために身元保証人を立てさせる必要があるとしても、使用者の監督のもとで一定期間働いた後は、使用者がその人柄や適性を見極め、自らの判断で使用するべき

ものです。したがって身元保証法では、第一に、期間の定めがなければ身元保証の期間は原則として 3 年とし（身元保証 1 条）、また期間の定めは 5 年を超えることができない（同 2 条）とされています。第二に、被用者の行為に業務上不適任または不誠実な点が見られたり、任務・任地の変更等によって身元保証人の責任が重くなるような事情がある場合には、使用者は身元保証人にその旨を通知する義務があり、その通知を受けた身元保証人には将来に向かっての解約権（同 3 条・4 条）が認められています。第三に、裁判所は使用者側、身元保証人側のさまざまな事情を斟酌して、保証責任の範囲を限定することができるとされています（同 5 条）。また、身元保証人が死亡した場合、その時点ですでに具体的に発生していた保証債務は相続されますが、基本的保証債務は相続されません（大判昭和18・9・10民集22巻948頁）。

4 賃借人の債務の保証

　継続する賃貸借関係により、賃借人は将来、賃貸人に対して賃料債務、場合によっては損害賠償債務を負担する可能性があります。このような不特定の債務についてあらかじめ保証する場合も、継続的保証のひとつです。ただこの場合は、賃料の額は定まっており、保証人の予期しない巨額の保証責任が発生することは稀であるため、融資をめぐる根保証や身元保証の場合と比べると、保証人保護の要請は強くないということができます。

　したがって、一定の期間が経過したというだけでは、賃貸借終了前に保証人から解約告知することはできません。しかし保証契約後相当期間が経過し、かつ賃借人がしばしば賃料の支払いを怠っている場合（大判昭和 8・4・6民集12巻791頁）や、保証後に賃借人の財産状態が悪化した場合（大判昭和14・4・12民集18巻350頁）、それにもかかわらず賃貸人が賃貸借契約を解除しないときは、保証人は一方的に保証契約を解除することができます。賃貸人は、賃借人の債務不履行による損害発生のリスクを、可能な限り自ら回避するべきであり、安易に保証人に転化することは許されないからです。

　また、保証人が死亡した場合、根保証や身元保証とは異なり、基本的保証債務は相続されます（大判昭和 9・1・30民集13巻103頁）。

第15章　債権の消滅
——各種の債権消滅原因

> **本章のレジメ**
>
> ***債権の消滅原因**
> 　民法に規定されたもの：弁済、供託、代物弁済、相殺、更改、免除、混同
> 　　←それぞれどのようなものか
> 　その他の原因：給付の不能（債務者に帰責事由がない場合）、消滅時効の完成、存続期限の到来、法律行為の取消し、契約の解除等
> 　「目的到達による債権の消滅」とは？
>
> ***供託**
> 　供託によって債務を免れる（担保権も消滅する）←弁済の提供によって不履行責任を免れる（492条）ことでは、債務自体から解放されないため、供託が必要
> 　供託原因：①債権者の受領拒絶、②債権者の受領不能、③債権者不確知
> 　供託の目的物：金額が不足していた場合は？
> 　供託物の取戻し：供託をしなかったものとみなされる（供託の効果の不確定）
> 　　←どのような場合に取り戻せなくなるか
>
> ***代物弁済**
> 　代物給付がされてはじめて債権が消滅する→更改との違い
> 　代物弁済予約：債権担保方法
>
> ***更改**
> 　契約によって直ちに旧債権が消滅する
> 　旧債権と新債権との間に同一性なし→担保権は継承されない（ただし、抵当権・質権について継承の特約可能）
>
> ***免除**
> 　一方的意思表示による権利の放棄→常に可能か？
>
> ***混同**
> 　債権者の地位と債務者の地位が同一人に帰属→債権を存続させる意味なし：しかし、債権が第三者の権利の目的となっている場合など、存続させる意味のある場合には、混同によって消滅しない

1　債権の消滅原因

1　民法に規定された消滅原因

　民法第3編第1章第5節には、7種類の債権消滅原因、すなわち弁済、供託、代物弁済、相殺、更改、免除、混同についての規定があります。それらの原因のうち、あるものは契約（代物弁済、更改）、あるものは単独行為（相殺、免除）、またあるものは事件（混同）であり、さらに、弁済のように債権者を満足させて債権が消滅する場合のほかに、債権者を満足させることなく債権が消滅する場合（免除）も含まれます。最初に、それらがどのようなものか、簡単に見ておきます。

　債権は、**弁済**（474条以下）によりその目的を達して消滅します。弁済は、債権の本来の内容を実現するものであり、通常の場合、債務者が提供した給付を、債権者が受領することによって完了します。しかし債権者が受領せず、あるいは誰が債権者かわからない場合には、弁済ができず、債務は消滅しません。そのような場合には、債務者は**供託**によって債務を免れることができます（494条）。その結果、債務者に対する債権は消滅し、債権者はこれに代えて供託所に対する供託物引渡請求権を取得することになります。

　弁済による債権の消滅のためには、本来は債務の本旨に従った給付がされなければなりませんが、当事者が合意すれば、**代物弁済**として別の給付をすることにより、債権を消滅させることができます（482条）。

　債権者と債務者とが互いに相手方に対して同種の債権を有し、債務を負担するときは、**相殺**により、債権額の重なる限りで両方の債権を消滅させることができます（505条以下）。

　当事者が**更改**契約により、債務の要素である内容を変更すると、それによって新しい内容の債権が発生し、旧債権は消滅します（513条）。債権者が債務者に対して債務を**免除**する意思を表示すると、債権者にとって満足のないまま、債権は消滅します（519条）。また、同一債権について債権者としての地位と債務者としての地位とが同一人に帰属したときは、**混同**によって債権は消滅します（520条）。

＊なお、民法は第三者による弁済を認めています（474条）から、債務者以外の第三者の給付によって債権の目的が実現されれば、債権は弁済によって消滅することになります。これに対して強制執行や担保権の実行によって目的が実現される場合には、議論はありますが、弁済ではなく、一種の**目的到達による債権の消滅（広義）**であると説明されるのが一般です。

2 その他の原因による債権の消滅

民法に規定された原因のほかにも、**債務者の帰責事由なく給付が不能となった場合**には、その給付を目的とする債権は消滅し、危険負担が問題となります。また債権は、**消滅時効の完成**や、期限を定めた賃貸借契約等において**権利の存続期限が到来**することによっても消滅します。さらに、**法律行為の取消しや契約の解除**により、その法律行為や契約に基づいて発生していた債権は消滅します。

なお、船が座礁したため引き船を呼んだところ、引き船が到着する前に潮が満ちて船が動いた場合、もはや引き船のするべき仕事はありません。このように、債務者の履行行為によることなく、債権の目的とした結果が実現した場合を「**目的到達による債権の消滅**」（狭義）と呼ぶことがあります。この場合に引き船の債務が「履行不能」になったとすると、危険負担の法理によれば反対給付請求権が認められないため、これを「目的到達による債権の消滅」として、信義則により費用償還等の効果を認めようという議論です。しかし履行不能と性格づけたとしても、一定の費用償還を信義則から認めることができるとして、一種の履行不能であるとする見解も有力です。

3 説明の順序

弁済は、最も基本的な債権消滅原因で、民法においても詳しい規定が設けられています。次の第16章で、弁済として誰が、誰に、何を、どのようにしなければならないかという問題、すなわち弁済者と弁済受領者、弁済の目的と態様、さらに弁済に伴う事務的な事柄について説明します。また第三者が弁済した場合、その第三者は債務者に対して求償権を取得しますが、その求償権の実現を確実にするために、債権者の有していた担保権などを利用する

ことができます。これを弁済者代位といい、多数の関係者との間に複雑な問題が生じますので、第17章で独立に説明することにします。

相殺は本来、互いの債権を、金額的に重なる限りで帳消しにするという、簡易決済のための方法なのですが、第三者の利害関係が関連すると複雑な考慮をしなければなりません。したがって、これも第18章で独立に説明することにします。

そこで本章では、便宜上、民法の規定する債権の消滅原因のうち、まず供託、次に代物弁済について説明し、最後に更改・免除・混同について簡単に説明します。

2 供 託

1 意義と性質

供託とは、一般的には、法令の定める一定の場合に、金銭その他の物を供託所等に寄託することをいいます。494条以下に定められているのは、そのうちの「**弁済供託**」で、**債権者が弁済を受領しない場合に、弁済者が債権者のために弁済の目的物を供託所に寄託して、その債務を免れること**を意味します。債務者は、弁済の提供をすることによって不履行による責任を免れることは可能です (492条)。しかし、債権者によって受領されなければ債務自体は消滅しませんから、債務者は引き続き目的物を保管しなければならず、また、その債務を担保するために設定された抵当権を消滅させることはできません。そこで、債務者を債務から解放するために設けられたのが弁済供託の制度です。

供託は、弁済者の申請によって供託官が**債権者**のために供託物を受け入れ、管理するものであって、民法上の寄託契約の性質を有します (最大判昭和45・7・15民集24巻7号771頁)。ただ、これは供託物保管をめぐる法律関係を説明するものですが、債権の消滅を根拠づけるものではなく、**債権の消滅は、494条によって法が特に認めた効果**というべきです。

2　供託原因

供託をするためには、①債権者の受領拒絶、②債権者の受領不能、③弁済者の債権者不確知のいずれかの要件を充たすことが必要です (494条)。

①債権者が弁済の受領を拒絶したこと　494条は「債権者が弁済の受領を拒」んだことを要件として挙げていますが、その前提として、弁済者側で「弁済の提供」をすることが必要でしょうか。判例は、債権者があらかじめ弁済の受領を拒絶している場合にも、供託をするためには、弁済者はなお弁済の提供 (口頭の提供) をする必要があるとしつつ (大判大正10・4・30民録27輯832頁)、債務者が提供をしても債権者が受領しないことが明白な場合には、口頭の提供として通知・催告をすることなく、直ちに供託をすることができるとしています (大判大正11・10・25民集1巻616頁)。しかし、供託は受領遅滞の効果ではなく、また受領遅滞のように債権者に不利益を課するものではないことから、**債権者があらかじめ弁済の受領を拒絶している場合には、弁済者は、口頭の提供をすることなく供託をすることができる**とするのが通説です。これに対しては、債務者が債権を消滅させるために本来とるべきであった手段として、口頭の提供が必要であるとする説も主張されています。

> ＊大審院の大正10年判決では、ＸがＹに売った土地を買戻特約 (579条以下) に基づいて買い戻そうとしたところ、Ｙは買戻特約を否定して、これに応じませんでした。そこでＸは、売買代金と費用を供託してＹに買戻しの意思表示をしたものです。これに対してＹは、Ｙの受領拒絶の後に、Ｘがさらに口頭の提供をすることなく直ちに供託をしたため、買戻しは有効に成立していないと主張しました。大審院は、口頭の提供がない場合には供託としては無効であるとしつつ、供託所に上記金額を供託してＹにその通知をした事実は、583条の「提供」にあたるとして、Ｘの請求を認めました。
>
> これに対して大正11年判決では、供託による債権の消滅の有無が正面から問題となりました。Ｘが不動産を譲渡担保としてＹに所有権移転登記をし、後に融資金の弁済をしようとしたところ、Ｙは、上記取引は譲渡担保ではなく売買であるとしてその受領を拒絶しました。そこでＸは直ちに供託して所有権移転登記の抹消を求めたところ、Ｙは、Ｙの受領拒絶の後に、Ｘがさらに口頭の提供をすることなく直ちに供託をしたことは不適法であると主張しました。大審院は、原則として口頭の提供が必要であるが、債権者があらかじめ弁済の受領を拒んだときは、自己の主張を維持する必要上──譲渡担保

だということ自体、Yは否定しているのですから——、これを受領しないであろうことが明確であるから、債務者Xはさらに口頭の提供としての通知・催告をせず、直ちに供託をしてその債務を免れることができるとしたものです。債務者は、弁済の提供の効果として不履行責任を免れます（492条）。しかし供託による債権の消滅は、提供ではなく、供託自体の効果であり（『史料債権総則』589頁）、その供託の要件としては「債権者が弁済の受領を拒」んだこととされ、提供に対して拒絶したことを要求しているのではありませんから、大正11年判決の立場でよいのではないかと思います。

②**債権者が受領をすることができないこと**　債務者が電話で問い合わせたのに対し、家人が、債権者は一時不在で居場所がわからない旨を答えた場合も受領不能にあたるとされています（大判昭和9・7・17民集13巻1217頁）。債権者の受領不能につき、債権者に帰責事由が存する必要はありません。

③**弁済者が過失なく債権者を確知することができないこと**　債権者について相続が開始したが、相続人と称する者が本当に相続人であるか否かに疑問がある場合、債権譲渡の効力について、譲渡人・譲受人の間で争いがある場合等です。譲渡禁止特約付の債権が譲渡され、譲受人の善意・悪意が不明な場合（466条2項参照）もこれにあたります。

3　供託の目的物

供託の目的物は、原則として弁済の目的物と同じです。したがって、債務の本旨に従った弁済と同内容でなければならず、**目的物の一部だけを供託しても効力は生じません**。ただし、計算の間違い等により、供託金額にきわめて少額の不足が生じていた場合でも、それだけでは供託の効力を否定することはできません（最判昭和35・12・15民集14巻14号3060頁）。また交通事故による損害賠償のように、損害額について判決が確定しなければ客観的な債権額を知ることができないときは、一審判決によって支払いを命じられた全額を供託すれば、供託はその額の範囲において有効とされます（最判平成6・7・18民集48巻5号1165頁）。

　＊債権額に争いがある場合、債権者が一部弁済として留保する旨の意思表示をしないで供託金を受領したときは、債権額全額について弁済供託の効力を認

めたことになり（最判昭和33・12・18民集12巻16号3323頁）、留保して受領したときは、供託金は債権の一部の弁済に充当されたものとされます（最判昭和38・9・19民集17巻8号981頁）。

供託の目的物には制限がありませんが、弁済の目的物が供託に適さないとき（たとえば材木のように体積が大きい場合など）、その物につき滅失・損傷の恐れがあるとき（生物や食品類など）、その物の保管につき過分の費用を要するとき（家畜の飼料代や工業原料の防湿措置等のために相当の費用がかかる場合など）には、弁済者は裁判所の許可を得てこれを競売に付し、その代金を供託することができます（497条）。これは自助売却（商524条参照）の一場合です。

4　供託の手続と効果・供託物の取戻し

供託は、弁済者（債務者に限りません）が債務履行地（484条）の供託所にしなければなりません（495条1項）。供託所は、目的物が金銭・有価証券の場合には、法務局・地方法務局またはその支局、もしくは法務大臣の指定する出張所（供託1条）、その他の物品の場合には、法務大臣の指定する倉庫営業者または銀行です（同5条1項）。供託者は、遅滞なく、債権者に供託の通知をしなければなりません（495条3項）。

供託をすると、債務者は債務を免れます（494条）。すなわち債権が消滅し、そのために設定されていた担保権も消滅します。しかし弁済者が供託物の取戻しをすると、供託をしなかったものとみなされます（496条1項）から、取戻しができる間は、債権の消滅は不確定です。これは、供託物の取戻しを解除条件として、供託時に債権が消滅するものと理解されています。

供託物の取戻しは、供託制度が弁済者の便宜のために認められるものであることから、債権者や第三者を害することがない限りで認められるものです。したがって、債権者が供託を受諾したり、供託を有効とする判決が確定したり、供託によって質権や抵当権が消滅したときは、取り戻すことができません（496条）。取戻権を放棄したときも同様です。

＊供託物を取り戻すと、債権は消滅しなかったこととなって、いったん消滅した人的・物的担保は復活することになります。しかし質権や抵当権（譲渡担保もこれに準じます）を復活させると、後順位者などの第三者を害すること

になるため、これらが消滅したときには取戻しができないものとされたのです。

　供託物取戻請求権は、その原因となった紛争が解決するなど、**供託者が免責を受ける必要が消滅した時点から10年で時効消滅**します（最大判昭和45・7・15民集24巻7号771頁、最判平成13・11・27民集55巻6号1334頁）。

　供託がされると、債権者は、供託所に対して供託物引渡請求権を取得します。ただし、債権者も反対給付の義務を負っている場合には、自己の給付をしなければ供託物を受け取ることができません（498条）。

3　代物弁済

1　意義と性質

　債務者が債権者の承諾を得て、本来の給付に代えて他の給付をしたときは、その給付は弁済と同一の効力を有します（482条）。このように、本来の給付に代えて他の給付をすることによって債権を消滅させる、債権者と弁済者との契約を、**代物弁済**といいます。次のような設例で考えてみましょう。

〔設例1〕　AはBに対して、1000万円の貸金債権を有していた。履行期が到来したので、Bに履行請求したところ、Bは現金がないので今は払えない、Aさえよければ、B所有の甲不動産（2000万円相当）の所有権を移転するから、それで借金を帳消しにしてほしいと申し出た。Aはこれを承諾した。

　482条は、債務者が「他の給付をしたときは」その給付が弁済と同一の効力を有すると規定していますから、Aが承諾した段階では、まだ1000万円の貸金債権は消滅していません。**Bが実際に甲不動産の所有権をAに移転し、移転登記をしてはじめて、貸金債権は消滅します**。これについて、代物弁済契約は、代わりの物を給付することを要件とする要物契約であるとする見解と、代物弁済は諾成契約であって当事者の合意のみによって成立するが、これによる代物交付義務の履行が完了したときに債権消滅の効果が生ずるとする見解があります。

*〔設例1〕の場合に更改（513条）がされたと考えると、どうなるでしょうか。更改であるとすると、Aの承諾によって甲不動産の所有権移転義務が生ずる一方、移転の結果を待つことなく1000万円の貸金債権が消滅します。この場合には、もはや1000万円の提供によって債務を消滅させることはできず、甲不動産の所有権の移転が必要です。しかし代物弁済の合意がされただけであれば、貸金債権はまだ消滅していませんから、なお1000万円の提供によって債務を消滅させることができます。どちらと考えるべきかは、更改のところで説明するように、当事者の意思によります。

2　要件と効果

(1) 要件　当事者の合意に加え、第一に、**債権が存在すること、第二に、本来の給付とは異なる給付がされることが必要です。**

　債権が存在しない場合には代物弁済契約は無効であり、給付されたものは非債弁済（705条）となります。代物の給付は現実にされることが必要であり、登記など対抗要件の具備も必要です（最判昭和40・4・30民集19巻3号768頁、最判昭和43・11・19民集22巻12号2712頁）。なお、代物弁済は、債務者以外の第三者もすることができます。

　＊手形・小切手を弁済の手段として用いる場合、既存債権との関係が問題となります。手形・小切手は「弁済のために」交付されるのが通常であり、その場合は、それが現金化されてはじめて債務が消滅しますし、手形・小切手が不渡りになったときは、既存債権を行使することもできます。これに対して「弁済に代えて」交付された場合には、その交付により弁済と同一の効力が生じて既存債権が消滅するため、その後不渡りとなったときは、そのリスクを受領者が負わなければなりません。なお、かつては手形・小切手の授受をもって更改とし、それによって既存債権が消滅するという見解もありましたが、現在では、「弁済に代えて」交付された場合に代物弁済となるとする見解が一般的です。

(2) 効果　**代物弁済により、債権・債務およびそれに付された担保が消滅します。**なお、代物弁済契約も有償契約ですから、代物として給付された目的物に瑕疵があったときは、売主の担保責任に関する規定（561条以下）が準用されます（559条）。

(3) 代物弁済予約　前に挙げた〔設例1〕は債務の履行期が到来した後

に代物弁済の合意をする場合でしたが、**債権担保の目的で、あらかじめ代物弁済の合意をする場合**があります。次の〔設例2〕のような場合です。この合意を代物弁済の予約といい、この予約上の地位は仮登記によって保全されます。

〔**設例2**〕 BはAから1000万円を借りるにあたり、Aとの間で、期限までに返済できなかったときは、その代わりにB所有の甲不動産（2000万円相当）の所有権を移転する旨の合意をした。

代物として給付される不動産の額が債務額を超えている場合でも、〔設例1〕のように履行期到来後にBが不利益を承知であえて合意したものであれば、暴利行為として公序良俗違反とならない限り、代物弁済として有効です。しかし〔設例2〕のように担保方法としてされる代物弁済予約の場合には、債務者は金融を得るために、心ならずも債務額を大幅に超える価値を有する不動産を代物弁済の目的として提供することになりがちです。したがって、**担保のためにする代物弁済予約**については、不動産の所有権を取得する者に、**不動産の価値のうち債権額を超える分を清算金として債務者等に支払う義務**が課せられています（仮登記担保3条）。

④ 更改・免除・混同

1 更 改

更改とは、**債権の要素を変更することによって新債権を成立させるとともに、旧債権を消滅させる契約**です（513条1項）。一般には「債務の切替え」と呼ばれることが多いようです。更改においては、消滅する旧債権と成立する新債権との間に同一性がなく、旧債権に対する抗弁権や、旧債権のために設定された担保権などは新債権に継承されません。ただし、**当事者の特約によって、質権・抵当権を新債権に移転することは可能**です（518条）。

ここでいう債権の要素の変更とは、給付の目的の変更、債務者の変更、債権者の変更を意味するとされます（梅謙次郎『民法要義巻之三債権』349頁）。ただし、債権譲渡や債務引受を認めなかったローマ法とは異なり、近代法にお

いては、債権・債務はその同一性を失うことなく移転することが可能です。その場合、原則としては、担保等の旧債権をめぐる法律関係を継承させることが合理的です。また給付目的の変更の場合も、新債権が成立することによって旧債権が消滅し、新債権の履行についてのリスクを債権者が負担することになる更改よりも、変更後の給付目的が実現してはじめてもとの債権が消滅する代物弁済の方が、通常の意思としては合理的と考えられます。

したがって、債務の要素や内容を変える契約がされたとしても、**当事者が更改をする意思が明確でなければ、これを更改と解するべきではありません**。513条2項では、条件の変更等を更改とみなしていますが、これも当然には更改と解するべきではないと考えます。

債務者の交替による更改は、債務引受に対応するものですが、債権者と新債務者との契約ですることができます。ただし、旧債務者の意思に反することはできません（514条）。これに対して、**債権者の交替による更改**は、債務者をも当事者とする三者契約によってするという点が、債権譲渡と異なります（『史料債権総則』726頁、748頁）。しかし第三者に対する対抗要件として確定日付ある証書が必要であること（515条）、債務者の異議なき承諾ある場合の規律（516条）については債権譲渡と同じです。

2　免　除

免除とは、債権者の債務者に対する一方的意思表示によって債権を消滅させることです（519条）。多くの立法例では債務の免除を債権者・債務者間の契約によるものとしていますが、現行民法では、権利の放棄は一方的意思表示ですることができるという原則によって、これを単独行為としたものです。もっとも、第三者弁済（474条2項）や更改（514条ただし書）において債務者の意思に反しないことを要求していることと比較するとき、免除の場合に債務者の意思を無視してよいか、疑問を示す見解もあります。

免除は債権の処分ですから、債権について処分権限がなければ免除をすることはできません。また**債権が第三者の権利の目的となっている場合**、たとえば差し押さえられたり質権の目的となっている場合には、**債権者の処分権限は制限されているため、免除をもって差押債権者や質権者に対抗すること**

はできません（最判昭和44・11・6民集23巻11号2009頁）。

債権は、放棄することができる性質のものである必要があります。たとえば、株金払込請求権は、資本充実の原則から、免除することはできません（大判昭和3・4・23民集7巻225頁）。これに対して、退職金債権は、労働者の自由意思に基づくものと認めることができる合理的な理由が客観的に存するときは、免除できるものとされます（最判昭和48・1・19民集27巻1号27頁。ただし、この判決には、この事案において「合理的な理由」があったと評価するべきではないという反対意見が付されています）。

3 混 同

混同とは、**債権と債務とが同一人に帰属することによって債権が消滅する**ことです（520条本文）。債権者が債務者を相続したり、債務者である会社が債権者である会社と合併したような場合に混同が生じます。一般的には、自分が自分に請求する権利を観念する意味はないため、このような場合には債権が消滅するとされたものです。

しかし、**その債権が第三者の権利の目的となっている（520条ただし書）**など、**存続させることに法律上の意味がある場合には、債権は消滅しません**。第三者の権利の目的となっている場合とは、第三者がその債権を差し押さえたり、質権が設定されている場合などをいいます。

また、**相続人が限定承認をしたとき**は、相続人が被相続人に対して有した権利義務は消滅しなかったものとみなすと規定されています（925条）。たとえば子Aが父Bに対して債務を負担していたところ、Bが死亡し、Aが相続人として限定承認をしたとします。Bの財産は相続によりAに帰属することになりますが、限定承認の手続がすむまでは、Bの債権者のための責任財産となっています。BのAに対する債権も、その責任財産を構成しているのですから、混同によって消滅することは、Bの債権者を害することになります。したがって、この場合には消滅しないものとみなされるのです。

さらに、**AがB所有の土地・家屋を賃借していたところ、Bからこの土地・家屋の所有権を譲り受けた場合**を考えます。この場合、AのAに対する賃借権は意味をもたないため、混同により消滅することになります。しかし

Bが、Cに対してもこの土地・家屋を譲渡し、Cが所有権移転登記をしてしまったとします。その結果、AはCに対して所有権の取得を対抗できませんが、この場合には、いったん混同によって消滅したAの賃借権は、Cの所有権取得によって、Cに対する関係では消滅しなかったことになります（最判昭和40・12・21民集19巻9号2221頁。また、抵当権に対する関係で、賃借権が消滅しないとした最判昭和46・10・14民集25巻7号933頁も参照）。

第16章 弁　済
―― 弁済の提供と受領、関連事務の処理

本章のレジメ
＊**弁済の事実的要素と意思的要素**：給付が実現されて債権の目的が達成される→弁済者の意思は何らかの意味をもつか？
＊**弁済者の側の問題**
　1) 本来の弁済者：債務者および弁済権限を与えられた者
　2) 第三者による弁済：原則として可能。制限されるのはどのような場合か？
　3) 弁済として物を引き渡したことに間違いがあった場合：取戻しにはあらためて有効な弁済をする必要がある
＊**弁済受領者の側の問題**
　1) 本来の受領者：債権者および受領権限を与えられた者
　　　　　　　　　債権者が受領できない場合（①制限行為能力者、②債権の差押え、③債権の質入れ、④破産手続の開始）
　2) 受領権限のない者への弁済：弁済は無効、しかし表見受領権者への弁済につき、弁済者の信頼を保護する必要
　　　　a) 債権の準占有者への弁済：債権者らしい外観を有する者→受領権者らしい外観を有する者に、善意・無過失で弁済した場合。真の債権者の帰責事由がない場合であっても、債務者は免責される
　　　　　　＊478条の適用領域の拡大・類推適用：機械化にどう対応するか
　　　　b) 受取証書の持参人への弁済：あらかじめ作られた証書。偽造の場合は？
＊**弁済の方法と事務の処理**
　1) 弁済の場所と時期：契約の定め。商慣習などによる補充
　2) 弁済の費用：特約がなければ債務者の負担
　3) 弁済の証拠：受取証書の請求、債権証書の返還請求
　4) 弁済の充当：a) 費用・利息・元本の順に充当すること
　　　　　　　　b) 弁済者による充当指定→それがない場合、受領者による指定
　　　　　　　　c) 当事者が充当指定をしない場合→法定充当
＊**弁済の提供**：債権者が給付を受領してはじめて弁済は完成する→弁済のために債務者の側で自らできることをすべて行うこと
　1) 弁済の提供によって（債権者による受領がなくても）債務者は債務不履行の責任を免れる→具体的にはどのようなことか？
　　　しかし、債務自体を免れるためには供託をする必要がある
　2) 現実の提供：債権者が直ちに給付を受領できる状態にすること
　　　　特定物の引渡債務：善管注意義務・（引渡しをすべき時での）現状引渡義務
　　　　金銭債務：現金以外のものによる提供は？
　　　　　　　　　全額について提供する必要
　3) 口頭の提供：①債権者があらかじめ受領を拒絶した場合、②債務の履行について債権者の（協力）行為を必要とする場合→弁済の準備をしてその旨を債権者に通知し、受領を催告する→弁済提供の効果を生ずる
　4) 口頭の提供も要しない場合は？
　5) 双務契約：相手方の不履行に基づき契約を解除する場合、相手方の同時履行の抗弁権を消滅させ、遅滞に付するために、自己の債務について弁済の提供が必要

1　弁済の意義と諸規定の概観

1　弁済の意義と構造

（1）　**弁済の意義**　　弁済とは、債務者または第三者の給付行為によって債権の目的が実現される（満足される）ことをいいます。その際、「弁済」という言葉と「履行」という言葉とが、しばしば同じ意味に使われますが、債務の「履行」という場合は、この事態を債務内容を実現する債務者の行為の面から、「弁済」という場合は、債務内容の実現の結果として債務が消滅するという効果の面から捉えるものということができます。

（2）　**弁済・履行・給付**　　「給付」という言葉も、行為を意味するために「履行」と同義に用いられることがありますが、「給付」は「履行」されるべき債務の目的（内容）の意味をも含んでいます。したがって「給付」は、「弁済」や「履行」と異なり、誰かの誰かに対する債権の満足という意味づけから切り離して捉えることができます。話が抽象的になりますので、設例で考えてみましょう。

> 〔設例1〕AはBという同好会に加入している。Aは前年までの会費3万円を滞納していた。他方、Bは特別の事業のために、会報を通じて任意の寄付を募集していた。Bの預金口座は一つしかなかったが、Aはその口座に3万円を振り込んだ。Bはこれを会費の支払債務の弁済として扱うべきか、寄付として扱うべきか。

　この場合、仮にAが3万円を会費として支払うつもりであったとすると、Aは金銭（3万円）の所有権を移転する行為、すなわち「給付」を、Bに対する会費の支払債務の「履行」行為として、振込みという手段で行い、それがAの債務の「弁済」として評価された結果、AのBに対する会費の支払債務が消滅することになります。これに対して寄付の趣旨であるとすると、Aの意思によって金銭（3万円）の所有権がBに移転する点では同じですが、それは債務の弁済とは別のものなので、Aの会費支払債務はそのまま残存します。

（3）　**弁済の構造**　　今、「Aが3万円を会費として支払うつもりであった

とすると」と述べたように、〔設例1〕の場合、Aが3万円をBの口座に振り込んだという事実だけでは、それが会費支払債務の弁済か寄付かは判断できません。弁済であるというためには、AがこのBを振込みをBに対する債務の弁済として行うという意思が必要です。

この意思は、Aの債務を消滅させるという効果に向けられた効果意思というよりも、AのBに対する金銭の支払いという事実に、会費の債権の満足という目的を付与するものであり、債権の消滅は、そのような目的をもってされた給付の事実に対し、法が「弁済」という評価を与えることによって生ずるのです。したがって弁済は、債権の目的を実現させる行為という事実的な要素を第一とし、それが債権の満足のために行われるという目的意思をも要素として含むという構造をもっています。

2 弁済の提供と受領：諸規定の概観

（1）受領の必要　以上、弁済をする側に着目して、弁済の構造を分析しました。ただ、弁済は債権者の目的が実現される事実が生じてはじめて効果を生じます。そのためには債権者による受領が必要であり、債務者が弁済の提供として、なすべきことをすべてしたとしても、債権者が受領しない間は債務は消滅しません。そのため、弁済の提供をした債務者の保護のために特に規定が設けられ（492条）、さらに一定の場合には、供託により、債権者の受領がなくても債務を消滅させることが認められています（494〜498条、第15章参照）。

もっとも、不作為債務や意思表示をするべき債務の弁済については、債権者による受領は必要ではなく、債務者の給付行為（不作為債務については、禁じられた行為を行わないという状態の継続）だけで債権は満足されます。

（2）弁済に関する諸規定の配置　このように、弁済には提供と受領の両側面の問題が生じます。弁済に関して民法は、第一に弁済者側の問題について規定を設けています。すなわち、第三者弁済とその制限（474条）、弁済者側に間違いがあった場合の目的物の取戻しについての規定（475〜477条）です。第二に受領者側の問題、すなわち表見受領権者、受領権限を制約された債権者への弁済についての規定（478〜481条）です。第三に弁済をどのように

行うかという問題で、第15章で扱った代物弁済（482条）、第2章で扱った特定物の現状引渡し（483条）の規定、さらに弁済の場所に関する規定（484条）と弁済に伴う手続に関する一連の諸規定（485〜491条）です。第四に、弁済の提供それ自体の効力（492、493条）および第15章で扱った供託に関する規定（494〜498条）が続き、最後に第17章で扱う弁済者代位の諸規定（499〜504条）が設けられています。

2 弁済者の側の問題

1 本来の弁済者

債務者は本来の弁済者であり、弁済の義務を負うとともに弁済の権限を有します。したがって債務者は、行為能力の制限を受けている等の事情がない限り（476条参照）、有効に弁済をすることができます。債務者が**履行補助者**を用いることができる場合には、履行補助者の行った給付は債務者による弁済となり、したがって履行補助者による弁済の提供は債務者による弁済の提供という意味をもちます。

代理人、財産管理人（824条等）、破産管財人（破78条1項）などのように、**法律の規定や債務者の意思によって弁済の権限を与えられた者**も、弁済をすることができます。

2 第三者弁済とその制限

しかし民法は、**第三者も原則として弁済をすることができる**としています（474条1項本文）。給付の内容が債務者以外によっても実現できるものである限り、債権者にとっては誰から弁済を受けても同じです。債務者による弁済が困難な場合、第三者が代わりに弁済することを認めるのが、債務者のみならず債権者にとっても好都合であるというのがその理由です。ただし、以下のような制限があります。

第一に、債務の性質が許さない場合には、第三者弁済はできません（474条1項ただし書前段）。債務者自身によらなければ給付の目的を達することができない場合（一身専属的債務）、具体的には、なす債務のうち、高名な芸術家

の音楽演奏のように、債務者の個性に着目して債権・債務が設定されている場合等がこれにあたります。与える債務や、同じくなす債務であっても、年賀状の仕分け作業のように債務者の個性が問題にならない場合には、債務の性質に関する限りでは第三者弁済を認めても差し支えありません。もっとも、債務者が労働者（625条2項）や受寄者（658条1項）である場合、使用者・寄託者の承諾がなければ、債務者は自己の代わりに第三者に給付させることができませんが、これは別の考慮に基づく制限です。

　第二に、当事者が反対の意思を表示した場合にも、第三者弁済はできません（474条1項ただし書後段）。もっとも、このような合意をした結果、利害関係のある第三者も弁済ができなくなるのは合理的でない場合があり、この制限は、立法論としては疑問視されています。

　第三に、利害関係を有しない第三者は、債務者の意思に反して弁済をすることができません（474条2項）。これは、第三者が弁済することによって一方的に利益を押しつけられることにつき、債務者がこれを潔しとしない場合があること、また債務者の意に反して弁済した第三者から過酷な求償を受ける恐れがあること等を理由とします。もっともこれによって、第三者に肩代わりをしてもらって債権を回収することを望む債権者の利益を否定することになり、他方で、債権譲渡や保証は債務者の意思に関わりなくすることが可能なのですから、この制限は必ずしも合理的ではないと考えられます。

　ここでいう利害関係ある第三者とは「**弁済をすることに法律上の利害関係を有する第三者**」（最判昭和39・4・21民集18巻4号566頁）であるとされます。物上保証人、担保不動産の第三取得者、後順位抵当権者等がこれにあたりますが、学説は、親族関係にある者のように、単に事実上の利害関係のみをもつ者であっても認めてよい場合があると主張します（なお、借地上建物の賃借人にその敷地の地代の弁済につき「法律上の利益」をみとめたものとして、最判昭和63・7・1判時1287号63頁があります）。

3　弁済として引き渡した物の取戻し

　弁済者が他人の物を引き渡したときは、処分権のない物を引き渡したのですから、その弁済は無効です。受領者にはその物を保持する理由がなく、返

還する必要がありそうですが、**その場合には、弁済者はさらに有効な弁済をしなければ、その物を取り戻すことができません**（475条）。これはたとえば、Aが物をBに引き渡し、それと引換えにBが代金をAに支払った場合において、Aが、その物は他人の物であった、後ほど自分の物を引き渡すので、とりあえず渡した物を返してくれと言ってきたとき、無条件でこれに応じなければならないとすると、Bは代金をも目的物をも手中にせず、不安な立場に置かれることになるからです。なお、475条は「更に有効な弁済」がなされうることが前提であるから、不特定物の引渡しにのみ適用があるものと解されています。

＊もっとも、即時取得によって受領者が所有権を取得すると、目的到達により債権は消滅するため、この問題は生じません。また、引き渡した物は他人の物ですから、法的にはAに返還請求権は生じません。しかし実際には、真の所有者がBに返還請求する前に、Aが自ら後始末をするのが通常でしょう。475条はその場合の規定です。

同様に、**譲渡につき行為能力の制限を受けた所有者が弁済として物を引き渡し、その弁済を取り消したときも、さらに有効な弁済をしなければ、所有者はその物を取り戻すことができません**（476条）。制限行為能力者であることを理由に、債権発生原因である法律行為自体を取り消したときは、476条の問題ではなく非債弁済（705条）の問題です。476条は、債権は有効に存在するが弁済のみを取り消す場合、たとえば、十分な判断ができないため種類債務において中等の品質（401条1項）を超える物を引き渡してしまった場合などに適用があります。

475条・476条の場合に、弁済として受けた物を債権者が善意で消費し、または他に譲渡したときは、その弁済は有効とされます（477条前段）。複雑な関係が生ずることから善意の債権者を保護する趣旨です。もっとも、所有者から不当利得返還請求または損害賠償請求がされ、債権者がこれに応じたときは、弁済者に対して求償することができます（477条後段）。

③ 弁済受領者の側の問題

1 弁済受領権者

　弁済は、弁済受領権限を有する者に対してされなければ、債権の消滅という効果を生じません。弁済を受領することができるのは、原則として債権者です。また債権者以外にも、代理人、不在者の管理人（28条）、債権者から取立てを委任された者、債権質権者（366条）、債権者代位権を有する債権者（423条）、破産管財人（破78条1項）のように、債権者または法律によって受領権限を与えられた者も、弁済を受領することができます。

　しかし債権者であっても、次のように、弁済を受領することができない場合があります。

　①**制限行為能力者**　　弁済の受領は債権の処分にあたるため、債権者が制限行為能力者である場合には受領権限は制限されます。受領行為は、それぞれの能力制限の規定（5条2項・9条・13条4項・17条4項）に従って取り消すことができます。

　②**債権を差し押さえられた債権者**　　AのBに対する債権をCが差し押さえた場合、債権者Aは債権の取立てその他の処分を禁じられ、受領権限を喪失します（民執145条1項）。このとき、BがAに弁済したならば、Bはこの弁済による債権の消滅をCに対抗することができません（相対的無効）。すなわちBの弁済は、Aに対しては弁済として有効であり、差押えの効力がなくなれば確定的に有効となりますが、Cから取立てがされれば、Cに対しても弁済しなければならないことになります（481条1項）。Cの取立てに応じてBが弁済した場合、Bの立場からは二重弁済ということになるため、BはAに対して求償権を行使することができます（481条2項）。この求償権は、不当利得返還請求権の性質をもちます。

　＊481条1項は、Cは「その受けた損害の限度において」Bに対して弁済を請求することができると規定しています。立法当初は、BがAに弁済することはCに対する不法行為であると理解されていたようですが（梅謙次郎『民法要義巻之三債権編』251頁）、現在ではこれと異なり、本文に示したように、相対的

無効と理解されています。

③**債権を質入れした債権者**　債権が質入れされた場合に債権者がどのような拘束を受けるかについて、直接定めた規定はありません。しかし質権の実効性を確保するために、債権に対する差押えと同様、質権の目的である債権の債権者が行う取立てなど、その債権の消滅・変更をもたらす一切の行為は質権者に対抗できないと解されています（481条1項の類推）。したがってAがBに対する債権の上に、Cのために質権を設定した場合において、BがAに弁済したときは、Bはこの弁済による債権の消滅をCに対抗することができず、Cからの取立てがされれば、Cに対しても弁済しなければならないことになります。

④**破産手続の開始した債権者**　債権者について破産手続が開始した場合、その債権の管理処分権限は破産管財人に専属し、債権者は弁済受領権限を喪失します。ただし、債務者が破産手続開始の事実を知らないで債権者（破産者）に弁済したときは、これをもって破産債権者に対抗することができ（破50条1項）、債務は消滅することになります。

2　受領権限のない者への弁済

（1）**原則**　**受領権限のない者に対してされた弁済は無効**であり、弁済者は真の債権者に対してあらためて弁済しなければなりません。**しかし債権者がこれによって利益を受けたときは、その限度で無権限者に対してされた弁済も効力を生じます**（479条）。債権者が利益を受けた場合として、たとえば運送依頼人は本来船主に運賃を支払う義務があるのに——船主がこの船舶の運営に熱心ではなかったらしく、船長が代理権のないまま運営をしていたようで——、依頼人が船長に運賃を支払った場合に、船長がそれを本来船主が支払うべき諸経費に充てたときなどが挙げられます（大判昭和18・11・13民集22巻1127頁）。これは、それによって債権者が実際に利益を得たことを要件とする規定ですから、弁済者が悪意の場合にも適用されます。

（2）**表見弁済受領権者への弁済**　受領権限のない者に対してされた弁済は無効ですが、債務者がその者に受領権限があると考えても無理のない場合にもなお無効とするならば、債務者はおいそれと弁済することができませ

ん。さらに日常の取引において頻繁に行われる弁済について、そのつど受領者の受領権限の確認を要求するならば、事務が停滞して取引社会に混乱が生じます。そのため、**無権限者に受領権限があると信じて弁済した債務者を保護する規定**が設けられています。ひとつは、**債権の準占有者への弁済**に関する478条、もうひとつは**受取証書の持参人への弁済**に関する480条です。

3 債権の準占有者への弁済

債権の準占有者に対してした弁済は、その弁済をした者が**善意であり、かつ過失がなかったとき**に限り、効力を生じます（478条）。

(1) 債権の準占有者 債権の準占有者とは、**真の債権者ではないが、取引の観念からして真の債権者らしい外観を示す者**のことです。

〔設例2〕AはBから金銭を借りていた。Bが死亡したが、Bの妻はすでに死亡しており、また子のCは外国に行ったまま消息不明であったため、すでに死亡していると思われていた。そこでAは、Bの弟Dが相続人であると思い、Dに債務を弁済した。ところがその後、Cが突然帰ってきて、Aに対してBの貸金債権の弁済を請求した。

典型的には、〔設例2〕のような表見相続人や、無効な譲渡契約に基づく債権の事実上の譲受人などが挙げられます。その他に、預金証書その他の債権証書と弁済を受けるのに必要な印章を所持する者、あるいは無効な転付命令や取立命令を取得した者などが挙げられます。それでは次のような場合はどうでしょうか。

〔設例3〕A（女性）はC銀行に預金をしていた。ある時B（男性）がAの預金通帳と印章をC銀行に持参し、Aの夫であると言って払戻しを請求した。C銀行はこれに応じて払戻し手続をしたところ、その日の午後、Aから通帳と印章が盗まれたという届出がされた。

この場合には、Bは男性であり、債権者Aは女性なので、Bは債権者自身には見えません。しかし預金通帳と印章を持参していますから、代理人として受領の権限が与えられているようにも見えます。このような場合に、478条は適用できるでしょうか。

これについては、478条は債権者としての外観に対する債務者の信頼を保

護するものであり、代理人の受領権限に対する信頼は、表見代理または受取証書の持参人に対する弁済（480条）の問題として処理されるべきであるとして、478条の適用を否定する見解もあります。しかし通説は、債権証書と印章とを所持する者も債権の準占有者にあたると見る以上は、債権証書と印章を窃取した者が本人と称するか代理人と称するかによって弁済者の保護を区別する理由はないとして、478条の適用を肯定し、判例（最判昭和37・8・21民集16巻9号1809頁）もこれを認めています。したがって、**現在では債権の準占有者の意義は拡大され、「取引の観念からみて真実の債権者その他受領権者らしい外観を有する者」という意味に解されています。**

＊478条では、外観への信頼保護を徹底しています。表見代理は、無権代理人があたかも代理権を有するかのような外観があり、これを相手方が信頼した場合にその信頼を保護して、無権代理行為の効果を本人に帰属させる制度ですが、本人が責任を負うのは、その外観の作出に本人が原因を与えた場合です（109条・110条・112条）。また心裡留保（93条）・虚偽表示（94条）でも、表意者が真意に反する表示をあえてしたことに、その表示（の結果）を信頼した者に対して責任を負う根拠があります。これに対して**478条は、準占有者が受領権限をもつかのような外観の作出について、真の権利者に帰責事由がない場合でも、債務者の信頼という事実があれば免責を認めるものです。**

（2）　弁済者の善意・無過失　　①「無過失」を要求する趣旨　　当初、478条は、主観的要件として弁済者の善意のみを要求していました。しかし通説・判例は、その上に弁済者の無過失をも要求し、民法の2004年改正によって法文上も明記されました。それは次のような考慮によるものです。

債務者は法的に弁済を義務づけられており、請求に応じて弁済をしないと不履行の責任を問われる立場にあります。たとえば債務者が、気になる点があるので少し待ってくれと言って調査したところ、請求者に受領権限があることが明らかになったが、その時には債権者がその金銭で支払いを予定していた取引の支払期限を過ぎてしまったということでは困ります。これは、それぞれの債権者の利益というのにとどまらず、支払いが円滑にされるという、取引システムの機能の保護の問題でもあります。したがって、表見代理の場合と異なり、真の債権者の帰責事由を要件とすることなく、受領権限が

あるように見える者に対して弁済した債務者を免責することとしたものです。しかしその反面、真の債権者は、自分の知らない間に債権を失う危険が生じます。このように、**真の債権者の犠牲において、弁済者と取引の円滑を保護するのですから、弁済者に対しては十分な注意を要求し、善意に加えて無過失も要件とされた**ものです。

②過失の判断基準　**弁済にあたり、どのような場合に過失が認められるかについては、当該事案に関する取引通念に照らして、具体的に検討しなければなりません**。預貯金の払戻しを例にとると、盗難届が出されていないか、払戻請求書の印影が届出印と一致しているか等を確かめることは当然ですが、払戻しを請求する人の様子をどこまで考慮するべきか。たとえば当該預金について普通は同じ事務員が来て比較的少額の払戻請求をするのに、ある時、見慣れない者が来て預金全額の払戻しを請求したが、払戻請求書の印影が届出印と一致することを理由に払戻しをしたという場合に、過失がないといえるかどうかは、具体的な事情に即して判断する必要があります。

また、過失は、弁済時点でのものには限りません。本来、債権者側の担当社員はAであったところ、債務者が保管している書類が、組織内部の管理が杜撰であるために担当社員をBとする書類にすり替えられた結果、債務者側の担当者が、Bを称する者に弁済してしまったという場合につき、「弁済手続に数人の者が段階的に関与して一連の手続をなしている場合にあっては、……右の一連の手続のいずれかの部分の事務担当者に過失があるとされる場合は、たとえその末端の事務担当者に過失がないとしても、弁済者はその無過失を主張しえない」とした判決があります（最判昭和37・8・21民集16巻9号1809頁）。

(3)　**478条の適用領域の拡大・類推適用**　〔設例3〕では銀行預金の払戻しの例を出しました。普通預金の場合には、払戻しの請求があればこれに応じることとされているため、弁済に関する478条をそのまま適用することができます。これに対して、定期預金を期限前に引き出す場合には、まず解約（権利の処分）という法律行為が必要となります。もし預金者本人以外の者が解約をするならば、そのための代理権の有無が問題となり、弁済の規定である478条によって処理することはできないはずです。しかし判例は、**期限前**

払戻しも、その具体的内容が契約成立時にすでに合意によって確定されていれば、478条にいう弁済にあたるとして同条の適用を認めました（最判昭和41・10・4民集20巻8号1565頁）。

また定期預金の解約の代わりに、**預金を担保として貸付けが行われる**ことがあります。定期預金を解約してしまうのはもったいないから、預金額の9割までの限度で貸付けを行い、もし満期までに返済されなければ、定期預金の払戻金から貸付残高を差し引くというものです。この場合、貸付け（契約の締結）は法律行為ですから、やはり本来は弁済の規定によって処理することはできないはずです。しかし判例は、貸し付けた金銭が返済されない場合、銀行がこれを預金債権と相殺することによって回収するときは、実質的には定期預金の期限前払戻しと同視することができるとして478条を類推適用するべきものとし（最判昭和48・3・27民集27巻2号376頁）、さらに預金の場合ではなく、**生命保険契約における契約者貸付け**の場合にも同様に478条の類推適用を認めました（最判平成9・4・24民集51巻4号1991頁）。

これらの拡大は、**預金者から申し出があれば、特別に審査することなく、**（普通預金の支払いと同様）**預金証書と届出印の確認によって貸付けを行うこととし、さらに返済がない場合に相殺をするまでの一連の過程が、決済方法としてあらかじめ契約によって予定されていることに着目したもの**と考えられます。このことは、預金担保貸付けに478条を類推適用した場合に、銀行側の過失の有無の判断につき、相殺（債権の消滅）の時ではなく貸付けの時点を基準とする判例（最判昭和59・2・23民集38巻3号445頁）の態度からもうかがえます。

（4）**支払いの機械化と478条**　　以上の例では、478条の適用により銀行が免責されるかどうかは、通帳と印鑑の照合等、支払いにおいて銀行が適正な注意を払ったか否かにかかることになります。しかし**キャッシュカードを用いた払戻しの場合**には、そのようなチェックは事実上不可能であり、銀行側が相手方の受領権限を正当に信頼したかどうかという問題設定だけでは不十分です。

この場合について判例は、銀行による暗証番号の管理が不十分であったなど特段の事情がない限り、**免責約款に基づき**、現金自動支払機によりキャッ

シュカードと暗証番号の確認をして払い戻した場合には免責されるものと解するべきであるとしました（最判平成5・7・19判時1489号111頁）。さらに最判平成15・4・8民集57巻4号337頁は、通帳を用いた機械払いによる払戻しにつき**478条の適用がある**とした上で「機械払システムの設置管理の全体について、可能な限度で無権限者による払戻しを排除し得るよう注意義務を尽く」すべきものと判示しました。事案としては、被告銀行ではキャッシュカードのほかに、通帳と暗証番号の入力によっても払戻しができるシステムを採用していたが、多くの銀行では、機械払いはキャッシュカードのみが使われるのが通常であったため、原告（預金者）はそのシステムを知らなかったところ、通帳が盗難にあって預金が引き出されてしまったというものでした。この事件では、銀行が通帳による機械払いが可能であることを預金者に明示しなかった点に過失が認められるとされたものです。

*以上のように、民法制定当時と比べて478条の適用範囲は著しく拡がり、注意義務の内容も複雑になっています。さらに最近では、カードの盗難のみならず、暗証番号等の情報を入手してカードを偽造する事件が起こるようになりました。このような事態に対応するため、特別法として**偽造・盗難カード預貯金者保護法**が制定されました（2006年施行）。そのポイントは次の通りです。

偽造カードの場合、478条は適用されず、弁済の効力は原則として生じません（同法3条）。しかし預貯金者に故意がある場合、または**当該払戻し**について金融機関が善意無過失であり、かつ預貯金者に重大な過失（預貯金者が他人に暗証番号を知らせるなど）があった場合には、金融機関は払戻しを拒絶できます（同法4条1項）。

盗難カードの場合、478条の適用は排除されませんが、必要な手続をとった場合、次のような基準で預貯金者の損害が補塡されます（同法5条1項～3項）。すなわち、①預貯金者に故意があるとき、または金融機関が善意無過失で預貯金者に重大な過失があるときは、補塡されません。②金融機関が善意無過失で預貯金者に過失があるときは、補塡対象額の4分の3が補塡されます。③預貯金者に過失がないときは、全額が補塡されます。

4 受取証書の持参人への弁済

受取証書の持参人は、弁済受領権限があるものとみなされ、弁済者が善

意・無過失で弁済したときは、たとえその持参人に受領権限がなかったとしても、**弁済は有効です**（480条）。478条と同様、外観を信頼して弁済した債務者を保護する規定です。

受取証書とは、領収書のように、**弁済の受領を証する書面**です（486条）。受取証書は弁済がされるのに応じて交付するものであり、市販の用紙を使ってその場で作成してもよいものですから、それ自体は持参人に弁済受領権限があるかのような外観を示すものではありません。受取証書の持参人に受領権限があるものと信じてもやむをえないというのは、たとえば次のような場合です。

〔設例4〕AがBに商品を売り、BがAに代金を支払うという取引が継続的に行われ、Aは常に、Aの印章を押した一定の書式の領収書を用意してBのところに集金に来ていた。ところがCがAの事務所に空き巣に入り、Aが次の集金のために金額を書き入れ、印章を押して用意していた領収書を盗み出した。翌日、Cはこの領収書をBの事務所に提示し、支払いを要求したため、Bの事務員はこれに応じて支払ってしまった。

この受取証書が真正なものでなく、Cが巧妙に偽造したものであったときにはどうでしょうか。取引の安全を重視する見解によれば、Bに過失がない以上、受取証書が真正のものか偽造のものかを区別する必要はないことになりますが、真実の債権者の静的安全との調和を求める見解——真正の受取証書が盗まれた場合には、受取証書の管理についてAの落ち度を認める余地があるが、偽造の場合はその余地はなく、Aが不利益を受けるのは適切ではない——によれば、**受取証書が真正なものであることが必要とされます**。判例・通説は後者の見解をとっていますが、受取証書が偽造の場合にも、受領者が他の事情と総合して債権の準占有者と認められるときは、弁済者は478条によって保護を受けることができるとした例があります（大判昭和2・6・22民集6巻408頁）。

④ 弁済の方法と事務の処理

1 弁済の場所と時期

まず、設例をひとつ挙げてみます。

〔設例 5〕商人 A は商人 B から、代金を 5 月 1 日までに支払うという約束で商品を買った。A は代金の調達に手間取った結果、5 月 1 日の B の事務所の営業時間には間に合わず、同日の午後11時頃、B の自宅に、現金1000万円を持参した。B は防犯上不安であると言ってその受取りを拒絶した。

(1) 弁済の場所 債務を弁済するべき場所は、契約等に定めがあればその定めに従いますが、契約において弁済の場所を特に明示しないこともありえます。そのような定めがないときのために、民法は、**特定物の引渡しは債権発生当時にその物が存在した場所、その他の弁済は債権者の現在の住所でするべきもの**と定めています（484条）。したがって債権者が住所を移転すれば新住所が、債権が譲渡されたときは新債権者の住所地が弁済の場所となります。

もっとも、**特別規定によって弁済の場所が定められていること**があります。民法にも、売買の目的物の引渡しと同時に代金を支払うべきときについては、代金は目的物の引渡しの場所で支払うべきこと（574条）、寄託物の返還はその保管場所でするべきこと（664条本文）などが定められています。〔設例 5〕の場合、この取引は商行為ですから、代金支払債務の弁済は債権者に営業所がある限り、債権者の現在の営業所でしなければなりません（商516条 1 項）。したがって A の弁済の提供は、債務の本旨に従った履行とはいえず、B は受領を拒絶することができます。もっとも、債権者にとって不利益でない場合、その拒絶は信義則違反となる可能性がありますが、設例のような場合、1000万円もの大金を設備のない自宅で保管することを B に強いるのは酷ですから、この場合の拒絶は信義則違反とはいえません。

(2) 弁済の時期 弁済の時期（履行期）は契約等に定めがあればそれによりますが、**定めがないときは、412条 3 項、591条 1 項（消費貸借）などの規律に従います**。弁済の時間については規定がありませんが、一般の取引慣

行および信義則によって判断するべきです。他方、商法では、法令または慣習による取引時間内に限って債務の履行または履行請求をすることができると定められています（商520条）。したがって設例の場合、商法によればBの事務所の営業時間内に弁済するべきものであり、またそうでなくても夜11時に受領を要求するのは、一般の取引慣行および信義則に反するため、Bは受領を拒絶することができます。

2 弁済事務の処理

(1) 弁済の費用 弁済の費用は、別段の意思表示がなければ債務者が負担します（485条本文）。弁済の費用とは、たとえば荷造費、運送費、登記費用（理論的には弁済の費用にあたりますが、慣行上、買主が負担するのが一般です）、関税、為替料等です。これに対して、目的物の価格鑑定費や契約書作成費（公証人の費用等）は契約費用であり、原則として当事者双方が等しい割合で負担します（558条・559条）。なお、債権者の住所移転等によって弁済の費用が増加したときは、その増加分は債権者の負担となります（485条ただし書）。

> ＊たとえば本を出版元に注文して直接送ってもらう場合、買主が本代のほかに送料を負担することがしばしばあります。これをどのように考えるべきでしょうか。出版元が負う債務の履行地を買主の住所地とするときは、送料は弁済の費用にあたりますから、別段の意思表示がなければ債務者である出版元が負担することになりますが、この場合には特約によって債権者である買主が負担していると考えられます。これに対して、履行地を出版元の住所地とするときは、本来買主が取りに行くべきところ、出版元がサービスで発送作業を行い、買主はその費用を負担するだけでよいものとしていることになります。

(2) 弁済の証拠 弁済者は、弁済受領者に対して受取証書の交付を請求することができます（486条）。受取証書は、弁済がされたことを証する書面であり、万一後に争いが生ずることがあれば、債務者はこれを示して債務が消滅したことを証明することになります。したがって、弁済をした以上、是非ともその証拠を確保する必要がありますから、弁済と受取証書の交付とは引換給付の関係に立ち、また一部弁済の場合であっても、弁済がされた範

囲について受取証書の交付を請求することができます。

債権証書がある場合には、弁済者が全部を弁済した場合に、その**証書の返還を請求**することができます（487条）。**債権証書とは、借用証書のように、債務を負担したことを証するために債務者が債権者に交付した書面**であり、万一後に争いが生ずることがあれば、債権者はこれを示して債権が成立していることを証明しなければなりません。したがって、一部弁済の場合には、債務者はまだ債権証書の返還を請求することができず、**全部の弁済をしてはじめて返還を請求することができます**。

また受取証書の場合とは異なり、**弁済と債権証書の返還とは引換給付の関係に立ちません**。受取証書の交付と弁済とが引換給付の関係に立つのですから、弁済者は受取証書によって弁済を証明できますし、また両者が引換給付の関係に立つとすると、債権者が債権証書を喪失した場合には、債権の存立について当事者間に争いがなく、あるいは他の方法によって証明できるとしても、債権者は履行を請求できなくなってしまいます。そうすると、弁済の証拠はもっぱら受取証書によればよいとも考えられますが、債権証書が債権者の手元にあると、債権がまだ消滅していないと推定されて紛らわしいため、全部弁済をしたときは、弁済者は債権証書の返還を請求できるとしたものです。

3　弁済の充当

ここでも設例によって説明します。

〔**設例6**〕　AはBから200万円を借り、現在40万円の利息が発生している。AはBに対し、100万円を提供して、これで債務のうち元本の100万円分を弁済すると告げた。この指定は認められるか。

〔**設例7**〕　AはBに対して1000万円の代金債務と、1000万円の貸金債務とを負担している。代金債務はすでに弁済期が到来しているが、貸金債務の弁済期は未到来である。また代金債務は無担保であるが、貸金債務には抵当権が付けられている。AはBに対し、これで貸金債務の弁済をしたいと言って1000万円を提供した。この指定は認められるか。

(1) 意 義 債務者が同一の債権者に対して、〔設例7〕のように、同種の目的（ここでは金銭）を有する数個の債務を負担する場合（488条1項）、または同一の自動車代金に関する数回分の月賦償還債務のように、1個の債務の弁済として数個の給付をするべき場合（490条）において、**弁済として提供した給付が総債務を消滅させるのに足りないときは、その給付をどの債務ないしどの給付の弁済にあてるべきか**が問題となります。そのためのルールを定めるのが、弁済の充当の規定です。

(2) 費用・利息・元本への充当順位 （3）で見るように、どの債務に充当するかは第一次的には弁済者が指定できるのですが、それに対しては制限があり、**元本の他に利息・費用をも支払うべき場合において、弁済者の給付がその全部を消滅させるのに足りないときは、費用・利息・元本という順に充当しなければなりません**（491条1項）。したがって〔設例6〕の場合には、100万円をまず利息分40万円に充て、次に元本のうち60万円に充てることになります。

すなわち、債務者が負担するべき費用を債権者が立て替えた場合、この費用は債権者にいつまでも負担させておくべきものではないため、最初に弁済しなければなりません。次に、元本に先に充当すると利息を生まなくなって債務者に有利にすぎるため、元本よりも先に、利息を弁済するものとされます。これが491条1項の趣旨ですが、同条は任意規定ですから、**当事者が合意すれば元本に先に充当することができます**。また弁済者が指定せず、債権者（受領者）が指定する場合に（488条2項）、債権者が491条1項による利益を放棄して、自ら元本に先に充当することを妨げるものではありません。

(3) 指定弁済充当 弁済は弁済者がその意思でする行為ですから、**弁済者は給付をする時に、受領者に対する意思表示によって、どの債務に充当するかを指定することができます**（488条1項）。したがって〔設例7〕の場合、Bの立場からはすでに弁済期が到来し、かつ無担保の代金債権に先に充当してほしいという希望があるでしょうが、Aの指定に従い、貸金債権が消滅することになります。

弁済者が充当の指定をしない場合には、受領者は受領の時に、弁済者に対する意思表示によって充当を指定することができます（488条2項本文）。しか

しもともと弁済は弁済者の行為ですから、**弁済者が直ちに異議を述べたとき**には受領者の指定は効力を生ぜず（488条2項ただし書）、**(4)の法定充当の規定に従う**ことになります。弁済者が充当の指定をしないことは、直ちに受領者に指定を委ねることを意味するわけではなく、法定充当の規定に従う趣旨であることもありうるからです。

(4) 法定弁済充当 **当事者が弁済の充当をしない場合**、充当は以下の順序によります。

①弁済期の到来したものと弁済期の未到来のものとでは、**弁済期の到来したものに先に充当します**（489条1号）。弁済期未到来のものに先に充当すると、法が債務者に期限の利益を放棄させることになってしまうからです。

②すべての債務の弁済期が到来しているか、すべての債務の弁済期が未到来であるときは、**債務者のために弁済の利益が大きいものに先に充当します**（489条2号）。弁済の利益が大きいものとは、原則として、無利息債務よりは利息付債務、低利率の債務よりは高利率の債務、無担保債務よりは物的な担保のついた債務が、これにあたります。しかしこれは原則であり、無担保債務は利率が高く、担保付債務は利率が低いというように、単純には決まらない場合も少なくありません。どちらの債務が弁済の利益が大きいかを判断するためには、担保契約の内容等、諸般の事情を考慮する必要があります（最判昭和29・7・16民集8巻7号1350頁）。

③債務者のために弁済の利益が同じであるときは、**弁済期が先のものにまず充当します**（489条3号）。債権者にとっても、弁済期の早いものは、時効で債権を失う危険がより大きいため、先に充当されることに利益があります。

④以上の基準によっても**先後を決められないときは**、**各債務の額に応じて充当されます**（489条4号）。

＊489条は、たとえば甲債務の利息債務と乙債務の利息債務（費用債務相互間、元本債務相互間でも同じ）のどちらにまず充当するかという問題を処理する場合にも基準とされます（491条2項）。もっとも、その場合に当事者による指定充当（488条）を排除する趣旨ではないと思われます。

5 弁済の提供

1 意義と効果

弁済は、債権者が給付を受領してはじめて債権の消滅という効果を生じます。仮に債務者が、弁済のためにするべきことをすべてしたとしても、債権者の受領がなければ債務者は債務から解放されず、債務不履行の責任を負わされる危険が残ります。このような結果は適切ではないため、**債務者は、弁済のために自らできることをすべてした場合**、すなわち、受領など債権者の協力さえあれば履行が完了する状態を実現した場合には、**債務不履行によって生ずるべき一切の責任を免れるものとされます**（492条）。この場合、弁済のために債務者の側で自らできることをすべて行い、債権者の受領その他の行為を求めることを、**弁済の提供**といいます。

弁済の提供によって、債務者は債務不履行の責任を免れます。すなわち、**債権者から損害賠償**（違約金・遅延利息を含む）**を請求されることはなく、また債務不履行を理由に契約を解除されたり、担保権を実行されたりすることはありません**。しかし債権者の受領がなければ、なお債権・債務は消滅しません。債権者の受領なくして債務自体を免れるためには、さらに供託をする必要があります（第15章**2**参照）。

> *なお、提供の効果として、さらに約定利息の発生をとどめることが挙げられます。利息とは元本使用の対価であり、元本の使用が許されるのは弁済期までです。したがってすでに弁済期が到来している場合には、それ以後に発生するのは利息ではなく遅延損害金ですから、これが発生しないことは492条の文言から直接導くことができます。これに対して、債務者の側で期限の利益を放棄することができる場合には、弁済期前の弁済の提供も債務の本旨に従ったものと評価されます。その場合に、債権者が提供したにもかかわらず、本来の弁済期までの約定利息を支払わせることは、あたかも提供後の遅延損害金を支払わせるのと同じことになるから、提供後の約定利息は発生しないと説明されます。

2 現実の提供

弁済の提供は、**債務の本旨に従って現実に**しなければなりません（493条本文）。**現実の提供**とは、**債権者が直ちに給付を受領できる状態にすること、すなわち弁済期に弁済場所で、債務の本旨に従った給付の提供をすること**です。債権者が受領できる状態にすることですから、一定期間内に債権者が定められた場所に来て受領するという趣旨の約定がある場合には、その期間中、その場所でその物を保管し、直ちに引き渡すことができるようにしておく必要があります。

特定物の引渡債務の場合、債務者は引渡しをするまで善良な管理者の注意をもってその物を保管し（400条）、引渡しをするべき時の現状で引き渡さなければなりません（483条）。弁済期を過ぎてから引渡しがされる場合、それまでに目的物が損傷するなどの変化が生じたときでも、特定物ですから、弁済の提供自体は引渡時の現状でせざるをえません（その上で、危険負担や不完全履行責任の問題になります）。

金銭債務の場合には、通貨または現在の取引社会で通貨と同様の支払手段として認められているものを提供する必要があります。通貨と同様の支払手段として認められるのは、郵便為替、銀行の自己宛小切手や銀行の支払保証のある小切手などです。これに対して、支払いの確実性が保証されていない個人振出しの小切手、預金通帳や預金証書の提供は有効な弁済提供ではありません。また物の引渡債務につき、目的物自体のほか、倉庫証券や証券所持人が自由に処分できる形式の貨物引換証の交付も、有効な提供です。

提供は弁済期にしなければなりませんが、**履行遅滞に陥った後でも、遅延損害金とともに提供すれば、有効な弁済の提供となります**。

提供は**債務の全額について**する必要があります。元本の他に利息・費用等を負担する場合には、それらの全額を提供しなければ、本旨に従った提供とはなりません。ただし、供託の事例ですが、総額に比してごく僅かな額の不足があった場合に、弁済の提供としての効果を否定することができないとした判決があります（最判昭和35・12・15民集14巻14号3060頁。利息額の計算違いの例）。

3 口頭の提供

弁済の提供は、原則として現実にする必要がありますが、**債権者があらかじめ受領を拒絶した場合、あるいは債務の履行について債権者の行為を必要とする場合には、弁済の準備をしてその旨を債権者に通知し、受領を催告することによって弁済提供の効力を生じます**（493条ただし書）。これを**口頭の提供**といいます。

債権者があらかじめ受領を拒絶しているのに現実の提供を要求するのは無駄でもあり、債務者に酷でもあります。しかし債権者が翻意して受領する可能性がある以上、準備をして受領を促すこと、すなわち口頭の提供までは要求するというものです。

債権者の行為を必要とする場合としては、加工作業のために債権者が材料を提供したり、目的物を引き渡すために債権者が引渡場所を指定するなど、まず債権者の行為がされることによって弁済が可能となる場合、および取立債務の場合が挙げられます。

4 口頭の提供も要しない場合

債権者があらかじめ受領を拒絶している場合に口頭の提供を要求するのは、債権者が翻意して受領する可能性があるためです。しかし**債権者が、そもそも契約の存在自体を否定して弁済を受領しない旨を明らかにしているような場合**に、債務者が形式的に口頭の提供をすることは無意味です。したがってこのような場合には、**口頭の提供をしていなくても、債務不履行の責に任ずるものということはできません**（最大判昭和32・6・5民集11巻6号915頁）。このことは、不動産賃貸借での紛争において、賃貸人がすでに契約を解除した等と主張して弁済を受領しない旨を明らかにし、過去の賃料について受領遅滞になっているような場合にしばしば問題となります。このような場合に債権者が翻意しようとすれば、債権者側において、積極的に自己の受領遅滞を解消する措置をとることが必要です（最判昭和45・8・20民集24巻9号1243頁）。

5 問題の展開——双務契約と弁済の提供

以上のように、弁済の提供の直接の効果は、債務不履行責任を免れるとい

う消極的なものです。しかし双務契約の場では、積極的に権利を行使する際に、弁済の提供が重要な意味をもつことがあります。債務者Bが債務を履行しない場合、債権者Aは期間を定めて履行を催告し、その期間内に履行がないときは契約を解除することができます。**しかしAの債務とBの債務とが同時履行の関係にある場合、Aが契約を解除するためには、Aが自己の債務について弁済の提供をすることによってBの同時履行の抗弁権を消滅させて、Bを遅滞に付することが必要です。**

　たとえば、AがBに不動産を30万円で売り、代金の一部として19万4000円を受け取ったものの、残金が支払われていないため、Aが期間を定めて残金を支払うよう催告した上で契約解除の意思表示を行った事例において、裁判所はAの側で所有権移転登記及び建物引渡しの債務について弁済の提供をしたことが主張・立証されていないことを理由に、解除を認めませんでした（最判昭和29・7・27民集8巻7号1455頁。最判昭和35・10・27民集14巻12号2733頁も参照）。弁済の提供をしていないと、相手方の同時履行の抗弁権が存在し、債務不履行とはならないため、解除することができません。

　この場合、Aが自己の債務について弁済の提供をしないまま、Bとの契約は解除されたと判断してその不動産をCに売却したとすると、逆にBから債務不履行責任を追及される恐れも生じます。したがって、双務契約においては、自己の債務については不履行責任を免れるために、また自己の債権についてはこれに基づく権利を的確に行使するために、弁済の提供が重要な意味をもっています。

第17章　弁済者代位

> **本章のレジメ**
>
> **＊弁済者の代位**：第三者が債務者に代わって弁済し、債務者に対する求償権を取得する→その求償権を確実に回収できるように、弁済した第三者は、債権者の有していた債権（原債権）と、それに付されていた担保権等を行使することができる
> 　　：担保権の被担保債権は原債権→担保権行使は原債権の額によって限定される
> 　　代位の目的は求償権の確保→担保権行使は求償権の額によっても限定される
> **＊任意代位**：債権者の承諾がある場合にできる
> 　**法定代位**：「正当な利益を有する者」ができる→その例は？
> **＊代位の効果**：担保権以外にどのような権利行使が可能か？
> **＊一部代位**：弁済者は債権者とともに権利を行使することができる（502条）
> 　・弁済者は代位権に基づき、単独で担保権を実行できるか？
> 　・担保目的物の換価金は、弁済者と債権者とでどのように配分するか？
> 　　→「債権者優先説」の根拠は？
> **＊代位資格者の競合**→相互の関係を501条が定める
> 　・保証人が複数いる場合：負担部分による（465条、442条）
> 　・保証人は第三取得者に対して、債権者に代位する（501条1号）：付記登記の必要
> 　・第三取得者は保証人に対して、債権者に代位しない（501条2号）
> 　・第三取得者相互間、物上保証人相互間：財産価格に比例する（501条3号・4号）
> 　・保証人と物上保証人：まず頭数で。物上保証人間では財産価格に比例する（501条5号）→①代位割合を変更する特約は認められるか？②保証人兼物上保証人（二重資格者）がいる場合は？
> **＊代位者に対して債権者が協力する義務**
> 　・証書と担保物の交付（503条）
> 　・担保保存義務（504条）：債権者が故意・過失により担保を減少させ、その結果、代位資格者が償還を得られなかったときは、代位資格者はその限度で責任を免れる→金融取引における担保の差換え等：担保保存義務免除特約

1 意義と構造

1 弁済者代位の意義

債務の弁済は、第三者もすることができます（474条）。第三者が弁済をした場合、債務者の債務をいわば立て替えて支払ったわけですから、弁済者は債務者に対して求償権を取得します。弁済者としては、この**求償権の行使によって、債務者のために支払った金額を回収する必要があるのですが、弁済者代位は、この弁済者の期待を保護するために設けられた制度**です。例を出してみましょう。

〔設例1〕AはBに対して500万円の債権を有し、同時にこの債権の担保のために、Bの不動産上に抵当権を有している。Bのために保証人となったCが、500万円をAに弁済すると、この抵当権は附従性によって消滅することになるが、CがBに対して取得した500万円の求償権のために、この抵当権を利用することはできないか。

この場合、Aの債権が満足されることにより、論理的にはこの抵当権は附従性によって消滅します。その結果、Cの求償権が無担保であるのに対し、Bの不動産は抵当権の負担から解放され、Bが利益を受ける結果になります（[図1]）。しかしBのAに対する債務は、最終的には全額をBが負担するべ

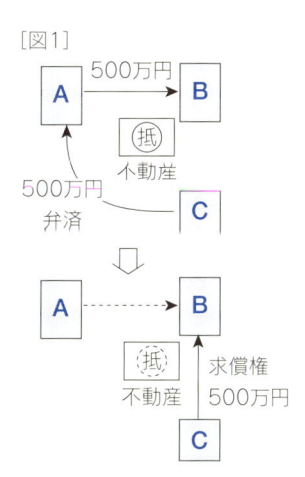

きもので、保証人Cによる弁済があっても、Bはそれまで A に負担していた500万円と同額の債務を、今度は求償債務としてCに対して負担するだけです。したがって、**Bの地位は、Cの弁済によって、それまでより不利益になったり、利益を受けたりするべきものではありません。**そこで民法は、**附従性により消滅したはずのAの債権**（原債権）**と、それを担保する抵当権とを、Cの求償権を確保するために、Cが行使することを認めました。**その限りで、Cは債権者Aに代わってその地位につくのであり、これを**弁済者の代位**と呼びます。

上記のように、この代位によって、Bは特に不利益を受けません。またAも、自己の債権額を回収した以上は、その後抵当権がどのように利用されるかについて利害関係を有しません。さらにCは、求償のためにAの担保権等を利用できるという見通しがあれば、安心してBの保証人になったり、Bのために第三者弁済をしたりすることができます。このように、当事者の利害調整の便宜のために認められたのが、弁済者の代位です。

2 弁済者代位の構造

ただ、Aの有していた抵当権をCの求償権確保のために利用するといっても、**Aの有していた抵当権の被担保債権が、Aの原債権からCの求償権に入れ代わるわけではありません。**最判昭和59・5・29（民集38巻7号885頁）は「弁済による代位の制度は、代位弁済者が債務者に対して取得する求償権を確保するために、法の規定により弁済によって消滅すべきはずの債権者の債務者に対する債権（以下『原債権』という。）及びその担保権を代位弁済者に移転させ、代位弁済者がその求償権の範囲内で原債権及びその担保権を行使することを認める制度」であると説明しています。したがって、Aの原債権（およびそれに付された抵当権）をCに取得させ、いわばAの原債権と抵当権とがセットになって、Cの求償権確保のために利用されるものです（[図2]）。

すなわち、**あくまでも抵当権の被担保債権は原債権**なのですから、仮に、2 2で見るように、（利率の違い等により）求償権の額が原債権より大きくなったとしても、**CはAの有していた原債権の範囲で抵当権を行使することができます。**したがって、**求償権について約定利率の特約をし、あるいは代**

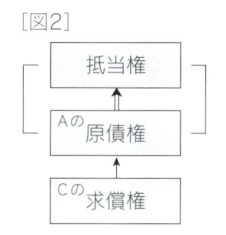

[図2]

```
       ┌─ 抵当権 ─┐
       │    ↑    │
       │  Aの     │
       └─ 原債権 ─┘
            ↑
          Cの
          求償権
```

位権者相互の関係について501条所定の代位割合と異なる特約をしたとしても、後順位抵当権者等の利害関係人に対しては、原債権の範囲を超えて影響を与えるものではないため、その特約による権利行使は妨げられません（前掲最判昭和59・5・29）。

　他方、弁済者代位制度の目的はＣの求償権の確保ですから、**原債権・抵当権のセットを行使できるのはＣが「自己の権利に基づいて求償をすることができる範囲内において」**（501条柱書）です。したがって、原債権の額よりも求償権の額が小さい場合には、求償権の範囲でのみ抵当権を行使することができます。そのため、代位弁済者が取得した原債権および担保権にかかる給付訴訟においては、求償権の存否やその内容についても確定した上、**判決主文において代位弁済者が債務者に対して有する求償権の限度で給付を命じ、または確認しなければならない**ものとされます（最判昭和61・2・20民集40巻1号43頁）。

＊上記の昭和61年判決は、判決理由の中で「代位弁済者に移転した原債権及びその担保権は、求償権を確保することを目的として存在する附従的な性質を有し、求償権が消滅したときはこれによって当然に消滅し、その行使は求償権の存する限度によって制約される」と述べています。この「附従的な性質」という性格づけが、あたかも求償権を被担保権とし、原債権（および担保権）をその担保であるとして、求償権が満足されることなく時効によって消滅したときは、原債権および担保権も附従性によって消滅することを意味するとすれば疑問です。

　というのは、原債権の行使が求償権の限度に制約されるという趣旨は、たとえばＤがＡから500万円の債権を400万円で譲り受けた場合には、譲渡の対価は当事者間で自由に決められるのだから、Ｄは額面通り500万円について権利を行使できるが、**弁済者代位の場合には、求償権の確保が目的なのだから、**

弁済した額を超えて権利を行使することはできないということであり（『史料債権総則』617頁、619頁参照）、原債権と求償権との間に法定担保の関係を設定することまでも含むものではないからです。実際、昭和61年判決においても、上記引用部分は権利行使の範囲の問題を解決するために述べられたものですから、同判決の「附従的な性質」という言葉を過度に一般化するべきではないと考えます。

② 要件と効果

1 要件

第一に、債権が第三者（保証人や連帯債務者等を含む）の弁済、代物弁済、供託、相殺、混同、あるいは担保権の実行により満足されること、第二に、弁済者（または担保物の所有者）が債務者に対して求償権を有すること、第三に、その第三者が弁済をするについて正当な利益を有するか、そうでない場合には債権者の承諾があることです。第三点における前者の場合を**法定代位**（500条）、後者の場合を**任意代位**（499条）と呼びます。任意代位の場合、代位による権利の移転を債務者その他の第三者に対抗するためには、債権譲渡と同じく、債権者から債務者への通知または債務者の承諾が必要とされます（499条2項）。

法定代位における「正当な利益を有する者」は、不可分債務者、連帯債務者、保証人など自らも同一内容の義務を負う者、物上保証人、後順位担保権者、一般債権者などを含みます。弁済等をすることによって自己の債務の免責を得、または自己の財産上の担保の負担を免れる、あるいは順位の上昇や債務者の責任財産の確保によって、自己の債権の回収を図るという利益を有する者です。

2 効果

上記の要件を満たす者が弁済をすると、**弁済者は求償権の範囲の限度で、債権者が有していた一切の権利を行使することができます**（501条柱書）。これは、①2で見た昭和59年判決が示すように、債権者が有していた一切の権

利が、法律上当然に弁済者に移転するのと同じ効果をもたらします。

　すなわち、まず債権者の有していた原債権の履行を請求することができ、**既に原債権者が債務名義を有していたとき**は、弁済者は承継執行文を受けてこれを行使することができます。また、原債権に伴う損害賠償請求権、債権者代位権、詐害行為取消権、利息債権、違約金請求権等も行使できます。さらに、**原債権に伴う抵当権等の物的担保権、保証等の人的担保権**も行使することができます。

　ただし、**1** **2**で見たとおり、**弁済者は自己の求償権の範囲でのみ、これらの権利を行使することができます**。したがって、たとえば、原債権の利率が10％であるのに対して、求償権の利率が法定利率の5％（459条2項・442条2項参照）であったため、弁済後に原債権の総額が求償権の総額よりも大きくなった場合、弁済者が行使できる原債権およびそれに伴う諸権利の範囲は、求償権の総額の範囲に限られます（[図3]）。反対に、この場合に求償権の利率が14.5％と約定されていたため、求償権の総額が原債権の総額よりも大きくなったときは、弁済者は原債権の総額の範囲でのみ、原債権およびそれに伴う権利、たとえば抵当権を行使することができます（[図4]）（前掲最判昭和59・5・29）。この抵当権はあくまでも原債権を担保するものであって、求償権を直接の被担保債権とするものではないからです。**求償権は、原債権を媒介にして、抵当権によって確保される**のです。

3　一部代位

1　権利行使の範囲――502条1項の文言と債権者優先説

　債権の一部について債務者以外の第三者が弁済したときは、502条1項によれば、弁済者は代位により、その弁済した価額に応じて債権者とともに権利を行使することができます。これによれば、たとえば1000万円の債権のために500万円の不動産に抵当権が設定されている場合において、第三者が200万円の弁済をすると、この抵当権の実行による換価金から債権者は400万円、第三者は代位により100万円を得ることになります（梅謙次郎『民法要義巻之三債権』319～320頁参照）。しかし通説・判例（最判昭和60・5・23民集39巻4号940頁）は、換価金の配当にあたっては債権者が優先すると解しており、それによれば、この場合には500万円全額を債権者が取得することになります。通説・判例がこのように解する根拠としては、代位者との比例配分という処理は、担保物権の不可分性、すなわち担保物権者は債権の全額の弁済を受けるまで目的物の全部について権利を行使することができるという原則に反すること、また代位は債権者を害するものであってはならないことが挙げられています。なお、銀行実務上は、一部弁済の場合は代位できないという特約がされています。

　　＊通説・判例が債権者優先説をとる上記の根拠は、必ずしも説得的とはいえません。担保物権の不可分性とは、目的物に対する関係、すなわち被担保債権の全額が満足されなければ、目的物の全体が担保物権の拘束を受けるというもの——たとえば、1000万円の債権のために600万円の甲不動産、400万円の乙不動産に抵当権の設定を受けていた場合（共同抵当）、債務者が400万円を弁済したから乙不動産の抵当権設定登記を抹消してくれとは言えないというものですから、原債権者と代位者との関係に係わるものではありません。また、本文の場合、代位によって債権者は害されるでしょうか。仮に第三者が弁済しなければ、債権者は抵当権の実行によって500万円を取得して終わりです。しかし第三者の弁済により200万円を取得し、抵当権について第三者の一部代位を認めても、その実行により400万円を取得するのですから、合計600万円を取得できることになり、債権者は害されていません。おそらく通説は、

この第三者が保証人であることを前提とし、保証人をとる目的は抵当目的物の価値が不十分な場合に残余の弁済を求めることにあるのであるから、まだ全額の弁済を受けていない間に換価金の一部を保証人に与えるのでは保証人をとった意味がないという考えに基づくものと思われます（我妻栄『民法案内9　債権総論 下』207頁参照）。ただ、弁済者代位についての規定は、第三者が保証人である場合に限るものではありませんから、代位の優先順位についての特約が可能である以上、共同行使を定める502条1項の規定が不当であるとまではいえないと考えます。

2　代位者は単独で権利を行使できるか

502条1項は、代位者は「債権者とともにその権利を行使する」と規定していますが、これは抵当権の実行を、代位者と債権者とが共同で行うことを意味するのでしょうか。古い判例では、代位者が単独で行使できるとしたものがありますが（大決昭和6・4・7民集10巻535頁）、学説は、これを認めると適切な時期を選択して実行する債権者の利益を害することとして反対し、むしろ**債権者が単独で行使することができ、代位者は債権者とともにでなければ行使できない**と解しています。

3　契約の解除

一部代位がある場合においても、債務不履行による契約の解除は、債権者のみがすることができます（502条2項前段）。代位者が享受することができるのは債権の効力であって、債権の基礎にある契約上の地位は代位者に移転するものではないからです。債権者が解除権を行使したときは、一部弁済をした代位者に、その弁済額と利息を償還しなければなりません（502条2項後段）。

④　代位資格者相互の関係

1　代位資格者の競合

②1で触れたように、弁済等をした場合に代位する資格のある者は、複数存在する可能性があります。次の例で考えてみましょう。

〔設例2〕SはGから1000万円を借り、その債務のために、Aが保証人となり、Bが物上保証人として自己の不動産に抵当権を設定した。その後、①AがSの代わりにGに対して1000万円を弁済した。または②B所有の不動産上の抵当権が実行されて、Gに1000万円が配当された。

〔設例2〕の場合、A・Bとも代位の資格をもちます。①の場合、保証人として債務を弁済したAは、原債権とともにその担保権を取得しますから、B所有の不動産上の抵当権を行使することができそうです。反対に、②の場合、所有不動産上の抵当権が実行されたBは、同様にAに対して保証債務の履行を請求できることになりそうです。そうすると、早く弁済した方が、他方に対して、原債権に付されていた権利を行使できることになるのでしょうか。

2 代位資格者相互の関係

このように、**複数の代位資格者が存する場合**は、相互の関係は次のように処理されます。

① 同一の債権について他の保証人がある場合、**弁済した保証人は、自己の負担部分を超える額について、他の保証人に求償することができます**（465条、442条）。もっとも、これは代位の問題ではありません。

② **弁済した保証人は、先取特権、不動産質権、抵当権の目的となっている不動産の第三取得者に対して、債権者に代位します**。すなわち、これらの担保物権を行使して、求償権・原債権の限度で全額を回収することができます。ただしそのためには、**保証人はあらかじめ**、先取特権、不動産質権、抵当権の登記に、**その代位を付記登記**しておかなければ、その不動産の第三取得者に対抗できません（501条1号）。そうでないと、債権者が弁済を受けたというので、すでに担保の負担がなくなったと思ってその不動産を買い受けた第三取得者が、思わぬ不利益を被るからです（最判昭和41・11・18民集20巻9号1861頁参照）。したがって、この「あらかじめ」とは、保証人の弁済後にその不動産を取得する第三者が、所有権移転の登記を取得するまでの間に、という意味と解されています。

③　担保目的物の第三取得者が弁済した場合、保証人は、この弁済した第三取得者から代位により請求を受けることはありません（501条2号）。第三取得者は、登記等を見て担保権のあることを覚悟して取得するのであり、また代価弁済（378条）や抵当権消滅請求（379条）による保護を受けることもできるからです。

> ＊なお、債務者からの第三取得者と区別して、物上保証人から抵当目的物を取得した第三取得者については、前主と同様の地位を有するものと考え、他の物上保証人に代位するものとした裁判例があります（大阪高決平成6・5・30判時1517号38頁）。登記等を見て抵当権の存在を認識していたとしても、債務者から取得する者は被担保債権額を代金から控除し、その額を引き受けたと見うる場合があるのに対し、物上保証人から取得する者は、債務者が弁済することによって抵当権が消滅することを期待する立場にあるのですから、直ちに代位を否定するべきだとはいえません。両者を区別する理由はあると考えます。

　④　複数の不動産に担保権が設定され、それぞれが別の第三者に取得された場合、第三取得者相互の間では、目的不動産の価格の比に応じて、弁済した第三取得者が他の第三取得者に対して代位した権利を行使できます（501条3号）。たとえば、6000万円の債務の担保として、8000万円の不動産甲と、4000万円の不動産乙とに抵当権が設定された場合（共同抵当）において、甲をAが、乙をBが取得し、その後Aが6000万円を弁済したときは、不動産の価格の比、すなわち2対1で弁済額を分け、Aは2000万円についてのみ不動産乙上の担保権を行使することができます（[図5]）。この規律は、物上保証人相互の間でも同様です（501条4号）。

　⑤保証人と物上保証人との間ではどうでしょうか。保証人と物上保証人との間では頭数で、その場合に物上保証人が複数いるときは、物上保証人相互の間では、保証人の負担部分を除いた残額につき各財産の価格に応じて、債権者に代位します（501条5号）。たとえば、6000万円の債権につきAとBとが保証人となり、物上保証人としてCが4000万円の財産を、Dが2000万円の財産を提供したとします（[図6]）。その中の誰かが全額を弁済すると、6000万円をまず4人で均等に割り、A・Bはそれぞれ1500万円ずつ負担します。

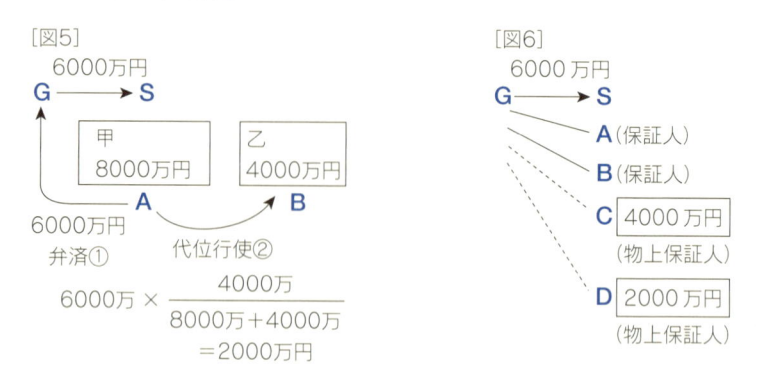

[図5]

6000万円
G → S

甲 8000万円   乙 4000万円

A → B (代位行使②)

6000万円 弁済①

$6000万 \times \dfrac{4000万}{8000万+4000万} = 2000万円$

[図6]

6000万円
G → S

A（保証人）
B（保証人）
C 4000万円（物上保証人）
D 2000万円（物上保証人）

そして残りの3000万円につき、物上保証人間で目的財産の価格に比例して、Cが2000万円、Dが1000万円を負担することになります。この場合、物上保証人の提供する財産が不動産であるときは、1号と同様、代位の付記登記が必要です（501条6号）。

*したがって〔設例2〕で、①の場合は、Aは500万円についてのみB所有不動産上の抵当権を行使することができ、②の場合は、Bは500万円のみAに対して保証債務の履行を請求することができます。もっとも、**AとBとの間で、Aが弁済したときはこの抵当権の全部について債権者に代位することができるという特約**が結ばれることがあります。前掲最判昭和59・5・29では、一審はこの特約を認めず、弁済額の2分の1についてしか代位を認めなかったのですが、最高裁は①2で示した通り、この特約の効力を認めて弁済額全額について代位を認めました。

〔設例2〕の場合、B所有の不動産に、Gのための抵当権の次順位としてCのための抵当権が設定されていたとします。代位割合についての特約がなければ、①のように、保証人Aが1000万円を弁済したときには、Aは501条5号により2分の1にあたる500万円についてのみGの抵当権を代位行使しますから、Cは残りの500万円について自己の抵当権を行使できます（一審判決はこの状態と比較して判断したのでしょうか）。しかし②のように、GによってB所有の不動産上の抵当権が実行されると、不動産の価格1000万円のすべてはGが取得しますから、Cは配当を受けることができません（Bは500万円の範囲で、Gに代位してAに対して保証債務の履行を請求できますが、これはCの抵当権とは別の次元の問題です）。昭和59年判決によれば、Cは②の場合に全額についてGに優先されることを覚悟して抵当権の設定を受けたのだから、

①の場合に全額についてAが代位することを認めたとしても、不当な不利益を受けるものではないとされるのです。

3　二重資格者の問題

ところで、⑤の場合に、**物上保証人Cが同時に保証人にもなっていた場合にはどのように数えるか**、問題となります。保証人A・B・C、物上保証人C・Dと捉え、二重の資格をもつCを資格ごとに2人として数える考え方と、あくまでもCは1人として捉える考え方とがありえます。そして後者の考え方では、Cを保証人として捉えるか、物上保証人として捉えるか、両資格が競合したものとして捉えるかが問題となり、両資格が競合したものとして捉えるときは、その負担割合をどのように決めるかが難しい問題となります。

これについて判例は、二重資格者が保証人としての責任に加えて、物上保証人としての責任を独立して負担すると考えるのは代位者の通常の意思ないし期待ではないこと、この者を1人とし、かつその者の提供する担保物の価格を精確に反映させる簡明かつ実効性ある基準を見出すことはできないことを理由に、**二重資格者が含まれる場合には、501条4号・5号の基本的な趣旨である公平の理念に基づいて「二重の資格をもつ者も1人と扱い、全員の頭数に応じた平等の割合であると解するのが相当である」**としています（最判昭和61・11・27民集40巻7号1205頁）。

> ＊判例とは反対に、二重資格者を2人として捉える立場は、通常の保証人が同時に物的担保を提供することは、他の保証人よりも重い負担を引き受けたものと解し、他の者よりも重い責任を負うとするのが公平であると考えます。しかし、たとえばCは物的担保を提供することに主眼があり、保証人を兼ねるのは、手間のかかる物的担保の実行に代えて、それに相当する金額を支払うためであるから、より重い責任を負う趣旨ではないという場合もあるかもしれません。
>
> 保証人はその一般財産を引当てとして提供し、物上保証人はそれから分離された特定財産を引当てとして提供しています。Cが両資格を兼ねる場合であっても、このように代位の対象が別種の財産に向けられていることから見ると、理論的には2人として数える立場が適切だと考えます（前田達明『口

述債権総論第3版』481〜482頁参照)。それを前提として、両者の資格を兼ねることは、より重い責任の負担を意味することを明らかにし、そのことを認識した上で、どのような責任を引き受けるかを慎重に判断するべきものとするという方向もあるのではないかと思います。

5 代位資格者に対する債権者の義務

　第三者により、自己の債権の弁済を受けることによって満足を受けた債権者は、弁済者が代位をするために協力する必要があります。すなわち、**全部の弁済を受けたとき**は、債権に関する証書と自己の占有する担保物を代位者に交付し、**一部弁済の場合**には、債権証書にその代位を記入し、かつ代位者に、自己の占有する担保物の保存を監督させなければなりません (503条)。

　さらに、債権者は、法定代位者のために担保保存義務を負います。すなわち、**保証人等、法定代位をする資格のある者がいる場合において、債権者が故意または過失によってその担保を喪失または減少させたときは、代位資格者は、その喪失または減少によって償還を得られなかった限度で、その責任を免れます** (504条)。これは、**債権者の担保保存義務**と呼ばれますが、代位資格者に対して積極的な保存の義務を負うというよりは、担保を喪失・減少させるような行為をした場合において、それが保証人等の代位資格者に不利益を及ぼすときは、その不利益を債権者自身が負担するというものです。

　たとえば、債権者が1000万円の債権を担保するためにAと保証契約を締結し、かつ債務者所有の600万円の不動産に抵当権を有していたが、債務者の要請によってこの抵当権を放棄した場合を考えます。Aの期待としては1000万円を弁済した上で債権者に代位し、抵当不動産から600万円を回収するつもりでいたところ、債権者が抵当権を放棄してしまったため、この600万円が回収できなくなったとします。この放棄が合理的な理由なくして行われたものであり、それについて債権者に故意・過失があれば、Aの保証債務は、回収できなくなった600万円の限度で消滅し、400万円となります。

　もっとも、長期的な信用供与の場合には、**担保の差換え**などが必要になることがあります。もとの抵当不動産上の抵当権を外し、代わりに別の不動産

に抵当権を設定させたところ、後者の不動産の価格が低く、代位資格者の求償権の全額回収が困難になったような場合には、504条の適用にあたり、**債権者の故意・過失の有無**が問題となりえます（最判平成2・4・12金法1255号6頁参照。ただしこれは担保保存義務免除特約の主張の是非に関して、故意・重過失の有無が問題となったものです）。

＊上記のように、金融取引においては、融資先の状況に応じて担保の差換えや放棄をすることがあり、それによって504条所定の免責が生じないよう、債権者と保証人・物上保証人との間で、**担保保存義務免除特約**が結ばれることがあります。ただ、債権者に故意・重過失がある場合など、この特約の効力を主張することが信義則違反または権利濫用として許されないことがありえます（前掲最判平成2・4・12、最判平成7・6・23民集49巻6号1737頁参照。ただし、いずれも信義則違反・権利濫用にあたらないとした事例）。

　また、当事者ではない目的物の第三取得者に対しても、この特約の効力を主張して免責を否定できるかが問題となります。**債権者が担保を減少させる行為をした後に、残りの担保不動産について第三取得者が現れた場合**には、504条により、減少行為の時点で当該不動産の負担が当然に消滅し、第三取得者は負担の消滅した不動産を取得することになります（最判平成3・9・3民集45巻7号1121頁）。この場合、仮に担保保存義務免除特約が結ばれていたならば、上記の負担は消滅しませんから、第三取得者は免責のない、すなわち負担のついたままの不動産を取得することになります（前掲最判平成7・6・23）。これに対して、**第三取得者が現れた後に債権者が担保を減少させる行為をした場合**には、第三取得者は上記特約の当事者ではありませんから、これに対して特約の効果を主張することはできません。もっとも、第三取得者が担保権の付着したままの不動産を取得するにあたり、被担保債権額を控除して代金額を定めた場合など、第三取得者の求償権や代位自体が否定される事案もありそうです。

第18章　相　殺

本章のレジメ

* **相殺とは**：2人の当事者が互いに同種の債権を有し、債務を負担している場合に、対立する両債権を、対当額で消滅させる一方的な意思表示
  * 自働債権：自己の債務を相殺で消滅させようとする側が、そのために用いる自己の債権
  * 受働債権：自己の債権との相殺によって消滅させるべき相手方の債権
* **相殺の機能**：①簡易決済の機能　現実に履行する労力とコストの節約
  ②公平維持の機能　相手方が履行できない場合に、自分の側だけ履行を強制されないこと
  ③担保的機能　相手方が履行できない場合に、相手方の債権＝自己の負担する債務と帳消しにすることにより、自己の債権を回収したのと同じ効果を生じさせること
* **相殺の要件と方法**
  1) 相殺適状：①両当事者間での債権の対立があること
  ②両債権が同種の目的を有すること
  ③両債権が弁済期にあること　←ただし、期限の利益の放棄が可能
  ④債務の性質が相殺を許すこと　←「なす債務」、抗弁権の付着など
  2) 相殺の意思表示
* **時効消滅した債権による相殺**：それが認められる理由は？
* **相殺の禁止と制限**：当事者の意思表示による禁止
  不法行為による損害賠償債権：受働債権として相殺できない
  差押禁止債権
  支払差止債権：差押え・仮差押えを受けた債権：「その後に取得した債権」による相殺が許されない理由は？
* **債権譲渡・差押えと相殺の期待**（第三者が関連する場合）
  1) 差押えと法定相殺
  ・511条の反対解釈：差押後に取得した債権による相殺の禁止→差押前に取得した債権であれば、相殺可能
  →制限説：自働債権の弁済期が受働債権の弁済期よりも先に到来する場合にのみ、相殺の期待は正当であり、相殺は可能である
  無制限説：両債権の弁済期の前後を問わず「相殺適状に達した時に」相殺が可能である←相殺適状に達する前に受働債権が転付命令により移転すれば、もはや相殺はできない
  2) 差押えと相殺予約：自働債権につき期限の利益を放棄させ、相殺適状を早める
  ・昭和39年判決：自働債権の弁済期が受働債権の弁済期よりも先に到来する場合にのみ、相殺の期待は正当であり、相殺予約も許される
  ・昭和45年判決：両債権の弁済期の前後を問わず、相殺予約は許される←両債権の牽連関係・相殺予約の公示が必要ではないか？
  3) 債権譲渡と相殺：468条2項の解釈
  ・譲渡通知前に自働債権の弁済期が到来していれば、譲受人に相殺を対抗できる（判例）←差押えと相殺に関する制限説・無制限説は影響するか？
* **相殺の効果**
  ・債権の遡及的消滅：具体的にどのようなメリットがあるか？
  ・相殺の充当：弁済の充当に比べ、どのような違いがあるか？

1　相殺の意義と機能

1　相殺の意義

　相殺は、2人の当事者が互いに同種の債権を有し、債務を負担している場合に、対立する両債権を、対当額、すなわち債権額の重なる範囲で消滅させる**一方的意思表示**です（505条1項本文）。たとえば次の例で考えてみます。

〔設例1〕AはBに対して、9月1日を履行期とする100万円の代金債権を有している。また、BはAに対して、10月1日を履行期とする120万円の貸金債権を有している。9月1日、AはBに対して代金債権につき履行を請求したところ、Bは資金がなく、履行することができなかった。

　この場合、Bの貸金債権の履行期である10月1日以降、AはBに対して、自己の有する100万円の代金債権をもって、自己の負担する120万円の貸金債務と相殺するという意思表示をすれば、100万円の範囲でAの代金債権とBの貸金債権とが消滅し、AはBに残り20万円を弁済すれば足ります。この例のように、**Aの方から相殺の意思表示がされる場合、Aは自己の代金債権をもって、Bの貸金債権を100万円の限度で消滅させる**のですが、このとき、Aの債権を**自働債権**、Bの債権を**受働債権**と呼びます（［図1］参照）。

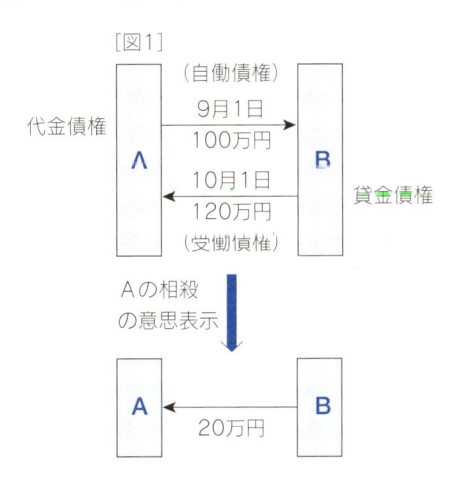

［図1］

（自働債権）
代金債権　A →9月1日 100万円→ B　貸金債権
　　　　　　←10月1日 120万円←
　　　　　（受働債権）

Aの相殺
の意思表示　↓

A ←20万円― B

＊なお、相殺において「反対債権」という言葉が使われることがあります。〔設例１〕においてAが相殺の意思表示をした場合、「Aは自己の代金債権をもって相殺し、Bの反対債権を消滅させた」と言うことがあるとともに、10月１日以降にBが貸金債権の履行を請求してきた場合に、「Aは自己の有する反対債権をもって相殺した」と言うことがあります。前者は相殺の意思表示をするAの側から見ており、反対債権＝受働債権であるのに対し、後者は履行の請求をするBの側から見ており、反対債権＝自働債権です。裁判例などの中で、その事案に即して反対債権という言葉が使われることがありますが、混乱の恐れがあるときは、できるだけ自働債権・受働債権という言葉を使った方がよいでしょう。

2　相殺の機能

　第一に、相殺には**簡易決済の機能**があります。金銭債権の場合でも、弁済のためには常に現実の提供（493条）が必要であり、それが受領されてはじめて債権が消滅するものとすれば、AがBに、またBがAに、それぞれ現実の提供をしなければなりません。また〔設例１〕において銀行振込みによって弁済する場合、仮に相殺ができないとすると、Aからの120万円の送金、Bからの100万円の送金の２件について手数料が必要となりますが、相殺ができるならばAからの20万円の送金の手数料だけで済むことになります。とりわけ両当事者の間に継続的な取引関係があって相互に多数の債権を有する場合、決済の労力やコストは膨大なものになります。商法では、一定期間内の取引から生ずる債権債務の総額について相殺をして、残額の支払いをするという**交互計算**の方法が規定されています（商529条）が、これはまず、このような労力・コストの節約を目的とするものです。

　第二に、相殺には**公平維持の機能**があります。〔設例１〕においてBがAの請求に対し、資金がなく払えないと言う一方、10月１日になって、Aに対して120万円の貸金債権の弁済を請求したとします。履行期が到来しているのは確かですから、**Aがこの請求に応じなければならないとすると、相互に債務を負担しているにもかかわらず、Aだけが一方的に履行を強いられることになって公平に反する**ため、相殺によってAの側でも100万円の限度で債務を減らし、100万円を回収したのと同じ状態を実現するのです。

第三に、第二の機能の帰結として「**相殺の担保的機能**」が導かれます。すなわち〔設例1〕においてBが無資力となった場合でも、**Aの相殺の意思表示により、Bに属する120万円の貸金債権から自己の100万円の債権を回収することができる**のですから、Bの貸金債権をAの代金債権の担保としたのと同じ結果となります。この機能を自覚的に用いて、債権担保の手段として「**相殺予約**」が行われますが、Bの他の債権者など、第三者との間で利害が対立し、困難な問題が生じます（後述4参照）。

> ＊第二の公平維持の機能が、Aの債権の回収ができない場合に、Aが一方的に自己の債務の履行のみを強制されないこと（Aの受動的な立場）を意味するのに対し、第三の「担保的機能」は、Aが自己の代金債権を焦げつかせることなく、実質的に回収することができること（Aの能動的な立場）を意味しています。**これは、AB間の関係において、同じことを別の観点から見たものであり、このような意味で「相殺の担保的機能」が認められるとしても、当然に第三者に対する関係でも相殺が担保権としての意味をもつというわけではありません。**

2　相殺の要件と方法

1　相殺適状

　相殺をするためには、相対立する債権が以下の要件を充たしていることが必要であり、これらの要件を充たしているときに、両債権は**相殺適状**にあるといいます（505条1項本文）。

　（1）**両当事者の間で、債権が対立して存在していること。**〔設例1〕でいえば、AがBに対して、またBがAに対して債権を有していることです。A・Bとも、100万円の範囲で債権が消滅するとともに、同額の範囲で債務が消滅するのですから、自己の債権が現実の履行によって消滅した場合と同様、相殺の前後で利益状況に変化はありません。ところが、AがBに対して100万円の債権を有し、BがCに対して100万円の債権を有している場合に、仮に両債権が相殺によって消滅するとすると、Bには利益状況の変化はありませんが、Aは100万円の債権を失い、Cは100万円の債務を免れることにな

り、利益状況に変化が生ずることになります。相殺は、債権が満足によって消滅する方法のひとつですから、相互に債権を有している当事者間でされるのが原則です。

もっとも例外的に、連帯債務・保証債務のようにAC間に求償関係が生ずる場合につき、民法はCがAの債権をもって相殺する可能性を認めています（436条2項・457条2項）。しかし学説上は、相殺までは認めず、CがBの請求に対して履行を拒絶できるのにとどまるとする解釈が有力です（第13章**3** 4、第14章**3** 1 (3) 参照）。

(2) 両債権が同種の目的を有すること。 相殺は意思表示のみによって債務を消滅させるものですから、目的物が現実に移転しなくても相殺の目的が達せられるのでなければなりません。したがって相殺ができるのは種類債権に限られますが、実際に問題となるのは、主として金銭債権です。

(3) 両債権が弁済期にあること。 そうでなければ、相手方の期限の利益を一方的に奪うことになるからです。たとえば〔設例1〕において、9月1日にAがBに代金債権の履行を請求したのに対し、Bが直ちに、自己の貸金債権によって相殺することを認めるとすると、Aは10月1日までは履行しなくてもよい債務につき、9月1日に履行を強制されたのと同じことになります。

もっとも、505条1項では、双方の債務が弁済期にあることを要すると書かれていますが、**自働債権が弁済期にあれば、受働債権が弁済期にあることは必ずしも必要ありません。**〔設例1〕の場合、9月1日の段階で、Aが期限（10月1日）前に自己の債務を弁済することは妨げられない（期限の利益の放棄。136条2項）のですから、Aが期限の到来している代金債権を自働債権として、貸金債務を相殺によって消滅させることは差し支えありません。

＊期限は、多くの場合、債務者の利益のために定められます（136条1項）。すなわち、期限が到来するまでは代金の支払いや貸金の返還が猶予されているのですから、債権者は履行を請求することができません。しかし債務者が破産手続開始の決定を受けたり、担保を減少させるなど、債務者の信用が失われる一定の場合には、債務者は期限の利益を喪失し、直ちに履行しなければならなくなります（137条）。さらに137条所定の事由以外にも、当事者間の特

約で、一定の事由が生じた場合に期限の利益を喪失する旨を定める場合があります。したがって、自働債権が弁済期にない場合でも、債務者に137条または特約所定の事由が生じたときは、これをもって相殺することができます。

(4) 債務の性質が相殺を許すものであること。特定物の引渡債務や「なす債務」においては、その物が引き渡され、あるいは行為が実際にされなければ目的を達することができないため、相殺の対象とはなりません。**自働債権に同時履行の抗弁権などが付着している場合**、債務者は履行請求を拒むことができるのですから、やはり相殺をすることはできません。これに対して、**受働債権に抗弁権が付着している場合**には、その債務者、すなわち相殺をしようとしている側の当事者は、抗弁権を放棄すればよいのですから、**相殺をすることは妨げられません**。

2 相殺の意思表示

(1) 意思表示の必要 相殺は、**一方当事者から相手方に対する意思表示によって行います**（506条1項）。旧民法（財産編520条）では、相殺の客観的な要件が具備すれば当事者がそれを知らなくても相殺の効果が生ずるものとしていましたが、相続や債権譲渡において混乱が生ずる恐れがあるため、現行法では意思表示によって行うものとされました。したがって、相殺の効力を生ずるためには、意思表示をする必要があります。

＊最判昭和54・7・10民集33巻5号533頁の事例は、次のようなものです（［図2］参照）。X信用金庫がAに対して貸金債権⑦を有しており、AがXに対して預金債権④を有していました。両債権は、相殺予約とAの取引停止処分により、昭和50年12月には相殺適状①になっていました（4で後述する債権譲渡と相殺の法理によれば、預金債権がYに移転しても、移転前に相殺適状になっているのですから、Xによる相殺は可能です）。その後、YはAのXに対する預金債権④について差押・転付命令を受け、昭和51年6月14日、これをもってXがYに対して有していた手形債権⑦と相殺しました（XY間の相殺適状②の成立は、AX間のそれ①よりも後です）。これに対してXは、昭和51年6月21日に、前記のAに対する貸金債権⑦をもって、上記預金債権④と相殺したと主張しました。

Xとしては、Yによる差押え前にAX間の相殺適状①が成立し、Xから相

[図2]

```
        相殺適状①
      ┌─────────┐
      │    ⑦    │
   X ←────── A
      │    ⑦    │
      └─────────┘
              ＼
               ＼  ⑦
        相殺      ＼
        適状②  ⑦  ＼
                    ↘
                      Y
```

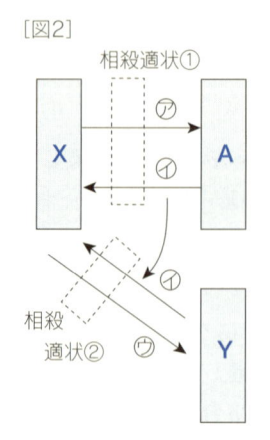

殺することが期待できたのだから、その期待が保護されるべきであると言いたいところですが、預金債権がＹに移転したことによって、ＸＹ間でもこの預金債権による相殺が可能②となったのです。最高裁は、**いったんＡＸ間で相殺適状が生じていたとしても、Ｘが相殺の意思表示をする前に、Ｙのした相殺によってこの預金債権が消滅してしまったならば、もはや相殺はできない**と判示しました。すなわち、ＸがＡに対する貸金債権をＡの預金債権との相殺によって回収するためには、相殺の意思表示までしておかなければならないということです。

もっとも、505条以下に基づく法定相殺ではなく、当事者間の契約によって、将来一定の事由が発生すれば、当事者の一方的意思表示を要することなく、当然に対当額の範囲で両債権が消滅する旨を定めることもできます（停止条件付相殺契約）。

(2) 意思表示の内容 意思表示の内容としては、**相殺によって消滅させるべき債権を示す必要がありますが、その債権は同一性を認識できる程度に示せばよく**、発生の日時・原因・数額などを詳細に示す必要はありません。また受働債権が譲渡されている場合には、相殺の意思表示は譲受人に対してするべきですが、差押えを受けている場合には、差押債権者（取立権者）に対する意思表示によっても（最判昭和39・10・27民集18巻8号1801頁）、差押債務者に対する意思表示によっても（最判昭和40・7・20判タ179号187頁）よいとされます。

相殺の意思表示に条件・期限を付することはできません（506条1項後段）。

条件を付することを許せば、一方的意思表示によって相手方の地位を不安定にすることになり、期限（この場合には始期）を付しても、相殺は遡及効を有する（506条2項）ため、無意味だからです。

3　時効消滅債権による相殺

相殺の意思表示は、相殺適状が存する限りにおいて効果を生じます。相殺適状が存する間に相殺の意思表示をしないまま、一方の債権が弁済によって消滅したり、あるいはその基礎にある契約の解除によって消滅したときには、当事者間での債権の対立関係はなくなり、もはや相殺はできません。

しかし一方の債権が時効によって消滅した場合について、その債権が消滅前に相殺適状にあったときは、その債権者は、時効消滅した債権を自働債権として相殺することができます（508条）。例をひとつ出してみましょう。

〔設例2〕　AのBに対する100万円の代金債権は、本年1月31日に消滅時効期間が経過した。BのAに対する100万円の貸金債権は、本年6月30日に消滅時効期間が経過する。本年5月1日、BはAに対して貸金債権の履行を請求し、他方、自己の代金債務については、消滅時効を援用した。

この場合、Aは自己の代金債権とBの貸金債権とが相殺適状にあれば、債権関係はそれで決済されたと信頼し、自己の債権の時効消滅前にあえて相殺の意思表示をしないのが通常です。実際、相殺の意思表示は、相手方の履行請求を受けてはじめて、それに対抗する形でされることが一般です。このようなAの信頼は保護に値するのであって、Bがその信頼を逆手にとり、自己の債務の時効消滅を待って履行請求することを認めるべきではないというのが、508条の規定の理由です。

508条は除斥期間についても類推適用されます（最判昭和51・3・4民集30巻2号48頁）。なお、保護に値するのはこのようなAの信頼ですから、すでに消滅時効にかかった第三者のBに対する債権を譲り受け、これによって相殺することはできません（最判昭和36・4・14民集15巻4号765頁）。

3　相殺の禁止と制限

1　当事者の意思表示による禁止

当事者は、**意思表示により、一定の債権について相殺できないものとする**ことができます（505条2項本文）。たとえば、取引先への支払いが必要となったときに返還を受けるという約束でAがBに金銭を預けた場合に、BがAに対する債権によってAの返還請求権と相殺するとすれば、Aは取引先への支払いができず、取り返しのつかない不利益を被ることがありえます。したがって、この預託金の返還請求権については相殺の対象とはしないという合意をすることにより、このような不利益を避けることができます。ただし、**この意思表示は善意の第三者に対抗することができません**（505条2項ただし書）。

2　不法行為による損害賠償債権

不法行為によって生じた損害賠償債権の債務者は、相殺をもって債権者に対抗することができません（509条）。すなわち、**不法行為による損害賠償債権を受働債権として相殺をすることはできません**。

それは、第一に、**被害者に損害賠償金を現実に受け取らせて、被った損害を填補させる必要**があるからです。また第二に、**不法行為の誘発を避けること**もその理由です。たとえば、Bが貸金の返済をしないため、債権者Aは腹を立ててBに暴行を加え、それによってBがAに対して取得した損害賠償債権を、Bに対する貸金債権によって相殺する、すなわち貸金を暴行で帳消しにするというような場合です。

これに対して、**損害賠償請求権を自働債権として、不法行為によるものではない債権と相殺することは妨げられません**。また、同一交通事故で両当事者がともに損害（特に物的損害）を被った場合には、損害の填補の必要という点では両者とも同様の状況にあり、またこのような場合には報復的な不法行為の誘発の恐れもないから、相殺を認めてもよいのではないかという見解もあります。ただし、判例は相殺を否定しています（最判昭和49・6・28民集28巻5号666頁、最判昭和54・9・7判時954号29頁）。

3 差押禁止債権

差押えを禁止された債権については、その債務者は相殺をもって債権者に対抗することができません（510条）。差押禁止の債権は、債権者に現実の弁済を保障する必要があるため、これを受働債権とする相殺ができないのです。

差押禁止の債権は、民事執行法152条（生計維持のための継続的給付・給与等の4分の3）、労働基準法83条2項（災害補償）、生活保護法58条（保護金品）などの法規に規定されています。他に現実の弁済を保障する趣旨のものとして、労働基準法24条1項は「賃金は、通貨で、直接労働者に、その全額を支払わなければならない」と定めていますが、これにより、賃金債権一般について相殺が禁止されるものと解されています。

＊なお労働基準法17条は「前借金」と賃金との相殺を禁じています。戦前に安価な労働力を得る手段として、労働者に一定の金額を貸し付け、労働者の受け取るべき賃金のうちから一部ずつ差し引くことによって消却させると同時に、労働者は貸付金の消却に至るまで引続き労働するという契約が行われました。同法17条は、このような人身売買的な拘束を防ぐ趣旨の規定です。

4 支払差止債権

支払いの差止めを受けた債権、すなわち差押えまたは仮差押えを受けた債権の債務者は、その後に取得した債権をもって、差押債権者に相殺を対抗することができません（511条）。もしこれを認めるなら、たとえばBの信用が悪化し、BのAに対する100万円の債権がBの債権者Dによって差し押さえられた場合、AはCのBに対する100万円の債権を（Bの信用が悪化しているため、場合によっては額面より安く）買い取って、これをもって相殺を対抗できることになり、差押えの効力が害されるからです（［図3］参照）。

これに対して、**差押え前からAがBに対して債権を有していた場合には、BのAに対する債権が差し押さえられた後においても、差し押さえられた債権を受働債権として相殺を対抗することができます**。これは、Bの債権が差し押さえられることは、A・B間の取引にとっては偶然的なことであり、両者の法律関係に変化をもたらすものではないからです。しかし他方で、差押

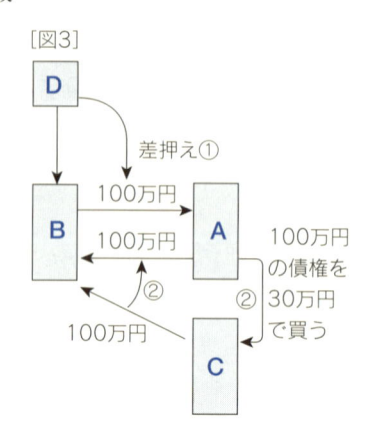

[図3]

債権者Dの側からすれば、Aとの取引がどうであれ、Bに対する自己の債権を回収するためにBの債権を差し押さえ、ここから自己の債権を回収することが妨げられる理由はないと言えそうです。そうすると、Aの相殺の期待がどの程度保護に値するものであったかが問題となります。これについては、**4**で検討することにします。

4 債権譲渡・差押えと相殺の期待

1　相殺の期待とは

まず、簡単な例を出してみます。

> 〔設例3〕①AはBに対して代金債権を有し、BはAに対して貸金債権を有していた。ところがCがBからAに対する貸金債権の譲渡を受け、対抗要件を備えた上で、Aに対して履行を請求してきた。
> ②AはBに対して代金債権を有し、BはAに対して貸金債権を有していた。ところがCが、BのAに対する貸金債権を差し押さえた。

〔設例3〕①の場合、Aが相殺を主張したいと考えたとしても、貸金債権はCに譲渡され、もはやA・B間での債権の対立関係は存在しません。そうすると、**両債権はすでに相殺適状にはないため、相殺はできない**ように思われます。また〔設例3〕②の場合、Bの債権はCに差し押さえられているため、AがBに弁済しても、それによるAの債務の消滅はCに対抗できません

(481条)。そうであれば、同じく債務の消滅の手段である相殺も、Cに対抗できないのではないかという疑問が生じます。

しかし、債権譲渡も差押えも、Aにとっては偶発的な事情であり、いずれ自己の債務をBに対する代金債権によって相殺しようと期待していた場合に、その期待が一方的に奪われるのは不合理にも思われます。とはいえ、その期待が保護されるためには、どの程度まで具体化している必要があるかも考えなければなりません。たとえば、Aの代金債権の履行期がBの貸金債権の履行期よりも後に到来するものだったとします。債権譲渡や差押えがなく、すでにBの債権の履行期のみが到来していた場合に、その履行をAがBから求められれば、Aがいずれ相殺をしようという期待を有していたとしても、Bの請求を拒絶する理由はありません。にもかかわらず、債権譲渡や差押えがあったとき、このような場合にも相殺の期待が保護されるとするならば、それは何を意味するのでしょうか。

他方、仮にAの相殺の期待を保護した場合、Cにとっては、譲受けあるいは差押えが無意味になる恐れがありますが、AとCの利害はどのように調整することができるでしょうか。また差押えと債権譲渡とでは、どのような違いがあるでしょうか。以下、**2**では差押えと法定相殺、**3**では差押えと相殺予約、**4**では債権譲渡と相殺との関係について検討します。

2　差押えと法定相殺

差押えの後に行った相殺の意思表示は、相殺の効果を生ずるかどうか。511条は差押後に取得した債権による相殺を禁じているのですから、差押前に取得していた債権によって、差押後に相殺することは禁じられていません (511条の反対解釈)。しかし、差押えの前に相殺の意思表示までしていなくてもよいとしても、両当事者の間で債権債務が対立しているだけでよいのか、さらに要件が必要かが問題となります。511条の反対解釈により、差押後も相殺は可能であるとした上で、相殺をするために、相殺についての正当な期待が必要であるとしてさらに要件を必要とする立場が制限説、しない立場が無制限説と呼ばれます (以下、[図4] 参照)。

　(1)　〔設例3〕②において、差押時にすでに相殺適状になっていた場合、

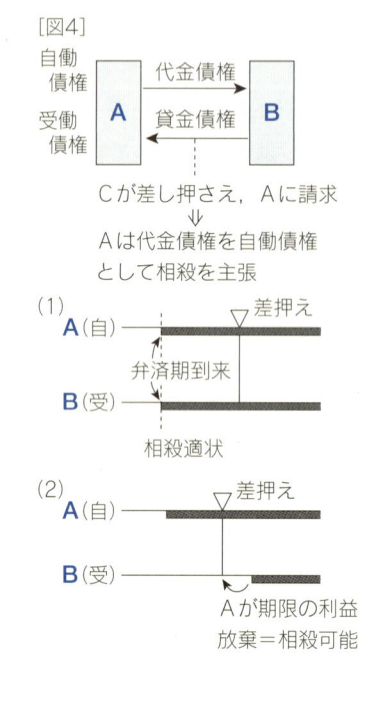

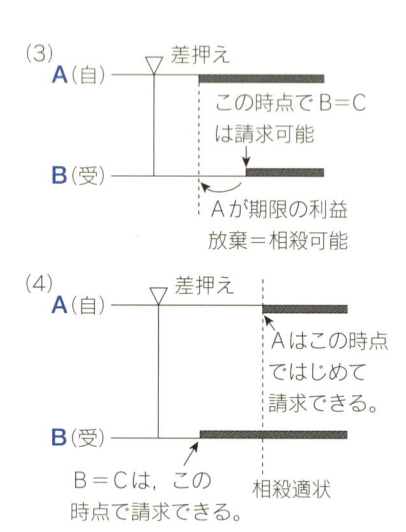

[図4]

自働債権：代金債権（A→B）
受働債権：貸金債権（B→A）

Cが差し押さえ，Aに請求
⇓
Aは代金債権を自働債権として相殺を主張

(1) A(自)／B(受) 弁済期到来、差押え時点で相殺適状

(2) A(自)／B(受) 差押え時点でAが期限の利益放棄＝相殺可能

(3) A(自)／B(受) 差押え時点でB＝Cは請求可能、Aが期限の利益放棄＝相殺可能

(4) A(自)／B(受) 差押え、B＝Cは，この時点で請求できる。Aはこの時点ではじめて請求できる。相殺適状

　すなわちAの債権、Bの債権とも弁済期が到来していたときは、差押時に相殺の意思表示がされていなかったとしても、相殺の意思表示をした上で、Cに対して相殺の効果を対抗することができます。相殺適状になれば意思表示なくして当然に相殺の効力が生ずるとする立法例もあるように、相殺適状になっていれば、当事者の間では、双方ともあえて相殺の意思表示をしなくとも、それぞれの債権が相殺によって決済されるものと期待してよいからです。

　(2) 〔設例3〕②において、差押時にAの債権は弁済期が到来していたが、Bの債権の弁済期は到来していなかった場合はどうでしょうか。Aは自己の債務（すなわちBの債権）については期限の利益を放棄して即時に弁済することができるのですから、Aの債権の弁済期が到来していれば相殺は可能

です。この場合、期限の利益放棄の意思表示をしていなくとも、Aの相殺の期待を保護してよいと考えます。

　(3)　〔設例3〕②において、**差押時にAの債権、Bの債権とも弁済期が到来していないが、Aの債権の弁済期が、Bの債権の弁済期よりも先に到来する場合**はどうでしょうか。Aは自己の債務（Bの債権）について期限の利益を放棄しても、差押え時にはまだ相殺をすることができません。しかし**Aの債権の弁済期が到来すれば、Aは確実に相殺をすることができるのですから**（そしてBの債権はまだ弁済期にないのですから）、両債権の関係に関する限り、Aには相殺を期待する根拠があるといってよさそうです。したがってこの場合にもAの相殺の期待は保護され、Aは相殺をもって差押債権者に対抗することができます（最大判昭和39・12・23民集18巻10号2217頁）。

　(4)　〔設例3〕②において、差押時にAの債権、Bの債権とも弁済期が到来しておらず、かつ**Aの債権の弁済期が、Bの債権の弁済期よりも後に到来する場合**はどうでしょうか。この場合、Bの債権の弁済期到来後、Aの債権の弁済期到来前にBが履行を請求すれば、Aは拒否することができません。**(3)**の場合にAの相殺の利益を認めた**昭和39年判決**は、**(4)**の場合につき**「既に弁済期の到来した被差押債権の弁済を拒否しつつ、自己の自働債権の弁済期の到来をまって相殺を主張するが如きは誠実な債務者とはいいがた」**いとして、保護するべき利益はないとしました（制限説）。

　これに対して**最大判昭和45・6・24民集24巻6号587頁**は、相殺制度は、相殺権を行使する債権者に「受働債権につきあたかも担保権を有するにも似た地位」を与え、この地位はできる限り尊重するべきであるとして、「**第三債務者は、その債権が差押後に取得されたものでないかぎり、自働債権および受働債権の弁済期の前後を問わず、相殺適状に達しさえすれば、差押後においても、これを自働債権として相殺をなしうる**」という立場をとりました（無制限説）。

　しかし昭和39年判決が言うように、弁済期が先に到来した相手方の債権の履行請求に対して、自己の債権の弁済期まで待つことを求めることはできないのですから、もともと根拠のある「相殺の期待」があったとはいえません。相手方の債権について差押えがあればそのような主張が認められるよう

になる理由はないため、法定相殺に関する限りは、昭和39年判決を支持する学説が多いようです。

　他方、**昭和45年判決の立場に立ち、無制限説をとったとしても、実際に相殺ができるのは相殺適状に達した後です。すなわち、差押後、自働債権の弁済期が到来する前に転付命令によって受働債権が移転すれば、もはや相殺適状は生じないのですから、両債権の弁済期の前後を問わず、相殺することはできません。**その結果、自働債権の弁済期が早い場合に「相殺の期待」を保護するとした昭和39年判決よりも、Ａの相殺の期待の保護はかえって低いものとなります（昭和45年判決に対する大隅裁判官の意見参照）。したがって、法定相殺に関する限り、無制限説によってＡの相殺の期待が大きく保護されるというわけではありません。

　　＊昭和39年判決と昭和45年判決の違いは、相殺の効力よりも、差押えの効力の捉え方の違いに基づくものです。すなわち昭和39年判決は、まず、差押えが債権者の取立て等の処分を禁ずるとともに債務者の弁済をも禁じていることから、第三債務者（被差押債権の債務者）による相殺をも制約するものと解しています。確かに、差し押さえた債権が消滅してしまうという点では、弁済も相殺も変わりがありません。その上で511条の反対解釈により、差押前に取得した債権による相殺は否定されないのですから、相殺については上記の制約に対する例外を認めることができる、ただしその例外は相殺について正当な期待がある場合に限られるべきであるというのが昭和39年判決のとる論理です。そして具体的に、相殺について正当な期待がある場合とは、本文で見たように、自働債権の弁済期が受働債権のそれよりも先に到来する場合であると解するものです。
　　これに対して昭和45年判決は、差押えにより債権者は取立て等の処分を禁じられ、債務者も弁済を禁じられるとともに債務の消滅や内容の変更を目的とする契約（代物弁済など）をすることが許されなくなるが、これは被差押債権の債権者の権能が差押えによって制限されることの反射的効果にすぎないのであって、債務者は債権者に対して有する抗弁により、差押債権者に対抗することができるとしています。すなわち、代物弁済や新たな相殺契約は、（差押えによって処分権能を制約された）被差押債権の債権者との契約だから差押えによって制約されますが、相殺は、被差押債権の債務者が単独で、相殺の抗弁を主張することによって被差押債権を消滅させるものですから、差押えはこれを妨げる効力を持つものではないというのです。したがって、相

殺適状になりさえすれば、差押えがあったとしても、相殺をすることに問題はないことになります。

以上のように、**昭和39年判決は正当な相殺の期待は差押えの効力をはね返すという考え方をとり、その限りで「相殺の担保的効力」が問題とされるのに対し、昭和45年判決はそもそも差押えに相殺を制約する効力はないというものですから、法定相殺に関する限り「相殺の担保的効力」は問題とされていないことになります。**「相殺の担保的効力」に関する昭和45年判決の意義は、当事者間で相殺予約がされた場合についてのものというべきです。

3　差押えと相殺予約

2で見たように、両債権がともに弁済期に達しているか、自働債権の弁済期が到来し、その債権者が受働債権の期限の利益を放棄することによって相殺適状が成立する場合、相殺が可能となります。すなわち、自働債権の弁済期が到来していない限り、相殺はできません。

これに対して、実務では相殺予約の合意がしばしば行われます。**相殺予約**とは、**自働債権の弁済期が到来していなくても、受働債権の差押え等、債務者の信用状態に不安が生ずる事由が生じたときには、**（自働債権の債権者が自己の債務（すなわち受働債権）につき期限の利益を放棄するとともに）**自働債権の債務者が期限の利益を喪失し、直ちに相殺適状が生じたものとして被差押債権を消滅させるという合意**です（[図5] 参照）。

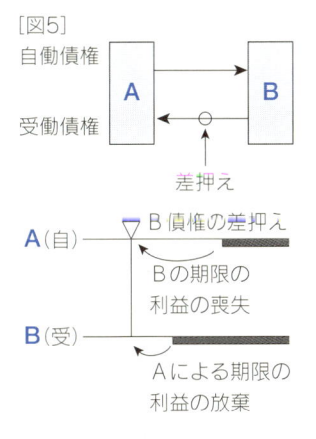

[図5]
自働債権　A → B
受働債権　A ← B
　　　　　差押え

A(自)─────▽ B債権の差押え
　　　　　　 Bの期限の
　　　　　　 利益の喪失
B(受)─────
　　　　　　 Aによる期限の
　　　　　　 利益の放棄

2つの大法廷判決は、法定相殺の要件と同時に、相殺予約の合意の効力をも問題としています。**昭和39年判決**は、自働債権の弁済期が受働債権の弁済期よりも後に到来する場合にも相殺予約の効力を認めることは、私人間の特約のみによって差押えの効力を排除するものであって、契約自由の原則をもってしても許されない、そして**法定相殺と同様、正当な相殺の期待が認められる限度で、すなわち自働債権の弁済期が先に到来する場合に限って相殺予約の効力を認めることができる**としました。これに対して**昭和45年判決**は、**相殺予約は契約自由の原則上有効であることは論をまたない**として、相殺の効力を認めたものです。

ただ、**相殺予約の効力が一般的に認められるか**については疑問も出されています。昭和45年判決の大隅裁判官の意見は、銀行の取引先に対する貸付債権とその取引先の預金債権とが相互に**密接な牽連関係**にあり、預金債権は貸付金債権の担保としての機能を営んでいること、銀行と取引先との間で相殺予約がされていることは**取引界においてほぼ公知の事実**となっていることから、その場合には相殺予約を差押債権者に対抗できるとしても不当ではないというものです。

> ＊実際、最高裁判所民事判例集の「判決要旨」において、昭和39年判決では「…相殺予約は、相殺をもって差押債権者に対抗できる前項の場合［自働債権の弁済期が先に到来する場合のことです］にかぎって、差押債権者に対し有効であると解すべきである」というように、一般的な命題が示されているのに対し、昭和45年判決では「銀行の貸付債権について…右貸付金の期限の利益を喪失せしめ、同人の銀行に対する預金等の債権につき銀行において期限の利益を放棄し、直ちに相殺適状を生ぜしめる旨の合意は、右預金等の債権を差し押えた債権者に対しても効力を有する」というように、銀行の預金債権と貸金債権との関係であることが明示されています。

相殺予約の第三者に対する効力について問題とされているのは、第一に**両債権の牽連関係の強さ**であり、第二に**相殺予約の存在の第三者に対する公示**です。第一の点についていえば、銀行と取引先との間に成立する貸付金債権と預金債権とが当然に密接な牽連関係を有するのか、それとも特定の貸付金債権と特定の預金債権とが、すでにその成立の過程で不可分に結びついてい

ることを必要とするのか、さらにその結びつきが正当なものといえるかどうか等が問題となりえます。また第二の点については、どのような場合に公示があるといえるかが問題となりますが、銀行取引に関する限りでは、銀行取引約定書が手掛かりとなります。

＊銀行取引において用いられる銀行取引約定書は、それぞれの銀行ごとに定められるものですが、昭和37（1962）年、それまでの実務慣行に照らして約定の内容を整備するため、銀行の業界団体が統一モデルとして銀行取引約定書ひな型を定めました。その後、銀行取引約定書ひな型は、昭和52（1977）年に一部改定された後、各銀行の特色を出すことを促進するという理由で、平成12（2000）年に廃止されました。相殺予約については、この約定書の中に定められていますから、現在、銀行取引を行う人にとっては相殺予約の存在は知られているということができます。

4 債権譲渡と相殺

債権譲渡の場合、債務者は、**譲渡の「通知を受けるまでに譲渡人に対して生じた事由」を譲受人に対抗する**ことができます（468条2項）。相殺との関係も、この条文の解釈の問題として検討するべきです。民法制定後、比較的早い時期から、債権譲渡の前に相殺の意思表示をしていなくても、両債権が相殺適状にあれば、譲渡後に相殺を対抗できると解されてきました。これを前提として大判昭和8・5・30民集12巻1381頁は、債権譲渡において自働債権の弁済期が到来、受働債権の弁済期が未到来の事例で、**譲渡通知前に自働債権の弁済期が到来していれば**、自己の債務については即時に弁済できるのであるから、**期限の利益放棄の意思表示をしていなくても相殺は可能である**と判示しました。さらに最判昭和32・7・19民集11巻7号1297頁は、同様の（ただし転付命令による移転）事例で、**譲渡・転付前に自働債権の弁済期が到来しているときは債務者は相殺をする期待・利益を有している**として、相殺の期待の保護という理由づけをしました。

その後、相殺の期待の保護については、前述のとおり、判例は差押えとの関係において無制限説を採用し、弁済期の前後を問わないこととしましたが、債権譲渡の場合について、最判昭和50・12・8民集29巻11号1864頁は、

譲渡された債権を、それよりも後に弁済期を迎える債権によって相殺することを認めました。もっともこの判決は、相殺の期待の保護について一般論を示すことなく、（譲受人が譲渡人の取締役であったという）当該事実関係のもとでは相殺が許されるとしたものです。さらに5名のうち2名の裁判官が反対意見を述べており（藤林裁判官は、銀行と取引先の間の債権債務とは異なり、通常の「継続的商取引から生じた一方の債権が他方の債権の担保的機能を営まなければならないというような要請もなく、また、相殺に対するいわゆる正当な期待利益というようなものも存しない」と述べています）、債権譲渡の場合にも、判例上、差押えの事例における無制限説が適用されたとは断言できません。

さらに、債権譲渡の場合について差押えの事例における制限説の規律によることにも疑問があります。〔設例3〕①の場合、債権譲渡通知の時点でAの代金債権の弁済期が到来していれば、判例の示すように、AはこれをもってCに対して相殺を対抗できます。しかし仮に、Aの代金債権の弁済期の方がBの貸金債権の弁済期よりも早いものの、債権譲渡通知時にはまだ到来していなかったときは、相殺を対抗できるでしょうか。差押えの事例における制限説の考え方からすると、正当な相殺の期待があるとして、認められるようにも思われます（前掲最判昭32・7・19において、河村裁判官の補足意見は、これを認めることができるとしています）。

しかし468条2項は、譲渡「通知を受けるまでに譲渡人に対して生じた事由」をもって譲受人に対抗できると規定しています。譲渡通知の時点では、Aの自働債権の弁済期が到来していないのですから、自己の債務について期限の利益を放棄したとしても、譲渡人に対して相殺を対抗することはできません。そしてAの自働債権の弁済期が到来した時点では、受働債権はBに属していませんから、相殺適状は成立しません。相殺とは、本来弁済期の到来した債権の消滅の方法であり、しかも、「同一当事者間で」相手方に対する債権が対立する場合にはじめて問題となるものです。単に、将来相殺をする期待があることと、現在譲渡人に対して相殺を主張できる事由があることとは違いますから、法定相殺に関する限り、譲渡通知時点で自働債権の弁済期が到来していなければ、相殺を対抗することはできないと考えます。

5　相殺の効果

1　債権の遡及的消滅

　相殺の意思表示により、双方の債権は、その対当額について消滅しますが、**相殺の意思表示は、双方の債務が互いに相殺に適するようになった時にさかのぼって効力を生じます**（506条2項）。相殺適状にある債権債務を有する当事者は、あたかもその債権債務は決済されたかのように扱うのが通常であることから、消滅について遡及効を認めたものです。

　したがって、相殺適状が生じた時点以後については、利息も生ずることはなく、また履行遅滞も消滅します。

2　履行地の異なる債務の相殺

　履行地の異なる債務も相殺することができますが、相殺によって相手方に損害が生じたときは、相殺した当事者はその賠償をしなければなりません（507条）。もっとも、この損害とは、履行地で履行を受ける予定をしていたところ、相殺によって現実の履行を受けることができなかったため、別に送金をするためにかかった費用や、それに伴う遅延によって生じた損害をさすとされます。事実上問題になることは稀であり、本条が適用された判例はないようです。

3　相殺の充当

　数個の相殺適状にある受働債権に対して、自働債権がその全部を消滅させるのに足りない場合については、弁済充当に関する488条から491条までの規定が準用されます（512条）。当事者が弁済の順序の指定をしなかった場合には、弁済期の前後、債務者にとっての弁済の利益の大小が基準となりますが、相殺の場合には、単に受働債権の弁済期の前後ではなく、相殺適状になった時期の前後が重要であり、また弁済の利益の大小も、相殺には遡及効があるため、判定には困難があります。したがって、**まず元本債権相互間で相殺に供することのできる状態となった時期の前後に従って相殺の順序を定**

め、その時期を同じくする元本債権相互間および元本債権とこれについての利息、費用債権との間で、489条・491条の準用によって充当するべきです（最判昭和56・7・2民集35巻5号881頁）。

第19章　債権譲渡・債務引受

本章のレジメ

＊**債権譲渡**：債権の同一性を変えることなく、契約によって債権を移転すること
①資金の早期流動化（→手形割引）、②債権の回収手段（代物弁済）、③債権担保の手段（債権譲渡担保）、④取立てのための債権譲渡

＊**債権譲渡の自由（原則）とその制限**
・債権の性質による譲渡制限
・法律規定による譲渡制限：差押え禁止との関係は？
・意思表示による譲渡制限（譲渡禁止特約）：善意の第三者には対抗できない

＊**指名債権譲渡の成立**：債務者の同意は必要なし

＊**指名債権譲渡の対抗要件**：債務者に対する対抗と第三者に対する対抗の区別
①債務者への通知（譲渡人がする）、債務者の承諾：債務者をインフォメーションセンターとする→「確定日付」：債務者に対する対抗（債務者への弁済請求）のためには必要がないが、第三者（二重譲受人など）との関係では必要。日付の偽造を防ぐため
②債務者との関係：確定日付ある通知・承諾は、確定日付なきものに優先する（但し、確定日付ある通知が到達する前に、弁済等によって債権が消滅しない限り）
・通知を受けただけの債務者は、それまでに譲渡人に対して生じた抗弁を主張することができる
・債務者が「異議をとどめない承諾」をしたときは、譲渡人に対抗できる事由を譲受人に対抗できない→抵当権の復活の問題
③第三者との関係：確定日付ある通知の到達（または確定日付ある承諾）の先後によって優劣を決する→同時到達の場合、または到達の先後が不明の場合は？

＊**将来債権の譲渡**：将来発生する債権の譲渡も可能→通知・承諾による対抗要件の具備
・担保のために、複数の将来債権が譲渡される場合→譲渡人による取立ての許容（信用悪化が生じない段階）
・動産・債権譲渡特例法

＊**証券的債権の譲渡**：指図債権・無記名債権：証券の交付によって移転。権利の内容については、証券の記載が決定的に重要である

＊**債務引受**：免責的債務引受では、債権者の承認が必要。効果→担保権はどうなるか？
併存的債務引受では、要件・効果が免責的債務引受とどのように違うか？

＊**契約上の地位の移転**：債権譲渡・債務引受を含む。譲受人は、契約自体の取消し・解除も可能

1 総説

1 債権譲渡の意義

債権譲渡とは、**債権の同一性を変えることなく、契約によって債権を移転する**ことをいいます。債権の移転は、弁済者代位（500条以下）など、法律の規定によって移転する場合、転付命令（民執159条）など、裁判によって移転する場合、元本債権の移転に伴う利息債権、主たる債権の移転に伴う保証債権など、他の債権の移転に随伴して移転する場合、さらに、相続や会社の合併・分割など、債権者自身の包括的な移転に伴って移転する場合がありますが、ここでは法律行為によって移転する場合のうち、契約による場合を扱います（なお、債権譲渡は遺言によることも可能です）。

民法には、指名債権の譲渡と、指図債権など証券化された債権の譲渡について規定が設けられています。**指名債権**とは、**債権の成立・行使・移転に証券を必要とせず、債権者が特定している一般の債権**をいいます。これに対して**指図債権**とは、**証券に債権者の名前が記載されていて、その人またはその人の指定した人に弁済をするべき債権**をいいます。証券化された債権の移転は証券の交付や裏書などを通じて行われますが、指名債権の譲渡は意思表示だけで行われますから、その対抗要件の具備について複雑な問題が生じます。そこでまず、指名債権の譲渡について説明し、その後で証券化された債権の譲渡について説明します。

2 債権譲渡の必要性

ローマ法では、債権は債権者と債務者とを結ぶ「法鎖」であるとされ、債権者なり、債務者なりが変わることは不可能であるとされていました。しかし取引が活発になるとともに、債権の譲渡や債務の引受が必要になり、そのために更改が用いられました。更改によって債務の要素である債権者を変更し、たとえばAのBに対する債権をCのBに対する債権とすることにより、Aの旧債権を消滅させ、旧債権と同じ内容ではあるが、法的には同一性をもたないCの新債権を成立させるのです。しかし旧債権と新債権とが同一性を

もたないため、旧債権に付せられた抵当権は新債権に移転せず、新債権は無担保の債権となります。担保の移転が必要な事態に至ったとき、あくまでも更改の制度の枠内で、518条のような担保移転の方法を認めるのもひとつの方法ですが、その効果を認めるのであれば、正面から債権譲渡を認めるのもひとつの方法です。日本民法は、更改の制度を残存させつつ債権譲渡を認めていますが、しかし債務引受については規定を設けるまでには至っていません。したがって、上記のような歴史的展開の過渡的な状態を示しているということができます。

　債権の譲渡が一般的に認められることにより、直接的には特定の人に対する請求権である債権が、その目的物である財貨に対応する価値をもつ財産としての意味をもちます。それでは、実際に債権譲渡がどのような場面で問題になるか、設例で見ることにしましょう。

〔設例1〕 AはBに対して売掛代金300万円を有しているが、その履行期は2ヶ月先である。しかし今月の従業員の給与支払いに現金が必要であるため、AはBに対する300万円の債権をCに290万円で売り、290万円の現金を入手した。

〔設例2〕 DはEに対して貸金債権300万円を有し、履行期が到来しているが、Eには現金がなく、支払うことができない。そこでDは、EがFに対して有している売掛代金300万円を譲り受け、これをもって貸金債権の弁済に代えることにした。

〔設例3〕 GはHから製造機械を購入し、5000万円の代金債務を負担した。その支払いを確保するために、Gは製品の売却先であるIに対して取得する予定の売買代金債権を、翌月から3年分についてHに譲渡した。

〔設例4〕 JはKに対して貸金債権を有し、その履行期もすでに到来している。ところがKはいっこうに支払おうとはしない。同じくKに対して貸金債権を有しているLが、Kを相手取って訴訟を提起し、債権の回収をはかるというので、いっしょに回収してもらうために、Jは自己の貸金債権をLに譲渡した。

〔設例1〕は資金の早期流動化を目的とする債権譲渡です。Bから回収で

きる資金ではあるが、履行期まで2ヶ月待たなければならないところ、より早く現金化するために、額面より低い額でCに譲渡するものです。Cにとっては、290万円で買った債権により、2ヶ月後に300万円を回収できるのですから、10万円はあたかも2ヶ月分の利子のような意味をもちます。

　　＊これが手形によって行われるとき、すなわち、BがAに対し、2ヶ月後を満期とする額面300万円の手形で代金を支払った場合に、Aがこの手形を290万円でCに売って現金化することは、**手形割引**と呼ばれます。

　〔設例2〕は**債権の回収手段**としての債権譲渡です。DがEのFに対する債権の譲渡を受けることによって、Eに対する債権のための**代物弁済**とする場合です。このような場合に、Eの信用状態が悪化しているときは、他の債権者との間でEの債権の取り合いになり、債権の二重譲渡が問題になることがあります。

　〔設例3〕は**債権の担保**のための債権譲渡です。機械の代金債権の履行を確保するために、将来発生する製品代金債権を譲渡するというものです。不動産などの資産がない場合でも、**継続的な営業収益が見込まれる場合に、将来発生する複数の債権を担保として融資する**ものですが、Gの事業が順調で返済が予定通り進んでいる限り、HがIのところに取り立てに行く必要はありません。むしろ〔設例2〕で見たように、債権譲渡が債権者の信用悪化と結びついたイメージで捉えられるため、Gとしては、製品の代金債権を譲渡したことを債務者Iに知られたくないという事情があります。そのため、対抗要件についての特別法が作られました。後に**4**で説明します。

　〔設例4〕は、**取立て**のための債権譲渡です。JがLに対して、Kに対する債権の取立てを依頼する際に、取立権限のみを授与する場合（**取立授権**）と、債権を信託的に譲渡する場合（**信託的譲渡**）とがあります。いずれの場合でも、取り立てられた目的物はJに引き渡され、事務処理の費用や報酬がLに支払われるのが一般です。後者は法律的に債権をLに移転するという点で、取立てという目的を超えるものですが、虚偽表示ではなく有効であるとされています（大判明治41・12・7民録14輯1268頁）。どちらにあたるか不明な場合は、判例によれば原則として取立授権と解されます（大判大正15・7・20民

集 5 巻636頁）が、通説は、善意者保護の要請から原則として信託的譲渡と解し、さらに、取立てのための債権譲渡であることを知らない善意・無過失の差押債権者・転得者に対しては、単純な債権譲渡と同じ効果を認めるべきものとしています。

2　債権の譲渡可能性

1　譲渡の自由とその制限

466条 1 項本文は「債権は、譲り渡すことができる」と規定して債権の譲渡可能性を明記しています。しかし 1 項ただし書で「その性質がこれを許さないときは、この限りでない」とするだけでなく、2 項において「前項の規定は、当事者が反対の意思を表示した場合には、適用しない」として、当事者の意思によって譲渡を制限することを認めています。明治 9 年の太政官布告では債権譲渡には債務者の承諾を必要としており、債権譲渡を認めるか否かは、法典論争において重要な争点になりました。現行民法典においては、譲渡の自由を原則としつつ、それまでの慣習に配慮して、合意による譲渡制限の余地をも認めたものです。ただ、第三者の権利を害する恐れがあるため、譲渡制限の合意は善意の第三者には対抗しえないものとしました（466条 2 項ただし書）。

2　債権の性質による譲渡制限

466条 1 項ただし書において、債権の性質が許さないときは譲渡できないものとされていますが、その例としては、主なものとして以下のような場合が考えられます。

①債権者が変わることによって権利行使の態様が変わる場合。貸借型の契約では、借主（債権者）がＡであれば適切な使い方をすることが期待できるが、Ｂであれば心配だということもあります。したがって、原則として使用借権・賃借権の譲渡はできませんが、貸主（債務者）が承諾すれば認めても差し支えありません（594条 2 項・612条 1 項）。労務を請求する使用者の権利も同様です（625条 1 項）。

②**債権者が変わることによって、給付内容が変わる場合**。ある人に「教授する」債務が例として挙げられます。教える義務というのは、相手がどのような人かに着目しており、相手が変わると「債権の目的」が変わってしまうため、その性質上、譲渡することができないと説明されます(梅謙次郎『民法要義巻之三債権編』207頁)。もっとも、この場合には債権の同一性が失われるのだから、そもそも債権譲渡自体が不可能であるという指摘があります(中田裕康『債権総論 新版』507頁)。

③**特定の債権者との間で決済されるべき債権**。交互計算(商529条)に組み入れられた債権がその例です(大判昭和11・3・11民集15巻320頁)。

なお、将来発生する債権([設例3]参照)や予約上の債権(売買一方の予約など)についても、かつて議論がありましたが、現在では譲渡可能なものと解されています。

3 法律規定による譲渡制限

金銭債権のように、性質上譲渡が不可能ではないものであっても、**法律が明文で譲渡を禁止している場合**があります。民法では、**扶養請求権**は処分することができないとして、譲渡を禁じています(881条)。親族関係に基づく一身専属権であり、要扶養者の生存を確保するためのものであることを理由としています。**生活保護を受ける権利**(生活保護法59条)、**国民年金受給権**(国民年金法24条)なども、権利者自身に給付されることが必要であるため、明文で譲渡が禁じられています。これらの権利は、差押えも禁じられています(生活保護法58条、国民年金法24条)。

民事執行法152条では、給料等の債権につき、4分の3に相当する部分については差押えを禁じていますが、これを債権者が自ら譲渡することは禁じられるのでしょうか。差押えの禁止は債権者の意思に基づかない処分を禁ずるに過ぎないのであるから、債権者が自ら譲渡することは必ずしも否定されていないとして、具体的な差押禁止債権の特殊性を考慮して決するべきであるとする見解がある(於保不二雄『債権総論〔新版〕』306頁)一方、差押えの禁止は債権者の生活保障に由来するものであるから、譲渡禁止と見るべきであるとする見解もあります(前田達明『口述債権総論第3版』401頁)。両見解とも、

差押えが禁じられていることから直ちに譲渡禁止を導くのではなく、差押禁止の趣旨を考慮する点では一致していると考えられます。

4　意思表示による譲渡制限

(1) 譲渡禁止特約　1で見たように、債権譲渡は「当事者が反対の意思を表示した場合」にはできないが、その意思表示は「善意の第三者に対抗することができない」とされています (466条2項)。設例で考えてみましょう。

> 〔設例5〕　ともに甲町に住んでいるAとBは、甲町の特産物を開発する相談をした結果、Aが商品乙を製造し、そのための設備投資の資金をBがAに貸し付けることとなった。消費貸借契約では返済期限を3年後としたが、商品乙が十分に売れなかったときには返済期限についてあらためて相談する必要があるため、BのAに対する債権は第三者に譲渡しない旨の特約を結んだ。ところが契約から2年後にBが死亡し、Bを相続したCは、Bの債権者Dに要求されて、この債権をDに譲渡した。

返済期限を定めた以上、その通りに弁済するのが当然であるとしても、〔設例5〕では、事情に応じた話し合いを可能にするため、AとBの結びつきを維持することに合理性があります。この場合、466条2項により、当事者、すなわち債権者Bと債務者Aとの特約により、譲渡を禁止することができます。ただ同項ただし書によると、Dがこの特約について善意であれば、譲渡禁止特約を対抗できません。したがって、AとBは、消費貸借契約書の中に、譲渡禁止特約を明記しておく必要があります。

もっとも、現在、譲渡禁止特約は、銀行預金や国・地方公共団体に対する請負人の工事請負代金債権などについて用いられることが多いとされています。譲渡に対応する事務手続が煩瑣になり、間違って債権者でない者に支払うことを回避すること、銀行の場合は、預金者に対する債権との相殺の可能性を確保すること等を目的とするものです。このように、強い立場にある債務者の利便のために用いられることが多いため、学説上、譲渡禁止特約を認めることに疑問を示す見解もあります。

譲渡禁止特約の効力については、これに違反してされた債権譲渡は無効で

あるという物権的効力説と、譲渡自体は有効であるが、債権者は譲渡しないという義務に違反したものであるから、債務者に対して義務違反の責任を負うという債権的効力説とが対立しています。物権的効力説によれば、譲受人が善意のときは、債務者は466条2項ただし書により、譲受人に対して無効を対抗できないと説明するのに対し、債権的効力説によれば、悪意の譲受人に対して抗弁権を有すると説明します。物権的効力説が通説とされ、判例も、この立場を前提としているようですが（最判昭和52・3・17民集31巻2号308頁参照）、債権の譲渡可能性を原則とすることを理由に、債権的効力説をとる見解も有力です。

（2）「善意」の意義　　例外的に当事者の意思で譲渡を禁止できるとはいえ、466条1項で、その性質が許さない場合を除いて債権の譲渡可能性が認められているのですから、第三者も譲渡が可能であることを前提に債権の譲受けや質権の設定を受けるのが通常です。したがって、譲渡禁止を知らない第三者を害さないために、善意の第三者には特約を対抗できないとしたものです。

　この場合、**第三者が善意であっても過失がある場合**にはどうでしょうか。学説では、第三者の信頼を保護する制度であることを理由に、過失のある第三者は保護されないとする見解と、債権の譲渡可能性の原則を重視して、悪意または重過失のある第三者でなければ保護されるとする見解とが対立しています。この点について判例は、466条2項の「文言上は第三者の過失の有無を問わないかのようであるが、重大な過失は悪意と同様に取り扱うべきものであるから」**重大な過失のある譲受人は債権を取得しえない**としています（最判昭和48・7・19民集27巻7号823頁、最判昭和62・11・24金法1179号37頁、最判平成9・6・5民集51巻5号2053頁）。

　　＊「重大な過失」の有無を判断するために、どのような事情が考慮されるでしょうか。昭和48年判決は、銀行預金債権について譲渡禁止特約があることは広く知られ、少なくとも銀行取引につき経験のある者にとっては周知の事実に属するとして、当該譲受人に重大な過失があったか否かを審理するために原判決を破棄、差し戻しました。これに対して昭和62年判決は、副業として金銭を貸し付けていたにすぎないタクシー運転手が「不渡異議申立預託金返還

請求権」の譲渡可能性の有無について疑問を抱かなかったとしても不思議ではないとして重大な過失を否定した原判決を維持したものです。また平成9年判決の事案では、金型製造委託契約に基づく売掛代金につき、譲受人の取引経験や金型製造委託契約の性質に鑑みて、譲渡可能性の有無について確認しなかった譲受人には重大な過失があるとした原判決を維持したものです。

なお、譲渡禁止特約のある債権を、**悪意の譲受人から譲り受けた者（転得者）が善意であるとき**は、債務者は特約を対抗することができません（大判昭和13・5・14民集17巻932頁）。**善意の譲受人からの転得者が悪意である場合**については、対抗を肯定する説と否定する説との対立があります。債権の譲渡可能性の原則と、善意の譲受人が当該債権を自由に処分できることを確保する必要から、対抗できないものと解するべきでしょう。

(3) 強制執行の可能性　〔設例5〕の場合、BのAに対する貸金債権には譲渡禁止特約が付されていますが、Bの債権者Eがこの債権を差し押さえ、転付命令によって取得することができるでしょうか。大審院は、差押債権者が転付命令取得時に善意であった場合にのみ転付命令は有効であるとしていましたが（大判大正4・4・1民録21輯422頁等）、最高裁はこれを改め、**転付命令については466条2項の適用はなく、譲渡禁止特約のある債権も、差押債権者の善意・悪意を問うことなく転付命令によって移転**が可能であると判示しました（最判昭和45・4・10民集24巻4号240頁）。私人がその意思表示によって強制執行のできない財産を創設することを認めるのは、差押えを禁ずる財産を制限的に特定している法の趣旨に反するというのが、その理由です。学説もこの判断を支持しています。

(4)　（譲渡禁止特約ある場合の）債務者の承諾　〔設例5〕の場合、債務者Aが譲渡を承諾したときはどう考えるべきでしょうか。**譲渡前に、債務者があらかじめ承諾をした場合には、譲渡は可能**です（最判昭和28・5・29民集7巻5号608頁参照）。当事者の意思による譲渡禁止ですから、当事者がその禁止を解けば（債権者は譲渡することによって、債務者はこれを承諾することによって）、原則通り譲渡が可能となります。

これに対して、**譲受人が悪意または重過失ある場合に、譲渡の後に債務者が承諾したとき**はどうでしょうか。とりわけ、**第三者に対して譲渡の効力を**

主張することができるか否かが問題となりますが、判例は、第三者が利害関係をもつ時点と承諾の時点の前後によって区別しています。

〔設例6〕 GはSに対して債権を有していたが、この債権には譲渡禁止特約が付されていた。にもかかわらず、GはAにこの債権を譲渡し、確定日付ある通知を行ったが、譲渡禁止特約につき、Aは悪意であった。その後、Sはこの債権のAへ譲渡を承諾したが、その承諾の後に、Gの債権者Bがこの債権を差し押さえ、転付命令を得た。

〔設例7〕 GはSに対して債権を有していたが、この債権には譲渡禁止特約が付されていた。にもかかわらず、GはAにこの債権を譲渡し、確定日付ある通知を行ったが、譲渡禁止特約につき、Aは悪意であった。その後、Bが滞納処分により、この債権を差し押さえた。Bの差押えの後、SはAへの債権譲渡を承諾した。

〔設例6〕は、**債務者の承諾の後に第三者が差し押さえた場合**です。このような事案において、最高裁は「譲渡禁止の特約のある指名債権をその譲受人が右特約の存在を知って譲り受けた場合でも、その後、債務者が右債権の譲渡について承諾を与えたときは、右債権譲渡は譲渡の時にさかのぼって有効となり、譲渡に際し債権者から債務者に対して確定日付のある譲渡通知がされている限り、債務者は、**右承諾以後において債権を差し押え転付命令を受けた第三者に対しても、右債権譲渡が有効であることをもって対抗することができる**」として、Aへの譲渡が優先するものとしました（前掲最判昭和52・3・17）。

これに対し、〔設例7〕は、**第三者の差押えの後に債務者が承諾した場合**です。このような事案において、最高裁は、譲渡後の債務者の承諾により、債権譲渡はさかのぼって有効となるが、「民法116条の法意に照らし、第三者の権利を害することはできない」として、「**承諾の前に滞納処分による差押えをしたBに対しては、債権譲渡の効力を主張することができない**」と判示しました（前掲最判平成9・6・5）。

③ 指名債権の譲渡と対抗

1 指名債権譲渡の成立要件

まず、設例を挙げてみましょう。

〔設例8〕売主Gは買主Sに対して、継続的に商品甲を供給している。2012年2月段階で、GはSに対して100万円の売掛代金債権を有していた。さらに、2012年4月から9月まで商品甲を供給し、10月には200万円の代金債権を取得する予定である。2012年3月20日、Gは自己の債権者Aに対して、現在Sに対して有する100万円の代金債権と、10月に取得予定の200万円の代金債権を譲渡した。

指名債権の譲渡は、**債権者（譲渡人）と譲受人との合意**によって成立します。ここではGとAの合意があればよく、債務者Sの同意は必要がありません。**将来発生する債権**も、債権の同一性が、債権の発生原因（G・S間の商品甲の供給契約）や期間（2012年4月から9月まで）の限定によって特定していれば譲渡することができ、また**発生前に対抗要件を具備することも可能**とされています。ただ、〔設例8〕で2012年4月以降の供給分について売買契約が解除されることによって200万円の代金債権が発生しなかった場合、また2012年3月10日に既発生の100万円の代金債権が弁済によって消滅していた場合など、**債権が発生しなかったときや、譲渡前に消滅していたときは、債権譲渡の効力は生じません**。

2 対抗要件──債務者に対する対抗と第三者に対する対抗

(a) 467条1項は、指名債権の譲渡は、**譲渡人による債務者への通知または債務者による承諾**がなければ「**債務者その他の第三者に対抗することができない**」と規定しています。これは、GとAの合意で債権譲渡がされたとしても、Gがこの債権をAに譲渡した旨をSに対して通知し、またはSがAへの譲渡を承諾していないならば、AはSに対して、自分に支払えと主張することができず（**債務者に対する対抗**）、またGの債権者Bが、Aへの譲渡後にこの債権を差し押さえた場合に、Aはすでに自分が譲り受けたことをBに主張

することができない（第三者に対する対抗）ことを意味しています。

さらに467条2項は、上記の通知・承諾は**「確定日付のある証書によってしなければ、債務者以外の第三者に対抗することができない」**と規定しています。GがSに通知をした場合であっても、それが確定日付のある証書、たとえば内容証明郵便によって行われず、単にファックスで行われたのみであるときには、Aは差押えを行ったBに対して、自分がすでに譲り受けたことを主張することができません。

（b）以上のように、467条の規定では、債務者に対する対抗と第三者に対する対抗とが定められています。それぞれについて、通知・承諾はどのような意味をもっているのでしょうか。

まず、**債務者に対する対抗**とは、**譲受人が債務者に対して自分が債権者であること**（したがって自分に履行すべきこと）**を主張できること**を意味します。1で見たように、債権譲渡自体は債権者（譲渡人）Gと譲受人Aとの合意のみですることができますから、債務者Sの知らないうちに債権者が変動することになります。これを当然に債務者に主張できるとすると、Sが譲渡を知らないままGに弁済した場合に、Sはあらためて Aに弁済しなければならず、**二重弁済を強いられる恐れ**があります。したがって、債務者が通知によって譲渡の事実を認識し、あるいは譲渡の事実を認識して承諾したのでなければ、譲受人は自分が債権者になったことを債務者に主張できないとしたものです。

次に、**第三者に対する対抗**とは、**当該債権に利害関係をもつ者**、たとえば**二重譲受人や差押債権者に対して、譲受人が、自分が債権者であることを主張できること**を意味します。この点では、不動産物権変動において登記を備える（177条）のと同じです。しかし債権譲渡の場合は、**譲渡の事実を認識した債務者がいわばインフォメーション・センターとなり**、この債権の譲受けや差押えをしようとする第三者は、それがすでに譲渡されていないかどうかを債務者に問い合わせることによって譲渡の有無を認識することになります。不動産登記事項証明書によって権利関係を確認できるのと比べ、十分なものとはいえませんが、通知・承諾はこのようにして公示方法としての機能を果たしています。

第三者に対する対抗のためには、通知・承諾に**確定日付ある証書**が必要とされますが、これは、**債権者と債務者が共謀して第三者を害することを、可能な限り防止することを目的とする**ものです。たとえば、債権者Gが債務者Sに対して債権を有していたが、3月20日に、Gの債権者Bによってこの債権が差し押さえられたとします。その場合、GがSと共謀して、3月10日にこの債権のAへの譲渡をSが承諾した旨の書類を、日付をさかのぼらせて作成し、Bの差押えを免れようとする恐れがあります。しかし公的機関の行う確定日付を偽造することはできませんから、上記の承諾を示す証書に確定日付を要求することによって、このような不正を防ぐことができます。ただ、**債権が二重に譲渡された場合、その優劣を決定するためには確定日付は十分ではありません**。この点については後述します。

3　債務者との関係——通知と承諾

（1）**通知**　　対抗要件としての効力を有するためには、**譲渡の通知は、債務者に対して譲渡人がすること**が必要です（467条1項）。通知を受ける債務者の側から見たとき、債権を失う譲渡人からの通知があれば、それが事実に合致していると信じてよいと考えられます。これに対して、譲受人からの通知があっただけでは、事実に合致しているとの確証はもてません。譲渡によって譲渡人は債権を失い、譲受人は債権を取得するところ、債権を得るという利益を受ける譲受人が譲渡の事実を主張するだけならば、それが事実に反しているのではないかと疑う余地が残りますが、**債権を失うという不利益を受ける譲渡人が譲渡の事実を通知するときは、嘘を言う理由**はないと考えられるからです。

　もっとも、譲渡人の作成した通知書を譲受人が持参するというように、**譲受人が譲渡人の使者ないし代理人として通知をする場合**もあります。しかし、譲受人が、譲渡人に対して、対抗要件を備えることを請求する譲渡契約上の権利を保全するために、**423条により譲渡人に代わって通知をすることはできません**（大判昭和5・10・10民集9巻948頁。但し、通知することは譲渡人の「権利」にあたらないことを理由としています）。不利益を受ける譲渡人自身が譲渡の事実を通知することによってこそ、通知に信憑性が具わるのですから、譲

渡人の意思にかかわらず、裁判外での行使が可能な債権者代位権によって通知がされても、その通知が事実に合致していると直ちには考えられないからです。

　通知は法律行為ではなく「観念の通知」ですが、意思表示の規定が類推適用され、**通知は、債務者に到達した時点で効力を生じます**（97条1項）。通知は譲渡と同時にしてもよく、また譲渡の後にしてもよいのですが、その効力は通知の到達時から発生し、譲渡時にさかのぼるものではありません。**譲渡される前に、事前の通知をしても、対抗要件としては無効**とされます。譲渡される予定であったとしても、それが本当に譲渡されるか、またいつ譲渡されるかが不明確であるときは、債務者が誰に弁済してよいかが確定せず、債務者に不利益が生ずるからです。これに対して、**将来発生する債権は、発生前に確定的に譲渡された以上、当該債権がまだ発生していなくても、通知・承諾によって対抗要件を具えることができます**（大判昭和9・12・28民集13巻2261頁）。債務者としては、発生した後に譲受人に弁済するべきことが確定しているのですから、債務者にとって不利益はなく、また第三者の問い合わせに対しても明確な答えが可能だからです。

　（2）承　諾　承諾は、譲渡人・譲受人のどちらに対してしてもよいと解されています。債務者自身が債権譲渡を認識・承諾した旨を明示するものですから、通知におけるような債務者の保護を考える必要はないからです。**債務者が譲渡を認識していたとしても、承諾した旨を表示しなければ対抗要件としての効力は生じません**。債務者における認識の有無という事実ではなく、法定の手続をとることが対抗要件として必要とされるのです。

　承諾は、通知と異なり、譲渡前にしても対抗要件として認められます。最高裁は「債権譲渡の目的たる債権及びその譲受人がいずれも特定している場合に、債務者が予めその譲渡に同意したときは、その後あらためて民法467条1項所定の通知又は承諾がなされなくても、当該債務者に対しては右債権譲渡をもって対抗し得る」と判示しています（前掲最判昭和28・5・29民集7巻5号608頁）。債務者にとって、債権の帰属関係が不明確となり、二重弁済等の不利益が生ずるおそれがないことを理由とします。

　それでは、**譲受人が特定されていない場合**はどうでしょうか。この点につ

いては学説の対立があります。対抗要件として認める見解は、債務者があえてそのような承諾をしたならば、債務者との関係では効力を否定する必要はないとします。これに対して、対抗要件として認めない見解は、債務者の承諾は確定日付ある証書によることで第三者対抗要件となり、債権の最終的帰属を確定する基礎となるものであるから、具体的に特定された譲受人に関するものでなければ十分でないと指摘します（潮見佳男『債権総論Ⅱ〔第3版〕』636頁。指名債権質権設定に関する最判昭和58・6・30民集37巻5号835頁も参照）。債務者との関係に限っても、譲受人の特定ができなければ、二重弁済等の不利益は否定できませんから、譲受人の特定（ないし特定可能であること）は必要であると考えます。

＊この点につき、「譲渡の相手方を特定していないでなす承諾は、譲渡禁止の特約を解除する承諾のみを意味し、対抗要件としての承諾の意味は含まれていないのが通常であると思われる」という指摘もあります（林良平ほか『債権総論〔第3版〕』500頁（髙木多喜男））。②4（4）で述べたところを参照してください。

4　通知・承諾の効力

(1) 債務者の立場　譲渡人からの通知・承諾は債務者に対する対抗要件ですから、**通知・承諾がない限り、債務者は譲受人から請求されても弁済を拒絶することができます**。債務者が譲渡の事実を知っていたとしても、それだけで譲受人が債務者に弁済を請求できるわけではありません。債権譲渡の対抗要件は、**2（b）**で見たように、債務者の認識を通じて具えられるのではありますが、法定の手続として、通知・承諾という外部から認識可能な行為によってされることが必要です。

なお、**債権が二重に譲渡された場合、譲受人相互間では確定日付ある通知・承諾によって優先関係が定まる**のですが（407条2項）、それによって優先する譲受人は、債務者との関係でも譲受けを対抗できますので、**債務者はその譲受人に弁済する必要**があります。少し設例を見てみましょう。

〔設例9〕GはSに対して代金債権を有している。3月3日、Gはこの債権をAに譲渡した上で、3月4日午前、譲渡した旨をファックスでSに通知し、その通知は同時にSに到達した。ところがGは債権者Bに強く要求されて、

3月4日午後に同じ債権をBに譲渡し、譲渡した旨を内容証明郵便でSに通知した。この通知は3月6日にSに到達した。

〔設例9〕の場合、BはSに対する関係でも唯一の債権者となり、SはBに弁済しなければなりません（大連判大正8・3・28民録25輯441頁）。しかし、この場合において、Sが3月5日にAに弁済したとします。Bへの譲渡の通知はまだ届いていませんが、**通知の効力が生ずるのは到達時**ですから（3(1)参照）、この時点では、Bは自分が譲受人であると主張することはできません。Aへの譲渡の通知はファックスによるものですが、この時点で譲受けを主張できるのはAのみですから、SのAへの弁済には問題がありません。**Bへの譲渡の通知が到達した3月6日になってはじめてBが譲受けを主張できるはずなのですが、この時点では目的債権はすでに消滅していますから、Bへの債権譲渡の効力は生じません**（大判昭和7・12・6民集11巻2414頁）。

これに対して、SがAに弁済しないまま、3月6日にBへの譲渡の通知を受け取ったとします。この段階では、SはAへの譲渡とBへの譲渡の両方を認識できますが、Aへの譲渡は確定日付ある証書によるものでなく、Bへの譲渡は確定日付ある証書によるものですから、Bが優先することになります。Aへの譲渡の通知が早く到達しているにもかかわらず、SはBに弁済しなければなりません。もしもSがAに弁済したらどうなるでしょうか。

〔設例10〕G会社はS会社に対して、運送代金債権を有していた。G会社はこの債権をAに譲渡し、6月28日に確定日付ある書面による通知がS会社に到達した。その後8月8日に、G会社とAとの譲渡契約が解除された旨の通知がS会社になされたが、それが誤解に基づくものであることが明らかとなり、9月1日、G会社はS会社に対し、上記解除を撤回する旨の通知を行った。11月1日、G会社の債権者Bがこの債権について差押・取立命令を取得し、各命令がS会社に送達された。S会社は、G会社の態度に不審の念を抱いていたこともあり、裁判所の判断に誤りはないだろうと考えてBに弁済した。

〔設例10〕のような事案において、最高裁は、467条2項所定の対抗要件を先に取得したAが債権者となり、債務者としてもAに弁済するべきである

としつつ、Bに対する弁済にも**債権の準占有者への弁済に関する478条の適用**があると判示しました。その上で、Aへの譲渡通知の方が早かったのであるから、S会社としては少なくともBに弁済するべきか否かにつき疑問を抱くべき事情があり、Bの得た命令が裁判所の発した命令であるという一事をもって、S会社に過失がなかったものとすることはできないと述べ、［S会社がBに弁済したことによってAの譲り受けた債権が消滅したとはいえないから］Aが破産債権を有することを認めました（最判昭和61・4・11民集40巻3号558頁）。478条の適用の余地はあるものの、債務者は、二重譲渡の場合の優先関係を定めるルールについて理解していることが求められます。

(2) 譲受人への抗弁の主張　債務者が**譲渡の通知を受けただけ**であれば、債務者は、「**その通知を受けるまでに譲渡人に対して生じた事由**」をもって**譲受人に対抗することができます**（468条2項）。しかし債務者が「**異議をとどめない**」**承諾**をしたときは、「譲渡人に対抗することができた事由」があったとしても、**これをもって譲受人に対抗することができません**（468条1項）。

（**a**）**譲渡通知を受けただけの場合**に、譲受人に対して、それまでに生じた事由をもって対抗することができるのは、債権譲渡は債務者の関与なくして行われるものですから、それによって債務者が主張できたはずのことが主張できなくなるのは適切ではないためです。たとえば、AがBに対して商品甲を売ってBに対する代金債権を取得したところ、Aの代金支払請求に対してBの側では商品甲を提供するまでは支払わないとして同時履行の抗弁を主張することができる場合を考えます。Aがこの代金債権をCに譲渡し、譲渡した旨をBに通知したことによってCが債権者となったとき、売買契約の当事者でないCに対して同時履行の抗弁権を主張できないとするならば、Aは自己の債務を履行しないまま、Cから代金相当額を回収し、Bは履行を受けられないまま代金を支払うことを強制されることになるからです。

このような場合が典型ですが、**目的債権の発生原因たる法律行為が無効であるため、債権が発生しなかった場合、あるいは取消しがされた場合**にも、債務者は譲受人にこれを対抗することができます。譲渡通知時に取消しがされていなくても、取消事由が存在すれば、通知後に取り消して、これを譲受

人に対抗することができます。ただ、**虚偽表示による無効**は善意の第三者に対抗することができませんから（94条2項）、譲受人が善意であれば、これを対抗することができず、また**詐欺による取消し**も同様です（96条3項）。

それでは、双務契約の場合に、**対価関係にある債務の不履行により、契約が解除された場合**はどうでしょうか。設例を見てください。

> 〔設例11〕請負人Gは、注文者Sと、建物甲を請負代金8000万円で建築する請負契約を締結し、契約締結時に3000万円、主要部分ができた時点で3000万円、建物の保存登記をした時点で2000万円の支払いを受ける旨の約定をした。工事が40％まで進んだ時点で、Gは完成時に支払われる予定の2000万円の請負代金債権をAに譲渡し、譲渡した旨をSに通知した。ところが工事が60％まで進んだ時点で、Gが倒産して残りの工事ができなくなったため、SはGとの請負契約を解除した。

〔設例11〕の場合、**譲渡通知がされた段階では、まだ契約が解除されていません。またGの債務不履行が生じたのは、譲渡通知がされた後ですから、解除の原因があったともいえない**ように思われます。Aが譲り受けた代金債権についてSに対して履行請求してきた場合、Sは解除を対抗することができるでしょうか。換言すれば、468条2項にいう「その通知を受けるまでに譲渡人に対して生じた事由」があるといえるでしょうか。最高裁は、468条1項が問題となった事例ですが、請負人の「報酬請求権が第三者に譲渡され対抗要件をそなえた後に請負人の仕事完成義務不履行が生じこれに基づき請負契約が解除された場合においても、**右債権譲渡前すでに反対給付義務が発生している以上、債権譲渡時すでに契約解除を生ずるに至るべき原因が存在していたものというべきである**」と述べています（最判昭和42・10・27民集21巻8号2161頁）。債務者の対抗を認める見解は、双務契約によって発生した債権の場合、債務不履行の一般的可能性があることから、抗弁事由発生の「基礎」があるという理解（奥田昌道『債権総論〔増補版〕』441頁）、あるいは「債権譲渡に関与しえない債務者が、債権譲渡によって、不利益を受けることはないという本条2項解釈の基本的観点」（林良平ほか『債権総論〔第3版〕』503頁〔高木多喜男〕）によって根拠づけられることになります。

＊これに対して、解除前に債権を譲り受けた者は、545条1項ただし書の「第三者」にあたるため、債務者は譲受人に解除を対抗することができないと解する見解があります（潮見佳男『債権総論〔第3版〕』635頁）。545条1項ただし書も、94条2項や96条3項と同じ趣旨に出たものであるという理由です。

なお、債権譲渡と相殺については、第18章4 4を参照してください。

(b) 債務者が「異議をとどめない」承諾をした場合、「譲渡人に対抗することができた事由」があったとしても、これをもって譲受人に対抗することができません（468条1項前段）から、譲受人に弁済しなければなりませんが、債務者が債務を消滅させるために譲渡人に払い渡したものがあるときは、これを取り戻すことができ、譲渡人に対して負担した債務があるときは、これを成立しないものとみなすことができます（468条1項後段）。

＊後者について、SがGに対して200万円を支払う債務を負担していたところ、この債務を消滅させる代わりにSがGに対して自己の所有する絵画甲を引き渡す債務を負担する旨の和解が成立した場合に、消滅したはずの200万円の債権をGがAに譲渡し、Sが異議をとどめない承諾をしたときは、SはAに200万円を支払わなければならないが、Gに対して絵画甲を引き渡す債務は消滅するという例が挙げられます。

債務者が、譲渡人に主張できた抗弁を譲受人に主張できなくなる理由として、最高裁は「債権譲受人の利益を保護し、一般債権取引の安全を保障するため」と説明しています（前掲最判昭和42・10・27参照）。これについて、債務者の異議をとどめない承諾に**「公信力」**を認めたものとする見解（我妻栄『新訂債権総論』537頁）がある一方、債務者が抗弁の存在を譲受人に示さなかったことを捉え、一種の**禁反言の法理**の表れとして抗弁喪失という不利益を債務者に課するものであるという見解もあります（潮見・前掲642頁、平井宜雄『債権総論第2版』143頁参照）。譲受人が債務者から異議をとどめない承諾を得て、その上で抗弁の存しないことを信頼して債権を譲り受ける場合もあるでしょうが、債権を譲り受けた後に債務者の承諾を得る場合もありえます。両方の側面があるにせよ、後者の理由が基本的なものであると考えます。

債務者が異議をとどめない承諾をした場合であっても、**譲受人が抗弁の原因について悪意の場合**には、債務者は抗弁を主張することができます。〔設

例11〕の事例で、Sが請負代金債権のAへの譲渡を異議をとどめずに承諾した場合につき、最高裁は、上記のように、抗弁の喪失は譲受人保護を目的とするものであるから「債務者が異議をとどめない承諾をしても、譲受人において右債権が未完成仕事部分に関する請負報酬請求権であることを知っていた場合には債務者は、譲受人に契約解除をもって対抗することができる」と述べています（前掲最判昭和42・10・27）。

＊異議をとどめない承諾に「公信力」を認める見解は、譲受人は「善意・無過失」であることが必要であるとします（我妻・前掲538頁）。これに対して、債務者の矛盾行為への評価を根拠とした上で、「善意」であれば足りるとする見解がある一方（平井・前掲143頁）、二次的にせよ信頼保護を主張するためには「善意・無過失」が必要であるとする見解もあります（潮見・前掲643頁）。また、「善意・無重過失」を要求する見解もあります（林ほか・前掲507頁）。

異議をとどめない承諾によって対抗できなくなるのは、「譲渡人に対抗することができた事由」（468条1項）です。昭和42年判決の事例は、債務者が異議をとどめない承諾をした時点では、解除されていないのみならず、債務不履行になってもいませんでしたが、(a)で見たように、「右債権譲渡前すでに反対給付義務が発生している以上、債権譲渡時すでに契約解除を生ずるに至るべき原因が存在していたものというべきである」と述べて、譲受人が善意ならば債務者は対抗できないものとしています。ただ、468条2項の「譲渡人に対して生じた事由」と比べると、1項はより狭い表現をとっており、この場合に「譲渡人に対抗することができた事由」があるといえるか否かには疑問の余地があります。承諾の時点で、譲渡人に対して解除を主張することはできなかったのですから、債務者としては、解除の可能性について異議をとどめた承諾をする余地もありません。したがって、譲受人の主観的事情のいかんにかかわらず、**承諾の時点で現実に譲渡人に対抗できた事由**（すなわちすでに解除したという事実）についてのみ、抗弁を喪失するものと考えます。

なお、**賭博によって生じた債権**については、債務者が異議をとどめずに譲渡を承諾しても、債務者は**公序良俗違反**による**無効**を譲受人に対抗することができます（最判平成9・11・11民集51巻10号4077頁）。賭博債権が満足されるこ

とを禁ずる要請は、債権譲受人の利益保護の要請を上回るためと説明されています。

(3) 異議なき承諾と抵当権の帰趨　すでに完済されたにもかかわらず債権が譲渡され、その譲渡について債務者が異議をとどめない承諾をしたときは、**譲受人との関係では債権が消滅しなかったものとして扱われますが、その債権のために抵当権が設定されていた場合**、抵当権はどうなるでしょうか。

〔設例12〕SはGに対して債務を負担し、自己の所有する不動産甲に抵当権を設定した。SはGに対し、債務の全額を弁済したが、抵当権設定登記を抹消しない間に、Gはこの抵当権付債権をAに譲渡し、Sはこの譲渡につき、異議をとどめずに承諾した。

この場合、SはAに対して、弁済による債権の消滅を対抗することができません。のみならず、**いったん消滅したはずの抵当権の消滅を主張することもできません**（大決昭和8・8・18民集12巻2105頁）。Aは抵当権付の債権として譲渡を受けたのですから、すでに債権が消滅していることを知らないのである限り（（2）参照）その信頼は保護される必要があり、異議なき承諾をしたSはそのリスクを負担するべきだからです。

これは、債務者と譲受人との間の問題ですが、**第三者との関係ではどうでしょうか**。第三者が、異議なき承諾の前に現れたか、後に現れたかで違ってきます。

〔設例13〕SはGに対して債務を負担し、その担保のために自己所有の不動産甲に抵当権を設定していた。BはSから不動産甲を買い、代金の一部によってSの債務をGに弁済した。ところが抵当権設定登記を抹消しない間に、Gはこの抵当権付債権をAに譲渡し、Sはこの譲渡につき、異議をとどめずに承諾した。

〔設例14〕SはGに対して債務を負担し、その担保のために自己所有の不動産甲に抵当権を設定していた。Sは債務全額をGに弁済した。ところが抵当権設定登記を抹消しない間に、Gはこの抵当権付債権をAに譲渡し、Sはこの譲渡につき、異議をとどめずに承諾した。その後で、（抵当権設定登記が残っている状態で）BはSから不動産甲を買った。

〔設例13〕は、異議なき承諾の前に第三取得者が現れた事例です。この場合には、いったん消滅した抵当権は復活せず、Bは抵当権の消滅を主張することができます（最判平成4・11・6判時1454号85頁）。抵当権は消滅し、登記も無効なのですから、Bは抵当権の消滅を主張することができるのですが、その利益をSの行為（異議なき承諾）によって奪われる理由はないからです。Aは抵当権付の債権として譲渡を受けたとしても、Sの異議なき承諾によって債権は取得しますが、無担保のものとして取得することになります。

〔設例14〕は、異議なき承諾の後に第三取得者が現れた事例です。異議なき承諾によって、SとAとの関係では抵当権が復活しています（〔設例12〕参照）。そして抵当権設定登記が残っている状態でBが不動産甲を買い受けたのですから、抵当権が存続しているものとして扱っても、Bの利益を害することはありません。したがって、Aは抵当権付の債権を取得することになります。

後順位抵当権者の場合も同様に、後順位抵当権の設定後に債務者が異議なき承諾をした場合には、被担保債権の弁済により消滅していた先順位抵当権は復活せず、後順位抵当権者は順位上昇の利益を受けることになり、債務者が異議なき承諾をした後に後順位抵当権が設定された場合には、先順位抵当権は復活します。それでは物上保証人に対する関係ではどうでしょうか。

〔設例15〕SはGに対して債務を負担し、その担保のために、Bが自己所有の不動産乙に抵当権を設定した。Sは債務全額をGに弁済したが、抵当権設定登記を抹消しない間に、Gは消滅したはずの債権をAに譲渡し、Sはこれについて異議をとどめずに承諾した。

この場合は、Sの行為によってBが不利益を受ける理由のないことは〔設例13〕の場合と同じですから、Bは抵当権の消滅を主張することができ、Aは無担保債権を取得することになります。

5 第三者との関係——確定日付ある証書による通知・承諾

譲受人が、債務者以外の第三者、たとえば二重譲受人や差押債権者に対して自己への譲渡を対抗するためには、確定日付ある証書によって通知又は承諾がされる必要があります（467条2項）。確定日付ある証書とは、公正証書

(民施5条1項1号)や内容証明郵便(同6号)のように、後になって日付を変更することができない証書です。

(1) 優劣決定の原則 2(b)で見たように、第三者対抗要件として確定日付ある証書を要求するのは、証書の日付をさかのぼらせて第三者を害することを防ぐためですが、複数の譲受人等相互の優劣は、単純に日付の前後で決するのではありません。設例で見てみましょう。

〔設例16〕 GはSに対する債権をAに譲渡し、2月13日の受付印の押された内容証明郵便でSに対して通知した。この通知は2月15日にSのもとに到達した。他方、GはこのDebtをBに二重に譲渡し、2月14日の受付印の押された内容証明郵便でSに対して通知した。この通知は2月14日にSのもとに到達した。

〔設例16〕の場合、確定日付はAの方が先ですが、証書が到達したのはBの方が先です。このような場合について、判例は、確定日付の先後ではなく、確定日付ある通知の到達または確定日付ある承諾の先後で決するべきものとしています(最判昭和49・3・7民集28巻2号174頁)。これは、2(b)で見たように、債権譲渡の公示は、債務者をいわばインフォメーション・センターとして行われるため、債務者の認識が早いものが優先するという理由です。

(2) 同時到達の場合 それでは、〔設例16〕において、Aへの譲渡通知とBへの譲渡通知がともに2月15日の同時刻に到達した場合はどうでしょうか。その場合も、確定日付の先後ではなく、通知の到達の先後で決めますから、両者は同順位であり、AはBに対して、またBはAに対して、それぞれ自分が優先することを主張することはできません。その場合、債務者Sは、AまたはBが弁済を請求してきた場合に、これを拒否することができるでしょうか。最高裁は「各譲受人は、第二債務者〔S〕に対しそれぞれの譲受債権についてその全額の弁済を請求することができ、譲受人の1人から弁済の請求を受けた第三債務者は、……単に同順位の譲受人が他に存在することを理由として弁済の責めを免れることはできない」と判示しています(最判昭和55・1・11民集34巻1号42頁)。したがって、Sは請求してきたAまたはBに弁済すれば、免責されることになります。

＊同時に到達したA・Bの通知が、いずれも確定日付を具えていなかった場合はどうでしょうか。A・Bが互いに自己の優先を主張できない点では同じですから、本文の場合と同じように処理してよいと考えます。

(3) 到達時の先後が不明の場合　A・Bの通知が同時に到達した場合は、両者が同順位であることが明らかですから、昭和55年判決の準則に従って、Sはどちらに弁済してもよいのですが、**到達時の先後が不明の場合**はどうでしょうか。Sから見れば、うっかり一方に弁済すると、実は他方の到達時が先であった場合に二重払いを強いられることになりますから、債権者不確知を理由に供託をします (494条後段)。そうすると、A・Bは、どちらが供託金の還付を請求することができるかを争うことになります。

このような場合について、最高裁は、「到達の先後関係が不明であるために、その相互間の優劣を決することができない場合には、**右各通知は同時に第三債務者に到達したものとして取り扱うのが相当である**」と述べた上で、**AとBは公平の原則に照らし、それぞれの債権額に応じて供託金額を按分した額で供託金還付請求権を分割取得する**ものとしました (最判平成5・3・30民集47巻4号3334頁)。

＊到達時の先後不明の場合を同時到達の場合と同様に扱うときには、昭和55年判決の準則に従えば、どちらかに弁済すればよいのですから、債権者不確知とはいえず、供託はできないのではないかという疑問が生じます。しかし、供託実務では、到達時の先後不明の場合について、供託を受理してよいとされています (平成5・5・18民43814号法務局民事行政部長・地方法務局長あて民事局第4課長通知)。

(4) 一方に支払われた場合の処理　昭和55年判決の準則では、同時到達の場合、債務者Sは、たとえばAから請求された場合、弁済を拒絶することができません。**SがこれにAに応じて弁済した場合、Bは弁済された債権額のうち自己の按分額を支払うよう、Aに請求することができるでしょうか**。平成5年判決のいう「公平の原則」によれば、請求できるとしてよいようにも考えられます。

この点につき、一方では、**Bの請求を肯定する見解**があります。その理由としては、特に、譲渡通知の同時到達という事態を生じるのは、譲渡人Gが

倒産の状況にある場合が多く、債権者の公平をはかるという観点から、BのAに対する分配請求を認めるべきであると説明されます。

　他方、Bの分配請求を法的に根拠づけることが困難であることから、**これを否定する見解**があります。AはSに対して有する債権の弁済を受けたのであって、不当利得にいう「法律上の原因」(703条)のある受益ですから、これを奪われる理由はありません。

　難しい問題ですが、Aが分配請求に応じなければならないとすると、Bへの譲渡が本当にされたかどうか、また譲渡された金額はどうかという事実を、私人であるAが判断しなければなりません。破産手続であれば、そのコストや間違った場合のリスクは公的な手続に組み込まれていますが、それを私人が負うのは適切ではありません。同時到達の場合の分配手続がない以上、分配請求は認められないと考えます（中田裕康『債権総論新版』534頁参照）。

④　将来債権の譲渡

（1）将来債権譲渡の有効性

もう一度〔設例3〕を見てください。GはHから購入した製造機械の代金債務（5000万円）の支払いを確保するために、製品の売却先であるIに対して取得する予定の売買代金債権を、翌月から3年分についてHに譲渡したものです。③3（1）で見たように、大審院時代から将来発生する債権の譲渡は認められ、当該債権が発生する前に対抗要件を具えることができるとされていますが、**個々の将来債権ではなく、このように、自らの事業から生ずる将来債権を包括的に譲渡することができるかどうか**はひとつの問題です。

　まず、将来債権の譲渡であるがゆえの問題として、**債権発生の確実性**が問題とされます。契約が有効であるためには、その対象が確実に存在することが必要であるという契約の一般原則によるものです。次に、将来債権の包括的な譲渡は、〔設例3〕のように債権担保の目的で行われることが一般です。その際、第一に、**担保のためにされる譲渡の目的財産が特定可能でなければならない**という要請があります。特定の債権者のために担保とされる財産と、一般財産としてすべての債権者のための引当てとなる財産とが区別され

なければならないからです。第二に、**債務者の活動から生ずる債権の全部または大部分を担保のために譲渡することは、債務者を不当に拘束することになるのではないか**という問題があります。将来にわたって自己の活動による収益の大部分が他人に属することは、事実上の奴隷状態を意味することになりうるからです。

　最高裁はかつて、社会保険の支払担当機関に対して医師が将来請求することのできる診療報酬債権の譲渡につき、現在すでに債権の発生原因が確定し、その発生を確実に予測することができるものであれば、始期と終期を特定してその権利の範囲を確定することによって、これを有効に譲渡することができるとしました（最判昭和53・12・15判時916号25頁）。これは約1年分の債権が譲渡された事案であったため、**比較的短い期間の将来債権であれば有効に譲渡できる**と受け取られてきましたが、後に最高裁は次のように述べて、譲渡の可能性を広く認めました。すなわち、**契約当事者は、譲渡の目的である債権の発生可能性の程度を考慮した上で契約を締結するものであるから、契約締結時に目的債権の発生可能性が低かったことは契約の効力を左右するものではない**。但し「将来の一定期間内に発生すべき債権を目的とする債権譲渡契約について、右期間の長さ等の契約内容が譲渡人の営業活動等に対して社会通念に照らし相当とされる範囲を著しく逸脱する制限を加え、又は他の債権者に不当な不利益を与えるものであると見られるなどの特段の事情の認められる場合には、右契約は公序良俗に反するなどとして、その効力の全部又は一部が否定されることがある」と（最判平成11・1・29民集53巻1号151頁）。

　＊なお、担保のための将来債権譲渡では、譲渡人の信用状態が悪化しない間は譲渡人が取り立てることを認め、その信用状態が悪化した時点で譲渡人の取立てを否定する旨の約定をすることがあります。譲渡人の信用状態が悪化した時点で予約を完結する（その時点から譲受人が取り立てることができる）旨の債権譲渡の予約は、譲渡人の経営を過度に拘束し、あるいは他の債権者を不当に害するものとはいえず、公序良俗に反するものではないとした例があります（最判平成12・4・21民集54巻4号1562頁）。またこの判決では、譲渡の目的である債権も、予約完結時において識別できる程度に特定されていればよいとしています。

(2) 対抗要件の具備——通知・承諾　将来債権の譲渡についても、**467条所定の対抗要件**を具えることができます。ただ、将来発生する多くの債権を譲渡担保の目的とする場合において、**譲渡人（債務者）の信用状態が悪化するまでは、債務者（第三債務者）に対して譲受人（債権者）からの取立てをせず、譲渡人が弁済を受けることを認めることとしている場合、いつの時点で第三者対抗要件としての通知・承諾が必要とされるか**が問題となりました。設例を使って説明します。

> 〔設例17〕GはSに対して継続的に商品を売り、随時、代金債権の取得とその回収を繰り返していた。GはAに対する債務の担保のため、将来Sに対して取得する代金債権を一括して譲渡担保とし、Sに対して次のような通知を、確定日付ある書面によって行った。すなわち「今後3年間に発生するGの代金債権を譲渡担保のためにAに一括譲渡しました。Aが貴殿に対して譲渡担保権実行通知を行ったときは、弁済をAにしてください」というものである。その後、Gの信用状態が悪化した時点で、AはSに対して譲渡担保権実行通知を行ったが、Gの別の債権者BがSに対する代金債権を差し押さえた。

〔設例17〕の場合、GのSに対する通知により、AはBに対抗できるでしょうか。仮に、Gが取り立てることができる間はまだ債権はAに移転せず、実行通知によりAが取り立てることができる時点ではじめてAに移転すると考えるならば、Gの通知は譲渡以前に行われたものとして、対抗要件としては効力を生じないことになります（**3** 3 (1) 参照）。そしてAの実行通知は譲受人からされたものですから、これを譲渡通知と見ることもできません。しかし最高裁は、この場合、**将来生ずるべき債権はAに確定的に譲渡されており、ただ、GA間で、Aに帰属した債権の一部についてGに取立権限を付与し、取り立てた金銭をAに引き渡すことを要しないという合意**が付加されているものとしました（最判平成13・11・22民集55巻6号1056頁）。したがって、**上記の譲渡通知は、債権の移転後に行われたものとして、対抗要件の効力を有します**。

これに対して、**譲渡の予約という方法**をとると、結果が異なってきます。

〔設例18〕　GはSゴルフ場の会員であり、退会の際には預託金返還請求権を取得する地位にある。Gの債権者Aは、債権担保のため、Gに不履行があったときには、AはGに予約完結の意思表示をしてこのゴルフ会員権譲渡の本契約を成立させることができる旨の予約をGとの間で締結し、Sは確定日付ある証書により、この譲渡予約を承諾した。Gの不履行後、AはGに対して予約完結の意思表示をしたが、会員権の譲渡についてSへの通知・Sの承諾はされていない。その後、Gの債権者Bがこの会員権を差し押さえた。

〔設例18〕の場合、AはBに対して、会員権の譲受けを対抗できるでしょうか。GA間の譲渡予約については、Sの確定日付ある証書による承諾がありますが、最高裁は「債務者は、これによって予約完結権の行使により当該債権の帰属が将来変更される可能性を了知するに止まり、当該債権の帰属に変更が生じた事実を認識するものではない」という理由で、これによって債権譲渡の対抗要件とすることはできないとしました（最判平成13・11・27民集55巻6号1090頁）。債権担保という経済的目的は共通ですが、〔設例17〕の場合には、**取立てに関する特約があるものの、債権はAに確定的に移転**していますが、〔設例18〕の場合には、**債権が移転されるか否かが確定していない点**に違いがあります。

（3）特別法による対抗要件の具備　467条所定の対抗要件は、前述のように債務者をインフォメーション・センターとするものですが、特に〔設例3〕のように、一定範囲の複数の将来債権を担保のために譲渡する場合（集合債権譲渡担保）においては、そのような方法では具合の悪いことが生じます。

これまで、債権譲渡は譲渡人の信用状態が悪化した場面で行われることが稀ではなく、**債務者に債権譲渡の通知をすることによって、譲渡人の信用状態についての疑念を招く恐れ**がありました。また〔設例17〕で見たように、**譲渡人の信用状態が悪化しないうちは、譲渡人が取り立てて自己のものとすることを認めるのですから、譲渡すなわち譲渡担保の設定時点から債務者に譲渡の事実を知らせる必要はありません**。また、債権額の小さい債権で、かつ債務者が多数にのぼる場合、たとえば賃貸マンションの賃料を一括して譲

渡担保の目的とする場合などでは、各債務者に対して通知を行う手間と費用は、債権額に比べて大きなものとなり、採算上の問題が出てくる恐れもあります。

そこで、債務者に対する対抗要件と第三者に対する対抗要件とを分離し、債務者の認識ではなく、登記によって債権譲渡を公示する制度が設けられました。すなわち「動産及び債権の譲渡の対抗要件に関する民法の特例等に関する法律」(動産・債権譲渡特例法) であり、これは将来債権の譲渡や債権譲渡担保に適用が限定されるものではなく、個別的な債権譲渡や債権質権についても使うことができますが、**特に集合債権譲渡担保の場合に利便性を発揮する制度**です。

＊動産・債権譲渡特例法は、1998年に制定された「債権譲渡の対抗要件に関する民法の特例等に関する法律」を2004年に改正したものです。

この法律は、法人が行う動産・債権譲渡に適用され (同法1条)、法人が債権譲渡をした場合において、当該債権の譲渡について債権譲渡登記ファイルに譲渡の登記がされたときは、当該債権の債務者以外の第三者については、民法467条の規定による確定日付のある証書による通知があったものとみなされます (同法4条1項)。この段階では、債務者は債権譲渡があったことを認識していませんから、もとの債権者 (譲渡人) に弁済するべきことは当然です。もっぱら第三者間で、二重譲渡や差押えがあった場合に、譲受人は登記の時点で譲渡を受けたことを対抗できるのです。そして譲受人が債務者にも対抗する (債務者に対して、自己に支払うよう主張する) ためには、債権が譲渡されていることを示す登記事項証明書を債務者に交付して通知をすること (または債務者が承諾すること) が必要です (同法4条2項)。この通知は、譲渡人が行っても、譲受人が行ってもよいとされています (同法4条2項)。公的な証明書であり、内容の真実性が確保されているからです。

なお、同法による登記のほかに、民法467条による確定日付ある証書による通知・承諾も、債権譲渡の対抗要件としての意味をもちます。

〔設例19〕Sに対するGの債権をAが譲り受け、債権譲渡登記（3月1日付）

によって対抗要件を具備した。その後、Bが同じ債権を譲り受け、Gのした確定日付ある証書による通知は、3月15日にSに到達した。

　債権譲渡登記と確定日付ある証書による通知とが競合したときは、その優劣は、Aへの債権譲渡登記がされた時とBへの譲渡に関する確定日付ある通知がSに到達した時との先後によって決せられることになります。〔設例19〕では前者が後者よりも先ですから、AとBとの関係ではAが優先します。しかし債務者Sにとっては、誰に弁済するかについては、通知がなければわかりません。もしも15日以後、Aへの債権譲渡についての登記事項証明書が届いていないならば、SはBに支払えば免責されます（AはBに対して不当利得返還請求をすることになります）。しかしこれも届いたならば、登記事項証明書を見れば登記の日付によりAへの譲渡が優先することがわかりますから、SはAに支払わなければ免責されません（中田裕康『債権総論新版』549頁参照）。

5　証券的債権の譲渡

1　債権と証券の結びつき

　指名債権の場合、債権そのものは目に見えないため、債務者の認識を介さないと当該債権が誰に属しているかがわからないという困難がありました。そこで、譲渡されることを予定している債権であれば、その債権を証券に結びつけ、債権者が債権の譲渡をするためには証券の交付をすればよく、債務者は証券を所持している者に弁済すればよいとすることができれば便利です。このような、証券と結びついた債権について、民法では469条〜473条で規定しています。

　債権と証券の結びつきについては、商法上、有価証券の制度が発達しています。有価証券とは、財産的価値のある私権を表わす証券であって、権利の移転に証券を必要とするもの、というように定義するのが比較的多数の見解ですが、権利の移転だけでなく、権利の行使についても証券を必要とするものとする見解もあります。いずれにせよ、民法上の証券的債権である指図債

権では証券の裏書・交付が譲渡の対抗要件にとどまるのに対し、有価証券では、証券の裏書・交付は譲渡の効力要件であるという点に違いがあります。

　もっとも、民法上の証券的債権は、無記名債権を除いてほとんど用いられないのが現状ですから、ここでは民法の各条文が、どのような考え方のもとに、どのような内容を規定しているかを確かめておくことにとどめます。

＊有価証券は、記名証券、指図証券、無記名証券に分かれます。記名証券は、証券上に特定人が記名され、その者のみが権利者とされるものです。記名式の社債券、裏書禁止手形がその典型で、権利の移転は民法上の指名債権譲渡の方法で行われます。指図証券は、裏書によって権利を譲渡することができる証券です。手形、小切手、貨物引換証・倉荷証券は、記名式のものであっても、指図禁止文句が記載されていない限り指図証券となります。無記名証券は、証券上に権利者を指定することなく証券の正当所持人を権利者とするもので、譲渡は証券の交付によって行われます。株券はこれにあたります（森本滋『会社法・商行為法・手形法講義』332頁）。

＊＊なお、ホテルのクロークで預り証と引き換えに携帯品を預かった場合、その預り証を持参した者にその携帯品を返還すれば、たとえ所有者ではない者に渡してしまったとしても、ホテル側は免責されます。このようなものを「免責証券」といいますが、これは単なる証拠資料であって、債権が証券に化体したものではありません。すなわち、預り証の交付によってその携帯品の返還請求権が譲渡されることが予定されているわけでもなく、また預り証以外の方法で返還請求権を証明して返還を請求することもできます。

2　指図債権譲渡の対抗要件

指図債権とは、**証書に指定した債権者またはその債権者が指図した者に対して弁済するべき旨を定めた債権**をいいます。その例としては、つぎのようなものが挙げられています（梅謙次郎『民法要義巻之三債権編』219頁）。

証

　米　　　　百石也
　右何時ニテモ貴殿若クハ貴殿ノ指図人ニ御引渡可申候也
　　　年月日

A

　B殿

これは、BがAに対して米100石の引渡しを請求することのできる債権を証券上に表したもので、Aは、BまたはBの指図する人に対して米を引き渡すべき債務を負担します。

もしBが、この債権（米100石の引渡請求権）をCに譲渡し、Aに対して、Cに引き渡すよう指図するためには、「その証書に譲渡の裏書をして譲受人に交付」することが必要であり、そうしなければ「債務者その他の第三者に対抗することができない」ものとされています（469条）。すなわち、「裏書」と「交付」が譲渡についての対抗要件であり、ＢＣで譲渡の合意をした場合には、ＢＣ間では譲渡の効力が生じますが、「裏書」「交付」がなければ、CはAに対して引渡しを請求することができません。

裏書とは、次のような記載です（梅・前掲220頁）。

　　表面ノ米Ｃ殿又ハ其指図人へ御引渡可被成候也
　　年月日
　　　　　　　　　　　　　　　　　　　　Ｂ

CがさらにDに譲渡するときは、Bの裏書に続けて同様の裏書をした上で、この証書をDに交付する必要があります。債務者Aであれ、他の第三者であれ、Dがこの証書を所持し、かつ裏書によってDに引き渡すよう指図してあれば、誰が債権者であるかを客観的な事実をもって確認することができますから、指名債権の場合のような二重譲渡等の問題は生じません。

3　債務者の地位①——債権者でない者への弁済

しかし、債務者のもとに証書を持参し、弁済を求める者が、実は債権者ではないという場合もありえます。通常の債権の場合、債務者の免責のためには、債権の準占有者に対する弁済（478条）・受取証書の持参人に対する弁済（480条）の規定により、弁済者の善意・無過失が必要とされますが、指図債権の場合には、債務者は「その証書の所持人並びにその署名及び押印の真偽を調査する権利を有するが、その義務を負わない」（470条）とされています。

債権を証券化することには、流通を容易にするという狙いがあり、証書を持って弁済を請求した者が真の債権者であるか否かについて、調査をしなくても債務者は免責されます。しかし多少の疑問を抱いたときには、債務者は

調査をする権利があり、合理的な疑いがあって調査をするために請求者を待たせたとしても、債務不履行にはなりません。ただ、「債務者に悪意又は重大な過失があるときは、その弁済は無効とする」(470条ただし書)とされますから、請求者が真の債権者ではないことを知っていた場合、知らないことについて重過失があった場合には、真の債権者に対して弁済を対抗することはできません。

＊知らないことについて重過失がある場合とは、たとえばCがDに引き渡すよう指示した裏書の後に、EがFに引き渡すよう指示した裏書があるような場合に、裏書が連続していないことを見落としたとき、あるいは、非常に多額の金銭を支払うよう指図した証書を、それに相応しくない様子の人が持参したような場合が挙げられています（梅・前掲223頁）。

なお、470条は記名式所持人払債権、すなわち「債権に関する証書に債権者を指名する記載がされているが、その証書の所持人に弁済をすべき旨が付記されている場合」に準用されます（471条）。このような記載は「送金手形、政府ノ支払命令等」に多いとされ、債権者の名は記されているが、その代理人によって弁済を受けさせる場合に、弁済を請求する者に代理権があるかどうかが明らかでないとき、証書の持参人に代理権があるものとみなして、持参人に弁済をすれば債務者は免責されるというものです（梅・前掲224頁）。

このような場合にも、債務者には、調査の権利はあるが義務はないことになります。

4　債務者の地位②——抗弁の制限

指名債権の譲渡の場合、単に譲渡の通知を受けたにとどまる場合には、債務者は、その通知を受けるまでに譲渡人に対して生じた事由をもって、譲受人に対抗することができます（468条2項）。しかし指図債権の譲渡の場合には、債務者は「その証書に記載した事項及びその証書の性質から当然に生ずる結果を除き、その指図債権の譲渡前の債権者に対抗することができた事由をもって善意の譲受人に対抗することができない」とされています（472条）。

たとえば、AがBに対して、輸入した商品甲を「BまたはBが指図した者」に引き渡す旨の債務を負担し、その際に、輸入の際にかかった運賃等を

Bが支払うのと引換えに商品甲を引き渡す旨の特約をしたとします。しかし、その特約を証書に記載しておかないと、この債権をBがCに譲渡した場合に、Cがその特約について善意であれば、Aは運賃等の支払いをCに請求することができません（梅・前掲226〜227頁参照）。債権の流通を保護するのが指図債権の趣旨ですから、譲受人が証書の記載だけに注意を払えばよいこととする必要があるためです。

なお、472条は無記名債権に準用されます（473条）。**無記名債権**とは、**債権者を特定せず、証券の正当な所持人に弁済するべき債権**です。乗車券やイベントの入場券、商品券などがこれにあたります。472条の準用として、鉄道会社が汽車賃を受け取らずに切符をBに渡したところ、Bからこれを譲り受けたCは、汽車賃を鉄道会社に支払うことなく乗車を求めることができるという例が挙げられています（梅・前掲229頁）。

なお、**無記名債権は動産とみなされますので**（86条3項）、**引渡しが対抗要件となり**（178条）、**また即時取得が認められます**（192条）。ただ、証券に債権者が示されず、裏書をすることなく交付のみによって譲渡されるものですから、指図債権よりも流通性があり、むしろ有価証券の法理に従うべきであるという見解も主張されています（前田達明『口述債権総論第3版』422頁）。

6 債務引受・契約上の地位の移転

1 債務引受の意義

債務引受とは、**債務の同一性を変えることなく、契約によって債務が移転する（すなわち債務者が代わる）**ことをいいます。相続や合併の場合は、債務が帰属する主体そのものに変動がある場合ですから、ある主体から別の主体に債務が移転する債務引受とは異なります。債務引受は、たとえば次のような場合に問題になります。

〔設例20〕 Sは以前にG銀行から住宅ローンの融資を受けて、住宅甲を購入した。ところがSは仕事の関係で引っ越すため、住宅甲をAに譲渡することになった。住宅甲の現在の時価は3000万円であるが、住宅ローンはまだ2000万円残り、そのための抵当権も設定されている。Aは現金で3000万円

用意することはできないので、AとSは、Aが1000万円をSに支払い、ローンの残額をGに支払うという内容の契約を結んだ。

この場合、AがSの住宅ローンの債務残額2000万円を支払うというのですから、SのGに対する債務がAに移転することになり、AによるSの債務の引受がされたことになります。ただ、債権譲渡の場合は、債務者の意思にかかわりなく譲渡人と譲受人の契約だけで債権の譲渡が可能であり、債務者に対しては、その譲渡が対抗できるか否かが問題になるだけでした。しかし債務引受の場合、債権者Gにしてみれば、Sの資産や収入を審査して融資をしたのですから、SとAの契約だけで債務の移転を認めることはできません。そこで、**Gが契約の当事者となり、あるいはS・A間の契約の結果を承諾することによってはじめて、債務引受が可能になります**。その場合、Sが完全に債務を免れ、Aだけが債務を負担する場合を「**免責的債務引受**」、引き続きSが債務を負担するとともに、Aが同じ債務を負担する場合を「**併存的（重畳的）債務引受**」と呼びます。

＊債務引受は、債務の内容が第三者によって履行可能なものでなければなりません。したがって、「なす債務」については、一般的に、債務引受ができないと考えられます。

＊＊〔設例20〕の場合に、SとAの契約で、債務は引き続きSが負うが、ローンの残額をAがGに支払うという契約をすることも考えられます。これを「**履行引受**」といい、債務の主体は代わらず、AがSの債務を代わって弁済する（第三者弁済）義務を、Sに対して負担するというものです。債務を負うのはSですから、Aが約束通りに弁済しなかったときは、GはAに対してではなく、Sに対して請求するのであり、SがAに対して、Gに支払うよう請求することになります。

2　免責的債務引受

免責的債務引受を、**債務者・引受人・債権者の三者の合意**（三面契約）ですることができることには異論がありません。また、**債権者と引受人との合意**ですることも可能だと考えられます。ただ、この点については、第三者弁済に関する474条とのバランスを考えて、債務者の意思に反しない限りで有効であるとする見解もありますが（我妻栄『新訂債権総論』567頁）、引受人が債

務を引き受ける一方、債権者が債務者に対して債務の免除をすれば免責的債務引受を実現することができるのであるから、債務者の意思を問題にする必要はないとする見解もあります（前田達明『口述債権総論第3版』425頁）。債務者と引受人だけでなく、債権者の承認が必要であることは異論のないところであり、最高裁はこれを「三者間の合意」として、債権者が「債務引受契約の当事者」となったものと理解していますが（最判昭和37・7・20民集16巻8号1605頁）、学説では、無権代理に関する113条・114条を類推して、債権者が「追認」をするものであると解する見解（柚木馨＝高木多喜男『判例債権法総論〔補訂版〕』392頁）が有力です。

免責的債務引受により、債務者が債務を免れ、引受人が旧債務者の債務を負担することになりますが、債務の同一性を変えるものではありませんから、**引受当時に旧債務者が有していた抗弁権も引受人に移転します**。しかし、**債務発生原因である契約の取消権や解除権は、引受人に移転しません**。移転するのは債務だけであって、契約上の地位が移転したわけではないからです。

担保権はどうでしょうか。**第三者（物上保証人）の財産上に設定された質権や抵当権は、その第三者の同意がなければ消滅します**（前掲最判昭和37・7・20）。物上保証人とすれば、旧債務者との関係や信用状況を考慮して担保を提供したのであって、債務者が代わればその前提が変わってしまうからです。**旧債務者の財産上に設定された場合**については、債務の帰属者、責任財産の変更によって不利益を受ける恐れはないから、存続するとする見解（林良平ほか『債権総論〔第3版〕』541頁〔高木多喜男〕）と、設定者（旧債務者）が当事者として免責的債務引受に関与した場合には存続するが、設定者（旧債務者）が関与しなかった場合には、債権者は債務者を除いて契約したことのリスクを負うべきであり、質権・抵当権は消滅するとする見解（潮見佳男『債権総論Ⅱ〔第3版〕』686頁）が主張されています。なお後者の見解に対して、前者の見解からは、債務者の意思に反しないことが引受契約の有効要件であるという見解をとれば、その段階で債務者の意思は尊重され、またこの見解をとらない場合でも、旧債務者は第三者弁済をすることによって、引受人が弁済後に旧債務者に求償権を取得することによる不都合を避けることができるとい

う反論がされています（林ほか・前掲541～542頁）。

3　併存的債務引受

　併存的債務引受も、**債務者・引受人・債権者の三者の合意**ですることができ、また、**債権者と引受人との合意**ですることも可能です。併存的債務引受の場合には、債務者の債務が存続した上で、引受人が同内容の債務を負担するのですから、保証の場合と類似した関係になります。したがって、**債務者の意思に反しても引受をすることができる**と考えられます（462条2項参照）。また、もとの債務者も引き続き債務を負担するのですから、債務者と引受人の契約で、**債権者の承諾なしに引受をすることもできます**。ただ、この場合には第三者のためにする契約となり、第三者である債権者が受益の意思表示をすることによって（537条2項）、債権者の引受人に対する権利が生じます。受益の意思表示は、債権者が引受人に対して権利行使をした時に認めることができます（我妻・前掲574頁）。

　引受当時に債務者が有していた抗弁権も引受人に移転すること、契約の取消権や解除権が引受人に移転しないことは、免責的債務引受の場合と同じです。**担保権については、債務者が引き続き債務を負担しますので、存続する**ことに異論はありません。ただ、**併存的債務引受の場合には、もとの債務者に対する債権と引受人に対する債権とが併存する形になりますので、両者の関係が問題**になります。最高裁は、両者は連帯債務関係に立つとして、もとの債務者との関係で債権が時効消滅している場合には、その効果は引受人にも及ぶという判断を示しました（最判昭和41・12・20民集20巻10号2139頁）。学説では、連帯債務の場合、絶対的効力の生ずる場合が多いため、一律に連帯債務とすることは当事者に不測の不利益を生じさせるという理由で、不真正連帯債務関係が生ずるにとどまるとする見解（我妻・前掲577頁）がある一方、併存的債務引受のされた事情に応じて個別的に判断するべきであるとする見解（星野英一『民法概論Ⅲ（債権総論）』225頁）も主張されています。また、引受人が債務者の委託を受けずに債権者との契約だけで債務を引き受けたとき（このときには絶対的効力規定の適用はない）を除いて、連帯債務関係になるが、引受人と債務者との内部関係については、引受人に保証債務の規定を類推適

用するべきであるとする見解もあります（前田・前掲429頁）。

4　契約上の地位の移転

当事者間の契約から生じた債権または債務を移転するだけでなく、**契約上の地位自体**が、**当事者の契約によって譲渡される場合**があります。設例で考えてみます。

> 〔設例21〕　Aは分譲地を開発して販売しようと考え、Bとの間で次のような契約を結んだ。すなわち、AはB所有の甲土地（湿地）を埋め立てる工事をし、工事完成後、Bに坪あたり20万円を支払ったときは、BはAの指定する者（分譲地の買受人）への所有権移転登記手続をする、と。ところがAは、経営上の事情により、Bの土地を埋め立て、販売する権利をCに譲渡した。

　この場合、AはBに対して、甲土地の所有権移転登記手続を請求する権利を有すると同時に、Bに対して坪あたり20万円を支払う債務を負担します。CはAの債権を譲り受けるとともに、Aに代わって金銭支払債務を負担することになりますから、AからCへの契約上の地位の移転は、債権譲渡と債務引受を含むものということができます。しかもこの場合にはAがBとの契約関係から離脱することになりますから、免責的債務引受を含んでいます。したがって、**このような契約上の地位の移転には、原則として契約の相手方、ここではBの同意が必要とされます**（最判昭和30・9・29民集9巻10号1472頁）。

　もっとも、**不動産賃貸借契約**において賃借権が対抗要件を具えている場合、不動産が譲渡されたときには、特段の事情がない限り、賃貸人の地位も不動産の所有権とともに移転すると解されています（最判昭和39・8・28民集18巻7号1354頁）。その場合、賃借人の承諾は必要がないとされます（最判昭和46・4・23民集25巻3号388頁）。賃貸人の債務は、その不動産を使用・収益させることですから、誰が賃貸人であるかによって履行方法が特に変わるわけではなく、また新所有者に賃貸人としての義務を承継させるのが、賃借人にとっても有利であることを理由とします。

　また、賃借権を無断で譲渡した場合において、背信行為と認めるに足りない特段の事情があるため賃貸人の側から解除ができないときにも、賃貸人の

意思いかんを問わず、賃借人たる地位が譲受人に移転するとされます（最判昭和45・12・11民集24巻13号2015頁）。この場合には、譲受人が、612条の承諾があった場合と同様、譲受賃借権をもって賃貸人に対抗できるものである（最判昭和39・6・30民集18巻5号991頁）ことを理由とします。

> *契約上の当事者の地位が譲渡される場合、相手方との関係で対抗要件が必要とされる場合があります。最判昭和49・3・19民集28巻2号325頁は、賃貸人の地位の移転について、土地所有権の移転登記が必要であるとしています。また最判平成8・7・12民集50巻7号1918頁は、ゴルフクラブ会員権の譲渡につき、指名債権譲渡の場合に準じて対抗要件を具えるべきものとしました。

契約上の地位の譲渡の場合、譲渡人は契約関係から離脱し、譲受人のみが当事者となります。譲受人は、契約上の当事者になるのですから、債権譲渡の場合と異なり、**取消権や解除権も承継**します。

事項索引

あ行

与える給付となす給付 …13
与える債務 …………42, 145
安全配慮義務 ……57, 70, 85

い

異議をとどめない承諾
　……………………357, 359
遺産分割 …………160, 186
慰藉料 ……93, 114, 160, 187
委託を受けた保証人 ……260
委託を受けない保証人
　……………………261, 263
一時的給付 ………………14
一部弁済 …………312, 318
一部保証 …………………251
一部免除 …………………238
逸失利益 …………………114
一身専属性…80, 159, 160, 286
一般財産 ……………47, 148
違法性 ……………………53
違約金 ………35, 136, 252
違約罰 ……………………137
遺留分減殺請求権 ………160
因果関係 …………53, 62, 106

う

受取証書 …295, 296, 298, 372
裏書 ………………………372

か行

回帰的給付 ………………14
解除 …99, 127, 305, 313, 358
解除権の代位行使 …155, 158
価格賠償 …………………212
掴取力 ………………8, 47
確定期限 …………………56
確定日付ある証書
　……………352, 353, 355, 362, 369
貸金業法 …………………33
貸金等根保証契約 ………267
瑕疵担保責任 …23, 54, 64, 65
過失 …………132, 144, 293
過失責任主義 ……………72
過失相殺 …………131, 136
可分給付と不可分給付 …14
簡易決済の機能 …………322
簡易な執行手続 …………155
間接強制 …………42, 44, 45
間接被害者 ………………147
完全性利益 ………………65
貫徹力 ………………8, 47
元本 ………………………300
元本確定期日 ……………267

き

企業損害 …………………147
危険の移転 ……………99, 101
期限の定めのない債務 …57
期限の猶予 ………………56
期限の利益 ……251, 324, 332
危険負担 ……21, 62, 98, 272
帰責事由 …………61, 67, 69,
　100, 102, 107, 140
帰責事由の意義 …………72
帰責事由の存在と証明 …73
偽造・盗難カード預貯金者保
　護法 ……………………295
記名式所持人払債権 ……373
求償権 …………241, 260, 307
求償権の事前行使 ………261
求償の循環 ………………237
給付 ……………………2, 284
給付行為と給付結果 …8, 67
給付の侵害 ………………145
給付保持力 ……………8, 47, 48
狭義の損害概念 …………110

強制履行 …………………41
供託 …………98, 273, 364
供託物の取戻し …………276
共同の免責 ………………241
共同不法行為 ………234, 245
共同保証 …………………258
極度額 ……………………267
金銭債権
　……26, 125, 183, 223, 324
金銭債務 ………46, 133, 303
金銭賠償の原則 …………108
金銭評価 …………118, 122, 123
禁反言の法理 ……………359

く

具体的損害説 ………111, 112

け

形成権説 …………………204
継続的給付 ………………14
継続的保証 ………………265
契約自由の原則 …………336
契約上の地位の移転 ……378
契約締結上の過失 …95, 116
契約費用 …………………298
結果債務 ……………………9
原債権 ……………………308
検索の抗弁権 ……………256
現実の提供 ………………303
原始的不能 ………………59
原状回復 …………………213
現状引渡義務 ……………64
現状引渡しの原則 …17, 303
限定承認 …………254, 281
現物返還の原則 …………212
権利の担保責任 …………218

こ

故意 ………………………146

事項索引　　*381*

行為能力の制限 ……252, 288
更改 ……………227, 236, 257, 278, 279, 342
交互計算 ………………322, 346
後順位抵当権者 …………362
公序良俗違反 …136, 148, 279, 360, 366
公信力 …………………359
口頭の提供 ……20, 274, 304
公平維持の機能 …………322
抗弁・抗弁権 ………164, 253, 325, 357
511条の反対解釈 …331, 334
混同 …………240, 257, 281

さ 行

在学関係 ……………86, 90
債権 ………………………2
債権・債務の構造 …………8
債権者間の公平 ……178, 196
債権者代位権 ………154, 174, 204, 354
債権者平等の原則 …176, 178, 193, 194, 209
債権者不確知 ……………275
債権者優先説 ……………312
債権者を害する法律行為
　……………………184, 188
債権証書 …………………299
債権譲渡 …275, 280, 330, 342
債権譲渡通知 ………162, 182
債権譲渡と相殺 …………337
債権譲渡の対抗要件
　…………………254, 351
債権の概念 …………………6
債権の差押え ……………289
債権の買入れ ……………290
債権の準占有者
　………………144, 291, 296
債権の準占有者への弁済
　…………………357, 372
債権の目的 …………12, 346
債権の目的物 ……………12
催告の抗弁権 ……………255
財産管理権 …………163, 167

財産処分の自由 …………176
財産的損害 ………………114
財産分与 ………157, 159, 187
裁判上の代位 ……………157
債務の相続 ………………224
債務引受 ………280, 343, 374
債務不履行 ………………53
債務不履行説 ……………100
債務名義
　……42, 155, 167, 214, 311
詐害行為 …………149, 164
詐害行為取消権
　………………156, 174, 177
詐害行為取消権の法的性質
　…………………………204
詐害の意思 ………………189
差額説 ………………111, 112
詐欺・錯誤と保証契約 …250
作為給付と不作為給付 …13
差押えが禁止された権利
　…………………………162
差押禁止債権 ………329, 346
差押えと法定相殺 ………331
差押えの効力 ……………329
指図債権 ……………342, 371

し

時価の変動 ………………122
時効消滅債権による相殺
　…………………………327
時効の援用 …………161, 254
時効の完成 ……235, 240, 254
時効の中断 ……166, 208, 235, 254, 257
事後求償権 ………………261
持参債務 ………………20
事実上の優先弁済 …165, 209, 210, 214, 216
事実的因果関係 ……107, 118
死傷損害説 ………………112
事情変更の原則 ……27, 122
自助売却 …………………276
自然債務 ……………48, 50
執行力 …………………8, 47

自働債権 …………………321
事務管理 ……………261, 264
指名債権 …………………342
謝罪広告 …………………44
重大な過失 ………………348
重利（複利） ……………31
受益者 …………199, 207, 218
受益の意思表示 …………161
授権決定 …………………44
手段債務 ………………9, 67
出資取締法 ………………32
出世払い ………………57
受働債権 …………………321
受領 ………………………285
受領義務 ……………100, 102
受領拒絶 ……………274, 304
受領遅滞 ………23, 97, 304
受領不能 …………………275
種類債権 ………………18, 22
種類債権の特定 …………19
消極的損害 …………114, 135
証券化された債権 ………342
条件説 ……………………107
使用者責任 …………245, 246
承諾 ………………………354
譲渡禁止特約 ………275, 347
譲渡人に対抗することができた事由 …………………360
譲渡の自由 ………………345
譲渡の通知 ………………353
譲渡の予約 ………………367
承認 ………………………254
証明責任 ……………73, 92
消滅時効 ……49, 69, 91, 161
将来債権譲渡における対抗要件の具備 ………………367
将来債権譲渡の有効性 …365
将来債権の譲渡 …………5, 30
将来発生する債権
　………………346, 351, 354
書面 ………………………249
自力救済 …………………47
信義則 ……54, 58, 62, 69, 78, 85, 90, 93, 95, 100, 103, 297, 298

382 事項索引

人身損害 ……………110
信託的譲渡 …………344
人的担保 ……………222
信頼 …………………97
信頼利益 ……………116
診療契約 …………70, 130
診療債務 ……………53

す

随伴性 ………………254

せ

請求権 ………………7, 8, 10
請求権競合 …………91
請求権説 ……………204
請求力 ………………47
制限行為能力者 ……289
制限種類債権 ……19, 22, 36
制限説 ……………331, 333
清算金 ………………279
責任 ………47, 49, 50, 249
責任財産 …………214, 218
責任財産の保全
　………………154, 175, 176
責任説 …………205, 209, 211
責任なき債務 ………48
積極的債権侵害 ……65
積極的損害 …………114
絶対的効力 …221, 222, 227, 228, 233, 235
絶対的免除 …………238
選択債権 ……………16, 36
占有訴権 ……………149
善良な管理者の注意
　………16, 75, 102, 167, 303

そ

相関関係説 …………177, 192
相殺 …236, 253, 257, 273, 321
相殺権の代位行使 …158
総債権者の利益 …208, 216
相殺適状 …323, 327, 330, 334
相殺の意思表示 ……325
相殺の期待
　…………330, 333, 334, 337, 338

相殺の担保的効力 …335
相殺予約 ………323, 335
相続 ………223, 267, 275
相続回復請求権 ……159
相続の承認・放棄 …159
相続放棄 …………185, 187
相対的効力 …200, 206, 209, 216, 227, 228, 235, 246
相対的取消説
　…………204, 210, 211, 214
相対的無効 …………289
相対的免除 …………238
相当因果関係 ………119
相当価格による財産処分
　………………………190
送付債務 ……………20, 80
遡及効 ………………339
訴求力 ………………8, 47
即時取得 …………288, 374
損益相殺 …………130, 139
損害 ………108, 109, 129
損害額算定 …………129, 130
損害額算定の基準時 ……124, 125, 127, 129
損害額算定の基本的な定式
　………………………124
損害項目 ……110, 117, 122
損害担保契約 ………253
損害の種類 ………110, 113
損害賠償 ……………275
損害賠償額算定の手順 …117
損害賠償額の予定 …252
損害賠償請求権 ……106
損害賠償の範囲 …118, 119
損害保険 …………131, 139

た行

代位資格者相互の関係 …314
代位割合についての特約
　………………………316
対抗要件 …181, 278, 351, 367
第三者弁済 …………286
代償請求権 …………139
代替物 ………………15
代替履行 ………42, 43, 45

代物弁済 …192, 194, 196, 277, 280, 344
代物弁済予約 ………278
他人の権利の売買 …60
担保 …………183, 248, 278
担保供与義務 ………251
担保権 ……276, 279, 311, 333
担保する給付 ………14
担保責任 ……………278
担保的機能 …232, 323, 338
担保保存義務 ………318

ち

遅延損害金 …………30
遅延賠償 …………54, 105
注意義務の軽減 ……99, 102
中間省略登記 ………169
中等の品質 …………288
直接履行 ……………41, 42
賃借権それ自体に基づく妨害排除請求 …………150
賃借権の「物権化」 ……151

つ

通貨 …………………27, 303
通常損害 ……………119
通知 ………235, 264, 269
通知・承諾の効力 …355
通知の必要 …………241
通謀 …………190, 191, 193, 194, 195, 199

て

停止条件付相殺契約 ……326
手形・小切手 ………278
手形割引 ……………344
転得者 ……199, 207, 218
転付命令 …334, 337, 342, 349
填補購入 …………127, 129
填補賠償 ………54, 105, 127
転用 …………149, 156, 163, 168

と

登記請求権の保全 …169
動産・債権譲渡特例法 …369

事項索引　*383*

同時履行の抗弁権
　……………56, 98, 305
特定 ……………………22
特定物 ………………14, 303
特定物債権 ………14, 16, 215
特定物売買 ………………66
特定物引渡請求権 …183, 215
特別損害 ……………119, 126
特別の事情 ………………119
取消権の代位行使 ………158
取立債務 …………20, 57, 304
取立授権 …………………344
取引の安全 ………………175

な行

なす債務 ……43, 44, 81, 145

に

二重譲渡 ……………147, 214
日常家事債務 ……………234
任意債権 ……………28, 37
任意代位 …………………310

ね

根保証 ……………………266

は行

賠償額の予定 ……35, 115, 121, 135
賠償者代位 ………………137
背信的悪意者 ……147, 215
破産手続 ………208, 232, 290
判決代用 ……………42, 44
反対債権 …………………322
被告適格 …………206, 208

ひ

非財産的損害 ……112, 114
非債弁済 ……………278, 288
必要的共同訴訟 ……207, 225
否認権 ……………………178
被保全債権 ……156, 180, 215
費用 ………………………300

ふ

夫婦間の契約取消権 ……159
不確定期限 ………………57
不可抗力 ……………77, 133
不可分債権 …………221, 225
不可分債権関係 …………222
不可分債務 …………221, 225, 260
不完全債務 ………………48
不完全履行 ………54, 63, 74, 105, 109
不作為債務 …………45, 54
附従性 ………251, 252, 307, 309
不真正連帯債務 ……234, 244
付随義務 ……………58, 86, 89
付随義務違反 …54, 63, 70, 75
不代替的給付 ……………251
不代替物 …………………15
負担部分 …225, 231, 257, 259
物権的効力 ………………152
物上保証人 ………248, 315, 317, 362, 376
物上保証人と事前求償権
　……………………263
不動産賃借権の保全 ……169
不当利得 ………137, 144, 237
不当利得返還請求 ………218
不特定物 ……………15, 68, 288
不能 …………………38, 272
不法行為 …57, 71, 72, 75, 89, 91, 92, 93, 95, 96, 110, 112, 114, 123, 130, 132, 245
扶養請求権 ………………159
分割債権関係 ………220, 223, 224, 228, 229
分別の利益 …………258, 259

へ

併存的債務引受 ……375, 377
変更権 ……………………21
弁済 …………………192, 284
弁済期 ………………301, 324
弁済供託 …………………273
弁済者代位 ……273, 307, 308
弁済受領権限 ……………289

弁済の時期 ………………297
弁済の充当 ………………299
弁済の提供
　……………98, 100, 274, 302
弁済の場所 ………………297
弁済の費用 …………99, 298

ほ

妨害排除請求権 ……149, 170
法定責任説 ……66, 67, 100
法定代位 …………………310
法定利率 ………31, 133, 134
保険 ………………245, 246
保険給付 …………………138
保護義務 ……………65, 71
保護義務違反
　……54, 63, 75, 106, 131
保護範囲 …………………118
補充性 ………………251, 255
保証委託契約 ……………249
保証契約 …………………249
保証人 ………313, 314, 317
保証連帯 …………………258
保存行為 …………………158

ま行

前借金 ……………………329

み

みなし弁済 ………………34
身元保証 …………………268

む

無過失 ……………………292
無記名債権 ………………374
無資力 ……………………188
無資力者 …………………243
無資力要件 ………………162
無制限説 ………331, 333, 337

め

免除 ………227, 237, 246, 280
免責証券 …………………371
免責的債務引受 …………375
免責約款 …………………294

384　事項索引

も

目的到達 …………272, 288

や行

約定利息 ………………302

ゆ

有価証券 ………………370
優先弁済権 ……………249

よ

幼児の引渡し ……………43

要素の錯誤 …………159, 250
預金担保貸付け …………294
予見可能性
　……92, 120, 123, 124, 126

ら行

履行 ……………………284
履行期 ……………56, 157
履行期前の履行拒絶 ……58
履行地 ………276, 298, 339
履行遅滞 ………53, 55, 74, 93, 105, 133, 235, 303
履行遅滞責任の加重 ……62

履行の請求 ……235, 254, 257
履行不能 …………54, 59, 74, 105, 139, 272
履行補助者 …78, 79, 92, 286
履行利益 ……………68, 116
利息 ………………29, 300
利息制限法 ………31, 32, 34
留置権 …………………56

れ

連帯債務 …222, 231, 235, 260
連帯の免除 ……………244
連帯保証 ……………257, 258

判例索引

大判明治35・2・22民録 8 輯 2 号93頁 …………36
大判明治36・12・7 民録 9 輯1339頁 …………211
大判明治39・2・5 民録12輯136頁 …………190
大判明治40・9・21民録13輯877頁 …………197
大判明治41・12・7 民録14輯1268頁 …………344
大判明治43・7・6 民録16輯537頁 …………169
大判明治44・2・13民録17輯49頁 …………57
大連判明治44・3・24民録17輯117頁 …………206
大判明治44・10・3 民録17輯538頁 …………190
大判大正元・12・19民録18輯1087頁 …………43
大判大正 4・3・10刑録21輯279頁
　…………………………………142, 146, 150
大判大正 4・4・1 民録21輯422頁 …………349
大判大正 4・9・21民録21輯1486頁 …………234
大判大正 4・12・1 民録21輯1935頁 …………57
大判大正 4・12・10民録21輯2039頁 …………208
大決大正 4・12・21新聞1077号18頁 …………46
大判大正 5・3・14民録22輯360頁 …………12
大判大正 5・5・20民録22輯999頁 …………36
大判大正 5・11・21民録22輯2250頁 …………148
大判大正 5・12・6 民録22輯2370頁 …………210
大判大正 6・1・22民録23輯 8 頁 …………180
大判大正 6・3・31民録23輯596頁 …………208
大判大正 6・6・7 民録23輯932頁 …………193
大判大正 7・8・27民録24輯1658頁 …………121
大判大正 8・1・29民録25輯235頁 …………12
大判大正 8・2・8 民録25輯75頁 …………158
大判大正 8・3・1 民録25輯352頁 …………137
大連判大正 8・3・28民録25輯441頁 …………356
大判大正 8・7・11民録25輯1305頁 …………194
大判大正 8・12・25民録25輯2400頁 …………20
大判大正 9・12・22民録26輯2062頁 …………223
大判大正 9・12・24民録26輯2024頁 …………211
大判大正 9・12・27民録26輯2096頁 …………180
大判大正10・3・30民録27輯603頁 …………124
大判大正10・4・4 民録27輯616頁 …………57
大判大正10・4・30民録27輯832頁 …………274
大判大正10・6・18民録27輯1168頁 …………216
大決大正10・7・25民録27輯1354頁 …………45

大判大正10・10・15民録27輯1788頁 …………150
大判大正11・5・4 民集 1 巻235頁 …………150
大判大正11・10・25民集 1 巻616頁 …………274
大判大正11・11・24民集 1 巻670頁 …………226
大判大正12・4・14民集 2 巻237頁 …………150
大判大正13・4・25民集 3 巻157頁 …190, 191
大判大正13・5・27民集 3 巻232頁 …………124
大連判大正15・5・22民集 5 巻386頁 …………124
大判大正15・7・20民集 5 巻636頁 …………344
大判大正15・11・13民集 5 巻798頁 …………188
大判大正15・12・2 民集 5 巻769頁 …………267
大判昭和 2・4・21民集 6 巻166頁 …………36
大判昭和 2・6・22民集 6 巻408頁 …………296
大判昭和 3・4・23民集 7 巻225頁 …………281
大判昭和 3・5・9 民集 7 巻329頁 …………182
大判昭和 3・11・8 民集 7 巻980頁 …………190
大判昭和 4・3・30民集 8 巻363頁 …………82
大判昭和 4・4・5 民集 8 巻373頁 …………123
大判昭和 4・6・19民集 8 巻675頁 …………82
大判昭和 4・10・23民集 8 巻787頁 …………208
大判昭和 4・12・16民集 8 巻944頁 …………170
大判昭和 5・7・14民集 9 巻730頁 …………158
大決昭和 5・9・30民集 9 巻926頁 …………46
大判昭和 5・10・10民集 9 巻948頁 …162, 353
大決昭和 5・12・4 民集 9 巻1118頁 …………223
大決昭和 6・4・7 民集10巻535頁 …………313
大判昭和 7・6・3 民集11巻1163頁 …………183
大判昭和 7・12・6 民集11巻2414頁 …………356
大判昭和 7・12・17民集11巻2334頁 …………266
大判昭和 8・2・3 民集12巻175頁 …………211
大判昭和 8・3・14新聞3531号12頁 …………149
大判昭和 8・4・6 民集12巻791頁 …………269
大判昭和 8・5・30民集12巻1381頁 …158, 337
大判昭和 8・6・13民集12巻1472頁 …………256
大決昭和 8・8・18民集12巻2105頁 …………361
大判昭和 9・1・30民集13巻103頁 …………269
大判昭和 9・2・27民集13巻215頁 …………266
大判昭和 9・7・17民集13巻1217頁 …………275
大判昭和 9・11・30民集13巻2191頁 …………212

大判昭和 9・12・28民集13巻2261頁 …………354
大判昭和10・3・12民集14巻482頁 …………165
大判昭和10・4・25新聞3835号 5 頁 …………48
大判昭和11・3・11民集15巻320頁 …………346
大判昭和13・5・14民集17巻932頁 …………349
大判昭和14・4・12民集18巻350頁 …………269
大判昭和14・5・16民集18巻557頁 …………167
大判昭和15・3・15民集19巻586頁 ……166, 167
大判昭和15・9・21民集19巻1701頁 …………238
大判昭和16・9・30民集20巻1233頁 …………161
大判昭和18・9・10民集22巻948頁 …………269
大判昭和18・11・13民集22巻1127頁 …………290
大判昭和20・8・30民集24巻60頁 …………183
最判昭和28・5・29民集 7 巻 5 号608頁
　………………………………349, 354
最判昭和28・12・14民集 7 巻12号1386頁 ……164
最判昭和28・12・14民集 7 巻12号1401頁 ……150
最判昭和28・12・18民集 7 巻12号1446頁 ……127
最判昭和28・12・18民集 7 巻12号1515頁 ……151
最判昭和29・1・28民集 8 巻 1 号265頁 …………56
最判昭和29・4・8 民集 8 巻 4 号819頁 …………223
最判昭和29・7・16民集 8 巻 7 号1350頁 ……301
最判昭和29・7・20民集 8 巻 7 号1408頁 ……150
最判昭和29・7・27民集 8 巻 7 号1455頁 ……305
最判昭和29・9・24民集 8 巻 9 号1658頁 ……165
最判昭和30・1・21民集 9 巻 1 号22頁 …………129
最判昭和30・4・5 民集 9 巻 4 号431頁 …………151
最判昭和30・4・19民集 9 巻 5 号556頁 …………82
最判昭和30・5・31民集 9 巻 6 号774頁 ………147
最判昭和30・9・29民集 9 巻10号1472頁 ……378
最判昭和30・10・11民集 9 巻11号1626頁
　………………………………210, 212
最判昭和30・10・18民集 9 巻11号1642頁
　………………………………20, 21
最大判昭和31・7・4 民集10巻 7 号785頁 ……44
最大判昭和32・6・5 民集11巻 6 号915頁 ……304
最判昭和32・7・19民集11巻 7 号1297頁
　………………………………337, 338
最判昭和32・11・1 民集11巻12号1832頁 ……198
最判昭和32・12・19民集11巻13号2299頁 ……250
最判昭和33・2・21民集12巻 2 号341頁 ………180
最判昭和33・7・15裁判集民事32号805頁 ……156
最判昭和33・9・26民集12巻13号3022頁
　………………………………189, 193
最判昭和33・12・18民集12巻16号3323頁 ……276

最判昭和34・6・19民集13巻 6 号757頁 ……223
最判昭和35・3・17民集14巻 2 号451頁 ………76
最判昭和35・4・26民集14巻 6 号1046頁 ……189
最判昭和35・6・21民集14巻 8 号1487頁 ……82
最判昭和35・6・24民集14巻 8 号1528頁 ……21
最判昭和35・10・27民集14巻12号2733頁 ……305
最判昭和35・12・15民集14巻14号3060頁
　………………………………275, 303
最判昭和36・1・24民集15巻 1 号35頁 …………138
最判昭和36・4・14民集15巻 4 号765頁 ………327
最判昭和36・6・20民集15巻 6 号1602頁 ……26
最大判昭和36・7・19民集15巻 7 号1875頁
　………………………………183, 213
最判昭和36・11・21民集15巻10号2507頁 ……70
最判昭和36・12・8 民集15巻11号2706頁 ……128
最判昭和36・12・15民集15巻11号2852頁 ……68
最判昭和37・3・6 民集16巻 3 号436頁 ………199
札幌高裁函館支判昭和37・5・29高民15巻 4 号
　282頁 ………………………………20, 23
最大判昭和37・6・13民集16巻 7 号1340頁 …33
最判昭和37・7・20民集16巻 8 号1605頁 ……376
最判昭和37・8・21民集16巻 9 号1809頁
　………………………………292, 293
最判昭和37・9・4 民集16巻 9 号1834頁 …57, 93
最判昭和37・10・9 民集16巻10号2070頁 ……216
最判昭和37・10・12民集16巻10号2130頁 ……208
最判昭和37・11・9 民集16巻11号2270頁 ……267
最判昭和37・11・16民集16巻11号2280頁 ……125
最判昭和38・4・23民集17巻 3 号536頁 ………170
最判昭和38・9・19民集17巻 8 号981頁 ………276
最判昭和39・1・23民集18巻 1 号76頁 …………216
最判昭和39・4・17民集18巻 4 号529頁 ………158
最判昭和39・4・21民集18巻 4 号566頁 ………287
最判昭和39・6・12民集18巻 5 号764頁 ………206
最判昭和39・6・30民集18巻 5 号991頁 ………379
最判昭和39・8・28民集18巻 7 号1354頁 ……378
最判昭和39・10・27民集18巻 8 号1801頁 ……326
最判昭和39・11・17民集18巻 9 号1851頁
　………………………………191, 192, 196
最大判昭和39・11・18民集18巻 9 号1868頁 …33
最判昭和39・12・18民集18巻10号2179頁 ……267
最大判昭和39・12・23民集18巻10号2217頁 …333
最判昭和40・3・26民集19巻 2 号508頁 ………206
最判昭和40・4・30民集19巻 3 号768頁 ………278
最大判昭和40・6・30民集19巻 4 号1143頁 …252

最判昭和40・7・20判タ179号187頁 ………326
最判昭和40・10・12民集19巻7号1777頁 ……162
最判昭和40・12・3民集19巻9号2090頁 ……103
最判昭和40・12・21民集19巻9号2221頁 ……282
最判昭和40・12・23民集19巻9号2306頁 ……57
最判昭和41・3・22民集20巻3号468頁 ………59
最判昭和41・5・27民集20巻5号1004頁 ……191
最判昭和41・9・8民集20巻7号1325頁 ……60
最判昭和41・10・4民集20巻8号1565頁 ……294
最判昭和41・11・18民集20巻9号1861頁 ……314
最判昭和41・12・20民集20巻10号2139頁 ……377
最判昭和41・12・23民集20巻10号2211頁 ……139
最判昭和42・2・23民集21巻1号189頁 ………36
最判昭和42・10・27民集21巻8号2161頁
　　……………………………358, 359, 360
最判昭和42・11・9民集21巻9号2323頁
　　…………………………………177, 198
最判昭和43・9・26民集22巻9号2002頁 ……161
最大判昭和43・11・13民集22巻12号2526頁 …33
最判昭和43・11・15民集22巻12号2614頁 ……147
最判昭和43・11・15民集22巻12号2649頁 ……259
最判昭和43・11・19民集22巻12号2712頁 ……278
最判昭和43・12・24民集22巻13号3454頁 ……132
最判昭和44・6・24民集23巻7号1079頁 ……166
最判昭和44・11・6民集23巻11号2009頁 ……281
最判昭和44・11・25民集23巻11号2137頁 ……33
最判昭和44・12・19民集23巻12号2518頁
　　…………………………………177, 198
最判昭和45・3・26民集24巻3号151頁 ……159
最判昭和45・4・10民集24巻4号240頁 ……349
最判昭和45・4・21民集24巻4号298頁 ………31
最大判昭和45・6・24民集24巻6号587頁 …333
最大判昭和45・7・15民集24巻7号771頁
　　…………………………………273, 277
最判昭和45・8・20民集24巻9号1243頁 ……304
最判昭和45・10・13判時614号46頁 ………223
最判昭和45・12・11民集24巻13号2015頁 ……379
最判昭和46・4・23民集25巻3号388頁 ……378
最判昭和46・9・21民集25巻6号823頁 ……180
最判昭和46・10・14民集25巻7号933頁 ……282
最判昭和46・11・19民集25巻8号1321頁 ……217
最判昭和46・12・16民集25巻9号1472頁 ……103
最判昭和47・4・20民集26巻3号520頁 ……126
最判昭和48・1・19民集27巻1号27頁 ……281
最判昭和48・3・1金法679号35頁 ………267

最判昭和48・3・27民集27巻2号376頁 ……294
最判昭和48・4・24民集27巻3号596頁 ……167
最判昭和48・6・7民集27巻6号681頁 ……123
最判昭和48・7・19民集27巻7号823頁 ……348
最判昭和48・10・11判時723号44頁 ………135
最判昭和48・11・30民集27巻10号1491頁
　　……………………………190, 194, 195
最判昭和49・3・7民集28巻2号174頁 ……363
最判昭和49・3・19民集28巻2号325頁 ……379
最判昭和49・4・25民集28巻3号447頁 ……123
最判昭和49・6・28民集28巻5号666頁 ……328
最判昭和49・9・20民集28巻6号1202頁 ……186
最判昭和49・11・29民集28巻8号1670頁
　　…………………………………163, 172
最判昭和49・12・12裁判集民事113号523頁、金法
　　743号31頁 ………………………………200
最判昭和50・2・25民集29巻2号143頁
　　……………………………………70, 85, 88
最判昭和50・3・6民集29巻3号203頁 ……171
最判昭和50・7・15民集29巻6号1029頁 …28, 37
最判昭和50・7・17民集29巻6号1119頁 ……181
最判昭和50・12・1民集29巻11号1847頁 ……213
最判昭和50・12・8民集29巻11号1864頁 ……337
最判昭和51・3・4民集30巻2号48頁 ……327
最判昭和51・7・8民集30巻7号689頁 ……246
最判昭和52・3・17民集31巻2号308頁
　　…………………………………348, 350
最判昭和52・7・12判時867号58頁 ……194
東京高判昭和52・11・24下民28巻9～12号1157頁
　　……………………………………………148
東京地判昭和53・5・29判時925号81頁 ………94
東京地判昭和53・9・20判時911号14頁 ……136
最判昭和53・10・5民集32巻7号1332頁 ……215
最判昭和53・12・15判時916号25頁 ……366
最判昭和54・1・25民集33巻1号12頁 ……212
最判昭和54・3・16民集33巻2号270頁 ……164
最判昭和54・7・10民集33巻5号533頁 ……325
最判昭和54・9・7判時954号29頁 ……328
最判昭和55・1・11民集34巻1号42頁 ……363
最判昭和55・1・24民集34巻1号110頁 ……181
最判昭和55・7・11民集34巻4号628頁 ……157
最判昭和55・12・18民集34巻7号888頁
　　……………………………………58, 93, 114
最判昭和56・2・16民集35巻1号56頁 ………92
最判昭和56・7・2民集35巻5号881頁 ……340

最判昭和57・3・4判時1042号87頁 ………245
最判昭和57・12・17民集36巻12号2399頁 ……243
最判昭和58・5・27民集37巻4号477頁 ……92
最判昭和58・6・30民集37巻5号835頁 ……355
最判昭和58・10・6民集37巻8号1041頁 ……160
最判昭和58・12・19民集37巻10号1532頁 ……187
最判昭和59・2・23民集38巻3号445頁 ………294
最判昭和59・5・29民集38巻7号885頁
　　　　　　　　………………261, 308, 309, 311, 316
最判昭和60・5・23民集39巻4号940頁 ………312
最判昭和61・2・20民集40巻1号43頁 ………309
最判昭和61・4・11民集40巻3号558頁 ………357
最判昭和61・11・27民集40巻7号1205頁 ……317
最判昭和61・12・19判時1224号13頁 …………89
最判昭和62・11・24金法1179号37頁 …………348
最判昭和63・7・1判時1287号63頁 ……………287
最判平成元・4・27民集43巻4号278頁 ……138
最判平成2・1・22民集44巻1号332頁 ………34
最判平成2・4・12金法1255号6頁 ……………319
最判平成2・12・18民集44巻9号1686頁 ……263
東京地判平成3・2・25労判588号74頁 ……148
最判平成3・4・11判時1391号3頁 ……………87
最判平成3・9・3民集45巻7号1121頁 ………319
最判平成4・2・27民集46巻2号112頁 ………213
最判平成4・11・6判時1454号85頁 …………362
最判平成5・3・30民集47巻4号3334頁 ……364
最判平成5・7・19判時1489号111頁 …………295
最判平成6・4・21裁判集民事172号379頁 …136
大阪高決平成6・5・30判時1517号38頁 ……315
最判平成6・7・18民集48巻5号1165頁 ……275
最判平成7・6・23民集49巻6号1737頁 ……319
最判平成8・2・8判時1563号112頁 …………181
最判平成8・7・12民集50巻7号1918頁 ……379
最判平成9・2・25判時1607号51頁 ……………49
最判平成9・4・24民集51巻3号1991頁 ……294
最判平成9・6・5民集51巻5号2053頁
　　　　　　　　………………………………348, 350
最判平成9・11・11民集51巻10号4077頁 ……360
最判平成10・4・14民集52巻3号813頁 ……234
大阪高判平成10・5・29労判745号42頁 ……148
最判平成10・6・12民集52巻4号1121頁 ……182
最判平成10・6・22民集52巻4号1195頁 ……208
最判平成10・9・10民集52巻6号1494頁 ……246
最判平成11・1・21民集53巻1号98頁 …………34
最判平成11・1・29民集53巻1号151頁 ……366
最判平成11・6・11民集53巻5号898頁 ……187
最大判平成11・11・24民集53巻8号1899頁 …170
最判平成12・3・9民集54巻3号1013頁 ……187
最判平成12・3・24民集54巻3号1155頁 ……89
最判平成12・4・21民集54巻4号1562頁 ……366
最判平成13・11・22民集55巻6号1033頁 ……160
最判平成13・11・22民集55巻6号1056頁 ……367
最判平成13・11・22民集55巻6号1090頁 ……368
最判平成13・11・27民集55巻6号1154頁 ……70
最判平成13・11・27民集55巻6号1334頁 ……277
最判平成14・7・11判時1805号56頁 …………250
最判平成14・9・24判時1803号28頁 …………71
最判平成15・4・8民集57巻4号337頁 ………295
最判平成16・2・20民集58巻2号380頁 ………34
最判平成16・4・27民集58巻4号1032頁 ……91
最判平成16・4・27判時1860号152頁 …………91
最判平成17・3・10民集59巻2号356頁 ……170
最判平成17・6・14民集59巻5号983頁 ………31
最決平成17・12・9民集59巻10号2889頁 …45, 46
最判平成18・1・13民集60巻1号1頁 …………34
最判平成18・1・24民集60巻1号319頁 ………34
最判平成18・1・24判時1926号65頁 …………116
最判平成18・9・4判時1949号30頁 …………96
最判平成20・6・10判時2042号5頁 …………116
最判平成21・1・19民集63巻1号97頁 ………128
最判平成22・6・17民集64巻4号1197頁 ……131

著者紹介

髙橋 眞（たかはし まこと）

＊略歴
1954年生まれ
1978年　京都大学法学部卒業
1983年　京都大学大学院法学研究科博士後期課程単位取得退学
　　　　香川大学法学部助教授、京都大学教養部（のち総合人間学部）
　　　　助教授を経て、
現　在　大阪市立大学大学院法学研究科教授
京都大学博士（法学）

＊主要著書
安全配慮義務の研究（1992年、成文堂）
求償権と代位の研究（1996年、成文堂）
日本的法意識論再考（2002年、ミネルヴァ書房）
損害概念論序説（2005年、有斐閣）
抵当法改正と担保の法理（2008年、成文堂）
市場社会の変容と金融・財産法（共編著）（2009年、成文堂）
担保物権法［第2版］（2010年・初版2007年、成文堂）
史料債権総則（共編著）（2010年、成文堂）

|入門| 債権総論　　　　　　入門シリーズ

2013年4月20日　初　版第1刷発行

著　者　　髙　橋　　眞

発行者　　阿　部　耕　一

〒162-0041　東京都新宿区早稲田鶴巻町514

発行所　　株式会社　成　文　堂

電話 03(3203)9201(代)　Fax 03(3203)9206
http://www.seibundoh.co.jp

製版・印刷・製本　(株)シナノ
©2013　M. Takahashi　　Printed in Japan
☆乱丁・落丁本はおとりかえいたします☆

ISBN978-4-7923-2642-5　C3032　　検印省略

定価（本体3200円＋税）